The beginner's guide to Syukuyo Astrology

一番わかりやすい

はじめての宿曜占星術

宇月田麻裕
Mahiro Utsukita

日本文芸社

生まれたその日に、
大いなる宇宙があなたの運命を決める

あなたがこの世に生を受けたその瞬間に、あなたの運命は決定します。それは、大いなる宇宙のエネルギーにより定められたもの。「命」の宿り、つまり「宿命」を背負い、あなたは生きていくことになるのです。

宿曜占星術では、生を受けた日、月がどの星に宿っていたのかにより、あなたの「本命宿」というものが決まります。

宿曜占星術の魅力は、「本命宿」により、特性や生涯の運勢を知ることができると同時に、この占術の醍醐味とも言える、人との相性、年、月、日との相性（運勢）を知れること。相性を知ることにより、人との付き合い方、運勢の活かし方などの実践法がわかるのです。実生活でその術を活かしていくことで、トラブルを避けたり、運気を上げることができたりします。

例えば、対人関係でいうと「壊」の相性の人、運勢でいうと「壊」の日などは、破壊されてしまう相手だったり、日（運勢）だったりします。壊の相手・壊の日においては、思いも寄らぬ破壊的な出来事が起きがちになりますから、事前に相性を知っておけば、嫌な思いや苦労を未然に防ぐこともできるでしょう。逆に、「栄」や「親」の相性の相手や運勢なら、幸運招来となります。

私と「宿曜占星術」との出会いについて、少しお話をしましょう。

20代半ばの頃、よく当たる占い師さんがいるということで、その方を訪ねました。それが、私と占い、宿曜占星術との出会いとなり、後の人生を大きく変えるきっかけになったのです。

将来の師となったその占術師さんは、私を見るなり「私は今まで弟子をとったことはない。しかし、君を見た瞬間に弟子にしようと決めた」とおっしゃったのです。突然、そんなことを告げられた私は、もちろんビックリしました。しかし、過去に自分の身に起きた不思議な体験を考えたら、何となく理解もできたのです。祖母が亡くなった時に、道連れにされそうになりながらも、現世に蘇生できたこと。20回以上の手術をして、医師から「死んでしまいます」と告げられながらも生きたこと。どんなことが起きようが、私は今、こうして生きていて、幾多の試練を乗り越えてきたのです。

さらには、私の通っていた大学は真言宗のお寺を母体とした学校であり、学生の時に、「菩薩様のように、世の中のために、人のために生きていきたい、それが生きていく私の使命だ」と強く思ったのでした。

こうした運命に導かれて生まれた本書にて、皆さんの幸せのサポートをさせていただけたらと思っております。

宇月田　麻裕
Mahiro Utsukita

CONTENTS

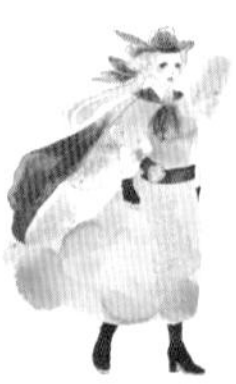

CONTENTS

Part 3 人との相性を知る

Part 4 年・月・日の運勢を見る

本書の見方

❶ 本命宿
宿曜暦（P.222 ～ 253）によって割り出した本命宿の名称です。

❹ 性格と運命について
各宿の基本性格や運命を具体的に説明しています。

Part 2

01 昴宿（ぼうしゅく）

気品と風格を備えた天性のお嬢様。
周囲の引き立てで、成功をつかむ

Keywords
統率／気品と風格／お嬢様／聡明／向上心が強い／高級志向

プライドが高く、
エレガント。
周囲からの引き立てや
サポートに恵まれます。

26

Part 2 本命宿から個性と運命を知る

性格と運命 高貴な雰囲気の中に優しさを持つ人

「統率する」という意味を持つ「昴」が司るこの宿の人は、気品と風格を備えた、生まれついての王様やお嬢様。天からの多くのギフトに恵まれる、幸せに満ち足りた宿で、27 宿中最高の吉祥宿と言えるでしょう。剛と柔を併せ持つことから「剛柔宿」の別名も。宿獣は鶏（にわとり）です。
「昴」が学問、芸術に関わる星であることから、この宿の人は、頭の回転が速く、非常に聡明。子どもの頃はアクティブで遊びに夢中ですが、10 代に入ると学問や芸術を好むようになり、話術も冴えるようになります。

基本的には恵まれた環境に育つ人が多く、女性の場合、気品のあるお嬢様タイプの人が多め。もし一般的な家庭に生まれたとしても、いつの間にか気品を身につけるようになり、優雅で余裕のある雰囲気を自然とまとうようになります。

向学心が強いタイプなので、志高く理想を掲げて、それに向かってたゆまぬ努力を重ねていけるでしょう。また、持ち前の善良さも相まって、目上の人、特に権力者の目に留まりやすく、バックアップをされることも多くなります。その結果、将来的に名声を得たり、自然と財を築くことができたりする可能性が高くなります。

プライドが高く高級志向な面は、エネルギッシュに人生を歩む原動力ともなりますが、ブランド品や高級レストランなどに固執するあまり、身の丈に合わないお金の使い方をしないよう、ちょっと注意してみると良いでしょう。

また、理想主義的なところもこの宿の人の魅力である反面、悪い出方をしてしまうと、融通が利かない人と見られることもあります。そんな面をカバーしてくれるのは、高い気品の裏に隠された優しさや、即座に場の空気を読んで人に合わせられる、交際上手なところ。こういった素質を上手に活かせば、周囲の人や環境に恵まれ、晩年に名声を得られる運を持つ人です。

＼パワースポット／
高い場所
展望台、屋上など、下を見下ろすような高い場所が良いでしょう。高級感のあるレストラン、ショップ、サロンなども幸運をもたらしてくれます。
守護方位 ▶ 西

＼ラッキーアイテム／
枕
象徴は頭。頭に関わるものがラッキーアイテムとなります。帽子やヘアアクセサリーをつける以外に、頭を休ませたり、支えたりしてくれる枕にこだわり、日々の安眠を心がけて。

＼ファッションのポイント／
セレブリティー
気品の良さを醸し出す、高級感の漂うセレブファッションがおすすめ。高貴な雰囲気にハイブランドが似合います。帽子やヘアスタイルにこだわって。
ラッキーカラー ▶ 青

01・昴宿

27

❷ 各宿のホロスコープ
各宿により異なるホロスコープです。本命宿が時計の 12 時の位置にあります。

❸ キーワード
各宿それぞれを表すキーワードです。基本的な特徴がわかります。

❺ パワースポット
各宿のパワースポットや守護方位を紹介しています。

ラッキーアイテム
幸運を呼び寄せるアイテムについて紹介しています。

ファッションのポイント
魅力を引き出すファッションについて紹介。ラッキーカラーも掲載しています。

27宿それぞれの基本性格から仕事や恋愛の傾向、開運の秘訣まで詳しく紹介。
あなたを幸せな未来に導くヒントがたくさん詰まっています。

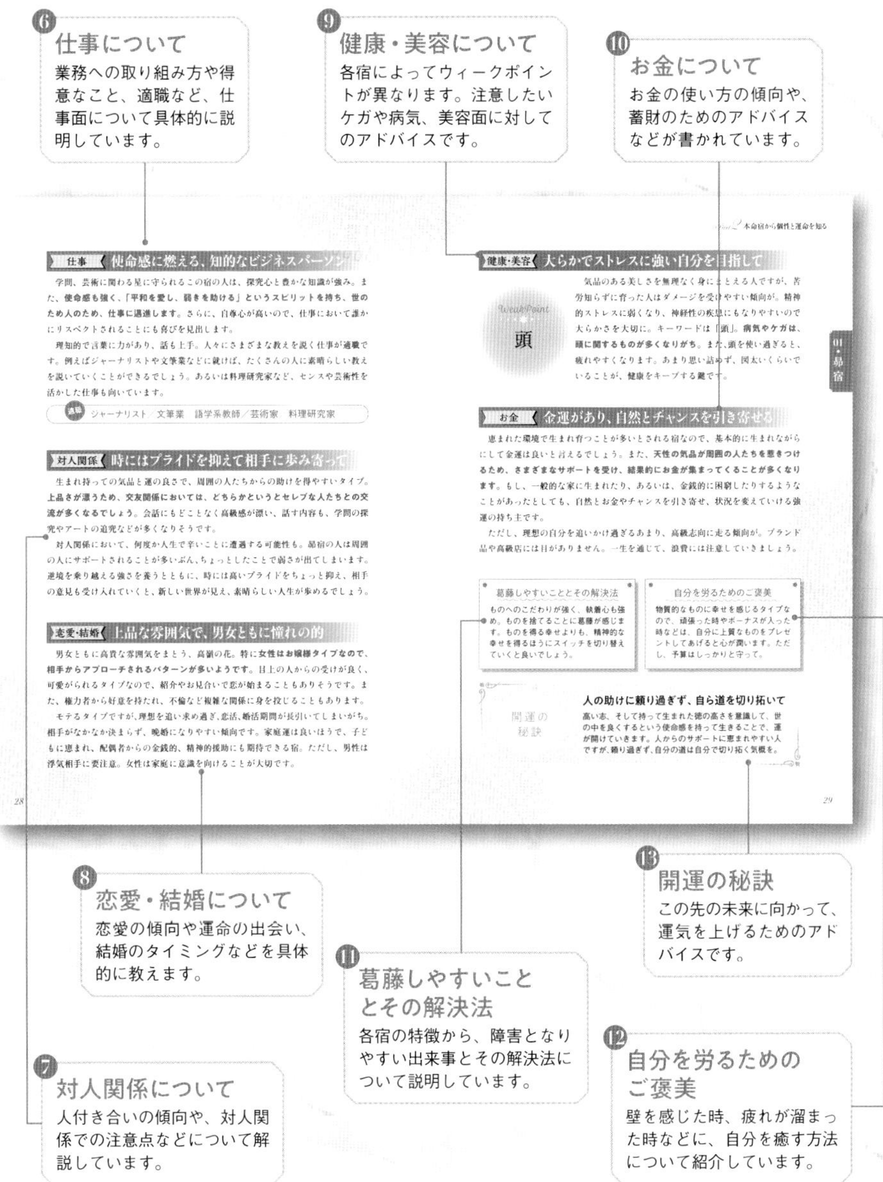

6 仕事について
業務への取り組み方や得意なこと、適職など、仕事面について具体的に説明しています。
9 健康・美容について
各宿によってウィークポイントが異なります。注意したいケガや病気、美容面に対してのアドバイスです。
10 お金について
お金の使い方の傾向や、蓄財のためのアドバイスなどが書かれています。

Part 2 本命宿から個性と運命を知る

仕事 使命感に燃える、知的なビジネスパーソン

学問、芸術に関わる星に守られるこの宿の人は、探究心と豊かな知識が強み。また、**使命感も強く、「平和を愛し、弱きを助ける」というスピリットを持ち、世のため人のため、仕事に邁進します。**さらに、自尊心が高いので、仕事において誰かにリスペクトされることにも喜びを見出します。

理知的で言葉に力があり、話も上手。人々にさまざまな教えを説く仕事が適職です。例えばジャーナリストや文筆業などに就けば、たくさんの人に素晴らしい教えを説いていくことができるでしょう。あるいは料理研究家など、センスや芸術性を活かした仕事も向いています。

適職 ジャーナリスト／文筆業／語学系教師／芸術家／料理研究家

対人関係 時にはプライドを抑えて相手に歩み寄って

生まれ持っての気品と運の良さで、周囲の人たちからの助けを得やすいタイプ。**上品さが漂うため、交友関係においては、どちらかというとセレブな人たちとの交流が多くなるでしょう。**会話にもどことなく高級感が漂い、話す内容も、学問の探究やアートの追究などが多くなりそうです。

対人関係において、何度か人生で辛いことに遭遇する可能性も。昴宿の人は周囲の人にサポートされることが多いぶん、ちょっとしたことで弱さが出てしまいます。逆境を乗り越える強さを養うとともに、時には高いプライドをちょっと抑え、相手の意見も受け入れていくと、新しい世界が見え、素晴らしい人生が歩めるでしょう。

恋愛・結婚 上品な雰囲気で、男女ともに憧れの的

男女ともに高貴な雰囲気をまとう、高嶺の花。特に**女性はお嬢様タイプなので、相手からアプローチされるパターンが多いようです。**目上の人からの受けが良く、可愛がられるタイプなので、紹介やお見合いで恋が始まることもありそうです。また、権力者から好意を持たれ、不倫など複雑な関係に身を投じることもあります。

モテるタイプですが、理想を追い求め過ぎ、恋活、婚活期間が長引いてしまいがち。相手がなかなか決まらず、晩婚になりやすい傾向です。家庭運は良いほうで、子どもに恵まれ、配偶者からの金銭的、精神的援助にも期待できる宿。ただし、男性は浮気相手に要注意。女性は家庭に意識を向けることが大切です。

28

健康・美容 大らかでストレスに強い自分を目指して

WeakPoint 頭

気品のある美しさを無理なく身にまとえる人ですが、苦労知らずに育った人はダメージを受けやすい傾向が。精神的ストレスに弱くなり、神経性の疾患にもなりやすいので大らかさを大切に。キーワードは「頭」。**病気やケガは、頭に関するものが多くなりがち。**また、頭を使い過ぎると、疲れやすくなります。あまり思い詰めず、図太いくらいでいることが、健康をキープする鍵です。

01・昴宿

お金 金運があり、自然とチャンスを引き寄せる

恵まれた環境で生まれ育つことが多いとされる宿なので、基本的に生まれながらにして金運は良いと言えるでしょう。また、**天性の気品が周囲の人たちを惹きつけるため、さまざまなサポートを受け、結果的にお金が集まってくることが多くなります。**もし、一般的な家に生まれたり、あるいは、金銭的に困窮したりするようなことがあったとしても、自然とお金やチャンスを引き寄せ、状況を変えていける強運の持ち主です。

ただし、理想の自分を追いかけ過ぎるあまり、高級志向に走る傾向が。ブランド品や高級店には目がありません。一生を通じて、浪費には注意していきましょう。

葛藤しやすいこととその解決法

ものへのこだわりが強く、執着心も強め。ものを捨てることに葛藤が感じます。ものを得る幸せよりも、精神的な幸せを得るほうにスイッチを切り替えていくと良いでしょう。

自分を労るためのご褒美

物質的なものに幸せを感じるタイプなので、頑張った時やボーナスが入った時などは、自分に上質なものをプレゼントしてあげると心が潤います。ただし、予算はしっかりと守って。

開運の秘訣

人の助けに頼り過ぎず、自ら道を切り拓いて

高い志、そして持って生まれた徳の高さを意識して、世の中を良くするという使命感を持って生きることで、運が開けていきます。人からのサポートに恵まれやすい人ですが、頼り過ぎず、自分の道は自分で切り拓く気概を。

29

8 恋愛・結婚について
恋愛の傾向や運命の出会い、結婚のタイミングなどを具体的に教えます。
11 葛藤しやすいこととその解決法
各宿の特徴から、障害となりやすい出来事とその解決法について説明しています。
13 開運の秘訣
この先の未来に向かって、運気を上げるためのアドバイスです。
7 対人関係について
人付き合いの傾向や、対人関係での注意点などについて解説しています。
12 自分を労るためのご褒美
壁を感じた時、疲れが溜まった時などに、自分を癒す方法について紹介しています。

❶ 本命宿
宿曜暦（P.222～253）によって割り出した本命宿の名称です。

❺ 近距離
本命宿と縁が深いことを表しています。

中距離
本命宿と縁がほどほどであることを表しています。

遠距離
本命宿と縁が浅いことを表しています。

❸ 該当する宿
本命宿に対しての相手の宿名です。

Part3

人との相性を知る

01 昴宿（ぼうしゅく）の相性

関係	近距離	中距離	遠距離
安の関係	参宿 ★★☆☆☆ 冒険心やパイオニア精神が旺盛で、新たなチャレンジをしていく参宿のことを最初のうちは面白く思います。しかし次第にその性格についていけなくなるかも。	危宿 ★★☆☆☆ 社交的で、趣味も会話も、あなたにとっては新鮮そのもの。ただ、単に楽しませてくれる場合は良いですが、真剣な話になるとトラブルになりやすい傾向に。	亢宿 ★★☆☆☆ 同じ目標に向かって一緒に頑張っていけますが、徐々に歯車が合わなくなっていきます。意見が食い違い、相手の強い意志に折れなくてはならなくなるかも。
壊の関係	奎宿 ★☆☆☆☆ 誠実な印象の相手なので、最初のうちは関係性良好。でも、実はプライドが高く、あなたも自尊心が高いため、闘いが生じるようなことがあります。	柳宿 ★☆☆☆☆ 関心を持って接近してきてくれます。しかしその思いはとても熱く、それに応えられないばかりか、相手に振り回されているように感じ、うっとうしく思うかも。	心宿 ★☆☆☆☆ 陽気な人で愛嬌もあるので、あなたは心を許してしまうでしょう。自分ばかり心の内を見せているような気持ちになり、次第に不安が募っていきそうです。
栄の関係	畢宿 ★★★★☆ パワーのある人なので、あなたのために力を貸してくれそう。夢や目標を話してみましょう。実現するためのアドバイスをくれて、実りがありそうです。	女宿 ★★★★★ この人のリードについていくことで安心できます。大切なことを任せることもできるでしょう。トラブルが起きそうな時には、間に入ってくれます。	軫宿 ★★★★☆ お互いに交際上手なところがあり、相通じるようなことも多い相手。何も言わなくても気持ちを察知してくれるので居心地が良く、一緒にいれば前進できます。
親の関係	胃宿 ★★★★☆ とてもエネルギーが強い相手。あなたの志を理解してもらえれば、目的に向かって協力し合えます。何より、好奇心旺盛なこの人といると楽しいでしょう。	張宿 ★★★★★ 最良の相手。プロデュースすることが得意なので、あなたのこともプロデュースしてくれます。細やかなアドバイスを与えてくれ、一緒に輝いていけます。	箕宿 ★★★★☆ 面倒見が良い人なので、一緒にいて気持ちが楽でいられ、不要なプライドを捨てることができます。度胸もあるので、さまざまなシーンで心強い味方に。
友の関係	婁宿 ★★★★☆ 人をコーディネートすることが得意な相手なので、やりたいことを相談すると、的確な答えをくれたり、必要な人を紹介してくれたりします。	星宿 ★★★★☆ あなたの願いを叶えてくれる力がある人です。ポジティブなパワーで、夜空に輝く星のようにあなたのことを見守り、いざという時には力も貸してくれます。	尾宿 ★★★★☆ 向上心を持ち、志が高いあなたに共感を抱いてくれます。物事を追求していける者同士なので一緒に歩め、決断する時はサポートもしてくれるでしょう。

142

関係	近距離	中距離	遠距離
衰の関係	觜宿 ★★★☆☆ 学識があり、一度話し始めたら、あなたが感動するようなトークを展開します。この人と会話をしているうちに、抱えている悩みもどこかに行ってしまいそう。	虚宿 ★★★☆☆ 現実的ではないものの、精神性が高い相手なので、不思議な話や発想に触れられます。この人の話に引き込まれるうち、意外なアイデアが浮かんできそうです。	角宿 ★★★☆☆ ソフトな対応をする人なので、安心感はあります。共通の友人や趣味を持つことで、交友関係や趣味が広がり、あなたに楽しみをシェアしてくれるでしょう。
危の関係	井宿 ★★☆☆☆ 最初のうちは関心が持てる相手なのですが、お互いに遠慮がなくなると、理路整然とした意見をぶつけてくるようになり、衝突することになりそうです。	室宿 ★★★☆☆ 相手は勢いがあり、前しか見ていないことがあります。あなたとは見る方向も、得意分野も異なりそう。共感を求めず、個性を受け入れたら楽しめます。	氐宿 ★★☆☆☆ コラボレーションしていくには適さない相手と言えます。しかしこの人は、人と調和していくことが得意でもあるので、あなたに合わせてくれそうです。
成の関係	壁宿 ★★★☆☆ あなたの壁となってガードして、助けてくれます。しかし、本心を明かさないところがあるため、心から打ち解け合うのは難しいかもしれません。	鬼宿 ★★★☆☆ 好感が持てる相手ではあります。しかし、いつどこに行き、気持ちが変わるかもしれないこの人に振り回されることもあり、心からは信頼できないでしょう。	房宿 ★★★☆☆ 理解し合っていると思える相手ですが、実はそうではないことも多そう。本質的には価値観が違うため、相手は表面的に合わせているだけかもしれません。
業の関係	翼宿 ★★★☆☆ あなたを支えてくれる人。一時期に離れるようなことがあっても、再び巡り会うような縁の相手です。男女関係では追われる立場になりやすいでしょう。		
胎の関係	斗宿 ★★★☆☆ 何かとお願いされるようなことが多くなりがちですが、それが心地良く感じられたりします。この人をリスペクトするとともに、サポートしたくもなります。		
命の関係	昴宿 ★★★☆☆ 同じ宿なので、本来なら打ち解けるのに時間がかからないのですが、昴宿の場合は、プライドの高さが邪魔をします。一定の距離を保つのが得策です。		

生まれながらにして幸せな宿とされ、環境や人々に恵まれる昴宿。特に目上の人や有力者から可愛がられたり、バックアップされたりすることも多いでしょう。そういったことから、自ずとプライドが高くなってしまう傾向があります。そうすると、どんな相性の相手であれ、良好な人間関係を保つことは難しくなってしまいます。謙虚になることも必要です。時には、相手を立てることも大切にしましょう。

破壊相性の人との付き合い方

破壊相性は、奎宿、柳宿、心宿です。
異なる価値観を持つ人たちと、無理に融合する必要はありません。志が高いあなたなので、彼らから生きるためのヒントをもらいましょう。きっと学ぶ点は多いはずです。

01・昴宿

143

❷ 本命宿との関係
「安・壊・栄・親・友・衰・危・成・業・胎・命」の11種に分けて、関係性を示しています。

❻ 本命宿の相性の総論
各宿における、人との相性について総合的に解説しています。

❹ 相性の良さ
5段階で相性の良さを表しています。星の数が多いほど相性が良いと言えます。

❼ 破壊相性の人との付き合い方
「壊」の関係を破壊相性と言います。その相手との付き合い方についてのアドバイスです。

Part 1

月の軌道が導く宿曜占星術

「宿曜経」をもとにした宿曜占星術。
月の軌道をベースとするこの占いは、
月がどの惑星のもとに宿るのかを見ることで、
本質や運勢を細かく導き出すことができます。

What is Syukuyo astrology 1

宿曜占星術(しゅくようせんせいじゅつ)って何ですか?

月がどの惑星に宿るのかをもとに、性質や運命を紐解いていく

宿曜占星術は、1200年前に弘法大師・空海によって日本に伝えられた経典の一つ、「宿曜経(しゅくようきょう)」をもとにした占術です。

この占いの重要な鍵を握るのは、月の運行です。宿曜の「宿(しゅく)」とは、天空を巡る月が泊まる、いわば宿(やど)のようなもの。**月は、朔(さく)(新月)~望(ぼう)(満月)~朔を繰り返して満ち欠けし、ほぼ27.3日で軌道を一周しています。その軌道を27等分し、1日ごとに月が宿る星を「宿」としているのです。この「宿」が、この占いの基本となります。**

また、「曜」には「惑星」という意味があり、日、月、火、水、木、金、土のように、日月五惑星から成り立っています。この「曜」と、月が泊まる「宿」が合わさったものが「宿曜」です。

満ちては欠けてを繰り返す月(宿)によるこの占術は、人間の感情や潜在意識を映し出すとともに、人生に彩りと変化を与えてくれることでしょう。

約27日で巡る月のサイクル

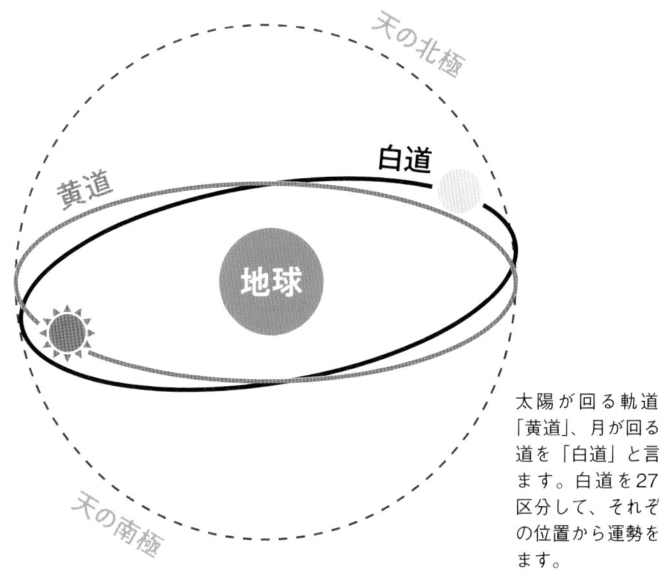

太陽が回る軌道を「黄道」、月が回る軌道を「白道」と言います。白道を27に区分して、それぞれの位置から運勢を見ます。

さらに宿曜占星術は、前世、来世との関わりを示唆するとも言われ、現世での人間模様(相性)、時の吉凶(運勢)も提示してくれます。

宿は、昴(ぼう)、畢(ひつ)、觜(し)、参(しん)、井(せい)、鬼(き)、柳(りゅう)、星(せい)、張(ちょう)、翼(よく)、軫(しん)、角(かく)、亢(こう)、氐(てい)、房(ぼう)、心(しん)、尾(び)、箕(き)、斗(とう)、女(じょ)、虚(きょ)、危(き)、室(しつ)、壁(へき)、奎(けい)、婁(ろう)、胃(い)の「27宿」からなります。

あなたが生まれた日に、月がこのうち、どの星に宿っていたかで、「本命宿(ほんめいしゅく)」というものが決まります。その本命宿から、あなたの性質や運命を紐解くことができるのです。

自分の本命宿がわかれば、基本的な性格・性質、人生の使命、仕事や恋愛の傾向、金運、健康運、さらにはラッキーアイテムまでもがわかります。

本命宿の探し方はP.18で詳しく解説しています。ぜひ宿曜占星術を活用し、あなたの個性を咲かせていってください。

What is Syukuyo astrology 2

人との相性や特定の時期の運勢もわかる

気になる人との相性やベストな付き合い方も判断できる

宿曜占星術で導き出せるのは、個人の特性や使命だけではありません。特定の人との相性が占えるのも、この占術の大きな特徴。詳しくは後述しますが、**恋人、仕事のパートナー、家族、友人などの生年月日から本命宿を知ることができれば、あなたの本命宿との関係性を見ることができます**。その相手とは意気投合するのか、反発しやすいのか。支え合うのか、あるいは競うのか。もちろん、ターゲットとなる相手の本命宿を知ることで、相手の本質についてもさらに理解を深められます。自分と相手の本命宿とその関係性を把握することで、相手と心地良い関係性を構築できるでしょう。

また、**宿曜占星術では特定の時期の運勢も見ることができます**ので、本命宿さえわかれば、自分はもちろん、気になる相手の運勢を導き出すことも可能です。その人がその時、どんな状況で、どんな思いでいるのかといったことにも、思いを馳せやすくなるでしょう。

異なる性質や運命を持つ27種類の宿

01 ぼうしゅく 昴宿 P.26	02 ひっしゅく 畢宿 P.30	03 ししゅく 觜宿 P.34	04 しんしゅく 参宿 P.38	05 せいしゅく 井宿 P.42
06 きしゅく 鬼宿 P.46	07 りゅうしゅく 柳宿 P.50	08 せいしゅく 星宿 P.54	09 ちょうしゅく 張宿 P.58	10 よくしゅく 翼宿 P.62
11 しんしゅく 軫宿 P.66	12 かくしゅく 角宿 P.70	13 こうしゅく 亢宿 P.74	14 ていしゅく 氐宿 P.78	15 ぼうしゅく 房宿 P.82
16 しんしゅく 心宿 P.86	17 びしゅく 尾宿 P.90	18 きしゅく 箕宿 P.94	19 とうしゅく 斗宿 P.98	20 じょしゅく 女宿 P.102
21 きょしゅく 虚宿 P.106	22 きしゅく 危宿 P.110	23 しつしゅく 室宿 P.114	24 へきしゅく 壁宿 P.118	25 けいしゅく 奎宿 P.122
26 ろうしゅく 婁宿 P.126	27 いしゅく 胃宿 P.130			

自分の本命宿はP.18の
「本命宿の出し方」で確認を!!

What is Syukuyo astrology 3

各宿の性質に影響する「宿曜12宮（きゅう）」

太陽の運行をもとにした12宮の存在

「宿曜占星術」には、太陽の運行を基本にした「12宮」の存在があります。P.17の表をご覧ください。各宿は、12宮のいずれかに属します。２つの宮に属する宿もあるため、注意してください。

12宮と言うと、西洋占星術の12星座を連想される方もいるかもしれません。しかし、宿曜12宮は春分点を牡羊座に固定したまま動いていないので、西洋占星術の12星座とは歳差の相違により、現時点では24度異なります。また、12宮が持つ意味も、西洋占星術の12星座とはやや違っています。とはいえ、馴染み深いの12星座の特徴を思い浮かべると、12宮もイメージしやすくなるでしょう。

27の各宿は、12宮に属しているため、この宮からもその性質に影響を受けます。Part 2「本命宿から個性と運命を知る」を見ていただけたら、きっと理解が深まっていくことと思います。

12宮と本命宿の関係

27の宿は、12宮のうちのいずれかに属します。
各宿はそれぞれ、異なる要素を司る12宮からも影響を受けます。

27宿	12宮	西洋12星座・惑星（曜）	司るもの
星宿・張宿・翼宿	獅子宮（ししきゅう）	獅子座・太陽	官位につき、得財を得る
翼宿・軫宿・角宿	女宮（じょきゅう）	乙女座・水星	妻妾、婦人を司る
角宿・亢宿・氐宿	秤宮（ていきゅう）	天秤座・金星	宝庫（金融）関係を司る
氐宿・房宿・心宿	蠍宮（かつきゅう）	蠍座・火星	病気、医療関係を司る
尾宿・箕宿・斗宿	弓宮（きゅうきゅう）	射手座・木星	喜慶ごと、得財を司る
斗宿・女宿・虚宿	摩竭宮（まかつきゅう）	山羊座・土星	争い事を司る
虚宿・危宿・室宿	瓶宮（へいきゅう）	水瓶座・土星	学校、学問を司る
室宿・壁宿・奎宿	魚宮（ぎょきゅう）	魚座・木星	官位、公務を司る
婁宿・胃宿・昴宿	羊宮（ようきゅう）	牡羊座・火星	食品、料理、人事を司る
昴宿・畢宿・觜宿	牛宮（ぎゅうきゅう）	牡牛座・金星	畜産、動物を司る
觜宿・参宿・井宿	夫妻宮（ふさいきゅう）	双子座・水星	妊娠、子孫を司る
井宿・鬼宿・柳宿	蟹宮（かいきゅう）	蟹座・月（太陰）	官庁、弁舌を司る

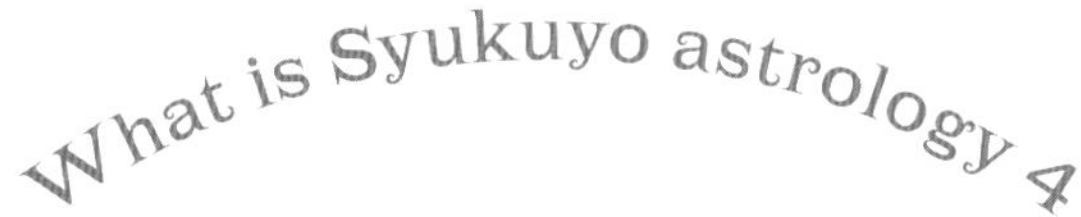

自分を知るための本命宿の出し方

生まれた日によって本命宿は決まる

ここからはいよいよ、「本命宿の出し方」と「宿曜ホロスコープ」の見方をご説明します。**本命宿を知ることで、持って生まれた使命や性質、特定の人との相性、特定の時期の運勢など、さまざまなことを紐解いていくことができます。**

巻末(P.222〜253)の「宿曜暦」より、あなたの本命宿を探します。

P.19の例の場合、1980年７月７日生まれの人は、1980年の宿曜暦で、７月と７日がクロスしたところを見ます。「昴」となっているので、この人の本命宿は「昴宿」となります。この方法は、自分以外の人についても同じです。本命宿を知りたい相手がいる場合は、その人の生年月日をもとに、「宿曜暦」から探し出しましょう。

例えば、1980年８月７日生まれの人なら、1980年の宿曜暦(P.237)を見ます。８月と７日がクロスしたところを見ると「井」なので、本命宿は「井宿」となるのです。

宿曜暦の見方

本書の巻末（P.222〜253）にある「宿曜暦」を使って、
生年月日から本命宿を調べることができます。

1980（昭和55）年

月＼日	1	2	3	4	5	6	7	8	9	10	11	12	13	14	15	16	17	18	19	20
1月	月	井	鬼	柳	星	張	翼	軫	角	亢	氐	房	心	尾	箕	斗	女	虚	虚	危
2月	星	張	翼	軫	角	亢	氐	房	心	尾	箕	斗	女	虚	危	室	壁	奎	婁	胃
3月	翼	軫	角	亢	氐	房	心	尾	箕	斗	女	虚	危	室	壁	奎	奎	婁	胃	昴
4月	亢	氐	房	心	尾	箕	斗	女	虚	危	室	壁	奎	婁	胃	昴	畢	觜	参	井
5月	心	尾	箕	斗	女	虚	危	室	壁	奎	婁	胃	昴	畢	觜	参	井	鬼	柳	星
6月	女	虚	危	室	壁	奎	婁	胃	昴	畢	觜	参	参	井	鬼	柳	星	張	翼	軫
7月	危	室	壁	奎	婁	胃	昴	畢	觜	参	井	鬼	柳	星	張	翼	軫	角	亢	氐
8月	婁	胃	昴	畢	觜	参	井	鬼	柳	星	張	翼	軫	角	亢	氐	房	心	尾	箕
9月	觜	参	井	鬼	柳	星	張	翼	角	亢	氐	房	心	尾	箕	斗	女	虚	危	室
10月	柳	星	張	翼	軫	角	亢	氐	氐	房	心	尾	箕	斗	女	虚	危	室	壁	奎
11月	翼	軫	角	亢	氐	房	心	心	尾	箕	斗	女	虚	危	室	壁	奎	婁	胃	昴
12月	角	亢	氐	房	心	尾	斗	女	虚	危	室	壁	奎	婁	胃	昴	畢	觜	参	井

例　1980年7月7日生まれの人…

宿曜暦で示されている文字が「昴」なので、本命宿は「昴宿」となります。

27宿の位置

27宿は、反時計回りに「昴宿」「畢宿」……「胃宿」という順番に並んでいます。本命宿が12時の位置にきます。

What is Syukuyo astrology 5

宿曜ホロスコープと「三・九の秘法」

相性や運勢を読み解くための奥義、三・九の秘法

27の各宿については、他の宿との配置関係、サイクルなどを表した「宿曜ホロスコープ」で見ることができます。ホロスコープの三重円のうち、外側の円は12宮を表し、外側から２番目の円に27宿が並びます。**そのホロスコープを司る本命宿は、一番内側の円の「命」と重なって頂点にきます**。本命宿ごとに、この「命」の位置が反時計回りに順にずれていくのです。**一番内側の円には本命宿と各宿との関係性を表す文字が並び、これをもとに人との相性や特定の日の運勢を見ます**。「命」を起点として反時計回りの10番目に位置する宿が「業」、19番目の宿が「胎」となります。それぞれを起点に「栄、衰、安、危、成、壊、友、親」が配置されます。

また、「命、業、胎」を起点として27宿が３つに分けられます。命から９宿が「一・九の法」、業から９宿が「二・九の法」、胎から９宿が「三・九の法」となり、合わせて**「三・九の秘法」**と言います。

宿曜ホロスコープ（例：昴宿）

各宿それぞれにホロスコープがあります（各宿の解説ページ参照）。
ここでは「昴宿」を例にして、ホロスコープの見方を解説します。

一番外側の円は「12宮」を表す

ホロスコープの一番外側の円は、「12宮」を表します。本命宿はこの外側にある「宮」の影響も受けています。

内側から二番目の円は「27宿」を表す

ホロスコープの内側から二番目の円は、「27宿」を表します。自分の宿も、相性を知りたい人や運勢を知りたい日の宿もすべてこの中に含まれます。

本命宿の
下は必ず
「命」

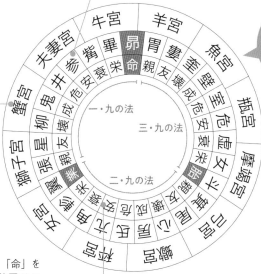

一・九の法

三・九の法

二・九の法

自分の宿である「命」を起点に、反時計回りに10番目に位置する宿が「業」、19番目に位置する宿が「胎」となります。

一番内側の円は「本命宿と各宿との関係性」を表す

ホロスコープの一番内側の円は、「本命宿と各宿との関係性」を表します。「命・栄・衰・安・危・成・壊・友・親・業・胎」の11の関係で示され、ここから人との相性や、特定の日の運勢を判断します。

「三・九の秘法」とは…

「命」から９つの宿が「一・九の法」、「業」から９つの宿が「二・九の法」、「胎」から９つの宿が「三・九の法」となり、これらを合わせて「三・九の秘法」と呼びます。相性や運勢は、この三・九の秘法に基づいて判断していきます。

What is Syukuyo astrology 6

ホロスコープでの位置関係から相性を見る

相手との相性だけでなく、縁の深さまで読み解ける

特定の人との相性も知れるのが、宿曜占星術の特長です。**宿曜占星術では、人間関係での相性を、「安壊（安と壊）」、「栄親（栄と親）」、「友衰（友と衰）」、「危成（危と成）」、「業胎（業と胎）」、「命」の６種に分けます**。これは恋愛関係、友人関係、家族、仕事上での付き合いなど、さまざまな場面に適用できます。

このうち安壊、栄親、友衰、危成には、**「近距離」「中距離」「遠距離」**という概念があります。これはホロスコープでの位置関係に基づくもので、本命宿から見て一番近いところにあるのが「近距離」、二番目が「中距離」、三番目が「遠距離」となります。**同じ関係性でも、距離が近いものほど縁が深くなり、距離が遠いものほど縁は浅くなります**。例えば、P.23の場合、昴宿の人にとって、同じ「親」の関係性でも、近距離の「胃宿」とは縁が深く、遠距離の「箕宿」とは縁がやや浅いと言えるのです。

※ホロスコープからは、相性の他に「命・栄・衰・安・危・成・壊・友・親・業・胎」からなる11の運勢も判断できます。これについてはP.202〜204で詳しく解説しています。

本命宿をもとにした相性の見方（例：昴宿）

自分の本命宿のページを開き、ホロスコープを見てみましょう。
ここから、特定の人との相性を知ることができます（詳しくはPart3で解説）。

近距離

同じ「親」の関係でも、自分の本命宿から見て、一番近いところにあるものを「近距離」と言います。

中距離

同じ「親」の関係でも、自分の本命宿から見て、二番目に近いところにあるものを「中距離」と言います。

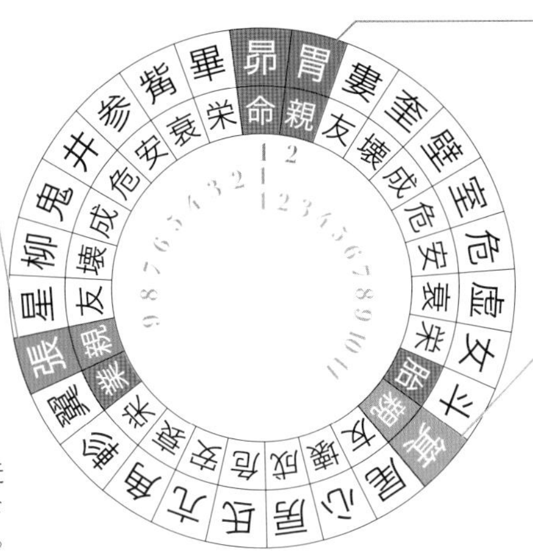

この距離は「縁の深さ」を表していて、距離が近いほど縁が深く、遠くなるほど縁が浅くなります。

遠距離

同じ「親」の関係でも、自分の本命宿から見て、一番遠いところにあるものを「遠距離」と言います。

Step 1 自分の本命宿を割り出す

例えば、1980年7月7日生まれのAさんの場合は、P.237の宿曜暦を見て、7月と7日がクロスした場所を確認します。「昴」となっているので、本命宿は「昴宿」となります。 →

昴宿

Step 2 相手の本命宿を割り出す

相性を見たいときは、相手の生年月日から同様に本命宿を割り出します。例えば、1982年6月8日生まれのBさんについて見たい場合、Bさんの本命宿は「箕宿」となります。 →

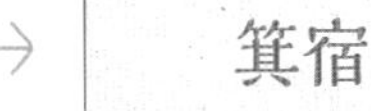

箕宿

Step 3 自分にとっての関係を見る

自分（Aさん）の本命宿は「昴宿」なので、昴宿のホロスコープを見ます。相手（Bさん）の本命宿である「箕宿」の内側に「親」とあるので、AさんにとってBさんは「親」の関係になります。 →

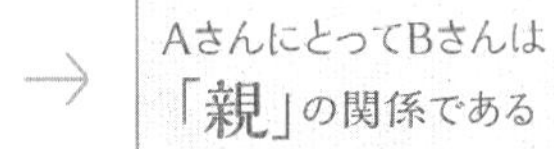

AさんにとってBさんは「親」の関係である

Step 4 相手にとっての関係を見る

箕宿のホロスコープ（P.94）より、箕宿のBさんにとって、昴宿のAさんが「栄」の関係であることがわかります。二人の関係性は「栄親の関係」です（相性についての詳しい解説は、P.136〜138）。 →

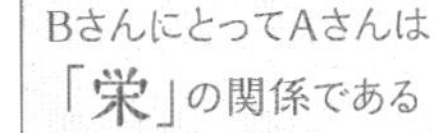

BさんにとってAさんは「栄」の関係である

破壊日に起こった
大きなアクシデント

危険が伴う破壊日。私がこれまで、破壊日に体験したことをお話ししましょう。

テレビ収録の日が、たまたま破壊日に重なってしまったことが何度かありました。できれば収録日は破壊日を避けたかったのですが、スタッフさんたちのスケジュールの関係もあり、致し方なく、その日を承諾しなければならなかったのです。

ある破壊日は、番組のスタッフさんがヘアメイクさんへの依頼をし忘れたとのことで、すっぴんで収録をすることに。そしてまた別の日は、なんと！私の目の前に照明が落下してきたのです。あやうく頭に大ケガをするところでした。

また、一世一代の晴れ舞台の日も破壊日を避けられなかったことで、天候はまるで嵐のよう。おまけに顔はなぜかものすごくむくみ、目はパンパン。とても人前に出られるような顔ではなかったのですが、出席せざるを得ませんでした。

このように破壊日は、大きなことから小さなことまで、何かとアクシデントが起きやすい日なのです。あなたにとって重要なことがある日は、なるべく「壊」の日は避けたほうが良いですね。

本命宿から個性と運命を知る

いよいよ、各「本命宿」を詳しく見ていきます。
各宿の基本性格から持って生まれた才能、
仕事や恋愛の傾向、金運、健康運、
そして開運の秘訣まで詳細にわかります。

01 昴宿（ぼうしゅく）

気品と風格を備えた天性のお嬢様。周囲の引き立てで、成功をつかむ

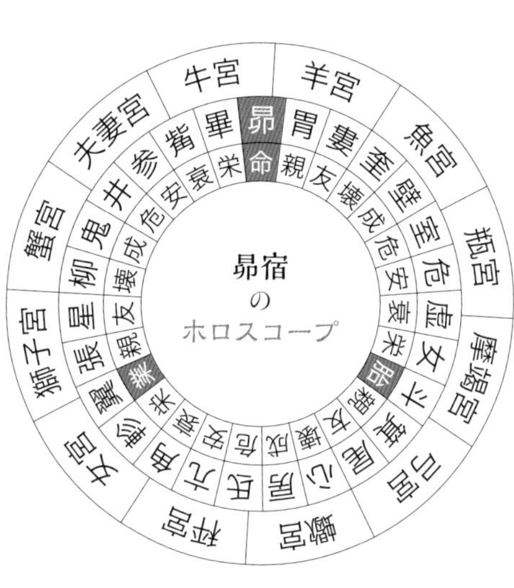

Keywords

統率／気品と風格／お嬢様／聡明／向上心が強い／高級志向

プライドが高く、
エレガント。
周囲からの引き立てや
サポートに恵まれます。

性格と運命　高貴な雰囲気の中に優しさを持つ人

「統率する」という意味を持つ「昴」が司るこの宿の人は、気品と風格を備えた、生まれついての王様やお嬢様。**天からの多くのギフトに恵まれる、幸せに満ち足りた宿で、27宿中最高の吉祥宿**と言えるでしょう。剛と柔を併せ持つことから「剛柔宿」の別名も。宿獣は鶏（にわとり）です。

「昴」が学問、芸術に関わる星であることから、この宿の人は、頭の回転が速く、非常に聡明。子どもの頃はアクティブで遊びに夢中ですが、10代に入ると学問や芸術を好むようになり、話術も冴えるようになります。

基本的には恵まれた環境に育つ人が多く、女性の場合、気品のあるお嬢様タイプの人が多め。もし一般的な家庭に生まれたとしても、いつの間にか気品を身につけるようになり、優雅で余裕のある雰囲気を自然とまとうようになります。

向学心が強いタイプなので、志高く理想を掲げて、それに向かってたゆまぬ努力を重ねていけるでしょう。また、**持ち前の善良さも相まって、目上の人、特に権力者の目に留まりやすく、バックアップをされることも多くなります**。その結果、将来的に名声を得たり、自然と財を築くことができたりする可能性が高くなります。

プライドが高く高級志向な面は、エネルギッシュに人生を歩む原動力ともなりますが、ブランド品や高級レストランなどに固執するあまり、身の丈に合わないお金の使い方をしないよう、ちょっと注意してみると良いでしょう。

また、理想主義的なところもこの宿の人の魅力である反面、悪い出方をしてしまうと、融通が利かない人と見られることもあります。そんな面をカバーしてくれるのは、高い気品の裏に隠された優しさや、即座に場の空気を読んで人に合わせられる、交際上手なところ。こういった素質を上手に活かせば、周囲の人や環境に恵まれ、晩年に名声を得られる運を持つ人です。

＼パワースポット／

高い場所

展望台、屋上など、下を見下ろすような高い場所が良いでしょう。高級感のあるレストラン、ショップ、サロンなども幸運をもたらしてくれます。

守護方位▶西

＼ラッキーアイテム／

枕

象徴は頭。頭に関わるものがラッキーアイテムとなります。帽子やヘアアクセサリーをつける以外に、頭を休ませたり、支えたりしてくれる枕にこだわり、日々の安眠を心がけて。

＼ファッションのポイント／

セレブリティー

気品の良さを醸し出す、高級感の漂うセレブファッションがおすすめ。高貴な雰囲気にハイブランドが似合います。帽子やヘアスタイルにこだわって。

ラッキーカラー▶青

仕事　使命感に燃える、知的なビジネスパーソン

学問、芸術に関わる星に守られるこの宿の人は、探究心と豊かな知識が強み。また、**使命感も強く、「平和を愛し、弱きを助ける」というスピリットを持ち、世のため人のため、仕事に邁進します**。さらに、自尊心が高いので、仕事において誰かにリスペクトされることにも喜びを見出します。

理知的で言葉に力があり、話も上手。人々にさまざまな教えを説く仕事が適職です。例えばジャーナリストや文筆業などに就けば、たくさんの人に素晴らしい教えを説いていくことができるでしょう。あるいは料理研究家など、センスや芸術性を活かした仕事も向いています。

適職　ジャーナリスト／文筆業／語学系教師／芸術家／料理研究家

対人関係　時にはプライドを抑えて相手に歩み寄って

生まれ持っての気品と運の良さで、周囲の人たちからの助けを得やすいタイプ。**上品さが漂うため、交友関係においては、どちらかというとセレブな人たちとの交流が多くなるでしょう**。会話にもどことなく高級感が漂い、話す内容も、学問の探究やアートの追究などが多くなりそうです。

対人関係において、何度か人生で辛いことに遭遇する可能性も。昴宿の人は周囲の人にサポートされることが多いぶん、ちょっとしたことで弱さが出てしまいます。逆境を乗り越える強さを養うとともに、時には高いプライドをちょっと抑え、相手の意見も受け入れていくと、新しい世界が見え、素晴らしい人生が歩めるでしょう。

恋愛・結婚　上品な雰囲気で、男女ともに憧れの的

男女ともに高貴な雰囲気をまとう、高嶺の花。特に**女性はお嬢様タイプなので、相手からアプローチされるパターンが多いようです**。目上の人からの受けが良く、可愛がられるタイプなので、紹介やお見合いで恋が始まることもありそうです。また、権力者から好意を持たれ、不倫など複雑な関係に身を投じることもあります。

モテるタイプですが、理想を追い求め過ぎ、恋活、婚活期間が長引いてしまいがち。相手がなかなか決まらず、晩婚になりやすい傾向です。家庭運は良いほうで、子どもに恵まれ、配偶者からの金銭的、精神的援助にも期待できる宿。ただし、男性は浮気相手に要注意。女性は家庭に意識を向けることが大切です。

健康・美容 大らかでストレスに強い自分を目指して

WeakPoint

頭

気品のある美しさを無理なく身にまとえる人ですが、苦労知らずに育った人はダメージを受けやすい傾向が。精神的ストレスに弱くなり、神経性の疾患にもなりやすいので大らかさを大切に。キーワードは「頭」。**病気やケガは、頭に関するものが多くなりがち**。また、頭を使い過ぎると、疲れやすくなります。あまり思い詰めず、図太いくらいでいることが、健康をキープする鍵です。

お金 金運があり、自然とチャンスを引き寄せる

恵まれた環境で生まれ育つことが多いとされる宿なので、基本的に生まれながらにして金運は良いと言えるでしょう。また、**天性の気品が周囲の人たちを惹きつけるため、さまざまなサポートを受け、結果的にお金が集まってくることが多くなります**。もし、一般的な家に生まれたり、あるいは、金銭的に困窮したりするようなことがあったとしても、自然とお金やチャンスを引き寄せ、状況を変えていける強運の持ち主です。

ただし、理想の自分を追いかけ過ぎるあまり、高級志向に走る傾向が。ブランド品や高級店には目がありません。一生を通じて、浪費には注意していきましょう。

葛藤しやすいこととその解決法

ものへのこだわりが強く、執着心も強め。ものを捨てることに葛藤が感じます。ものを得る幸せよりも、精神的な幸せを得るほうにスイッチを切り替えていくと良いでしょう。

自分を労るためのご褒美

物質的なものに幸せを感じるタイプなので、頑張った時やボーナスが入った時などは、自分に上質なものをプレゼントしてあげると心が潤います。ただし、予算はしっかりと守って。

開運の秘訣

人の助けに頼り過ぎず、自ら道を切り拓いて

高い志、そして持って生まれた徳の高さを意識して、世の中を良くするという使命感を持って生きることで、運が開けていきます。人からのサポートに恵まれやすい人ですが、頼り過ぎず、自分の道は自分で切り拓く気概を。

02 畢宿（ひっしゅく）

強靭な肉体と精神を持つ安定派。人生を通して自分の意志を貫く

畢宿のホロスコープ

Keywords

努力家／底知れぬパワー／たくましさ／頑固／融通が利かない

底知れないパワーを持つタフな人。強い心身を武器に、目標に向かって一人で着実に努力します。

性格と運命 人生を終えるまで労を惜しまない努力家

凄まじい底力を持つ努力家。「畢」という漢字のつくものに、「一生を終えるまでの期間」という意味の「畢生」という熟語があります。この熟語に表される通り、この宿の人は、命が果てるその瞬間まで、底知れぬパワーを発揮し続けます。歩みは決して速いほうではありませんが、何に対しても地道に取り組み、力を尽くしていくことができます。

27宿中で一番体力があり、「畢」という字に表されるように、まるで田んぼを持ち上げてしまえるようなたくましさを持ちます。12宮は牛宮に入り、安定感のある「安重宿」になります。見た目は素朴な印象で、温和な性質。争いは好みませんが、理想を持ち、自立心は旺盛です。身体だけではなく精神面での強さもあるので、信念を持っていて、根気強く理想や目標に向かっていけます。宿獣はカラスです。

子どもの頃は、どちらかというと愛嬌があるタイプではないと言えますが、庶民的な部分が好感を持たれるでしょう。大人になるにつれ、持って生まれたおおらかさも作用して、風格が身についてきます。

聡明ですが口数は少なく、一人でコツコツと努力を重ねるタイプ。**人の意見に惑わされない意志の強さ、恵まれた体力により、確実に目指すべき方向に進んでいけます。その結果、成功を収めることができ、人生半ばには確固たる地位を築いていけるでしょう。**

ただし、頑固で融通が利かないところがあるので、周囲との調和を欠いたり、柔軟性に欠けてしまったりするところには要注意。周囲からどんなに反対されても、頑としてアドバイスを受け入れないこともあるため、時に失敗を招いてしまい、孤独に陥ることもあるようです。周りの人たちと調和して生きることを意識するようにすれば、最終的には大器晩成型の人生を迎えられます。

＼パワースポット／

田んぼ

時には頑なさを緩めることも必要。田んぼなどの田園風景が眺められる場所、牛が放牧されているような自然豊かな場所に行ってみましょう。庶民的な場所も吉。

守護方位 ▶ 西

＼ラッキーアイテム／

ヘアバンド

象徴は額。額に関わるものがラッキーアイテム。スポーツをする時にはヘアバンドをすると、勝負運を味方につけられそう。前髪にアクセントを加えるヘアカラーもおすすめです。

＼ファッションのポイント／

自然体

ナチュラルな雰囲気を目指して。自然素材を使ったアイテムがおすすめ。時には派手めなものに挑戦するのもありですが、基本的には親しみやすい雰囲気が◎。

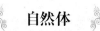

ラッキーカラー ▶ ベージュ

仕事　決めたことを貫く、鉄の意志で信頼される

意志が強い努力家で、体力にも恵まれています。「決心したことをやり抜き通す」というスピリットを示せば、職場で厚い信頼を得られ、一目置かれる存在に。**分析することが得意で、かつ努力することができるので、根気強く難解なタスクに挑んでいくような仕事が向いています**。一つのことをやり抜く強さを持っているので、一芸を極めていく仕事でも花開くでしょう。また、恵まれた体力と根性を活かしていくのなら、スポーツ選手やスポーツ関連の仕事、コーチなどでも能力を発揮できるはず。あなたの仕事を通じて人々に感動を与えるとともに、目標を達成する素晴らしさを伝えられるでしょう。自然や動物に関わる仕事も向いています。

エンジニア、IT関係、スポーツ選手、スポーツ関連、農業、乳業

対人関係　孤独に強いけれど、時には人とも交流を

どんな苦境にもめげず、一度決めた目標に向かって突き進む強い精神力の持ち主。頑張り屋なので自然と運が開け、いつの間にか周囲の人々を導く役割を担うようになります。自立心が旺盛なため、理想や目標の達成のために一人で奮闘します。

一匹狼タイプであるがゆえ、意識していないと人との交流が少なくなりがち。「一人でも大丈夫！」と個人主義を貫いているうち、気がついた時には一人ぼっち、なんてことも。**一人の時間は楽しみながら、時には周囲の人とコミュニケーションをとる時間も大切にしてみると、可能性が広がります**。あなたのことを気遣ってくれる人のアドバイスには耳を傾けて、素直に聞き入れていくことも大切です。

恋愛・結婚　一途で真面目。持ち前の根性で尽くしがち

根気がある畢宿の人。必然的に、一度好きになったら、ずっとその人を愛し続けるような恋愛が多くなります。パワーに溢れるため、自分から積極的にアクションを起こすことも多いでしょう。そのタフさと根性は恋愛でも活かされ、相手のために尽くすことも多くなります。相手に苦労させられても、関係を続けようと粘り強く努力していくでしょう。**女性は仕事と家庭を切り離して考えられる器用さがあり、仕事との両立にもあまり苦労しないタイプ**。結婚生活は安定しますが、夫が過ちを犯した場合、後々までしつこく責め続けてしまう一面も。男性はパワーがあり過ぎて、相手がついていけないケースもあるので、相手の気持ちに配慮した言動を。

健康・美容 体力を過信せず、心身のケアを

WeakPoint
ひたい
額

庶民的な魅力がある人なので、自然体なおしゃれが魅力アップにつながります。**病気やケガは額にしやすいタイプ**。何かに夢中になって、額をぶつけてケガをするなんてことも。体力があって丈夫な人が多く、お酒に強い人も多いでしょう。そのために自分の体力を過信して、病気を見逃してしまうことがあります。体力を過大評価せず、定期検診を受けるのが健康の鍵。過労にも注意してください。

お金 タフさと粘り強さが収入に結びつく

理想や目標を達成させていく気力やスタミナに恵まれているので、おのずと仕事で成功を収めることができ、それが収入にも結びついていきそうです。金銭面では安定していると言えるでしょう。**もし、一時的にお金に困ることがあったとしても、持って生まれた粘り強さにより、自力でその状況を脱することができます**。また、自分の意志をしっかり持っている人なので、甘い話に惑わされたりすることもなく、目標に向かって堅実に努力し、貯金もしていけます。

全体的に金運には恵まれていますが、自己流で突き進み、特に目上の人と対立すると金運を衰えさせてしまうので、寛容な精神を持ちましょう。

葛藤しやすいこととその解決法

自分の考えを頑なに通そうとしてしまうところがあり、それによって周囲から浮いてしまうこともあるでしょう。重要でないことは、「そうだね」と笑って流すスキルを身につけて。

自分を労るためのご褒美

一人を好む性質なので、周囲を気にせず、心置きなくマイペースに過ごせる場所に行くと気持ちが開放されます。誰の目も気にせず、のびのびと過ごして。動物園に行くのもおすすめです。

開運の秘訣

周りの人への感謝の気持ちで運が開ける

持ち前の自立心を活かしつつ、使命感を持って生きていくことです。その中でも独りよがりにならないようにし、「周囲の人がいるからこそ自分が輝ける」という意識を持てば、自立心に協調性が加わり周囲と調和できます。

03 觜宿(ししゅく)

真面目で常識的な勤勉家。話術に長け、周囲から愛される

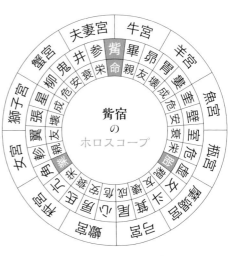

觜宿のホロスコープ

夫妻宮 牛宮 羊宮 魚宮 瓶宮 摩羯宮 弓宮 蠍宮 秤宮 女宮 獅子宮 蟹宮

觜 畢 昴 胃 婁 奎 壁 室 危 虚 女 斗 箕 尾 心 房 氐 亢 角 軫 翼 張 星 柳 鬼 井 参

命 親 友 壊 成 危 安 衰 栄 胎 親 友 壊 成 危 安 衰 栄 業 親 友 壊 成 危 安 衰 栄

Keywords

雄弁家／人から愛される／財運に恵まれる／常識人／不言実行

「觜」が示す通り、
お話上手。
庶民的な雰囲気とは
裏腹に、知性を働かせます。

性格と運命 トークスキルと理性で厚い人望を得る

「くちばし」という意味を持つ「觜」が表しているように、觜宿の人は話をすることが得意。**説得力ある話術と知識で人々を魅了する、愛され上手**です。話術に長けていて説得力もあり、好きなことや夢については、とめどなく言葉が溢れ出てきます。見た目は庶民的な雰囲気を漂わせていますが、学識ある雄弁家タイプです。

27宿中の中では、房宿(ぼうしゅく)と並んで財運に恵まれた宿。12宮の牛宮(ぎゅうきゅう)と夫妻宮(ふさいきゅう)に入ります。「和善宿」なので、和を大切にします。宿獣は日本猿。

真面目な勤勉家であり、常識を身につけた礼儀正しい人。**思慮深さや慎重さも兼ね備え、理性的に行動していきます**。そのため、人からの信頼も厚く、バックアップを受けることも多いでしょう。

基本的には普段は「不言実行」。大口を叩くこともなく、黙々と努力を重ねていくタイプです。その片鱗は子どもの頃から見られることが多く、周囲からは、しっかりした子だと思われています。社会に出てからは、知識ある理論家として活躍していき、社会的地位を築きあげていくこともできるでしょう。

この宿は2タイプに分けられ、一方は、おとなしくて無駄口を叩かず、自分の思うことを心の奥に秘めているタイプ。もう一方は、好奇心が旺盛で、どこにでも顔を出し、何かと口を挟んでいくタイプです。どちらも弁が立つタイプで、豊富な知識とトーク力に優れています。

挫折することもあまりなく、たとえ失敗をしたとしても、深く落ち込んで引きずるということは少ないタイプです。自分自身の努力により身につけた知識や経済力により、人生半ばには、大きく花を咲かせる人もいるでしょう。

ただし、調子が良くなった時こそ、物欲が強くなったり、プライドが高くなったりしないよう注意を。見栄を張ると運を失うことがあるので気をつけましょう。

\パワースポット/

図書館

勤勉家なので、日頃から本を読んだり、知識を得たりするタイプ。あなたにとって、勉強ができる場所は必須。図書館や書店などがラッキープレイスに。

守護方位 ▶ 西

\ラッキーアイテム/

アイブロウ

眉に関わるものがラッキーアイテムなので、アイブロウにこだわってみましょう。また、勉強好きなことから、専門書なども開運の鍵に。緑のブックカバーを使うと、ラッキー度がUP！

\ファッションのポイント/

ベーシック

誰からも好感を持たれるような、品が良くきちんとした印象の服装がおすすめです。流行に左右されず、ベーシックで上品なスタイルを意識してみて。

ラッキーカラー ▶ 緑

仕事　知性と話術を活かし、道を切り拓く

とにかく勉強が好きなので、さまざまなジャンルの勉強をして幅広い知識を得ていきます。愛される人間性により、周囲からバックアップをされることも多い人ですが、その知性によって自力でも道を切り拓いていくことができます。**「頭脳と話術を駆使して世の中に貢献」、そんなスピリットを持って仕事に臨めばどんどん道が開かれていきます**。言葉の扱いに長けているので、アナウンサー、教育関係、ＳＮＳ配信、ラジオパーソナリティー、あるいは弁護士などは天職。執筆業や出版関係も向いています。金銭的な事柄にも優れているので、会計士や税理士でも頭角を現します。自力での起業のほか、援助を受ける運もあるので家業を継いでも。

アナウンサー、教員、インフルエンサー、出版関係、士業

対人関係　礼儀正しさとトーク力で相手の心をつかむ

常識的かつ、人のことを立てる礼儀正しさがあるので好感度は上々。さらに知識豊富でトーク力にも秀でているので、人々を魅了していくことができます。人当たりの良さの裏で、意外にも自分のことを多くは語らない一面が。また、「この人と付き合っておくと有利」などという打算を働かせるところもあります。時と場合によってはその計算高さは身を助けますが、純粋な友だち関係を楽しむようなシチュエーションでは、分け隔てのない交流を心がけることも大切です。

觜宿の中には、口達者なあまり、人の事情に遠慮なく口を挟んでしまう人も。その言葉が相手にとって本当に必要なものなのかどうかを見極めていきましょう。

恋愛・結婚　人気はあるものの、恋愛にはやや臆病

お話上手で品行方正な觜宿の人は、恋愛面でも好感度抜群で人気があります。その一方で、当人は恋愛に対しては慎重派。少し怖がりなところもあるので、成功する確信が持てないと、自分からのアプローチには消極的です。

一転、**恋愛が成就し、交際がスタートしてからは、強い立場をキープしようとします**。口うるさくなると、相手は嫌気が差してしまうこともあるので、少し口調を柔らかめにすることを意識してみると良いことも。結婚願望は薄いほうですが、女性の場合は、家庭を守り、家計管理もきちんと行うようなしっかり者の奥さんになるでしょう。男性は、子どもの手本になるような理想的な父親となります。

健康・美容 病気が長引かぬよう、日頃から健康意識を

WeakPoint

眉

眉と深い関わりがあります。**眉付近のケガに要注意**。また、眉間にしわが寄りやすいので、しかめっ面になっているなと感じたら、笑顔を意識してみましょう。頭痛や高血圧により、眉間のしわが強く出ることもあります。

また、眉は「長く続くこと」の象徴なので、病気をすると長引く傾向が。日頃から健康面の意識を高く持ち、飲酒による病気、大腸の病気にも気をつけていきしょう。

お金 堅実な姿勢で財をなしていく大器晩成型

堅実で慎重な觜宿の人。もちろん金銭面でもその姿勢は崩さず、お金とは真面目に向き合います。普段は羽目（はめ）を外すこともなく、どちらかというと地味なお金の使い方をするタイプ。また、途中で挫折することなく、自分の力で着実に財を築いていけるでしょう。**コツコツと資産を形成し、中年期から晩年期にかけてどんどん金運が上昇していく大器晩成型**です。起業にも適しているので、経営者としても手腕を発揮。家業を継いでも堅実に財を蓄えていけるでしょう。会社員だとしても、有意義な人脈に恵まれるので、安定した収入を得られます。ただし、見栄を張ったり、物欲に走ったりすると、散財してしまうこともあるので、コントロールを。

葛藤しやすいこととその解決法

慎重で堅実な性質の裏で、実は、お金を持っていると、プライドと物欲が強くなる傾向があります。その誘惑に負けないよう、慎重な姿勢を大切に、自分との戦いに勝っていきましょう。

自分を労るためのご褒美

真面目で実直な觜宿の人。そんな自分に、時として疲れを感じてしまうこともあるようです。たまには豪華な食事をしたり、ホテル滞在をしてみたり、贅沢を楽しんで自分を解放して。

開運の秘訣

豊富な知識とトーク力を世のために活かして

豊富な知識とトーク力を世の中のために活かせるかな？という意識と使命感を持つようにすると、さらに日々が輝きます。尊敬する人と信頼関係を築いてバックアップを受ければ、それが夢や目標の実現につながります。

04 参宿（しんしゅく）

新たな世界を切り拓く冒険家。力みなぎる、27宿一の個性派

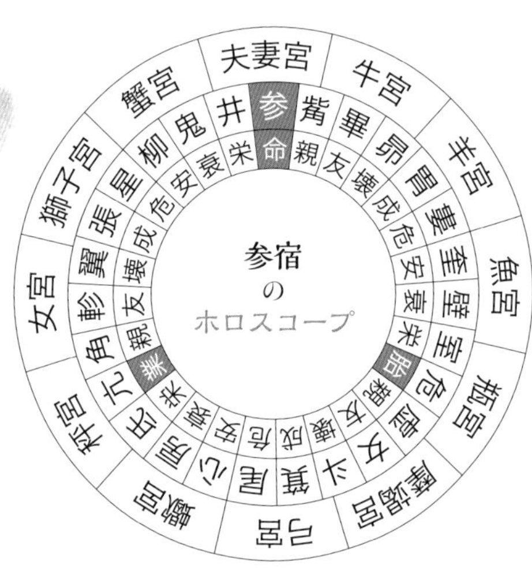

快活で行動力に溢れる熱い人。
常識や前例にとらわれず、
自分の信じた道を
突き進みます。

Keywords

エネルギッシュ／短気
／チャレンジ精神旺盛
／目立ちたがり屋

性格と運命 「新しい世界を見たい」という思いが原動力

「参」というだけに、何事にも参加したがるアグレッシブな性格です。**27宿中一番の個性派タイプでエネルギッシュ**。12宮の夫妻宮（ふさいきゅう）に入ります。短気なところもあり、周囲からの反感を買うことも少なくありません。そのため「毒害宿」という異名も。宿獣は手長猿です。

チャレンジ精神が旺盛で、常に冒険を求めて行動します。周囲にどう思われようと関係なく、自分の意志を貫きます。やりたいと思ったことはやりたいし、新たな世界を見てみたいと思ったらすぐに行動に移したい。そんな思いが参宿の人の軸なのです。

古い習慣や伝統などはものともせず、誰も知り得ないような新しい分野や世界で成功を収めたり、注目をされたりすることも多いでしょう。目立つことも好きなので、注目されることで快感も得られます。

明るい正直者で、裏表のないタイプ。周囲のことを喜ばせるのも好きな人です。行動は迅速で、子どもの頃から、何をするにも素早く動きます。関心があることに対してはあらゆる面でフットワーク軽く実践し、趣味、旅行、転職、引っ越しなど、何に関しても、スピーディに動いていきます。

自分が好きなことを扱う仕事に就く人が多く、斬新なアイデアを出して即実行に移し、一生懸命に働くでしょう。常識にとらわれないところもありますが、基本的には真面目。任されたことには率先して力を尽くすので、目上の人からの信頼も厚いでしょう。持って生まれたパイオニア精神で、社会に貢献していきます。

また、前例にとらわれない人なので、人々が目を向けない分野で、財と地位を築いていく人もいるでしょう。とにかく新しいものへの関心が強いので、人が思いつかないような新しい分野で脚光を浴びます。

＼パワースポット／

結婚式場

たくさんの人と出会い、新たな刺激や出会いが得られ、気持ちが高まるような場所がラッキープレイス。結婚式場など、幸せなムードに包まれる場所は最適。

守護方位 ▶ 西

＼ラッキーアイテム／

アイメイク

参宿の象徴は右側の目、耳、頬。メイクをする時は、特に右目に力強い印象を宿すように意識して。新しいものに好奇心がそそられる人なので、新発売のアイメイクグッズを要チェック。

＼ファッションのポイント／

新作

新しいものがラッキーアイテム。予算と相談しつつ、好きなブランドの新作をチェックして。特に、斬新なデザインで、個性を強調できるものがおすすめ。

ラッキーカラー ▶ 黄色

仕事 独自の感性で、新しい価値観を生む

前例を覆し、新たな価値観を創造していく参宿の人は、独特の感性を活かし、人々の魂に潤いと勇気を与えていきます。誰も真似のできないような方法や感性で企画を考えたり、プレゼンテーションをしたり、作品を生んだりすることに力を尽くします。**ずば抜けたアイデアとパイオニア精神、そして芸術的感性をもとに、人が思いもしなかったような新たなものを世の中に生み出していくでしょう。**基本的に真面目なので、熱心に働きます。

チャレンジ精神が旺盛なので、冒険的な仕事が適職。突出した個性と感性を活かせば、音楽、絵画、文筆など、芸術分野でも力を発揮することができます。

冒険家、芸術家、文筆家、デザイナー、教師、語学関連

対人関係 陽気で純粋。優しい言葉遣いを意識して

明るく正直な参宿の人。**ピュアで陽気、子どものような性格なので、可愛げがあり、人から愛されるタイプ**です。ただし、正直者であるあまり、うっかり言わなくても良いことまで言ってしまい、知らないうちに相手を傷つけてしまうことも。ソフトで優しい言葉遣いを心がけるようにすると、一層周囲の人から信頼されるようになります。

また、我の強いタイプなので、短気なところが出たりすると、周囲からの反感を買うことも。自身の考えを主張するにしても、相手が受け入れやすいように、優しく会話することを心がければ、良好な人間関係を築いていくことができるでしょう。

恋愛・結婚 情熱的にのめり込み、時に暴走も

男女とも、恋多き人生を送る傾向にあります。情熱的な恋をするタイプで、一目惚れも多め。**恋愛に対してもチャレンジャーなので、恋に落ちるとのめり込み、人目を気にせず行動することもあるでしょう。**時には不倫関係になったり、略奪愛に走ったりすることもあります。恋には激しい情念を燃やすタイプですが、男女ともに結婚後はパートナーのことを慮(おもんぱか)るような、優しい伴侶となります。結婚後も働き続ける人は多いでしょう。

ただし、理想は高いのですが、結婚願望自体は低めです。晩婚になったり、独身を通したり、結婚したものの離婚してしまったりすることもあるでしょう。

健康・美容 慎重さを欠いた行動によるケガに要注意

WeakPoint

右目、右耳、右頬

参宿の象徴は、右側の目、耳、頬。**体力はあるほうですが、目や耳の病気に注意を。**チャレンジ精神旺盛でアグレッシブなところは長所ですが、向こう見ずな行動に気をつけ、足などのケガにも注意しましょう。見落としや聞き逃しなどにも警戒して。ウイルス性の感染症の対策もしっかりとると良いでしょう。個人差はありますが、子宮や血圧、肝臓、膀胱に用心しておくことをおすすめします。

お金 仕事熱心なので、着実にお金は増えていく

よく動き、よく働く。そして、自分が心から納得のできるような生き方や、本当にやりたいと思う仕事を選択する参宿の人。自分の選んだ道に誇りを持ち、一生懸命、仕事に取り組むでしょう。**その熱心さで収入は安定し、お金も自然と貯まっていきます。**アーティストとしての才能も持っているので、その世界で成功すれば多大な財を成すことができたり、人が目を向けない分野で、財と地位を築いていったりする人もいるでしょう。基本的にお金に困ることはあまりないタイプですが、好奇心旺盛なので、遊び、旅行、引っ越しなどでの出費も多いようです。独りよがりなところも金運を下げる要因になるので、要注意。

葛藤しやすいこととその解決法

冒険心と好奇心が旺盛な参宿の人。常にチャレンジし続ける人生を送ります。そのために体力、健康、お金の浪費が激しくなることも。体もお金も、無理は禁物。時には慎重さも大切に。

自分を労るためのご褒美

関心があることに猪突猛進なあなた。情熱を傾けている時は、一層、輝きを放ちます。心身の負荷には気をつけながら、そんな自分の性質を尊重して。旅行などに飛び回れば、魂が喜びます。

開運の秘訣

パイオニア精神で突き進みつつ、休息も大切に

パイオニア精神を皆に役立てることがあなたの使命ですが、信頼できる人のアドバイスを聞き入れ、時には自分の考えを修正することも意識してみましょう。そして突っ走り過ぎず、ゆっくりと体を休める時間も大切に。

05 井宿（せいしゅく）

頭の回転が速く、理知的。高い理想を胸に野心を燃やす

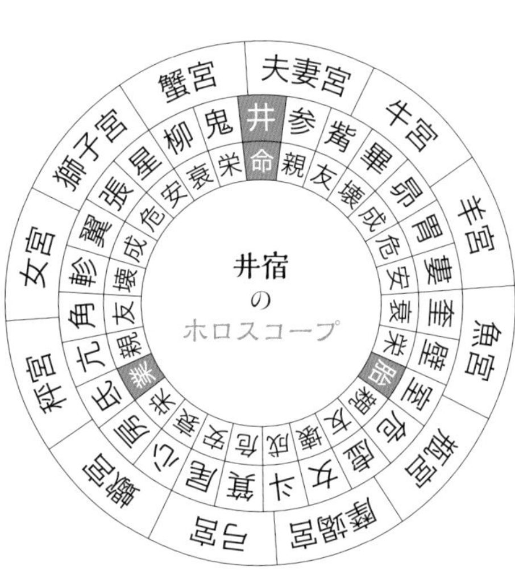

Keywords

インテリ／真面目／野心家／几帳面／クールだが実はナイーブ

**知的で勉強熱心。
実はデリケートな
自分を守るため、
理論武装する一面も。**

性格と運命 弁が立ち、理路整然とした物言いは抜群

「井」は「井戸」の井。井宿の人には、まるで井戸を掘るように、一つのことに対して集中して探求していく力があります。12宮の夫妻宮(ふさいきゅう)と蟹宮(かいきゅう)にあり、理路整然とした話術は27宿の中でも一番と言えるでしょう。合理的なタイプで「軽燥宿」と言われています。宿獣は山犬(やまいぬ)です。

頭の回転が速く、端正な言動のインテリタイプ。集中して物事に取り組んでいくため、自ずと多くの知識を得ることができます。

比較的恵まれた環境に育つ人が多く、幼い頃から真面目に勉強します。研究心や探究心もあるので、いわゆる「勉強ができる子」と言われる場合が多いでしょう。知性と話術で周囲からの信頼を得ていきます。

大人になるにつれ、理想主義を唱え、名声に憧れを抱くようになります。野心家となる傾向があり、組織の中で実力を発揮して、名を挙げていくでしょう。

几帳面できちんとした性格の持ち主で、情報収集や実務面でその能力を発揮。物事を論理的に捉えることも得意です。しかし、自尊心が強く、理路整然とした話し方をするので、時に相手を論破したり、論争をしたりすることも。

感情より理性が立つためクールに見られがちですが、実は優しくてナイーブ。人のために動くようなところもあり、立場が弱い人を守るためなら、上の人に楯突くことさえもあるようです。**人知れずデリケートさや豊かな感情を秘めているため、理論という鎧を身に着けなければならないのかもしれません。**

中年期に挫折するようなこともありますが、その失敗から学びを得て、不死鳥のように蘇(よみがえ)っていきます。そして、井戸を掘るような集中力によって得た知識は、人生で多くの体験をしていく中で、あなたを助けるだけでなく、飛躍するためのチャンスも与えてくれるはずです。

＼パワースポット／

おもちゃ売り場

いつも理知的にものを考え、理論で戦ってしまいます。時には、頭と口を休めて無邪気に笑える場も必要です。幼い頃に夢中になったもので、童心に帰って。

守護方位▶南

＼ラッキーアイテム／

ピアス、イヤリング

耳を印象づけるアイテムをつけて、おでかけしてみましょう。左側の耳だけにしてみるのもおすすめです。また、旅行のパンフレットを眺め、想像の翼を広げて旅をするのも◎。

＼ファッションのポイント／

柔らかさ

知的さを一層引き立てるためにはスーツがおすすめ。ただ、普段はあえて柔らかいイメージのファッションを意識してみると、真面目さが中和されます。

ラッキーカラー▶淡い青

仕事　知的で優秀。平和的精神と知性で貢献を

賢くて勉強熱心、分析力や情報処理能力にも長けている、いわゆる「できる人」。効率的に成果を生み出し、素晴らしい理論展開で周囲の人を唸らせます。**トークに秀でているので、言葉を武器にする仕事は天職**。頭の回転が速く、交渉力もあるので、営業や取引でも力を発揮します。就職するなら、大きな会社や組織が向いています。野心家で名声を愛するので、高い理想に向かって邁進し、望んだ地位を得ていきます。高いプライドに知性が加わった人なので、時に相手を論破しようとする傾向が。トラブルが起きかねないので、平和的な精神を持ってください。平和を愛し、探究心と知性を持って、人々に物事の道理を説いていく。これがあなたの使命です。

評論家、ジャーナリスト、弁護士、教師、営業、ネゴシエーター

対人関係　賢さゆえにプライドが高くなりがち

自尊心が強く、話し方が理屈っぽくなりがち。クールでお堅いイメージを与えてしまうこともあり、優しい内面を持ちながらも、人とフレンドリーな関係を築くのは、どちらかというと苦手です。**論争好きなところもあり、つい目上の人や強い立場の人に対して、負けまいとして言い返してしまうこともあるでしょう**。

同世代の人には、同じスタンスに立ったフレンドリーな接し方や話し方を心がけるようにし、目上の人たちには、戦おうとせず、平和的な接し方をしていきましょう。時には謙虚になり、相手に優しさを向けることで、楽しい交友関係が自然と築かれ、人間関係でトラブルが起きることもなくなっていくはずです。

恋愛・結婚　理想を押しつけず加点方式で向き合って

自分が思い描く高い理想を相手に押しつけてしまいがち。恋活や婚活をしたり、出会いのイベントなどに行ったりすることは稀(まれ)です。参加したところで、感情に流されるタイプではないため、関係は進展しにくいでしょう。高望みをして「周りに良い相手がいない」と思い込むことも多く、晩婚になったり、独身を貫いたりも。若い頃に結婚した場合も、自分の理想と合わず、離婚することも少なくないようです。ただし、結婚・離婚で学びを得て、再婚して添い遂げるケースも。

結婚願望がある場合は、周囲の人の良いところに目を向ける習慣をつけると良いでしょう。男女とも、紹介やお見合いなどから恋愛、結婚に進展することが多めです。

健康・美容 リラックスタイムを設けてストレス緩和を

WeakPoint
左目、左耳、左頬

井宿は、顔の左側の目、耳、頬と深い関わりがあるので、**目、耳の病気に注意**。子どもの頃は体が弱い場合もありますが、成長とともに健康的になっていくでしょう。

また、気づかないうちに精神的ストレスを溜めがちです。ストレスによる目や耳の病気、顔面麻痺(まひ)、躁鬱(そううつ)病に注意し、リラックスする時間を意識的にとってください。肺炎、喘息(ぜんそく)などの気管支関係の病気にも注意が必要です。

お金 知性と話術を活かし、財を成していく

野心家で探究心旺盛、話術に秀でたインテリジェントな人なので、職場や友人からの信頼度は抜群。自らの能力で高い社会的評価を得たり、組織で認められて役員などの地位を得たりすることで、多くのお金を手にすることができるでしょう。

会社勤めでないとしても、高いトーク力や事務処理能力などを活かした職種で活躍することで、高収入を望めます。金銭感覚にも優れているので、効率的に貯金を増やすこともできるでしょう。**一見クールで合理的な人ですが、意外にも情に脆(もろ)いところがあります**。立場の弱い人のためにお金を貸したり、保証人になったりして、金銭的に困らないよう、注意を払いましょう。

葛藤しやすいこととその解決法

賢く負けず嫌いで、相手を言い負かそうとしてしまう面が。それにより関係性が悪化してしまうこともあるので、時には「負けるが勝ち」と言い聞かせ、心穏やかに、柔らかな言葉遣いを。

自分を労るためのご褒美

時には、強い野心をちょっと休憩させるつもりで、ゆったりと時間が流れるような場所に行ってみましょう。優雅な雰囲気のお店や自然に囲まれた場所で、ストレスを軽減させて。

開運の秘訣

言葉の力を、相手を幸せにするために使って

言葉は戦うための武器にもなりますが、相手を優しく包み込むこともできるもの。恵まれた頭脳と話術を活かし、相手の心に響く言葉を紡ぐことが、あなたの幸せにも結びつきます。会話する時は、口角を上げてにこやかに。

06

鬼宿（きしゅく）

想像力豊かで、自由奔放。独自の世界に没頭する

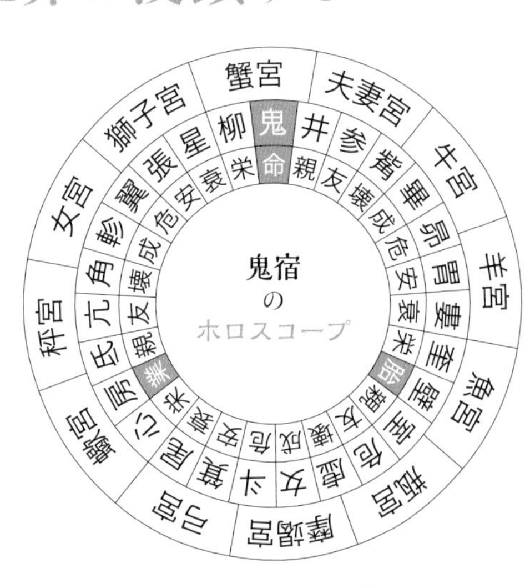

Keywords

個性的／気まぐれ／自由奔放／我が道を進む／社交的

27宿中、
一番「変わった人」だと
思われやすい個性派。
独特な発想の持ち主です。

性格と運命 人目よりお金より、自分の世界観が大切

「鬼」という想像上の魔物のように、想像力が豊かで、個性的な発想やアイデアで人々をびっくりさせる人。12宮の蟹宮（かいきゅう）にあり、精神世界を好みます。**27宿のうちで一番、変わった印象を与えるタイプ**と言えるでしょう。「急速宿」とも言われ、動きは敏速、気まぐれに見られるところもあり、一か所に留まっていられません。宿獣は羊です。

子どもの頃は、比較的おっとりして見られます。それは、空想の世界に入っていたりするから。大人になってからは、好奇心は旺盛で無邪気さを残しながらも、社交性が顔を出し、陽気でフレンドリーな性質が色濃くなっていきます。

人が思いつかないようなことをしたり、急に方向転換をしたり、ふらりと出かけたり……自由奔放なその姿が、周囲には気まぐれに映ったりしますが、当人としては、しっかりとした考えがあってのこと。本人の中では当たり前のことをやっているだけなのです。人の目に映る姿より、自分の発想や思いつきを大切にしたいため、人から束縛をされることを好みません。

社会に出てからは、自分の進むべき道を見つけて歩んでいきます。**普通の人が関心を示さないようなことに興味を持つことが多く、その道を追究していくでしょう。**それがプラスに働けば、思ってもいなかったビジネスチャンスにつながることもあります。

独自の世界に没頭する人なので、時に予算などは度外視することも。何のお金にもならないことに対して、エネルギーを注いだりもします。特に精神的に感銘を受けたものに心が動かされることが多いようです。そのように自身の心が強く揺さぶられたものは、霊的で不思議な力によって昇華され、やがて、あなたの軸となります。それが将来的にあなたの指針となる場合も多いでしょう。

\パワースポット/

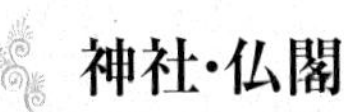

神社・仏閣

スピリチュアルな能力が高く、直感や霊感が強い人なので、気の赴くまま辿り着いた場所がパワースポットに。神社、仏閣や教会なども落ち着くでしょう。

守護方位 ▶ 南

\ラッキーアイテム/

ノーズシャドウ

ノーズシャドウやハイライトなど、鼻を美しく見せるアイテムを取り入れると、あなたの魅力が引き立つはず。スピリチュアルな本もおすすめです。好奇心が掻き立てられるでしょう。

\ファッションのポイント/

個性的

周囲が驚くようなアイテムがあなたにはよく似合います。ちょっとファンタジー感があったりするような、個性がキラリと光るアイテムがピッタリです。

ラッキーカラー ▶ 金色

06・鬼宿

仕事 発想力を活かせる自由な環境が理想

奇抜な発想と優れた直感が強みの自由人。豊かなイマジネーションと、一味違ったアイデアで道を切り拓いていきます。**あなたのひらめきは宝物。そのひらめきや発想、空想を武器に、のびのびと個性を活かして仕事に臨める環境が理想的です。**

フリーダムな性質を持つ人なので、きっちりとした働き方を求められ、定刻が決まっている仕事よりも、自由な時間と空間の中で働くような仕事が向いています。会社員として働く場合も、発想や感性を活かせるような部署に配属されると本領を発揮できます。発想力があるのでライターや作家は適職。精神世界への強い関心を活かせば宗教家、あるいは親身になれるところを活かせば教師も向いています。

ライター、作家、コンサルタント、企画関係、宗教家、教師

対人関係 自由を愛すため、不思議な人だと思われがち

自由を愛し、時に周囲から気まぐれだと思われることも多いあなた。どことなく不思議な人、変わった人、人と同調しない人、どこか違う次元にいる人……といった印象を相手に持たれることも多くなります。あなたのそんな性質を素敵に感じる人ももちろんいる一方で、不信感を募らせてしまう人もいるかもしれません。人が関心を示さないことに熱中になるあまり、時に周囲から孤立してしまうことも。

他人のことは気にしないタイプですが、対人関係においては、持って生まれた陽気でフレンドリーな一面もぜひ活かしてみましょう。社交性を発揮することで、周囲の人と素晴らしい関係が築かれ、あなたの可能性が広がっていきます。

恋愛・結婚 「自分がいないと」と思わせる愛され体質

恋愛には前向き。好意を抱く人が現れたら、積極的に行動して激しい恋に身を焦がすこともあるでしょう。ただし、熱しやすく冷めやすいタイプなので、あまり長続きしない傾向にあります。さらに、フリーダムな行動や生き方を好む人なので、相手から束縛されるのは苦手。一方で、フレンドリーで明るい面も持っているため、恋愛相手として魅力的に思われることが多く、人気が高いでしょう。

自由な生き方が危なっかしく見えるのか、**男女ともに、相手に「この人には自分がいなければダメなんだ」と思わせるようなところがあり、天性の愛され体質**と言えます。結婚したら、相手に尽くし、家庭、子どもを大切にしていきます。

健康・美容 オーバーワークに注意し、しっかり睡眠を

WeakPoint
鼻、骨

鬼宿の象徴は、鼻、骨。**鼻炎や鼻骨骨折には気をつけましょう**。また、一か所に留まっていられず、好奇心の赴くままに行動してしまうため、過労や寝不足による体調不良にも注意を払い、自分を労るようにしてください。

さらに、突発的な病気やケガにも注意し、健康診断や検診もこまめに受けてください。食べ過ぎによる生活習慣病にも注意していきたいところです。

お金 「好き」が最優先。予算は度外視する傾向

個性的な発想やアイデア、人が思いつかないことに興味を持つ性質なので、その独自性を武器に、仕事で成功を収められる可能性を秘めています。強みを活かすことで、自然と収入もアップしていくでしょう。

自分の好きなこと、心から幸せを感じられることが明確で、揺らぎません。信じた道を勇ましく進み、その道を追求していくことで、お金に恵まれることもあるでしょう。ただし、**好きなことに熱中することが最優先事項であるため、金額は二の次に**。収入が不十分でもあまり気に留めません。結果的に、金銭面が潤わない場合もありますが、それでも精神的には充足していることでしょう。

葛藤しやすいこととその解決法

好奇心の赴くまま行動をしたいのに、それができない環境や状況に陥ると辛い気持ちになります。持ち前のフレンドリーさを活かして協力者を募り、力を借りるようにしてみましょう。

自分を労るためのご褒美

自由にあちこち飛び回るあなた。行動的に飛び回ることで満足しますが、時に心身がついていかず、過労気味になることも。爆睡タイムを作り、心身を休ませることが大切です。

開運の秘訣

時には周囲と調和する精神も大切に

型にとらわれない自由な感覚や言動はあなたの魅力でもありますが、時には場の空気や相手に配慮する心も育み、フリーダムな行動を抑えることも必要。世の中と調和しながらのびのびとしたアイデアを活かすようにして。

07 柳宿（りゅうしゅく）

穏やかながら、内面は熱狂的。サポートを得やすい強運の持ち主

柳宿のホロスコープ

蟹宮 / 夫妻宮 / 牛宮 / 羊宮 / 魚宮 / 瓶宮 / 磨羯宮 / 弓宮 / 蠍宮 / 秤宮 / 女宮 / 獅子宮

柳 命 / 鬼 親 / 井 友 / 参 壊 / 觜 成 / 畢 危 / 昴 安 / 胃 衰 / 婁 栄 / 奎 胎 / 壁 親 / 室 友 / 危 壊 / 虚 成 / 女 危 / 斗 安 / 箕 衰 / 尾 栄 / 心 業 / 房 親 / 氐 友 / 亢 壊 / 角 成 / 軫 危 / 翼 安 / 張 衰 / 星 栄

Keywords

支援される／優等生／正義感が強い／熱しやすく冷めやすい

自分が好きなことにのめり込む時の熱さは圧倒的。ただ、熱が冷めると一気に相手との関係を断つことも。

性格と運命 人との縁に恵まれ、可愛がられる性質

周囲の人たちからの助けに恵まれる、柳宿の人。生まれながらにして人からの支援に恵まれやすい、強運の持ち主です。**柳の木の枝や葉が幹に重なり合うように、状況に応じてあなたという幹に、幸せを運んでくれる人々が重なり合って来てくれます。**12宮の蟹宮(かいきゅう)にあり、宿獣は子鹿です。

幼少期は、親に対して従順で、優等生的な印象を与える、いわゆる「いい子」です。周囲の人からサポートされたり、可愛がられたりする性質は、その頃から発揮されます。**成長するにつれ、穏やかな雰囲気を漂わせつつも、自分が関心のあることには熱狂的にのめり込むようになっていきます。**その激しさは、27宿の中で随一。宗教など、自分の信条とするものにエネルギーを注ぎ過ぎると、周囲とうまくいかなくなることもあるようです。

熱血タイプで、正義感も強く、そんなあなたに魅力を感じる人も多くいるでしょう。そういった人たちが、結果的にあなたに幸運を引き寄せてくれます。人から好印象を持たれやすいタイプで、基本的には交際上手と言えます。

ただ、「毒害宿」の異名を持ち、気に入らないことがあると、今まで良好な関係性にあった人にさえ、毒を吐くような態度をとり、一気にその関係に自ら幕を下ろしてしまうこともあります。好意や熱い気持ちを抱いていた相手にも、いつの間にかその気持ちが冷め、自ら離れていくという選択をしてしまうことも。

たとえ熱い気持ちが落ち着く時期を迎えたとしても、露骨に相手をシャットアウトするのではなく、良い人間関係を保つように努力すれば、幸運を逃すことはないでしょう。熱いハートや正義感などの長所を活かしつつ、相手に対してヒートアップし過ぎず、入り込み過ぎず、距離感を上手にコントロールしていくことで、良い関係性がキープできるでしょう。

07 柳宿

\パワースポット/

試合会場

熱い気持ちが掻き立てられるようなスポーツ施設や観戦会場が、あなたの本質に訴えかけます。持ち前のパワフルさで楽しむことができるでしょう。

守護方位 ▶ 南

\ラッキーアイテム/

歯ブラシ

歯に関するものが幸運を招きます。歯ブラシや歯磨き粉にはこだわってみましょう。また、翻訳本もあなたの知的好奇心を満たすアイテム。持ち歩くと幸せのお守りになります。

\ファッションのポイント/

月のモチーフ

蟹宮なので、月や月モチーフのアイテムはハートが燃えます。また、熱狂的な性分のため、基本的に動きやすい服装のほうが行動が制限されず、合うでしょう。

ラッキーカラー ▶ すみれ色

仕事　熱い魂を言葉に込め、人々の心を動かして

熱い気持ちで仕事に取り組む頑張り屋。持って生まれた強運により、周りの人たちからのサポートを受け、自然とチャンスをものにしていきます。好きなことに熱中する性格なので、自分が愛せるものに携わると力を発揮できます。**あなたの熱心な思いやエネルギーは人々に伝播(でんぱ)し、心を打つでしょう**。特に言葉を使う仕事、メッセージを伝えるような仕事では、魂が宿った熱い言葉を伝えることができます。説得力がある人なので、政治家や宗教関連、弁護士、芸能関係なども向いています。熱中しやすい性格から、ジャーナリスト、学者、教授、伝統芸能の師匠など、一つの道を極めるような仕事も適職です。海外に関する仕事も吉。

政治家、法律家、宗教関連、貿易、芸能関係、文筆業

対人関係　持ち前のピュアさと熱さで人々を魅了

ピュアで情熱的なところが魅力のあなた。その熱さが人々を魅了して巻き込むとともに、自ずと支援され、助けに恵まれる運を持ちます。ただし、熱しやすくて冷めやすい一面が出てしまうと、これまで素晴らしい関係性を築いてきた人に対しても突然興味を失い、関係を途絶えさせて相手を困惑させてしまうようなところも。

白黒どちらかにカテゴライズしようとするのではなく、時にはグレーゾーンも楽しむ意識を持ちましょう。たとえ熱い感情が持てなくなったとしても、円滑な人間関係を保つことはできるはずです。また、怒りっぽいところが出てしまうと人との関係に亀裂が入ってしまうので、時に熱さを封印し、冷静さを意識しましょう。

恋愛・結婚　情熱を燃やし、激しく恋い焦がれる

持ち前の情熱は、恋愛となると一層その激しさが増します。まるで憧れのスターや「推し」に熱狂するように、恋愛相手に対しても、燃えるような想いを注ぐ……そんなスタイルが、柳宿の人の恋のデフォルトです。逆に、**熱狂しない相手との恋愛は考えられず、激しく感情が揺さぶられない状態は、あなたにとって恋しているとは言えない**のです。好きだと思ったら後先考えずにアプローチするので、相手が根負けして交際に至るケースもあるでしょう。障害にも屈さず、むしろライバルがいれば、さらに恋する気持ちは高まっていきます。結婚後は激しさも落ち着きますが、家庭以外のことに熱い気持ちが向いた時は要注意です。

健康・美容 歯のメンテナンスには力を入れて

WeakPoint

歯

柳宿のシンボルは、歯。**歯の病気には気をつけ**、日頃からメンテナンスや定期検診を心がけるようにしましょう。また、高血圧や心臓、胃腸の病気にも注意が必要です。

さらに、頑丈そうに見えますが、見かけほど強くはないので健康への過信は禁物です。何かに熱中するあまり、周囲への注意が散漫になりがちなので、スポーツ中のケガにも気をつけてください。

お金 金運は強いが、熱中すると散財の傾向が

もともと金運に限らず、あらゆる運に恵まれている柳宿の人。お金に困るシーンもあまりなさそうです。さほど意識していなくても、自然と周囲からのバックアップを得られることが多いため、それにより財を築くこともあるでしょう。

熱中できる性質を活かし、自らも社会人として活躍する場面を経験したり、頼りにされたりして、しっかりと収入を得ていくことができます。起業して高収入を得る場合もあるでしょう。ただし、**宗教や何かに夢中になってしまった時には注意が必要**です。大金を寄付してしまったり、「推し」を追いかけてお金をつぎ込んでしまったりと、身の丈に合わないお金の使い方には気をつけましょう。

葛藤しやすいこととその解決法

熱い気持ちは、気性が激しいということと同義語。あなたの情熱は尊いものですが、潤滑な人間関係を保つには、時には火を消す作業をすることも必要。相手に歩み寄る柔和さを持って。

自分を労るためのご褒美

熱くなれる対象がないと、まるで、火の点いていないキャンドルのようになってしまいます。あなたが心から推せる、「熱狂できる対象」を自分にプレゼントしてあげることがご褒美に。

人と幸運を分かち合う気持ちを持って

熱い魂を宿す柳宿の人。熱の込もった語りで人々を導き、救うことができます。その使命をぜひ大切にしてください。また、周囲から幸せをプレゼントしてもらえる運を持つので、自分が持っている幸運も、意識的にシェアを。

08

星宿（せいしゅく）

努力と信念で壁を乗り越え、願いを叶えるため疾走する働き者

Keywords

働き者／自ら壁を乗り越える／無愛想／手段を選ばない

星に祈りを捧げるように、
大きな目標に向かって邁進。
懸命に努力し、
欲しいものを手に入れていきます。

性格と運命 夢を追い求める、大器晩成型の努力家

「星」がつくこの宿の人は、まるで星に願いを込めるように、大きな理想と夢を持ち、それに向かって一生懸命に力を尽くします。12宮の獅子宮(ししきゅう)にあり、27宿中一の働き者。宿獣は馬です。

子どもの頃は、どちらかというと愛嬌がない子のように思われますが、ひとたび目標を持てば、それに向かって懸命に努力することができます。その姿勢は成長に伴って花開き、社会に出るようになると、一層評価をされるようになるでしょう。次第にリーダーとして抜擢されるようなことも多くなり、社会に認められる存在となります。その結果、さらに大きな夢を抱くようになるという、良いスパイラルが生まれるでしょう。

目の前に壁が立ちはだかっても、人に頼るのではなく、自らの努力や信念により、その壁を乗り越えていく強さを持っている人。**暗闇の中で懸命に星に願いをかけるように、彼方の目標に向かってひた走ります**。どちらかというと大器晩成型なので、若い時に評価を得られなくても、未来を楽しみに、腐らずに自分の道を歩んでください。

大人になっても無愛想な面は残ります。また、独自の道を貫いていこうとするため、人から反感を持たれることも少なくありません。「猛悪宿」の異名を持ち、目的を達成するためなら、時に手段を選ばないような行動に出る場合もあります。その反面、人に分け隔てなく接したり、世話してあげたりする優しさも持ち合わせているので、反発しそうな時は、あなたの強情さを和らげてみると良いでしょう。

神様などへの信仰心は厚く、それが夢を叶えていく原動力になることもあるようです。いずれにしても、**人一倍働く人なので、どんどん願いを叶えたり、欲しいものを手に入れたりしていけるでしょう**。

\パワースポット/

不動産屋

建物や土地に関する意味を持つ星宿。不動産屋巡りをしたり、旅行代理店を訪れたり、さまざまな土地に思いを馳せることが、強さに磨きをかける開運の鍵に。

守護方位 ▶ 南

\ラッキーアイテム/

ネックレス

首やうなじに関するものが吉。首を美しく見せるネックレスにこだわってみましょう。スポーツに関するアイテムもおすすめ。心と体をほぐす起爆剤となってくれます。

\ファッションのポイント/

古風

派手なものよりも、やや地味なもののほうがしっくりくるタイプ。最新ファッションで身を包むより、古風なものを選び、上品な佇まいを意識してみて。

ラッキーカラー ▶ オレンジ

仕事　一心不乱に働き、望んだ成果を得る

目標に向かってがむしゃらに努力することができる人。**叶えたい夢を定めたらまっしぐらに突き進み、27宿でトップの仕事熱心さを見せます**。その辞書に「妥協」という文字はありません。特に自分の好きな分野なら、遺憾なく力を発揮していけるでしょう。形式的な仕事よりは、個性を発揮できる仕事が向いています。

凄まじいバイタリティーを持つ人なので、周囲が目を見張るくらいの勢いで一生懸命に働きます。その努力は実を結び、やがて望んだスキルを手に入れられたり、願いを叶えたりすることができるでしょう。その道のエキスパートとして活躍する人も。学問、芸術、芸能に関する仕事は適職です。

芸能、芸術関連、学者、研究者、教師、宗教関連、不動産関連

対人関係　相手に同じ熱量を求めないことが鍵に

一生懸命に働き、夢を叶えていくあなたはとても眩しい存在。願望実現の力を備えるあなたの周りには、自分の夢を託したいと願う人も多く集まってきます。**一見、地味めで無愛想な印象を与える場合もありますが、実は人の面倒を親身にみる優しさを持っています**。ただし、自分が努力できる性質だからといって、同じ熱量を相手に求めないように注意。人によって、ペースも実力も違うもの。誰もがあなたのように頑張れるわけではないことを心に留めておくと、周囲の人に対して寛大に接することができ、良い人間関係を築けます。相手の良いところや、できている点を褒めてあげたり、短所を受け入れてあげたりすると良いでしょう。

恋愛・結婚　星に願いをかけるように、理想を追う

まるで星に熱心に願いを込めるように、恋愛でもロマンと美学を満たすような相手を強く望みます。理想に叶う相手を追い求め、いくつもの恋を経験していく場合もあるでしょう。**運命の相手に対して高い理想があるので、常に真剣勝負という思いで恋愛に臨みます**。嫉妬心も強く、その執着心が時に相手に重いと感じられてしまうこともあるので、要注意です。

一方で、恋に臆病になってしまったり、意地を張ったりすることもあり、なかなか関係を進展させられないケースも。妥協しないので晩婚になりがちですが、いざ結婚したら、家庭的で世話好きに。経済面もしっかりしているようです。

健康・美容　失敗にめげないポジティブさを持って

WeakPoint

首、うなじ

星宿は、首、うなじを象徴します。**首、うなじの病気やケガに気をつけましょう**。つい頑張り過ぎてしまうので、肩こりやストレートネックになりがちです。頚椎椎間板(けいついついかんばん)ヘルニアにも注意が必要です。

また、夢の実現が叶わなかった時に落胆し、胃腸や十二指腸、精神面でダメージを受ける場合も。チャンスはいくらでもあります。次の機会を楽しみにする精神で。

お金　懸命に働き、着実にお金を貯めていく

働き者の代名詞のような星宿の人。努力することで自身の知識を高め、望んだスキルを習得していきます。その結果、仕事でも目覚ましい活躍を見せるようになり、いつの間にかお金が貯まっていたということも多いでしょう。**きちんとお金を貯めることができる人なので、散財することもなく、通帳の数字も着実に増えていくよう**です。不動産にも縁があるので、購入した土地やマンションが、いつの間にか値上がりし、利益を得るということも期待できるかもしれません。

ただし、情けをかけて、人のためにお金を使ってしまうこともあるので、その点は気をつけたいところです。

葛藤しやすいこととその解決法

頑張り過ぎる傾向がある星宿の人。常に「まだまだやれる」と無理をしがちなので、時にはそんな気持ちを捨てることも必要。リラックスできる時間を作り、マッサージ店などでケアを。

自分を労るためのご褒美

常日頃から頑張り続けるあなたにとって、ゆっくりできるヒーリングタイムが最高のご褒美に。時には、何もかも忘れ、ボーッとする時間を作って。のんびり旅行するのもおすすめです。

開運の秘訣

人をサポートすることに使命感を持って

世話好きの一面があるあなた。理想と夢に向かって働くとともに、人をアシストすることに使命感を持って生きてみましょう。無愛想な面や意地っ張りな面で、誤解をされないように、あなたの持つ優しさを意識して。

張宿（ちょうしゅく）

自己演出力に長けたリーダー。華とセンスで注目を浴びる

Keywords

自己プロデュース力／度胸がある／実は繊細／器用で賢い

華があって成功願望も強い、
主役タイプ。
自分がプロデューサーとなり、
自身の可能性を広げていきます。

性格と運命 強い影響力を持ち、自分を効果的に演出

「張」には広げるという意味があり、張宿の人は、自分の可能性を自分自身で広げていく、そんな自己プロデュース力に優れています。

基本的に華がある人が多く、自分を主役に踊り出させるプロデュースぶりは、27宿中一番と言えるでしょう。肝の据わり具合も、上位に入ります。12宮の獅子宮にあり、「猛悪宿」。良くも悪くも人に対する影響力が大きく、時に、相手にとって不利益な結果をもたらしてしまう場合も。宿獣は鹿です。

意外にも子どもの頃は運が強いタイプではありませんが、成長するにしたがって、どんどん運気が強くなっていきます。野心がメラメラと湧き上がってくるようになり、成功願望が強大に。それが生きる原動力となるでしょう。

実は内面には繊細さも隠し持っているのですが、周囲からは豪快で頼りがいがあるように見られています。必然的にリーダーとしての役割を担うことも多くなり、活躍の場も増えていくでしょう。

器用で賢い人なので、絶妙なトークやパフォーマンスにより、自分を効果的に演出。その結果、目立つ存在となり、人気や名声を得ていきます。**説得力もあり、独自のトークを繰り広げられる人なので、人の気持ちを動かし、魂を揺さぶることもできます。幅広い層の人から愛されていくでしょう。**

ただ、大風呂敷を広げて人を丸め込もうとしたり、高い地位に就いた時に見栄を張ったりすることもあります。時に、その言動により、立場の弱い人を威圧してしまうこともあるかもしれません。知恵もあり、粘り強く理想に向かって努力していけるあなたは、もともと周囲の人にバックアップされることも多い人。その厚い人望を壊してしまうことがないように、言動には細心の注意を払うことが幸運を呼ぶ鍵となります。

＼パワースポット／

ステージ

パフォーマンス能力やプロデュース力に長けた人。ステージのような目立てる場所があるなら、そこがパワースポット。スポーツ施設なども活躍の場に。

守護方位 ▶ 南

＼ラッキーアイテム／

ストール

肩に関するものがよいので、ストールが◎。特に右肩に目が行くように巻いてみましょう。張宿の人にとって、誰かにプレゼントすることも開運行動なので、大切な人には贈り物を。

＼ファッションのポイント／

目立つ

持って生まれた華を、一層活かせるようなファッションアイテムをセレクトしてみましょう。パッと人の目を引くような、艶やかなものがお似合いです。

ラッキーカラー ▶ 赤

仕事　生きた言霊で人々の心を揺さぶる

強い説得力を持ち、独自のトークを繰り広げられる、「生きた言霊（ことだま）」を持つ人。言葉によって人の気持ちを動かし、魂を揺さぶることができます。言葉を生むという点では、記者、ジャーナリスト、リポーター、評論家、司会者、あるいは言葉を伝えるという点では、政治家、官僚、教師などが向いているでしょう。華があるので、タレントや俳優など、パフォーマーも適職。**自分をプロデュースする力が秀でているので、一般的な企業に勤めた場合も、めきめきと頭角を現します**。見栄っ張りなところもあるので、誰もが知るような組織で働いたり、「すごい」と言われるような仕事に就いたりすることで、自身の気持ちを充足させられます。

適職　マスコミ、評論家、司会者、芸能関係、スポーツ業界、花形職業

対人関係　虚勢を張らず、繊細な自分も受け入れて

一見、風格を漂わせるあなた。実は繊細さを隠し持っているものの、それを表に出さず、リスペクトされる自分を演じてしまうところがあります。演じているうちに理想の自分像に近づいていく場合もありますが、実際の姿と乖離（かいり）がある場合、それが自分自身を苦しめてしまうことに。また、持って生まれた主役気質があるため、立場の弱い人に対して、権力を振りかざしてしまうようなことも。**素敵な対人関係において大切なのは、あなたがあなた自身のデリケートな部分に気づき、受容すること**。いつでも強い自分でいようとしなくて良い、そんな気持ちを大切にしてみてください。弱いあなたをさらけ出せるような人と一緒にいることも大切です。

恋愛・結婚　華やかで、相手を悩殺するほどの魔性

人気者で、モテる人が多い張宿。**普段ですら華やかで魅力的なのですから、恋愛相手に対しては、全身から醸（かも）し出されるフェロモンにより周囲を悩殺してしまうくらいの魔性ぶりを見せます**。人を惹きつける魅力に溢れる人なので、望むような相手と出会えたり、紹介してもらえたりするチャンスも多いでしょう。ただ、目移りしやすい性質なので、自然と交際人数が多くなっていき、恋の寿命は短命に終わることも多いようです。

結婚後も、その魅力は衰えることがないため、浮気をしてしまうというケースもあります。女性は、再婚のほうがうまくいきやすい傾向があるようです。

健康・美容　日頃から、肩のストレッチを意識して

WeakPoint
右肩

張宿のシンボルは右肩です。**右肩のほうが肩こりになりやすく、肩甲骨のこりも右に出やすい傾向に**あります。四十肩や五十肩になる場合もあるので、日頃から、肩をグルグル回したり、肩周りのストレッチをしたりすると良いでしょう。

ヘルニアや高血圧、くも膜下出血、心臓や肝臓の病気などにも注意したいところです。

お金　人からの支援に恵まれるが、散財に注意

人からのギフトに恵まれる運勢。親やパートナーなどからの財産を受け継いだり、予想外のところからのバックアップを得られたりすることもあります。玉の輿に乗れるようなことがあったり、また、離婚により高額の慰謝料を手に入れたりする場合もあるでしょう。成功を収めて実力で収入を増やすこともできますが、他から流れてきた財を元手に、貯蓄を増やしていくこともできそうです。ただし、見栄っ張りなところには要注意。豪華な暮らしや高価なファッションなどにお金をかけ過ぎてしまったり、賭け事に夢中になったりすることもあるため、せっかく貯めたお金を無駄遣いしてしまわないように、お金を大切に使う意識を持ちましょう。

葛藤しやすいこととその解決法

賞賛欲が強く、人からすごい！と思われたいがために、常に気が抜けず、自分を演じ続けてしまうところが。ストレスが溜まり疲れ果ててしまう前に、自分を解放させる術（すべ）を見つけて。

自分を労るためのご褒美

リゾートホテルなど、ゆったりと時間が流れる場所でリラックスすることで、本質が喜びます。日頃、自分を演じなくてはならない場所や人々から離れて、思い切り羽を伸ばしましょう。

開運の秘訣　相手への思いやりがあなたを救う

時に傲慢（ごうまん）な態度をとることもあるあなた。積み重ねてきた大切なものを壊してしまうこともありますので、横柄（おうへい）な自分が出そうになったら、相手への優しさを意識して。相手に愛を注ぐことが、結果的にあなたを救います。

10 翼宿（よくしゅく）

大きな翼をはためかせ、アクティブに飛び回る実力派

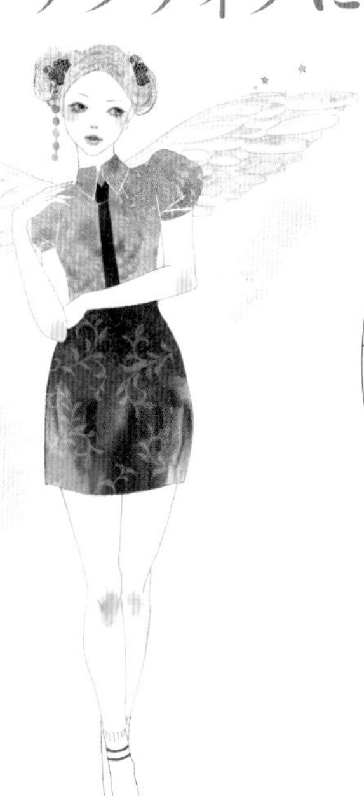

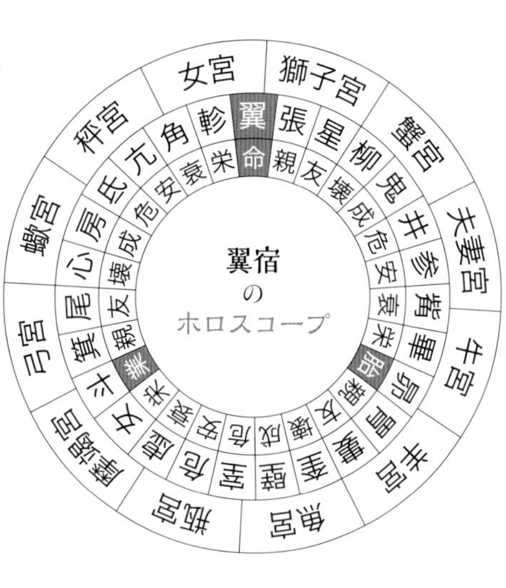

Keywords

海外志向／自由に飛び回る／世界基準な考え／実力派

海外志向が強く、
目指すのは国内より世界。
理想を追い求めて飛んでいきます。
手厳しい一面には要注意。

性格と運命 高い理想と風格を持ち合わせる完璧主義者

理想を求め、大きな翼を広げて遠くまで飛び回ります。12宮の獅子宮と女宮にあり、27宿中で一番、海外との関わりが強い人。昴宿、斗宿と並び、幸運な宿の一つとも言えるでしょう。「安重宿」であり、生活は安定。人並以上の暮らしを送ることができるでしょう。宿獣は蛇です。

幸運に味方される宿ということもあり、子どもの頃から恵まれた環境に身を置かれることが多くなります。周囲に対しても従順。温かく、穏やかな日々の中ですくすくと成長していきます。大人になると自己意識が高くなっていき、理想を追い求めるようになります。大きな翼を広げ、自由自在に飛び回るようになるでしょう。

求めるものは壮大。**世界基準で物事を考え、実際に世界各国に赴くこともあるでしょう**。仕事で海外を行き来する人も多いですが、仕事に限らず旅行でも、国内より海外を好む傾向にあります。

自宅でゆっくり過ごすより、外でアクティブに活動していたほうが、本来の自分らしくいられるタイプです。音楽好きな人が多いのも特徴。**人前に出たら、堂々とした姿でスピーチや信念を語り、聴衆の心をつかむこともできるでしょう**。

見た目は温和なイメージを与え、基本的には優しい人柄です。その一方で、正義感が強く、風格と威厳を持ち合わせた実力者でもあります。意志が強く、闘争心もあるので、自尊心の高いリーダーになれるでしょう。ただ、自分の信念に忠実に生きる人なので、それが「頑固」というかたちで出てしまうと、煙たがれることもあるようです。

完璧主義なところが自分自身に向かえば、仕事や人生の質を高めることにつながりますが、その姿勢を人に要求してしまうと、波風を立ててしまう恐れが。厳しい一面を前面に出すと、世渡り下手になってしまうので要注意です。

＼パワースポット／

外国

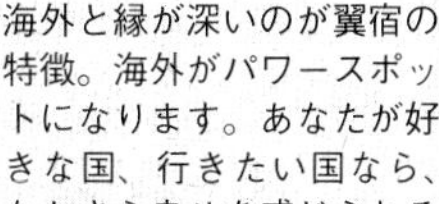

海外と縁が深いのが翼宿の特徴。海外がパワースポットになります。あなたが好きな国、行きたい国なら、なおさら幸せを感じられるでしょう。

守護方位▶南

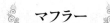

＼ラッキーアイテム／

マフラー

左肩に関するものが開運アイテムに。長めのマフラーやチェーンなどを左肩にかけるようにして巻いてみましょう。ブローチを左肩あたりにポイントでつけるのも良いでしょう。

＼ファッションのポイント／

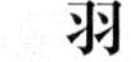

羽

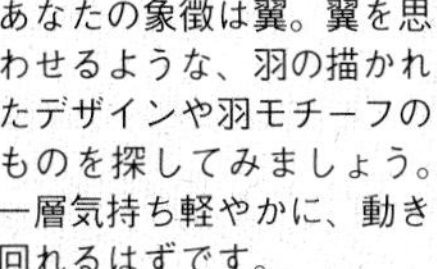

あなたの象徴は翼。翼を思わせるような、羽の描かれたデザインや羽モチーフのものを探してみましょう。一層気持ち軽やかに、動き回れるはずです。

ラッキーカラー▶むらさき

仕事 海外との関わりがある仕事は適職

翼という字が表すように、軽やかに飛び回る仕事が向いています。内勤や移動が少ない仕事を選ぶと、本来のあなたらしさが損なわれてしまう可能性が。**外出や出張の多い職種を選べば、生き生きと働くことができるでしょう**。海外との縁が深いので、外交官や商社、貿易関連の仕事などが◎。音楽とも深い関わりがあるので、音楽関連の仕事や歌手も適職です。音楽にメッセージを込めることで、人々の魂を揺るがすこともできるでしょう。芸能関係、エンターテインメント系の仕事でも手腕を発揮できます。いずれにしても、「目的意識を持って翼を広げていく」という精神を持つことで、あなたも周囲の人の可能性も、翼のように広がっていきます。

海外関連、商社、貿易、航空会社、旅行会社、音楽、芸能

対人関係 人に完璧を求め過ぎず、協調性を大切に

いつも自分を奮い立たせるようにし、理想を掲げて飛び回っているあなた。周囲の人たちはあなたのそんな姿に、刺激を受けたり、勇気をもらえたり、リスペクトの気持ちを抱いたりするでしょう。

ただし、**完璧主義なところがあるため、自分と同じような完璧さを人にも求めてしまったり、強い闘争心から相手に戦いを挑んでしまったりすることも**。さらに、相手の行動や気持ちをコントロールしようとする一面もあるため、協力体制が崩れたり、孤立してしまったりすることもあるようです。協調性、調和、持ち前の優しさを意識して、人と交流していくことが人間関係を円滑にする鍵になります。

恋愛・結婚 奥手なタイプ。周囲のサポートに期待

実は恋愛に関する意識は高いほうではありません。さらに理想が高く、それを満たす人でないと好きになれないため、なかなか恋愛には進展しづらいタイプです。

スピーチなどは得意な反面、恋愛に関しては愛情表現が乏しくなりがち。アプローチしようとしても、言葉が上手く出てこない場面もあるかもしれません。**周囲がセッティングしてくれたり、背中を押してくれて、ようやく恋に進展していく……などということもあるでしょう**。結婚したら、良好な夫婦関係を築こうと努力します。特に女性は良妻賢母の働き者に。子育てには力を入れる傾向があり、子どもの才能を伸ばそうと躍起になることもあるようです。

健康・美容　完璧さにこだわらず、ゆるい精神で

WeakPoint
左肩

翼宿は、左肩を示しています。パソコンやタブレット作業などにより、左肩、左肩甲骨周辺がこりやすくなります。**体の左側のケガにも要注意です。**

翼を広げてあちこち飛び回るうえに完璧主義なため、完璧さにこだわり過ぎてしまうと無理を重ねることに。その結果、ヘルニアや肝臓、すい臓、呼吸器、胃腸の病気になってしまうこともあるので、ゆるい精神も大切にして。

お金　働くことは好きでも、貯金の意識は低め

選ぶ仕事にもよりますが、働くことが好きなので、その結果、人並み以上の収入を得られて、安定した生活を送ることができるでしょう。芸能関係やエンターテイナーとして成功すれば、高収入を得るようなことも期待できます。ただし、貯金・蓄財の意識はあまり高くないため、大きな財産は築きにくいタイプ。どちらかというと**お金より名誉を選ぶ傾向があり、労働と収入が比例しないこともあるでしょう。**

また、実力がないうちに独立して収入が激減してしまったり、一人で大きな仕事を抱えて失敗してしまったりすることもあるので、収入を安定させたいのであれば、組織の中でのチームプレーが賢明です。

葛藤しやすいこととその解決法

自分の理想や完璧を求め過ぎるあまり、時に論争やいさかいを起こしがち。頑固さやこだわりを手放せば、争いをすることもなく、平和な気持ちでいられるでしょう。

自分を労るためのご褒美

もちろん、翼を広げて飛び回ることが一番のご褒美に。ただし、時には羽を休めることも必要です。海外のリゾート地などで心身のケアに勤しめたら、最高です。

開運の秘訣

理想を掲げ、広い世界へ飛び立って

「翼」という字はあなたそのもの。理想を掲げ、翼を広げて、自由な世界を飛び回ることがあなたの使命です。また、音楽などを通じて人々にメッセージを伝えていくことも、人生を大きく発展させてくれます。

11 軫宿（しんしゅく）

俊敏な行動力が自慢の交際上手。みんなに愛されるが、内向的な面も

Keywords

俊敏な行動／親切／褒め上手／自我が強い／一人を好む

スピーディな行動力が
自慢の温厚なタイプ。
物腰柔らかですが、
意外にも自我は強めです。

性格と運命 親切で褒めることも得意な、世渡り上手

「軫」という漢字に「車」という漢字が含まれているように、車のように速く動く俊敏な人。スピーディな行動力が自慢です。実際にスピードの出る乗り物が好きな人が多いでしょう。

別名は「急速宿」。12宮の女宮（じょきゅう）にあり、社交性にかけては27宿中上位にランクされます。宿獣は蚓（みみず）です。

子どもの頃は心身ともに強いとは言えず、脆弱（ぜいじゃく）そうな印象を与える子も多いでしょう。社会に出る頃になると、相手の気持ちを見抜く洞察力や直観力が冴えていきます。温厚さや優しさもあるため、相手に対しての気配りもでき、細やかに接していけます。

幅広い視点で物事を考え、人に親切で褒めることも得意。そのため対人関係は良好で、人付き合いも良好です。俗にいう「世渡り上手」に分類されるでしょう。女性はもちろん、男性でもたおやかな物腰の柔らかさが魅力。愛情深い人でもあるので、周囲の人から愛され、好感を持たれます。ヒューマンドラマさながらの人生を歩んでいくでしょう。しかしながら、そんな**柔和に見える顔の裏側には、自我の強い面を持つとともに、一人を好む内向的なところがあります。**精神性は高く、自分だけの世界を持つことも多くなります。

テキパキと行動する人なので､何か起きたら素早く動いて解決させていきますが、リーダー的に指示出しをする立場よりも、人を立てたり、サポートしたりしていく縁の下の力持ち的なポジションのほうがしっくりくるようです。親切なタイプですが、人との付き合いに関しては深く入り込むことは少なく、浅く広い関係性を築くことが多いでしょう。また、女性との縁が深いので、何かと女性からサポートされることが多くなります。

\パワースポット/

車

車はもちろん、乗り物全般がパワーの源に。また、ホテルも癒しの力をもたらします。好きな乗り物で出かけて、ホテルで休息。そんなプランが理想的です。

守護方位 ▶ 南

\ラッキーアイテム/

手袋

手先に関するものが幸運をもたらします。冬ならモコモコの手袋、夏ならＵＶカット系の手袋を。さりげない感じの指輪などもおすすめ。車に縁があるので、車に関するものも◎。

\ファッションのポイント/

控えめ

主役より、控えめに微笑む二番手以降で、あなたの奥ゆかしい魅力が際立ちます。上品かつその場に溶け込むようなものを身にまとい、楚々とした美しさを。

ラッキーカラー ▶ ベージュ

仕事 「女性の人生を支える」という精神を持って

時に我の強さが顔を見せることもありますが、ソフトな物腰が魅力のあなたは、組織でも周りからの人望を集めるでしょう。気遣いの人なので、人をサポートする仕事で辣腕（らつわん）ぶりを発揮。秘書やアシスタントなどの仕事は向いています。

人当たりが良いので、社交性が発揮するような仕事も天職。また、例えば産婦人科、ＣＡ、看護師など、**女性に関する仕事や、女性の多い職場は特に向いています**。研究、芸能など、専門性の高い知識やスキルを要する仕事も適職。いずれの場合も、「女性の生活に役立つ」という信念を持ってください。乗り物に強い結びつきがあるので、自動車会社勤務、自動車整備士、運転手なども合うでしょう。

適職 秘書、アシスタント、研究、芸能、CA、看護師、自動車関連

対人関係 天性の社交家。搾取されないよう要注意

心優しいあなたは、関わる人に癒しを与え、それによって自分自身も癒されていくという特性を持ちます。交際上手ですが、自分が話題の中心になるということは少なく、いつもいるのは控えめなポジション。人を心地良い気持ちにさせてあげるのが得意な、褒め上手です。粋な受け答えもできるので、あなたに関わった人は、自信を持つことができます。そういった**天性の社交術で周りの人の心をつかむため、気づけば人が周りに集まり、自然と信頼や人気を得ていくでしょう**。女性と深い関わりがあり、男性は、女性により人生が開花することも。男女ともに、優しい人柄につけ込まれ、騙されたり、搾取されたりしないように注意をしましょう。

恋愛・結婚 相手の心をつかむ言動で、高い人気が

男女ともに、相手の心をくすぐるような言動をとることができるので、モテる人が多いでしょう。そのため、多くの人と交際に至ることもあるようです。ただし、人によっては、控えめな面が出たり、慎重な面が出たりすると、なかなか恋愛まで進展しないということもあります。さらに、**ピュアで優しいので、騙されやすいところにも要注意**。ロマンス詐欺などにも引っ掛かりやすいタイプです。恋愛での痛手を負うと、それがトラウマとなり、恋に臆病になります。

結婚すれば家庭を大切にしますが、ついモテていた時代のことを懐かしんでしまい、揉め事の種を作ってしまうこともあるようです。

健康・美容 手先、婦人科系の病気に気をつけて

WeakPoint

手先

軫宿は、手先を象徴します。**手先、指先のケガ、巻き爪などの爪のトラブルなどには注意**しましょう。ウイルス性の病気にかからないように、手はよく洗いましょう。

また、婦人科系の病気、ホルモンバランス系、精神的ストレスから引き起こされる病気の予防にも力を入れて。さらに、車での事故、特にスピードの出し過ぎにも注意しましょう。

お金 ピュアさにつけ込まれぬよう、慎重に

金銭感覚は優れていて、きちんと貯金をしていくことができます。**人に対しては親切なあなたですが、お金に関しては堅実**。頼み込まれても、大金を貸すようなことはありません。ただし、あなたのピュアな心を利用して、巧みに詐欺を働いたり、裏切ったりする人がいると失財する危険性もあります。契約事などは、不自然な点がないか、じっくりと確認する癖をつけましょう。また、男性は女性好きな面が出てしまうと、浪費してしまうこともあるでしょう。

乗り物が大好きなので、愛車などにお金をかけ過ぎる一面もあります。予算オーバーしないよう、気をつけてください。

葛藤しやすいこととその解決法

交際上手な割には、思慮深かったり、慎重になり過ぎたりするところがあります。「積極的に出るべき時には、思い切って出てみる」そんな決断力と勇気を大切にしてみてください。

自分を労るためのご褒美

人を気遣い、サポートする役回りが多いため、時に気疲れしてしまうことも。ドライブをして気分転換したり、全国、そして世界を旅したりすることで、運を引き寄せる効果があります。

癒しの力で優しい世界をつくり上げて

人との良好な関わり合いを大切に。その優しさで人を癒すことに、使命感を持って生きていきましょう。ハートフルな人生を歩むことで、あなた自身も周りの人も満たされ、優しい世界がつくり上げられていきます。

角宿（かくしゅく）

親しみやすさの裏には強い信念。柔らかさと硬さを併せ持つ人

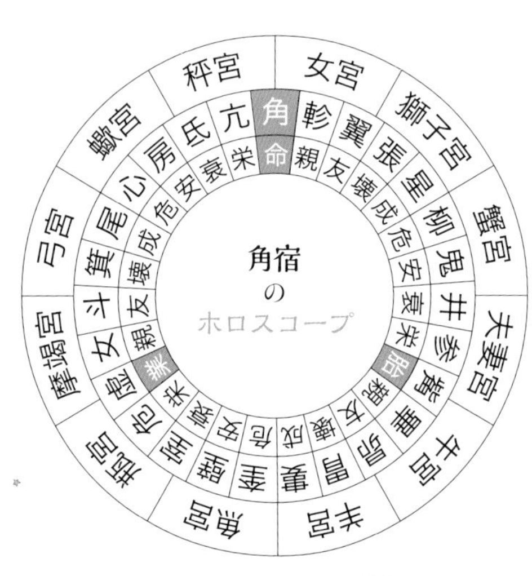

Keywords

優しい／強い信念／二面性／女性らしい／手先が器用

一見ソフトな印象ですが、
その奥では譲れない信念を
持ち合わせています。
楽しいことが好きな遊び上手。

性格と運命 人当たりがよく、義理人情を大切にする

「角」という漢字に反するように、角がない、優しげな印象を与える人。柔らかな人柄や言葉遣いが魅力で、人に合わせられる順応性と柔軟性を持ち合わせています。ただ、実は心の奥には、角ばったところを隠し持っています。自分の考えや価値観は明確で、頑として譲らない一面もあります。**見た目のソフトさと内面の硬さ、この二面性が角宿の人の特徴です**。

人気者の宿として上位にランクされ、危宿（きしゅく）、壁宿（へきしゅく）と並び、「遊楽」の要素を持つので、遊びや楽しいことが好きな宿となります。女性らしさの強さが特徴で、男性の場合でも女性性が色濃い傾向が。手先の器用さは、27宿の中では一番です。

また、「和善宿」で、人当たりが良く、和を大切にしていきます。場合によっては、「軽燥宿」と言われることもあります。宿獣は蛟（みずち）。蛟とは現実には実在しない霊的生物で、水の怪、竜の一種とも言われています。

子どもの頃から、庶民的な親しみやすさ、周囲に合わせる器用さ、愛想の良さを持ち合わせ、周囲から可愛がられます。社会に出る頃になっても、それは衰えることがないため、好感度は抜群でしょう。

さらには、**義理人情を大切にしたり、リーダー的なポジションを得たりもしていくため、人望を集め、頼られる存在として社会で活躍していきます**。働く意欲も旺盛で、関心があることに対しては、すぐに動き出す行動力も強みです。

全体を通じて、享楽的なところがある点には要注意。楽しいことや遊びに関心を持ち過ぎて、羽目（はめ）を外してしまうところがあります。恋愛やゲーム、ギャンブルなどに夢中になるあまり、人生の階段を転げ落ちてしまうことがないように、自制心を持つようにしてください。持ち味である付き合いの良さや社交性によって、運が開けることも多いので、そういった武器を上手に活かしましょう。

\パワースポット/

旅館

庶民的な旅館に泊まると心が落ち着き、英気も養われていきます。手先が器用なので、手芸、料理などの趣味の場もラッキープレイスになります。

守護方位 ▶ 東

\ラッキーアイテム/

チーク

あごに関するものが幸運を招いてくれます。男性ならシェイバー、女性ならチーク。下あごを強調するチークの使い方をしてみましょう。すみれ色の短めなペンダントなどもgood。

\ファッションのポイント/

ハンドネイル

スタイリッシュな雰囲気を醸し出すスタイルがおすすめ。手先が器用なので、自分でデザインしたり、作ったりして、オリジナルなおしゃれを楽しむのも◎。

ラッキーカラー ▶ すみれ色

仕事　遊び心と庶民的な感覚が武器となる

楽しいことが大好きで、遊び心を持ち合わせる人。その感性を活かし、好きな分野なら、楽しみながら仕事をすることができます。特にアミューズメント系、ゲーム系など、遊びや楽しさに関わることは天職。**庶民的な親しみやすさがある人なので、営業職などでも人の懐(ふところ)に入り、成果を挙げることができます。**パチンコや競馬関係など、娯楽に関わる業種も向いてはいますが、自身がギャンブルにはまる危険性があるため、避けたほうが無難かもしれません。手先が器用なので、手に職をつける仕事も向いています。料理家、建築家、デザイナー、園芸家、他にも趣味を活かすようなショップ経営も◎。仕事のパートナーを組むなら女性が適しています。

アミューズメント・ゲーム関連、料理家、建築家、クリエイター

対人関係　周囲の人を楽しませる才能を持つ人気者

楽しいことや遊ぶことが大好き。また、庶民的な雰囲気で、気さくに人と接していけるので、誰からも慕われます。周囲の人たちは、あなたと一緒にいることで、いつも楽しい気分になれるでしょう。社交の場にもまめに顔を出してネットワークを作り、交流の幅を広げていきます。**おのずと顔が広くなるため、何かしらの目標を持った時、スポンサーになってくれるような人も現れるようです。**

日頃は気さくなタイプですが、時に隠し持った角が顔を出したり、人の好き嫌いの激しさが露呈してしまったりすると、良好な人間関係に影が差す場合があるので、要注意です。

恋愛・結婚　相手を惹きつける魅力に溢れたモテ気質

親しみやすさ、相手を楽しませる社交性、柔らかな人柄や言葉遣い、色気……そんな**モテる要素満載のあなたには、好意を持って近づいてくる人も少なくないはずです。**遊びを大切にする人なので、趣味仲間、遊び仲間から恋愛に進展するケースも多いでしょう。しかし、一人の人では落ち着かず、必然的に恋愛の経験数は多くなっていきます。

結婚してからは、仲睦まじく、一緒に楽しみを見つけていける仲の良い夫婦になることが多くなります。女性は、家事が好きで料理も上手なタイプ。子育てもしっかりする良妻賢母になるでしょう。

健康・美容 社交家ゆえの暴飲暴食に要注意

WeakPoint
下あご（オトガイ）

角宿はあごと関わりがあります。顎関節症になりやすく、また、何かのはずみであごをぶつけたり、外れたり、ケガしたりしやすくなったりもするので注意を。

ストレスには比較的強いほうですが、時に消化器系に出る場合があるようです。手を使う仕事をしている人は、腱鞘炎など手の病気に要注意。また、社交的なので、付き合いによる飲み過ぎ・食べ過ぎによる病気にも用心を。

お金 遊び心を活かせば、高収入も可能に

快楽に流されがちなところがあるので、子どもの頃に裕福な家で育った人は、怠け者になってしまったり、ギャンブルに手を出してしまったりする場合があるかもしれません。反対にお金に苦労して育った人は、経済意識が高くなり、お金にも仕事にも責任を持って向き合い、お金が貯まっていくでしょう。

持ち前の遊び心や周囲を楽しませる能力を活かせば、エンターテイナー的な仕事で群を抜いた活躍をする可能性も。それによって大きな収入を得られることもあります。基本的にお金には困らない運勢ですが、遊び好き、ギャンブル好きな面を持つため、資産形成は難航しがち。少し意識を高く持てると良いでしょう。

葛藤しやすいこととその解決法

楽しいことが好きな性質。勤勉さがそれに負け、楽なほうに流されてしまうことがあります。タイムスケジュールを組んだり、アラームを活用したりして、スイッチのオンオフをしっかりと。

自分を労るためのご褒美

遊ぶことが最大の喜びに。遊ぶ時には、完全オフモードで思い切り楽しみましょう。テーマパークに行ってみたり、たまにであれば、競馬などのギャンブルをしてみたりするのも◎。

楽しさと安らぎをみんなにシェアして

人々に楽しさと安らぎを与えることがあなたの役目。楽しむ心を持ちながら、自分を過度に甘やかすことなく、スキルを高めていきましょう。人の好き嫌いを表に出さず、頼りにされる存在として生きる姿勢を大切に。

13 亢宿（こうしゅく）

意志が強く、曲がったことは大嫌い。竜のように誇り高い反骨心の持ち主

Keywords

意志が強固／誇り高い／曲げない自分軸／反骨心

鋼の意思と強い自分軸が相棒のクリーンな人。自分が納得できないことには、テコでも動かない一面を見せます。

性格と運命 自分の信念を軸に生きる、正義の人

12宮の秤宮（ていきゅう）にあり、独特の哲学と理想を持つ人です。27宿中一番の意志の強固さを持ちます。宿獣は竜（りゅう）です。「軽燥宿」に属しているため、軽やかに生きているようにも見えるかもしれません。

力強く天空を駆け昇る竜から連想されるように、極めて誇り高い性格。行動にいやしさがなく、清浄に生きることをモットーとしています。「亢」という漢字には、おごり高ぶるという意味があります。この漢字が意味するように、意志の強さや反骨精神を秘める人です。

子どもの頃から強固な意志と自分軸を持ち、親や周囲の人から何かを命じられても、自分が納得できなければ従いません。腑（ふ）に落ちないことは頑として受け入れず、徹底的に食い下がったりもするので、大人からするとやや手を焼くタイプと言えるでしょう。その頃から、大物になれる片鱗を感じさせます。

大人になってからもそのベースは変わらず、強い自分軸を持ち、反抗心も旺盛です。**日頃はその強さを見せることはなく、柔らかな印象を与えますが、一度スイッチが入ると、頑固な反骨心が顔を出すでしょう**。自分の信念から逸れることに対しては、相手が目上だろうと何だろうと食ってかかり、自分の意志を通そうとします。とにかく、何をするにしても正義を主張していき、善悪、美醜には敏感に反応していく人です。

過去の概念を打ち砕き、改革派のリーダーとして活動する人も多く、周囲からしてみると、少し変わった人という印象を与えることも。ただ、我は強いのですが、自己主張をするだけでなく、状況をしっかりと見られるバランス感覚の良さも備わっているため、公平に物事を判断していくこともできます。そんなあなたのリーダーシップや正義感の強さにより、救われる人も多いはずです。

13・亢宿

＼パワースポット／

裁判所

正義を愛する人なので、裁判所など法律に関わる場所は決意を固める場所として最適。心身を休ませてくれる癒しのスポットは、コンサート会場です。

守護方位 ▶ 東

＼ラッキーアイテム／

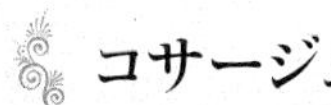

コサージュ

象徴するのは胸。胸元が華やぐコサージュやネクタイがラッキーアイテム。ペンダントも良いでしょう。自宅や職場などにアート作品を飾ると、気持ちを高めてくれます。

＼ファッションのポイント／

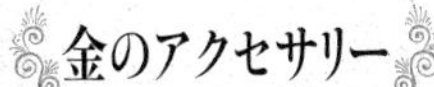

金のアクセサリー

ファッションへの関心は高め。プライドを満たし、自信を持たせてくれるような服やアクセサリーを身につけましょう。ゴールドのアイテムもおすすめ。

ラッキーカラー ▶ 緑

仕事 好きな道をとことん追求できる仕事が適職

果敢に自分の信じる道を進んでいく人なので、自分のこだわりやオリジナリティーを活かし、好きな世界観を構築できるような仕事が向いています。徹底的に一つのことを追求していく研究職や芸術家、デザイナーやクリエイターなどが向いているでしょう。正義を愛し、道理を通すことを願うので、人々を正義の方向に導く弁護士、検事、自衛官、警察官、ジャーナリストのような仕事も向いています。

社交的とは言えない性格で、人に頭を下げることも苦手。接客やサービス業などはどちらかというと不向きです。その他の職種でも、謝罪の場面などで苦痛を感じることもあるかもしれませんが、時には自分が折れることも身につけて。

クリエイター、芸術家、研究職、法律家、公務員、警察官

対人関係 正論を振りかざすのではなく、歩み寄りを

相手が誰であれ、怯(ひる)まずに独自の信念を貫いていこうとするあなたは、決して世渡りが上手なほうではありません。**自分の哲学を押し通そうとし、人にそれを強要してしまうこともあります**。自分では正義を貫いているつもりでも、何かと対人関係でトラブルが起きがちになり、人からしてみればトラブルメーカーに映ってしまうこともあるでしょう。

その信念は崇高なものですが、それはそれとして、人の考えや意見を受け入れる度量も身につけましょう。たとえ相手の考えが間違っていたとしても、やんわりとした受け答えをしたり、温厚な態度を取ったりしていくことも大切な処世術です。

恋愛・結婚 人に合わせるのが苦手。趣味の場で出会いが

男性も女性も、おしゃれでセンスがある亢宿の人。恋愛相手にも、美しさやスタイリッシュさを求める傾向があります。ただ、相手に合わせるのは苦手。自分のお眼鏡に適(かな)ったり、価値観が合ったりする相手を熱望します。そういった相手が現れない限り、なかなか恋愛には進展しづらい性質です。**芸術、音楽や美術に強い関心を持つので、同じ趣味や共通点がある人と意気投合した時には、関係が進みやすくなるでしょう**。経済観念もしっかりしており、結婚後は良い家庭を築こうと力を尽くします。しかし、相手が考えていることを受け入れられなかったり、ジャッジしようとしたりすると、ギクシャクした関係になってしまいます。

健康・美容 時には「まあ、いいか」のゆるい精神で

WeakPoint
胸

亢宿は、胸を象徴します。**気管支炎、気管支喘息（ぜんそく）、肺がん、心臓病などの心臓や肺に関する病気に注意**しましょう。風邪は呼吸器に影響するので、風邪予防を。大腸の病気、痔にも注意しましょう。

また、自分の信念が通らなかった時には精神的に追い込まれ、病につながる場合も。時には「まあ、いいか」の精神も大事にして、人や自分を責めないようにしてください。

お金 野心に振り回され、散財しないよう堅実に

経済観念は発達しているタイプ。事務処理能力にも優れているため、収支のバランスをとりながら、きっちりとお金を貯めていくことができるでしょう。芸術的才能や経営力にも恵まれているため、それを活かしていけば、財産を増やし、理想的な生活を送ることも叶います。

ただし、野望が顔を出すと散財してしまうこともあります。野望の達成を追い求めた結果、うまくいかず、せっかく貯めた財産を一気に失ってしまうことも。**反骨精神を武器に大志を抱き、理想を追い求める強さはあなたの素晴らしいところですが、時に堅実さも大切にしましょう。**

葛藤しやすいこととその解決法

信念や正義を貫こうとして、それを周囲にも押しつけてしまいがちに。時には周囲に寛容になり、視野も広げてみましょう。正しいと思っていたことが、絶対ではないことに気がつけます。

自分を労るためのご褒美

ややナルシストな面を活かし、時には思いきり美しく着飾り、極上のメイクやスキンケアを施して自愛に励んで。プロにメイクなどをお願いすると、さらに気分が高揚します。

開運の秘訣

人と共感し、共に生きる姿勢を

自分の思いは曲げられないあなたですが、人と何かを共有したり、共感したり、協力し合っていくのも大事なこと。時にはその信念を譲り、相手に花を持たせることも大切に。そうすれば新しい自分に出会えるでしょう。

14 氐宿（ていしゅく）

強い心と体を持つ改革者。先を見通し、人生を切り拓く

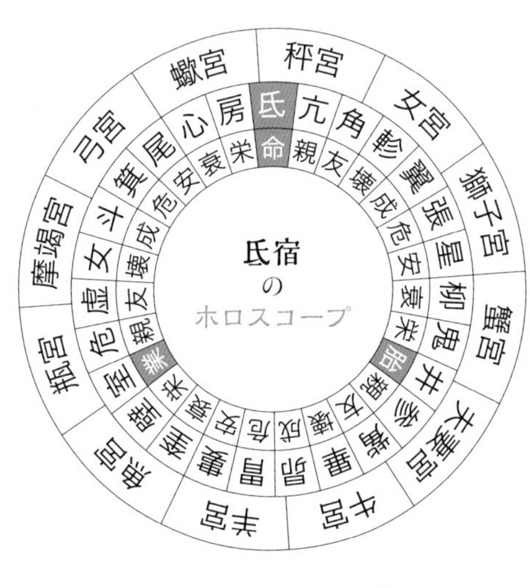

Keywords

凄まじい底力／さっぱりとした性格／パワフル／冷静沈着

強靭なフィジカルと
メンタルを持つ豪快な人。
先を見据える聡明さと改革精神で、
パワフルに突き進みます。

性格と運命 エネルギッシュだが、冷静に分析する力も

「底」という字に氏という字が含まれるように、凄まじい底力を持つ人。精神と体力の両方に強さがあります。その心身の強さは、27宿中上位にランクインします。12宮の秤宮（ていきゅう）と蠍宮（かつきゅう）にある「剛柔宿」。調和と改新の精神があり、剛と柔の性格、二つの面を併せ持っています。宿獣は貉（むじな）です。

子どもの頃から体力があり、メンタルも頑強。ストレスを感じることもあまりないため、その点では、安心して子育てができる子と言えるでしょう。ただし、「剛」の性格が色濃く出ると、わがままが過ぎてしまうこともあるようです。大人になるにつれ、まるで常にエネルギーがあり余っているかのように、一層パワフルに行動するようになります。

ポジティブでエネルギッシュ、竹を割ったようなさっぱりとした性格で豪快。根が善良なので、目的達成や欲求満足のために汚いことはしません。ルールや常識に捉われることなく、物事の本質を理解します。豪快なタイプですが、冷静に分析する能力もあります。一見、不器用そうに見えても、実際には視野が広く賢い人で、俯瞰することができます。現実を直視し、自分が置かれた立場や相手の反応を踏まえて対応を変えたり、どうすれば自分にとって物事が有利に働くか、思案を巡らせたりもするでしょう。

改革精神に富んだ人で、先を見る聡明さも持ち合わせます。不便さや不満を感じたら、その改良のために力を尽くします。束縛を嫌い、フリーダムに、自分の目的達成や欲求満足のために動いていくでしょう。それができるだけの体力と精神力を持っていることが、この宿の人の強みです。

持ち前の心身の強さと改革精神により、勇ましく人生を切り拓いていくことができるでしょう。

＼パワースポット／

銀行

勝負を賭ける時には、銀行の待合いスペースで戦略を練ると妙案が浮かびます。体力勝負の時には、体育館に行きましょう。エネルギーが溢れてきます。

守護方位▶東

＼ラッキーアイテム／

ベルト

胸下のお腹の近く、臆（むね）が氐宿の人のシンボルなので、その部分を印象づけるベルトなどをしてみましょう。胸下のほうまで届くような長いネックレスをするのもおすすめ。

＼ファッションのポイント／

多系統

普段は、パワフルに行動しやすいスポーツ系のアイテムなどがパワフルさを後押ししてくれます。女性は、時にフェミニンなファッションを楽しむのも◎。

ラッキーカラー▶淡い青

仕事 強い心と体を活かし、パワフルに働く

エネルギッシュに仕事をする人なので、自ずと仕事の成果は挙げられるでしょう。体力や根気強さが必要とされるような仕事は適職です。また、**併せ持つ「剛」と「柔」のうち、「柔」の面が強調される人の場合は、人当たりが良く、相手に好印象を与えます**。人と接したり、接客したりする仕事で強みを発揮できるでしょう。

既存のものや形式に捉われない、自由な発想と時間の使い方を好むため、自分の裁量で動けるような仕事を選ぶのがベター。組織に属する場合は、時間の縛りがなかったり、自由に冒険できたりするような業種がおすすめ。心身の強さが武器ですが、過信せずに、しっかり休息もとるようにしてください。

スポーツ関連、芸能、運送業、現場仕事、営業職、旅行業、CA

対人関係 二面性を上手にコントロールして

剛柔を併せ持つ人。「柔」の部分が色濃く出ると、人に対しても柔軟になり、愛想も良くなるでしょう。一方、「剛」のところが強く出てしまうと、独りよがりになったり、欲求の強さが出てしまったりすることも。あなた自身が、自分にはこの二つの特徴があることを自覚し、上手くコントロールしていくことが鍵となります。

体力があり、精神力も強いので、その屈強さを自分のためだけでなく、人、特に後輩や部下など、立場の弱い人に役立てていくことを意識してみましょう。それによって、目下の人たちから慕われたり、そんな姿を見た目上の人たちからも信頼や高評価を得られたりして、結果的にあなた自身も幸せを手にすることができます。

恋愛・結婚 相手にまっすぐ思いをぶつけていく

恋愛に対しても強く、勇ましく突き進みます。出会いの場でも、好きな人ができた時にも、自分から積極的にアプローチしていけるでしょう。さっぱりとした性格ということもあり、その戦略もいたってストレート。**演出に凝ったりするよりも、まっすぐ相手に好意をぶつけます**。ただ、パワー溢れる人なので、自分が優位に立てるような人を選びがちな傾向が。自分の思いのままに動きたいという思いは強めです。相手の気持ちを無視していないか、常に意識するようにしましょう。

結婚してからは、男女ともに不倫などの問題を起こしやすくなります。女性は、男性を養うくらいのパワーがあり、仕事と家庭を両立させていけるでしょう。

健康・美容 丈夫なタイプだが、過信は禁物

WeakPoint

臆(むね)

氏宿は、臆の象徴。「親がいなくても子は育つ」を表す典型のような子で、子どもの頃から心身ともに丈夫です。ただし、体力を過信してのケガや病気に気をつけましょう。特に、**胸元からお腹にかけてケガをしやすくなります**。

また、どんなに食べても飲んでも大丈夫だと慢心せず、肥満、糖尿病や、血液の循環に関連する心臓病、脳卒中などに注意しましょう。

お金 丈夫な心身を活かして収入を得ていく

心身ともに丈夫でエネルギッシュに行動できるので、基本的にはきっちりと働いて収入を得ていけます。仮に経済的に苦しい状況が訪れたとしても、心身の強さによってその状況を逆転させて、さらに裕福な生活を手に入れられたりもできます。ただし、欲の強さが露呈してしまうと散財してしまうことがあるでしょう。欲しいものを手に入れるために大金を払ってしまったり、ギャンブル的な賭けに出てしまったりすることもあります。周囲の人たちに大盤振る舞いしてお金を使ってしまうことも。ただ、**気前の良さはあなたが慕われる所以(ゆえん)でもあるので、ケチケチするのもおすすめしません**。上手にバランスをとっていきましょう。

葛藤しやすいこととその解決法

勝負師なので、人生の中で、勝負したいと思う局面が何度か訪れるでしょう。分が悪くても、つい勝負に出てしまうところがあるので、視野の広さや賢さを活かし、危険な時は身を引いて。

自分を労るためのご褒美

時には日常から解放されることを大切に、何のしがらみもない環境に身を置いて。体力の限界まで体を動かして、いい汗を流したり、時にはギャンブルをしたりしても良いでしょう。

開運の秘訣

あなたの強さで人々を救うという意識を

頑丈な心身を活かして人々を助けていく、そんな使命感を持ちましょう。あなたのパワーに救われる人が必ずいます。自我が強い人ですが、人々を助けていくことで、あなた自身も窮地に陥った時、助けてもらえます。

15

房宿（ぼうしゅく）

最強の金運の持ち主。
果物のように実り多き人生

房宿
の
ホロスコープ

Keywords

人懐っこい／優等生タイプ／品が良い／順風満帆／エリート志向

漂う気品の中に
人懐っこさも持ち、好感度は抜群。
生まれつき財運が強く、
周囲のサポートにも恵まれます。

性格と運命 恵まれた運気を持つ、上品な優等生

「房」という漢字には、植物の房（ふさ）の意味があります。房宿のあなたの人生は、まるで熟した果実のように実り多きもの。粒をいっぱいつけたぶどうの房のように、自然とたくさんの人やお金が集まってくる、そんな人生を歩んでいきます。

生まれながらに財運は強く、27宿の中では一番お金に恵まれていると言えるでしょう。12宮の蠍宮（かつきゅう）にあり、「和善宿」。宿獣は兎（うさぎ）です。常識的で、清潔感が漂います。漂う気品の中に人当たりの良さもあり、男女問わず人懐っこいのが特徴。好感度は抜群です。

子どもの頃から、どことなく品の良さが漂う優等生タイプ。勤勉さもあるので、しっかりとしたイメージを持たれます。大人になるにつれ、さまざまな知識も身につけていくようになり、威厳を身につけ、人徳を得ていくでしょう。お金も自然と集まってくるようになり、順風満帆な人生を送っていきます。

生まれつき運気に恵まれ、安定した生活を送っていけるタイプ。波乱万丈な人生とは遠いほうと言えます。置かれた環境に満足することが多く、人生を賭けて大きなチャレンジをするようなことは少ないでしょう。

トラブルや問題が起きた時にも、周囲からのサポートに恵まれます。**人、お金、運を引き寄せる力が強い人ですから、あなたのことを気に入って、引き立ててくれる人も現れるでしょう**。

エリート意識が強く、人に対してドライな一面も。外見や社会的地位で判断してしまうようなところもあるので、人の内面にも思いを馳せるようにしてみると、新たな発見を得られるとともに、あなた自身も進化していけます。あなたにとって、人生の鍵となるのは、寄ってきた人の中から、自分の力になってくれる人を見抜くこと。どんな人に引き立ててもらうかによって、自身の未来が大きく変わります。

\パワースポット/

パーティー

気品あるあなたの心を満たしてくれるのは、セレブな人たちが集まるようなパーティー会場。体は強いほうではないので、定期健診の場も大切な場所に。

守護方位 ▶ **東**

\ラッキーアイテム/

アームカバー

ひじに関するものが開運に。特に右側にワンポイントや模様がついているような、アームカバーがおすすめです。気品の良さを感じさせる、清楚な香りのパフュームやコロンも◎。

\ファッションのポイント/

気品

ノーブルなものを中心としたワードローブにすると、あなたの魅力が最大限に発揮されます。上品で、セレブ感と清潔感を兼ね備えるものが良いでしょう。

ラッキーカラー ▶ **濃い赤**

仕事　高い好感度と丁寧な仕事ぶりで活躍

高貴な雰囲気の中にも愛嬌があり、好感度抜群のあなた。**美しさを身にまとっているため、人々に夢や幸せを与えていくような職業を選ぶと良いでしょう**。人気者になれる素質は十分ですから、芸能界の仕事でも花開く可能性は大いにあります。人に好かれるので、スポンサーなどからの援助も期待できそうです。

勤勉で知識も豊富なため、比較的どんな職業でも成功します。エリート意識が強いので、誰もが知っているような大企業に勤めれば、モチベーションもアップ。丁寧に仕事をするので、ミスが許されないような細かな仕事や金融系や医療関係も適職。いずれの場合も、「慈悲の心を持ち、人に幸せをもたらす」という信念を持って。

適職　芸能人、大手企業勤務、金融系、医療関係

対人関係　意外にドライな面も。慈悲の心を持って

良識的で人当たりも良く、周りにはいつも人がいっぱいいる人気者。ただし、自身が恵まれた環境で育つことが多いため、人に対してドライになってしまうところが。過酷な環境にいる人の気持ちが理解できず、悩みを相談されても、その辛さを実感として得られない部分もあるでしょう。**あなたのことを引き立ててくれる人がいるように、あなた自身も「人を救う」ということを意識してみましょう**。完全には理解できないとしても、相手の立場に立ってみたり、想像力を働かせてみたりすることで、人の痛みに寄り添い、共感することはできるはず。あなた自身も学びを得られ、人としての厚みも増していくでしょう。慈悲の心を持って人と向き合って。

恋愛・結婚　人気抜群。美しい外見や振る舞いで魅了

男女ともに美しい顔立ちをしている人が多く、たとえ一般的に美人と言われる顔立ちでなかったとしても、雰囲気の美しさで相手を魅了します。**清潔感とセレブ感を漂わせるため、好感度は圧倒的**。華やかなファッションが似合うたおやかさがあり、男女ともに、モテるタイプが多くなります。

セレブ志向が強く、恋の相手も結婚相手も、ステータスのあるお金持ちを望み、自分よりも経済的に豊かな人を選ぶ傾向があります。魅力的なあなたなので、理想の人を射止める可能性も高いでしょう。結婚後は家庭を大事にしますが、意外にも強い自我が顔を出すと、上手くいかなくなることもあるので、注意しましょう。

健康・美容 日頃から全身のケアを。飲み過ぎも注意

WeakPoint
右ひじ

房宿は、右ひじの象徴。体は丈夫なほうではないため、日頃から、全身のケアは必要です。特に、**右ひじのケガなどには注意**。勤勉なタイプなので、腕を酷使する傾向があり、腱鞘炎になることもあります。

大病、難病と言われる病気や、美食、お酒好きなところから引き起こされる病気、肝臓、胃腸、腎臓などの病気や高血圧、糖尿病、アルコール依存症にも気をつけましょう。

お金 一生を通してお金に恵まれる最強の金運

27宿の中で最高の金運を持つので、自然とお金が入ってきます。一生を通じてお金には恵まれ、豊かな生活ができるでしょう。**ぶどうの房がたくさんの粒を実らせるように、あなたという房に、人やお金という粒たちがついてきて、生活を潤わせてくれます**。先祖の財産を受け継いだり、スポンサーがついたりと、何かとお金には恵まれる運気の持ち主。玉の輿に乗るような結婚により、セレブな生活を手に入れられる人もいるでしょう。

人との付き合い方が上手なうえに勤勉なので、もちろん、あなた自身が仕事で成功して、高収入を得るということも大いに期待できます。

葛藤しやすいこととその解決法

エリート意識が高いがゆえに、知らず知らずのうちに人を見下してしまったりしていることも。庶民的な感性を養ったり、その人の立場に立ってみたりすることを大切にしてみて。

自分を労るためのご褒美

これでもかと思うくらいにセレブな時間を作ってみましょう。高級エステサロンに行ったり、最高級の料理やワインを味わってみたり。そんな優雅なひと時が、あなたの充電時間となります。

開運の秘訣

人とお互いに助け合う精神を持って

将来の鍵を握るような人物との出会いには敏感になりましょう。それにより、地位や財を蓄えていけます。そしてサポートしてくれる人々を大切にしつつ、あなた自身も、人や社会に恩返しをする気持ちを持って。

16 心宿（しんしゅく）

相手の心を鷲づかみにする人気者。明るさの裏には陰も

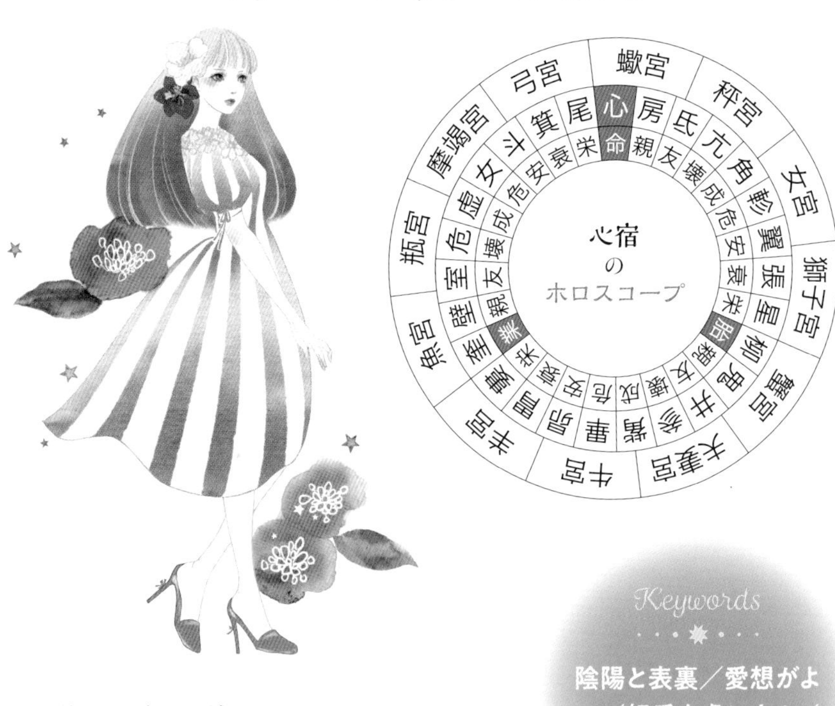

Keywords

陰陽と表裏／愛想がよい／相手を虜にする／猜疑心が強い

不動の人気を誇る人。
明るく朗らかな印象ですが、
心の裏側には
ダークな面も潜んでいます。

性格と運命 人から信頼されるが、自分は猜疑心強め

「心」という字が意味するように、人の心を揺さぶる力のある人。**老若男女問わず相手を魅了して、その心を鷲づかみにしていきます。**

12宿の蠍宮(かつきゅう)にあり、人気運は27宿中上位にランクされます。ただし、「陰陽」「表裏」の二つの顔を持ち合わせているので、明るく陽気な反面、心に陰を持っています。人といる時は明朗快活に振る舞っていますが、一人になった途端に急に不機嫌になったり、孤独に苛(さいな)まれたりすることもあるようです。そのため、心に毒を持つ「毒害宿」と言われます。宿獣は狐(きつね)です。

子どもの頃から明るい印象を与える子で、いつもニコニコとしているでしょう。勉強にもきちんと取り組みます。クラスでは人気者のポジションを得ていくでしょう。大人になってからも、その本質は変わることがありません。成長につれて相手の心を読む力が育まれていくことで、さらに人の心をつかむ力は強まっていきます。周囲から憧れの眼差しで見られたり、リスペクトされたりすることも多くなるでしょう。年上や上の立場の人からは信頼され、バックアップされることも必然的に多くなります。

ただ、**にこやかさ、明るさの裏に陰を持つのも特徴**。誰かと一緒にいる時には陽気でポジティブな姿を見せていても、一人になるとガソリンが切れてしまったかのように意気消沈することがあります。臆病になったり、闇が押し寄せてきたりするようなこともあるかもしれません。**猜疑心が強いところもあり、あなた自身は人から信頼されるものの、自分は人を信用しないようなところもあります。**

そんな心の裏側は持っているものの、不動の人気を誇る人ですから、人前に立ち、自分を上手にプロデュースしていけます。多くの人から賞賛されていく、そんな人生を歩んでいくでしょう。

\パワースポット/

ドラッグストア

人の視線を集めるあなたですから、ピッタリのスキンケア・メイクアイテムを探して自分磨きを。舞台もおすすめ。自分が立てたら一番ですが、鑑賞も開運に。

守護方位 ▶ **東**

\ラッキーアイテム/

スマートウォッチ

ひじに関するものが一番ですが、手首につけるスマートウォッチでも◎。左腕に装着してください。最新型を選べば、さらに人気者に。可愛らしい感じのブレスレットもおすすめ。

\ファッションのポイント/

好感度

奇抜なものよりは、周囲に溶け込む、誰からも受けの良いスタイルがあなたの人気に拍車をかけます。個性を出したい時は、明るくキュートなものを選んで。

ラッキーカラー ▶ **グレー**

仕事 相手の心をくすぐる言動で、集客力抜群

「人の心をキャッチする」、そんなスピリットを持って働きましょう。**相手の心をくすぐるような発言や行動ができるので、それを活かせる仕事で遺憾なく能力を発揮できるでしょう**。芸能界など、人気商売の仕事は適職。どちらかというとお芝居関係よりも、自分の言葉を伝えられるタレント、司会者、ラジオパーソナリティーなどのほうが向いています。魅力的な人柄により、接客業、ショップ店員などでも高い集客力を見せるでしょう。多芸多才な面を活かせば、文芸の世界での活躍も期待できます。実は心に闇を抱えているという点では、コーチング、心理カウンセラーなども適職。相手の悩みを深く理解し、寄り添うことができます。

 芸能関係、人気商売、接客、販売、心理カウンセラー

対人関係 時には自身の闇の部分も見せてみること

愛されキャラのあなたなので、人との交際は極めて順調。人に自然と好かれ、素晴らしい関係性を築いていくことができるでしょう。グループで集まると、話題の中心にもなりやすいタイプです。ただ、**憧れられる存在を演じてしまうこともあり、一人になった途端、どっと疲れが押し寄せてくる、などということも**。いつでも輝いていようとするあなたに対し、時に批判の声が挙がることもあるかもしれません。

人に見せる朗らかな面の裏にある陰の部分と上手に向き合えるようになることが、あなたの幸運を握る鍵。ほんの少しで良いので、心の裏を見せたり、自然な姿を晒(さら)したりしていくことも必要なようです。

恋愛・結婚 引く手あまた。恋愛では連戦連勝

相手を魅了する力が抜群なので、もちろん恋愛面でも引く手あまた。多くの人から求愛されます。かゆいところに手が届くような気遣いも見せられる人なので、相手の理想のタイプを把握したら、そのタイプを演じるような器用さも見せます。**恋をしたら、比較的容易(たやす)く相手の気持ちを自分に向けさせることができるでしょう**。

ただ、一旦交際がスタートすると、陰の部分が顔を出し、不安を感じたり、不信感が生まれたりすることが。恋愛も結婚相手も、信頼できる人を選ぶことが鍵となります。結婚生活を大切にしたいという思いは強いので、安心できる相手となら不安や執着も徐々に消え、穏やかな日々を過ごせるようになるはずです。

健康・美容 気の置けない人との交流でストレス緩和

WeakPoint
左ひじ

心宿は、左ひじがシンボル。多芸多才な能力を発揮するために、**腕を使い過ぎる傾向**があり、痛めてしまうことがあります。ぶつけてケガすることもあるので、周りに注意を払いましょう。心の奥に闇を抱えているため、躁鬱(そううつ)病、神経性の疾患にも注意。何でも話せる友人、あるいはカウンセラーなどプロの手を借りるのが◎。社交の場に行くことも多いので、暴飲暴食、虫歯にも注意しましょう。

お金 周りからのサポートが収入に結びつく

相手の本心を察し、何をしてあげたら喜ぶのかがわかるあなた。**人の心をキャッチすることができるその力で、多くの人から信頼されるでしょう**。それが評価や周囲からのサポートなどに結びつき、結果的に収入も増えていきます。年を重ねても人気は衰えることがないため、スポンサーがついたり、芸能界や政財界で活躍したりして、財産を増やしていくことも可能です。ただし、高い人気に胡座(あぐら)をかいて人生をなめてしまうと、怠け者になったり、私利私欲に走ったり、損得勘定で判断したりすることが。器用貧乏になり転職を繰り返すこともあるでしょう。すると経済力は衰えて、心もお金も破綻してしまうことがあるので、謙虚な気持ちを大切に。

葛藤しやすいこととその解決法

いつも素敵な自分でいたいと願い、理想の自分像を演じて疲れてしまうことが。時には、演じることをやめてみましょう。どんな自分でも魅力的なことに気がつけば、力まずに済みます。

自分を労るためのご褒美

自分の心身を労ってあげましょう。気心の知れたマッサージ店やヘアサロンなどに行って、悩んでいること、抱えている思いを話しつつ、心身を癒してもらいましょう。

開運の秘訣

信頼できる人の存在が大きな力に

明るい笑顔のその裏で、人知れず暗い部分を抱えているあなた。人気者の自分をキープしようと頑張るのも素敵ですが、「いつでも完璧でなくて良い」と気づいて。信頼できる人が近くにいると、大きな力になってくれます。

17

尾宿（びしゅく）

根気と粘り強さは天下一品。努力を重ね、難題も達成する

Keywords

粘り強い／心身ともに頑丈／猪突猛進／初志貫徹

高い集中力と根性が持ち味。
周りが音を上げるような場面でも
諦めずにやり抜き、目標を達成します。
意外と戦略家な一面も。

性格と運命 長期戦が得意。根気強さNo.1の努力家

27宿中、一番の粘り強さを誇ります。集中力も強く、時に執念と思えるほどの根気強さで、定めた目標に向かって命を燃やします。その姿はまるで、長距離ランナーのよう。**走者がゴールを目指してひたすら走り続けていくように、頭の先から「尾」に至るまで、決して諦めずにやり抜いていきます。**

12宮の弓宮（きゅうきゅう）に属し、「毒害宿」と言われ、好き嫌いをはっきりと表現していきます。宿獣は虎で、気高いところもあります。

子どもの頃から心身ともに頑丈なタイプ。体力だけでなく、精神面でも強さを発揮していきます。幼い頃から、興味を示したものに対しては、脇目もふらず夢中になって没頭します。

大人になってからもその本質は変わらず、好きなものや仕事を見つけたら、とことんのめり込みます。持ち前の粘り強さで、目標を定めたら結果を出すまで努力を重ねます。**どんな難儀なことでも決して諦めることなく、地味にコツコツと頑張り続けていくので、やがて努力が実を結び、欲しかったものや望んだ地位、財産を手に入れられるでしょう。**

無駄口を叩くほうではなく、お世辞を言って相手を喜ばすようなこともしません。その裏表のない正直さと安定感で、周囲から信頼を得るでしょう。

目標を確実に達成させていく力があるので、難関資格を取得したり、周囲があっと驚くような高いスキルを身につけたりもしていきます。地道に努力した末のその成果に、周囲は目を見張るでしょう。

実直なタイプですが、意外にも緻密な計画や裏での駆け引きも得意。ビジネス上の戦いにも勝利していきます。地味でもコツコツと努力を重ねた結果、最終的には堅実な人生を手に入れられるでしょう。

17 尾宿

＼パワースポット／

スクール

技術学校、専門学校など、スキルを身につけるところ。また、華やかなものを見たり、触れたりすることも大切。心身を潤してくれるフラワーショップも◎。

守護方位 ▶ 東

＼ラッキーアイテム／

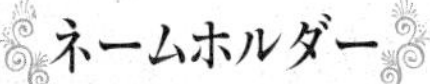

ネームホルダー

心臓の位置にくるネームホルダーは、あなたの存在を知ってもらうアイテムにもなります。ブローチも吉。スポーツ好きな人が多いので、スポーツアイテムも力の源となります。

＼ファッションのポイント／

カジュアル

アクティブで生命力がある人なので、カジュアルウェアが似合います。とはいえ、時には違うタイプのスタイルも楽しんで、変化をつけてみましょう。

ラッキーカラー ▶ むらさき

仕事 圧倒的な根性で、難解なタスクもクリア

圧倒的な根気強さと集中力が武器。粘り強く取り組むその姿勢で、どんな壁や障害に直面しても、諦めずに力を尽くします。**いつの間にか高度なスキルを身につけ、難解なタスクをクリアしていることも**。また、好きなことに夢中になった時のパワーはすごいものがあり、好きな分野を仕事に選べば、大きな成果を挙げられます。根気強さが求められるような仕事、時間をかけて取り組むような仕事が◎。年月をかけてきれいな花を育てる園芸家、黙々と研究を続ける研究者、翻訳家なども適職。マラソンようなスポーツ選手、格闘家のほか、芸を極めていく芸能も良いでしょう。職人的な仕事も合いますが、サービス業や自営業などは不向きなようです。

研究職、翻訳家、スポーツ関連、芸能、公認会計士、税理士、医師

対人関係 愛想は良くないほう。行き違いに注意

何かに夢中になると周囲が見えなくなるあなたは、誰かに声をかけられても気づかなかったり、気づかないうちに素っ気ない態度をとってしまったりすることもあるかもしれません。

愛想が良いほうではなく、無口にもなりがちなので、あなたのことを理解するのに苦戦する人もいるかもしれません。時には周囲に目を向けたり、場の空気を読んだりしていくことも大事です。**親しい人とだけでも良いので、時には深い会話をしていくことを心がけると良いでしょう**。そうすることで、人間味が増していき、温かな人間関係が築いていけるようになります。

恋愛・結婚 堅物なタイプで、恋愛への興味は薄め

相手を喜ばせるような会話をするのは得意ではありません。お世辞を言ったりすることも不得意なタイプでしょう。恋愛への興味は他の宿よりは薄めで、仕事か恋のどちらかを選ぶ場面では、仕事を選ぶような人でもあります。**仕事を諦めたり、自分を曲げたりしてまで、恋愛や結婚をする必要はないという気持ちも強いかもしれません**。

真面目な印象で、それが出会いの場では堅物に見られて敬遠されてしまう要素になることも。いいなと思う人がいたら、時には素直に好意を見せてみましょう。

結婚をするなら、あなたを理解してくれる相手を選ぶ必要があるようです。

健康・美容 頑張り過ぎが仇とならないよう注意

WeakPoint
心（こころ）

尾宿は、心を象徴します。**精神的には強いので、ストレス性の病気にかかることは少ないタイプ**。代わりに、心臓病や循環器系の病気に注意しましょう。

スポーツなど体を動かすのも好きなほうですが、何をするにしても、やり過ぎてしまう傾向があります。過労でダウンすることにならないように、適度に頑張る癖をつけましょう。

お金 地道な努力で成果を挙げ、収入アップ

働き者で、目標を達成していくバイタリティーがあるので、きちんと収入を得ていきます。**コツコツと頑張れる人なので、自ずと仕事で認められるようになり、着実に貯蓄を増やしていくことができます**。難関資格を取得したり、高度なスキルを身につけていったりするため、先行投資で出費をすることもありますが、プロフェッショナルな資格やスキルを身につければ、結果的に高収入を得られ、出したぶんを上回る収入を得ることができるでしょう。

基本的に生活に困るようなことはない人ですが、好きなことに熱中するあまり、こだわり過ぎたり、引っ越しを繰り返したりすると、貯金は減ってしまう可能性が。

葛藤しやすいこととその解決法

頑張り屋のあなたは、「もうちょっとだけ」と思っているうち、徹夜をしてしまうなどということも。時にはすっぱりスイッチを切り、「休むこと」に夢中になってみましょう。

自分を労るためのご褒美

コツコツ頑張るのも良いのですが、時には、一人でのんびりする時間を作りましょう。心身の疲れを感じた時は、動物園や植物園がおすすめ。動物や植物から生気を分けてもらいましょう。

開運の秘訣

広い視野を持って世界を見渡して

没頭する力が強い人なので、何かに夢中になると、それ以外のものが見えなくなることも。周囲を見渡す習慣を身につけるようにしましょう。その根気強さに視野の広さが加われば、鬼に金棒です。

18

箕宿（きしゅく）

大胆で度胸があり、目立つ人。精神力と忍耐力には定評が

なびく旗のように、
注目される存在です。
正義感の強さゆえの
攻撃性には要注意。

性格と運命 辛いことにもめげない強さを持つ熱き人

「箕」という漢字は竹冠に「其」。「鯉幟（こいのぼり）」のように竹竿の高い位置で旗がなびいて、自分の存在をアピールしていきます。そこから連想されるように、**とにかく目立つ人で、度胸の良さも27宿中上位にランクされるでしょう**。

12宮の弓宮（きゅうきゅう）にあり、「猛悪宿」と言われ、性格は比較的単純な割に、構想をしっかり練って勝負に出たりもします。宿獣は豹（ひょう）です。

子どもの頃から少しずつ自立心が養われていき、独立志向が高まっていきます。戦略的に未来のプランを練ることができる人なので、大人になるにつれ、さらに自分の生きる道をしっかりと考えていくようになります。将来どんな仕事に就いたら自分らしい人生を歩めるか、真剣に考えていくでしょう。

陽気でピュアな性格で、さっぱりもしています。人から何かされても、あまり根には持ちません。**精神力が強くて辛抱もでき、辛いことにもめげずに耐える強さを持ちます**。自立心旺盛で、自身の大切な目標や信念を貫いていくために情熱を傾けていきます。その熱い気持ちに、周囲は感動すら覚えるかもしれません。そういった熱さや純粋な性格によって注目される存在となり、人気者になれるでしょう。

正義感が強く、度胸の良さもあります。ただ、確固たる信念を持っているため、頑として意思を曲げないところが。周囲からのアドバイスを無視し、思い通りにしようと暴走してしまうような一面もあります。

ピュアなだけに思ったことをポロっと口にしてしまうことがあったり、時に常識からかけ離れた行動をとってしまったりすることも。また、強い正義感が先に立ち、攻撃性が出てしまうこともあります。そうすると、人気はガタ落ちとなり、信頼を失うことにもなりかねません。自分が人気者で注目されているということを常に意識し、言動に気をつけるようにすれば、順当な人生を送れるでしょう。

＼パワースポット／

カフェ

落ち着いた雰囲気のカフェやレストランがラッキープレイスです。お気に入りのお店で構想を練ると、良いアイデアがふと浮かぶでしょう。

守護方位 ▶ 東

＼ラッキーアイテム／

ショルダーバッグ

右脇に関するものやショルダーバッグが吉。バッグ本体が右脇にくるようにしましょう。バッグの中には、経済誌や週刊誌などを入れておきましょう。いざという時に役立ちます。

＼ファッションのポイント／

華やか

目立つのが好きで、注目されることに快感を覚えます。華やかなファッションに身を包んで。挑戦意欲を掻き立ててくれる、赤をふんだんに取り入れましょう。

ラッキーカラー ▶ 赤

仕事 夢をかたちにしていける根気の持ち主

目的意識が高くて根気がある人。**そのチャレンジ精神と根性で、夢をかたちにしていくことができるでしょう**。特に、自力で結果を出せるフリーランスの仕事やセールス業では目覚ましく活躍します。商品や人をプロデュースしていく能力があるので、お店や商品のプロデュース、あるいはタレントマネージャーなどが向いています。もちろん、自己プロデュース力も高いうえに人気があるので、人気商売やタレントなど芸能の仕事を目指すのも良いでしょう。意外なところでは、警察官やパイロットなど制服を着る職業も向いているようです。注目されたいという願望があるので、社会で積んだ経験を活かして華やかに独立して起業してみても。

プロデューサー、マネージャー、芸能関係、警察官、独立起業

対人関係 陽気で魅力的だが、頑固さに注意

陽気さ、度胸、忍耐強さ、正義感、情熱……人を魅了する長所をいっぱい持っているあなたは、注目度の高い存在。自然と人を惹きつけます。ただ、正直でピュアなところがあるので、良くも悪くも、思ったことをそのまま言葉にしてしまうところも。知らない間に相手を傷つけたり、不快にさせたりしないように注意を払いましょう。自分がさっぱりとした性格で、根に持たないほうなので、相手もそうだろうと思い込んでいると失敗してしまいます。**好かれるタイプですが、頑固さや勝気さが出てしまうと敵を作ることもあるでしょう**。ちょっとしたことがきっかけで人が離れていってしまうことがないよう、慎(つつ)ましい言動を心がけて。

恋愛・結婚 恋愛より仕事を選ぶ傾向が

注目されることが快感という意識は恋愛にも働きます。誰もが羨むような相手を選び、愛されたいという願望が強めです。特に男性は、いつまでも「モテたい」という意識が抜けないことも。とはいえ自立心旺盛なので、恋愛では甘えるより、甘えられることが多くなります。自身は**恋愛より仕事を優先するタイプなので、そんな態度に相手が不満を募らせることも多いでしょう**。

恋愛や結婚を長続きさせたいなら、仕事をセーブしたり、目標や夢を諦めたりすることも時には必要だと肝に銘じることも、大切かもしれません。ストレートな物言いにも要注意。夫婦で共同経営をすると、夫婦仲がさらに良くなる傾向が。

健康・美容 頑張り過ぎによる過労と暴飲暴食に注意

WeakPoint

右脇

箕宿は、右脇を象徴します。**右脇のケガには注意をしてください**。チャレンジ精神が旺盛なあまり、無謀だと思えることにも果敢に攻めていくタイプなので、頑張り過ぎて過労でダウンということも少なくありません。

また、お酒が大好きな人が多いので、暴飲暴食による肝臓や胃腸の病気などには要注意。その他、関節リウマチにも気をつけましょう。

お金 ビジネスセンスはあるが、経済観念は低め

目標を持ったら、情熱をかけて取り組んでいきます。仕事も好きで勤労、ビジネスセンスにも恵まれているため、収入に困ることはないでしょう。ただ、目立つことが好きで、交際が派手になったり、気前良く周囲にお金をばら撒いてしまったりすることもあり、経済観念が高いとは言えません。男性は、恋愛相手に貢いでしまったりすることも。**持って生まれた注目度の高さやプロデュース能力を発揮すれば、多くのお金を手にすることもできるでしょう**。

ただ、自分のためにお金を残すことは苦手なので、大金を手元に残すのは難しいかもしれません。人のためという意識で貯蓄に励んだほうが良さそうです。

葛藤しやすいこととその解決法

人に好かれやすい性質ですが、時に本心をそのまま口にし、亀裂を走らせることも。言葉は武器にもなり、癒しにもなるもの。言葉の武器はそっと下ろし、癒しや勇気を与えるつもりで。

自分を労るためのご褒美

情熱を傾けチャレンジし続けるので、それがなくなったら抜け殻のように……幟(のぼり)を下ろすことはご褒美になりません。次の夢やテーマを探し、幟を立てることがあなたの喜びとなります。

開運の秘訣

周囲からの人気を還元するつもりで

自分の信条に向かって突っ走るところがあるので、周りのおかげで自分が存在していることを意識して。人気者なので、周りの人からの思いに還元する気持ちを持ちましょう。人のためにどう生きるかという使命感を持って。

19 斗宿（とうしゅく）

熱い闘争心を胸に、あらゆる戦いに勝利するカリスマ

斗宿
の
ホロスコープ

摩竭宮 弓宮 蠍宮 秤宮 女宮 獅子宮 蟹宮 夫妻宮 牛宮 羊宮 魚宮 瓶宮

斗 箕 尾 心 房 氐 亢 角 軫 翼 張 星 柳 鬼 井 参 觜 畢 昴 胃 婁 奎 壁 室 危 虚 女

命 親 友 壊 成 危 安 衰 栄 胎 親 友 壊 成 危 安 衰 栄 業 親 友 壊 成 危 安 衰 栄

Keywords

カリスマ性／闘魂／高い自尊心／熱さと冷淡さを併せ持つ

**27宿中、
一番の闘争心の強さを誇ります。
過酷な経験をすることがあっても、
すべてを糧に変えていきます。**

性格と運命 夜空の星のように輝き、人々を導いていく

斗宿は、幸運な宿の一つとされています。**夜空で光り輝き、旅人に進むべき方向を示す星のように、人々を導くカリスマ性のある宿です。**

闘争などの「闘」の字を「斗」に置き換えて使うこともあることから、「斗」には闘うという意味があり、「闘魂」にかけては27宿中一番です。

12宮の弓宮（きゅうきゅう）と摩竭宮（まかつきゅう）に属し、「安重宿」と言われ、普段は温厚そうに見えます。宿獣は獬豸（かいち）。現実には実在しない霊的生物です。

子どもの頃は、いじめを経験したり、あるいは病気や大ケガをしたりする子もいるようですが、そういった過酷な経験が人生の糧となっていきます。そのような辛い体験をしなかったとしても、持って生まれた闘争心により、さまざまな能力を身につけていくようになります。

大人になると、人を惹きつけるカリスマ性を身につけるようになり、属する組織や場所で、リーダー的な役割を担うことが多くなります。そういった場合には必ず、サポーターや秘書的な役割の人、もしくは、スポンサーが現れ、アドバイスをくれたり、勝負どころで力を貸してくれたりします。彼らの助けも得ながら、闘いに勝利していくことができるでしょう。

宗教心があるほか、意外にも占いなどを好み、そういったものを頼りにすることも大きな力となります。

高い自尊心と理想を掲げます。温厚そうに見える顔の下では、常に熱さと冷淡さを隠し持ち、いつ戦いのスイッチが入っても良いように、戦闘態勢をとっているような人。相手がライバルであろうと自分であろうと、どんな戦いにも背を向けることなく挑んでいきます。**自他との戦いに勝利を重ねていくことで、成功へと導かれ、輝きを増していくでしょう。**

\パワースポット/

勝負の場

闘争心が掻き立てられる場所、闘いや勝負が行われている体育館やリング、道場などがおすすめ。宗教心を持つので、寺院や教会なども落ち着くでしょう。

守護方位 ▶ 北

\ラッキーアイテム/

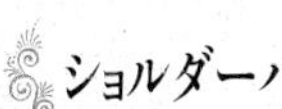

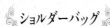

ショルダーバッグ

もの自体が左脇にくるショルダーバッグなどがおすすめ。また、旅行の本、宗教本、格闘技本、占いの本を目的に応じて持ち歩くと良いでしょう。その本が、あなたを導いてくれます。

\ファッションのポイント/

カリスマ性

いつ闘いのスイッチが入っても良いように、アクティブに動ける服が◎。スケールの大きさやカリスマ性を感じさせるような印象のファッションもおすすめ。

ラッキーカラー ▶ こげ茶

仕事 圧倒的なパワーで能力を上げていく

闘争心、負けん気の強さを活かし、パワフルに仕事をします。気づいた時には圧倒的な能力を身につけていたということも少なくないでしょう。**カリスマ性があり、人を導くことができるので、政治家などにも向いています。**

闘争本能を活かしたスポーツ選手、格闘家、武道家、それらの指導者なども適職。サポーターやスポンサーなど、協力者に恵まれる強運の持ち主なので、起業したり、芸能、芸術関連などに就いたりするのもおすすめです。優れた美的センスや応用力は、アパレル、デザイナー、ＣＧ制作、エンジニア、料理評論家、文筆業などにも向きます。宗教家、思想家としても、人々の魂に響く教えを説けるでしょう。

政治家、スポーツ関連、芸能・芸術、アパレル、料理関連、文筆家

対人関係 柔和な印象とカリスマ性で惹きつける

ソフトで穏やかで印象を与えます。**柔和な印象とカリスマ性を携えたあなたの周りには、自ずと多くの人たちが引き寄せられてきます**。社会的地位がある人に対しても物怖(お)じせず会話できるようなところは、尊敬の眼差しで見られることも多いでしょう。下手をすると、目上の人に対して闘争心を持って勝負を挑んでいくことすらあるようです。協力者を得ながら人の上に立っていくような器の持ち主ですが、おごりが出て勘違いしてしまったり、闘争心だけでなく冷淡さも出たりして、人を見下してしまうことも。身近な人や応援してくれる人に感謝や優しさを持つことで、素敵な関係性を築けるでしょう。

恋愛・結婚 みなぎる闘争心で恋のライバルに勝つ

周囲に人が集まってくる人なので、自然と恋愛が始まっていた……などということも多いでしょう。恋のライバルが登場すると、一層闘争心がメラメラと燃え上がり、ターゲットを射止めます。**勝気な面が出てしまうと、関係は長続きしないこともあるようですが、別れてもすぐに次の相手が現れやすい運気の持ち主です**。理想が高く、名誉欲も強いので、結婚相手には自分よりランクが上の好条件の人を望む傾向があります。

家庭を大切にする気持ちがあるので、結婚後は、穏やかな日々を送れます。ただし、仕事を優先し過ぎたり、相手より上に立とうとしたりするとギクシャクします。

健康・美容 食べ過ぎによる栄養過多に用心して

WeakPoint

左脇

斗宿の象徴は左脇です。子どもの頃に病気や大ケガをしやすい運勢ですが、それを乗り越えられるパワーを持ちます。**左脇腹の打撲、骨折には注意**しましょう。武道や格闘関係の仕事や趣味をしている人は、この部位に気をつけてください。

高カロリーのものを食べ過ぎての栄養過多、肝臓、胃腸、呼吸器系、すい臓、胆石、不摂生にも注意が必要です。

お金 人もお金も集まってくる強運の持ち主

周囲に人が集まる幸運な宿であるあなたには、自然とお金も集まってきます。基本的に、経済面で困ることはないと言えるでしょう。**スポンサーなどによってお金がもたらされる場合もありますが、何事にも不屈の精神で挑める人なので、自分自身で富を得ることも大いにあります**。名誉や地位を求める気持ちは強く、人より優位に立ったり、リーダーになりたいと望みます。その目標のためなら、どんな努力や闘いもいとわず、次第に収入も増えていくでしょう。ただし、プライドの高い面が出てしまうと、セレブな生活に固執し、大金を使ってしまうこともあります。人を大切にし、無駄遣いに気をつけていくことが鍵になります。

葛藤しやすいこととその解決法

つい、何に対しても闘いを挑みたくなってしまうようです。百戦百勝は善の善なる者に非ず。いつでも戦闘的になるのではなく、時には戦わずに勝てる方法を考えてみましょう。

自分を労るためのご褒美

旅に出て自分を解放させましょう。可能であれば、乗馬を楽しむのがおすすめです。それが難しい場合、何らかの乗り物で、自然溢れる場所を訪れると良いでしょう。

周りと同調し、和を大切に

熱い闘争心によってさまざまなものを得ていくあなたですが、温厚さや謙虚な気持ちを忘れないようにしましょう。時には闘いの手を休め、和に溶け込むこと。目上の人には尊敬、目下の人にはアシストを心がけましょう。

20 女宿（じょしゅく）

自分を磨き続ける頑張り屋。
優しくて面倒見が良く、世話好き

Keywords

世話好き／自分磨きが好き／多趣味多芸／頭脳明晰

**高い自己研鑽の意識を持ち、
努力し続ける人。
女性はおしとやかな印象の裏に、
激しい部分が。**

性格と運命 律儀で優しく、面倒見の良い性格

律儀で優しい正直者で、規則を破るようなことはしません。面倒見が良く、世話好き。自己研鑽の意識が高く、日々自分を磨いていきます。争いに関連している摩竭宮（まかつきゅう）に入っているので、争いを収めたり、仲裁に入ったりすることが得意です。別名「軽燥宿」。宿獣は蝙（こうもり）です。

女性は奥ゆかしく、おしとやかな印象を与えますが、「女」という漢字に反するように、実は男性顔負けの強い性格の人が多く、心の奥に激しい部分を隠し持っています。タフな精神力を持ち、物事を探求したり、達成させたりする精神力も備えています。男性は、女性よりソフトな印象の人が多いようです。自分磨きに対する熱量は、27宿中一番。頭脳明晰なタイプが多くなります。特に野心が顔を出した時は饒舌（じょうぜつ）になり、優れたトーク力を発揮するでしょう。

子どもの頃から、自分を高めることに余念がなく、勉強も運動もできる優等生であることが多くなります。成長するにつれ、勉強はもちろん、関心があることにさらに一生懸命に取り組むようになり、チャレンジしていきます。社会に出る頃には、すでに多趣味多芸、さまざまなスキルを身につけていることもあるでしょう。そういったの能力が必要とされるシーンで大いに発揮され、周囲からの信頼と高評価を得ていきます。

人の世話をするのが好きで親切。信義にも厚いため、そのような面でも大きな信頼や人気を得るでしょう。ただし、難しい争いを収めようと奮闘するあまり、トラブルに巻き込まれて、深手を負うようなこともあります。

優しく、人に安心感を与える印象の裏で、実は心の奥に陰の部分を持っていたり、激しい心情を持っていたりします。その部分が出ると、一人で落ち込んだりすることもあるようです。

＼パワースポット／

裁判所

法律を司る場所では、自分の正義感に自信が持て、気持ちが高まります。マッサージ店もおすすめ。施術師との会話で、癒しとパワーを得ましょう。

守護方位 ▶ 北

＼ラッキーアイテム／

腹巻き

お腹を守るための腹巻きなど、肚（はら）に関するもの。冬はもちろん、夏でも冷房の冷えから守ってくれます。また、心のバランスを保つためのアンティークな美術品も良いでしょう。

＼ファッションのポイント／

控えめ

派手なものよりも、控えめな印象のものが趣味嗜好に合っています。スーツのようなかっちりとしたスタイルは、あなたの律儀さを際立たせます。

ラッキーカラー ▶ ベージュ

仕事 自分を磨く姿勢でスキル向上

自分磨きに余念がないので、その姿勢は仕事でも大いに活かされるでしょう。また、**人を仲裁することが得意なので、組織では調整力を発揮します**。律儀な性格ですから、司法関係、官僚、公務員などのように、きっちりとしたルールを重んじる職業に向いています。また、ソフトな外見の奥に激しさを秘めていますので、ここぞという時にエネルギーを必要とされるような、政治家、消防士、警察官、警備員なども適職です。

さらに、高い美的センスを誇るので、伝統芸能、アンティークなものを扱う芸術系の仕事も向いています。

司法、官僚、公務員、政治家、消防士、警察官、芸術系

対人関係 親切で世話好きな面の裏に、脆さも

親切で世話好きなので、実は心の奥に激しさ、強さを秘めていても、人間関係でのトラブルは少ないと言えます。**身近にいる人の相談に乗ったり、トラブルを収めていったりすることで、感謝されることも多いでしょう**。勉強にも趣味にも一生懸命に取り組む人なので、そういった場で交友関係を築いていくこともあります。

また、多趣味多芸なので、自分の技術や知識を人に教える中で、親睦を深めていったりもします。ただ、陰の性格を持っているため、人との関係において一人で落ち込んでしまうような脆(もろ)さもあります。そんなあなたのことを理解してくれるような人と一緒にいることで、暗い部分に光が差し込むでしょう。

恋愛・結婚 男女ともソフトな雰囲気でモテるタイプ

女性は、外見のおしとやかな雰囲気により、モテる人が多いでしょう。好きな人ができたら、積極的にアプローチもできます。男性も、ソフトな物腰が女性を惹きつけます。ただ、男女とも心の奥の陰の部分が顔を出すと、思い悩んだり、トラブルに巻き込まれたりすることもあるので、注意が必要です。

また、**世話好きな面が色濃く出ると、男女ともに、依存するようなタイプの相手を引き寄せてしまうことがあります**。心配した周囲がどんなに交際を反対しても、「この人には自分がいなければ」と、強固に思い込んでしまうこともあるようです。結婚後は、男女とも浮気の心配がありますが、基本的には家庭を大切にします。

健康・美容 心と行動が伴わない振る舞いに注意

女宿は、肚、胃腸を示しています。心には陰の部分を持ちながらも明るく振る舞うことで、心身のバランスを崩し、ストレスを抱えることも。また、**自分を高めるために頑張り過ぎてしまう**ことも多いでしょう。

過労に気をつけるとともに、自分の内面の声に耳を傾けるようにしましょう。体の冷え、ストレス性の病気に注意。特に、胃腸などのお腹、内臓の病気に気をつけてください。

お金 たゆまぬ努力で信頼を得て収入UP

どんな仕事に就いたとしても努力を惜しまない女宿。**自分の最大限の力を発揮することで周囲から自然と評価され、お金を貯めていくことができるでしょう**。努力家なので、昇進、出世なども早いタイプです。日々自分を向上させていく人なので、スキルや資格などを得ることで能力を高めるのと比例するように、収入も貯金も増えていくでしょう。信頼を得て、肩書きのあるような人に引き立てられたりすれば、さらに金運は上向いていくはずです。

世話好きなので、人の面倒を見るために出ていくお金は多そうです。ただ、自分自身はその出費に満足しています。

葛藤しやすいこととその解決法

自分磨きに力を入れるあまり、無理し過ぎて、陰の部分に心が占拠されてしまうことも。自分のスイッチをオフにした時間を作り、時には、あえてダラダラと過ごすことも大切です。

自分を労るためのご褒美

真面目に頑張るのがあなたの本来の姿ですから、その姿勢を尊重することこそが大きなご褒美に。ただ、頑張り過ぎには注意。休みをしっかり取りながら、適度に頑張ることを意識して。

人々の争いを収め、平和な世界を

面倒見が良いので、人が争っている姿を黙って見ていることはできません。争い事を収め、平和な世界を構築していくのがあなたの使命です。その姿勢が多くの人から信頼を得て、結果的にチャンスが広がっていくでしょう。

21

虚宿（きょしゅく）

鋭い勘と豊かな感性の持ち主。いくつもの顔を持つミステリアスな人

Keywords

勘が鋭い／感受性豊か／用心深い／複雑な性格／ミステリアス

プライドは高いものの、
精神的にナイーブなところも。
いろいろな顔を見せる、
複雑な性格の持ち主です。

性格と運命 豊かな感受性で独自の人生哲学を築く

12宮の摩羯宮（まかつきゅう）と瓶宮（へいきゅう）にあり、27宿のうち、勘の鋭さと物事を敏感に捉える能力は一番と言われています。「軽燥宿」で、真面目で合理的なところもあります。宿獣は鼠（ねずみ）です。

感受性が豊かなタイプ。自尊心が高く、プライドの高さは誰にも負けません。「虚」だけに、人に対して虚勢を張ることがある一方、「虚」という漢字には、うつろという意味があるので、精神的な弱さ、ナイーブさを合わせ持つようなところもあります。そのように、**性格が複雑で、いくつもの顔を持っているのがこの宿の人の特徴です。**

子どもの頃は、人懐っこく、大人の心をくすぐるような子です。そのため、甘やかされて育つことが多い傾向にあります。厳しく育てられた場合は、精神性が養われ、強い気持ちを育んでいくでしょう。社会人になる頃には、神秘の世界や宗教、運命論を好むようになり、自分なりの人生哲学を築いていきます。一生を通じて夢やロマンを追い続ける人もいます。

用心深くて慎重な面を持ち、臆病なところも。慎重さゆえに人を信用しなかったり、人の目を気にしてしまったりもします。ただし、**一度信じた相手に対しては深く関わり、その人の面倒を見たり、可愛がったりもするでしょう。**

勘の鋭さと勝負強さがある人なので、それによって引き立てを受けるようなことも。ただ、自尊心の高さから、人に謝るということができないため、意地を張って失敗してしまうこともあります。

感受性が豊かであるがゆえ、人の言動に傷ついたり、理想と現実のギャップに悩んだりするようなこともあるでしょう。けれどもその葛藤こそが成長を促して人間的な深みとなり、独自の哲学をつくる糧となります。

＼パワースポット／

書店

神秘世界や宗教を好むので、書店に行って関連の本を探すと、自身の哲学が築けます。神社、仏閣、教会などもおすすめ。精神性が養われるでしょう。

守護方位▶北

＼ラッキーアイテム／

ウエストポーチ

ウエストポーチなど、お腹の前にくるものが吉。お腹の保護にも役立ちます。ガイドブックを持ち歩くのもおすすめ。旅に出た気持ちになり、楽しい時間を過ごせるでしょう。

＼ファッションのポイント／

神秘的

自尊心を満たしてくれるようなファッションを選ぶと、魂が喜ぶでしょう。神秘的なイメージに少しだけセレブ感をプラスさせてみるのも◎。

ラッキーカラー▶青

仕事　自分らしく生きる術を人々に伝える

「自分らしく生きる方法をナビゲートする役目の人になること」を意識すると良いでしょう。**宗教家、占い師、カウンセラー、教師など、人の相談に乗り、人生を良い方向へと導く仕事は向いています**。組織に属す場合は、トップの補佐役的な仕事で手腕を発揮します。相談役、顧問、コンサルタント、アドバイザー、運転手などは適職です。プライドが高いので、なるべく頭を下げないで済む仕事のほうが、心を煩わされずに臨めるでしょう。

また、ある程度自分のペースで進められる仕事が向いていて、作家、学者、医師、司法関係、ライター、料理研究家、プログラマーなどが適職と言えます。

相談役、コンサルタント、文筆家、学者、医師、料理研究家

対人関係　時には素直な気持ちを伝えることも大切

「人々をナビゲートしていく」という役割を担うあなたに救われる人、進むべき道を示してもらう人も多くいるでしょう。しかし、あなた自身は複雑な性質を持つため、時に虚勢を張って、本当の自分を隠したりします。その複雑さ、ミステリアスさはあなたの本質でもありますから、無理矢理そのパーソナリティーを抑える必要はありません。ただ、**時にはあまのじゃくな一面と折り合いをつけ、「寂しい」「助けてほしい」など、自分の気持ちを素直に伝えてみることも大切です**。

また、不要なプライドを捨ててみることで、周囲の人たちと、もっと気楽に付き合えたり、サポートしてもらえたりします。肩の荷も下りるでしょう。

恋愛・結婚　ミステリアスな雰囲気が魅力に映る

夢を追いかけるミステリアスな人。そんな雰囲気をまとっているあなたなので、人を引き寄せる魅力は十分です。多くの人から憧れられるでしょう。ただし、理想を追いかけ過ぎて交際に進展しなかったり、プライドの高さが顔を出してしまって、相手がついてこられなかったりすることも。気持ちに素直になれず、好きなのに嫌いな振りをしてしまうようなところもあるでしょう。

面倒見が良いところを意識して出すようにすれば、相手に安心感を与え、信頼関係を築けるでしょう。結婚をすると、新婚の頃は、問題が起きやすい運気ですが、歳月を重ねていくうちに円満になります。子どもに対しては教育熱心です。

健康・美容 精神的バランスを整えることが肝心

WeakPoint

腎、小腸

虚宿は、腎、小腸の象徴です。**腎盂腎炎など、腎臓に関する病気や泌尿器系の病気には気をつけましょう。**

複雑な心の持ち主なので、精神的にバランスを崩しやすいところがあります。精神性による疾患にも注意が必要です。精神の負担は胃腸にダメージを与えやすいので、ストレスを溜めないことが肝となります。

さらに、骨、肺の病気にも注意しましょう。

お金 勘を働かせて、要注意人物は撃退を

お金に苦労する人は少なく、金運にも恵まれるほうです。ただし、中年期には保証人になって借金の肩代わりをさせられたり、騙されてお金を損失してしまったりする可能性もあります。鋭い勘を働かせて、良からぬ人物には関わらないようにしましょう。また、プライドの高さから、人に反発したり、されたりすることで評価を下げ、収入が減ってしまうようなこともあります。

ただ、**すべての経験を糧にして、中年期を過ぎたら安定した経済力を身につけていけるでしょう。**好きなことに関しては、損得感情を抜きにして楽しむところがありますが、少し貯蓄の意識も身につけると良いでしょう。

葛藤しやすいこととその解決法

唯我独尊タイプですので、孤立してしまうことも。時には高い自尊心に縛られている自分を解放しましょう。強情な面を解放して力を抜くと、もっと生きやすくなるでしょう。

自分を労るためのご褒美

旅をすると、精神的に解放されてひと息つけるでしょう。雑誌やサイトでピンときた場所があったらぜひ訪れてみましょう。心が潤うだけでなく、運を引き寄せることにもつながります。

開運の秘訣

こまめに自分の本音を聞いて

いくつもの顔を持つあなたなので、どれが本当の自分なのかわからなくなることも。その都度、自分の内なる声にしっかり耳を傾けてあげてください。また、確固たる人生哲学は、ぜひ周りの人たちに役立てていきましょう。

22 危宿（きしゅく）

人生を楽しむ才能の持ち主。トレンドをつかみ、時代の先駆者に

Keywords

人生を謳歌する／危険と隣り合わせ／高い社交性／楽しむ天才

人付き合いも良く、
遊び心も旺盛な人。
日々を楽しく生きられる人ですが、
やるべきことを怠らないように自制して。

性格と運命 遊びに身を投じないようにブレーキを

12宮の瓶宮にあり、**交友関係の広さや人付き合いの良さは27宿中一番**。角宿、壁宿と並び、人生を楽しんでいく宿の一つです。

「軽燥宿」と言われ、とても純粋で正直。誠実に人と接していきます。宿獣は燕となります。

人と接することが好きで、遊び心も旺盛。人生を楽しめる才能を持っています。流行りものに敏感で、ファッションセンスも秀でています。流行の先端を行く、時代の先駆者になるようなこともあるでしょう。

けれど、「危」という漢字が示すように、楽しみと危険は隣り合わせ。感情に任せて突発的な行動をとったり、お酒やギャンブルなどにはまったり、楽しみのために身を滅ぼしたりといった危険をはらんでいます。

子どもの頃は、いわゆる「いい子」。周囲の友人たちには親切で、先生にも従順、勉強もできる子が多いでしょう。いわゆる好感度の高い優等生タイプです。しかし、大人になるにつれ、さらなる楽しみを見つけていくようになり、勉強への意識は低くなっていきます。

人生を楽しめる人ではありますが、遊びに身を投じてしまうと人生は下り坂となってしまいます。**あなたの人生を素晴らしいものにするためには、社会人としての自覚を持つことが鍵になります**。そうすれば、楽しいことを仕事に結びつけられたり、情熱を傾けられるものが見つかったりするでしょう。日々を楽しみつつも、勉強や仕事など、やるべきことにはきちんと力を尽くし、スキルを身につけたり、アイデアをかたちにしていったりすることが大切です。

幅広い交友関係も、仕事や社会の役に立てるようにしていきましょう。あなたらしく楽しみながら、エネルギッシュに人生を歩んでいくことができます。

＼パワースポット／

空

宿獣は燕なので、空がパワースポット。広い空を眺め、開放感を味わってください。楽しいことがパワーの源なので、アミューズメントパークも◎。

守護方位 ▶ 北

＼ラッキーアイテム／

下着

胯に関するアイテムが幸運を招きます。勝負の時や大切な時は、とっておきの下着を身につけると良いでしょう。股上が浅いローウエストのパンツスタイルもおすすめです。

＼ファッションのポイント／

最先端

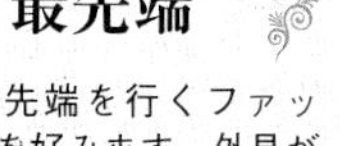

時代の先端を行くファッションを好みます。外見が美しい人が多い宿ですから、最新ファッションを優美に着こなすことができるでしょう。

ラッキーカラー ▶ 緑

仕事　仕事を通じて、「楽しさ」を提供する

何かを楽しむことにかけては天下一品。そんな特性は、仕事でも大いに活きるでしょう。自分が情熱を傾けられる分野なら、どんな仕事でも力が発揮できますが、特にレジャー関連など、人々を楽しませることを仕事にすると良いでしょう。レジャー施設、映画、音楽、舞台、ゲームなどのエンターテイメント系の仕事は天職と言えそうです。おしゃれでセンスもあり、トレンドをつかむのも上手なので、ファッション関係、デザイナー、クリエーター、イラストレーター、マスコミ全般も適職です。医療関連、インストラクターなども向いています。**どんな仕事でも、「人々を楽しい世界へと導く」というスピリットを持って働きましょう。**

エンターテインメント関連、アパレル、マスコミ、クリエイター

対人関係　付き合う人によって運気が変動

とにかく社交的なあなたなので、世渡り上手に世間を歩んでいけるでしょう。ただし、自由なところがあるので、所属するコミュニティーや居場所がコロコロと変わったりもすることもあるかもしれません。それは決して悪いことではありません。あなたの生きる道は、付き合う人たちによって大きく変わっていくからです。

例えば、無責任に楽しむことだけを追求するような人たちと一緒にいれば、あなた自身も日々、遊ぶことだけを考えて生きるようになってしまいます。**自分にとってプラスになる交友の場を求めて遊びましょう。**良き人々と出会い、情熱を傾けられる対象とも出会うことができたら、あなたの運気は上昇していきます。

恋愛・結婚　遊び心旺盛でも、恋愛には真面目

男女ともおしゃれな人が多く、日頃から目立つ存在。社交の場や趣味の場に出かけることも多いので、そういった場から交際がスタートするパターンがほとんどかもしれません。遊び心の豊かな人ですが、意外にも恋愛や結婚に関しては真面目。遊びではなく、きちんと相手と向き合おうと考えます。

情熱的なので、好きな人ができたら相手の事情などお構いなしに、なり振り構わずアタックします。相手も嬉しいと感じてくれる場合は問題ありませんが、そうでない場合は迷惑になりかねないので、自制心を。結婚後は遊び好きな性格が出てしまうと、家庭崩壊の危険が。目の前のパートナーに真摯に向き合ってください。

健康・美容 遊び過ぎによる体調不良に注意

WeakPoint
胯

危宿は、胯を象徴します。**股周辺のケガや病気に気をつけましょう**。感情を抑えきれずに突発的な行動をすることがあり、そういった際に、足のつけ根や筋を痛めたりする場合があります。骨盤や股関節のズレ、交通事故にも注意。

情熱を傾け過ぎたり、遊び過ぎたりすると、暴飲暴食や睡眠不足による体調不良にも見舞われがちです。腸の病気にも注意してください。

お金 楽しさ最優先で、蓄財には無頓着

楽しければ、貯金は必要ないと考えているようなところがあります。**「危」の漢字が示すように、遊びやギャンブルにはまってしまうと危険な性質**。お金が貯まらないどころか、借金をしてしまったりすることもあるかもしれません。ギャンブルに限らず、情熱を注げるものが見つかると、糸目をつけずに投資してしまうところが。流行りにも敏感なので、おしゃれにお金をかけてしまうこともあるようです。

楽しいことや交友関係を通じて、引き立ててくれる人と出会えたり、適職を探せたりする場合もあるので、一概に、遊びが悪いわけではありません。人生を楽しみながら、いかに自分をコントロールしていけるかどうかが鍵となります。

葛藤しやすいこととその解決法

人と会いたい、遊びたい、そんな衝動を止められないことがあります。自分でセーブできないのなら、一緒に行動する人にストッパー役になってもらいましょう。

自分を労るためのご褒美

流行りの服を身にまとい、日常を忘れ、自由に遊ぶことが一番のご褒美に。我慢ばかりしていると人生が狭まってしまうので、上限を決めて、時には豪快にお金を使うのも良いでしょう。

開運の秘訣

人に惑わされない強い気持ちを

社交性と交友関係の広さにより、道が開けていくあなた。ただ、甘い罠をしかけてくる人や、怠惰な道に引きずり込もうとする人に負けないことが重要。人からの誘惑や言動に惑わされない、強い意識を大切にしてください。

23 室宿（しつしゅく）

あり余るエネルギーを持ち、勢いよく目標に向かう野心家

室宿のホロスコープ

Keywords

猪突猛進／家庭人／子ども好き／正直者／自己中心的

まるで猪（いのしし）のように、荒々しく獲物に向かって突き進みます。パワフルでまっすぐな気質で、短期決戦が得意。

性格と運命 勢いがあり、まっすぐで裏表がない人

パワフルで陽気、まっすぐな気質の持ち主です。12宮の瓶宮と魚宮にあり、「猛悪宿」と言われ、野心家で少し荒々しいところも。エネルギーに溢れている人です。**宿獣は猪なので、目標やターゲットを定めたら、まさに猪突猛進といった様子で突進していきます**。短期的な勢いの強さはあるものの、長期戦は苦手で、時間をかけずに物事を成し遂げようとします。

「室」には住まいという意味があるように、家庭、家族を大切にする人です。子どもを可愛がることに関しては、27宿中上位に入ります。

子どもの頃から、エネルギーを持て余しているタイプ。お茶目な子ですが、目を離していると、どんなことをしでかすかわからないくらいハラハラ、ドキドキさせられます。ケガをすることも多いでしょう。エネルギーのやりどころをスポーツなどの方向に向けることができれば、活躍する可能性は大いにあります。

大人になるにつれて自信を育んでいきますが、突っ走るところは変わりません。ケガをしやすい危険性は一生つきまとうので、落ち着いた慎重な行動を大切にしてください。

正直者で、曲がったことは大嫌いな性格。唯我独尊の性質もあり、好き嫌いもはっきりしています。そのため、感情や考えていることは表に出やすいタイプと言えるでしょう。さらに、勘が鋭いところがあるので、人の気持ちを察することができ、状況に応じて対応することも得意です。ただし、自己中心的なところがあるので、人に合わせることはあまりしないようです。

学歴や経歴にはこだわらないほうですが、目的意識は高く、あらゆるものを犠牲にしてまでも目標を達成させていきます。人知れず努力を重ね、勉強する手を休めない努力家です。

23・室宿

＼パワースポット／

学びの場

目的意識が高いので、スクールなど学びの場に行くと、より本質が喜びます。エネルギーが発揮されるスポーツ関係の施設で、パワーを爆発させましょう。

守護方位 ▶ 北

＼ラッキーアイテム／

伝統工芸品

古典的なものへの関心が強いので、伝統工芸品を大切にすると開運につながります。また、右腿がシンボルなので、ガーターベルトなど、その部分を印象づけるものも良いでしょう。

＼ファッションのポイント／

ハイブランド

派手なデザインのものを選ぶ傾向があります。特に男性はセレブな雰囲気なものにも惹かれるので、ハイブランドのアイテムもおすすめです。

ラッキーカラー ▶ 濃い青

仕事 パワフルだが細かな作業も得意

熱い気持ちを活かして仕事に取り組みます。バイタリティー溢れる仕事ぶり、まっすぐに目標に向かっていく姿勢は、どのような仕事に就いても力を発揮できるでしょう。**勢いのあるタイプですが、事務処理能力も高く、素早いうえにミスも少なく物事を処理することができます**。

勉強熱心なので、ジャーナリストや学者は適職と言えます。また、商売上手な面もあるので、実業家を目指しても良いでしょう。伝統工芸品、骨董品など、歴史を重ねてきたものと縁が深いので、そういった職業も向いています。あるいは旅行、貿易、商社など海外に関する仕事。美術関連や不動産関連も良いでしょう。

ジャーナリスト、学者、伝統・美術関連、旅行、貿易

対人関係 人望を集めるが、自分本位な姿勢に注意

対人関係においても勢いは収まりません。気に入った相手を見つけたら、突進してアプローチしていきます。**その勢いに任せ、思惑通りに相手の興味をこちらに向かわせてしまうような手腕の持ち主です**。

陽気で正直者なので、自己中心的なところがある割には、世渡り上手。人から憎まれることも少なくて人望も厚く、自然と人々のリーダー的な立場になります。持ち前の統率力で人々を目的地へと導くことができるでしょう。

ただし、自信過剰になったり、自己主張をし過ぎたりすると、上手くいっていた人間関係が崩れ始めてしまうので、その点には気をつけたいところです。

恋愛・結婚 仕事に燃え、恋愛は二の次になる場合も

仕事好きな人が多く、独身を通したり、晩婚になったりする傾向があります。**特に女性は「恋愛より仕事」という人が多いので、恋活・婚活に時間を割くことは少なく、出会いも仕事や勉強の場でもたらされることが多いでしょう**。男性の場合、仕事も好きですが、恋愛も好きなので、恋の数は比較的多くなることも。

男女とも、自分中心になり過ぎると関係が壊れてしまうこともあります。我が強いので、癒し系の相手との相性は良くなりますが、時には自分を抑えることも大切になります。結婚してからは、「室」という漢字が示すように、家族を大事にして子どもを可愛がり、素敵な家族関係を築くことができるでしょう。

健康・美容 何かに夢中になった時こそ慎重な行動を

WeakPoint
右腿（みぎもも）

室宿は、右腿に当たります。**足のケガ、特に右腿のケガには注意をしましょう**。スポーツをする時の肉離れや筋（すじ）の損傷などにも気をつけてください。猪突猛進でエネルギッシュなあなたは、周囲のことが目に入らなくなった時こそ、ケガをしやすいようです。

腎臓病や膀胱炎などの病気、脳出血などの病気にも気をつけましょう。

お金 強いバイタリティーで資産を増やしていく

仕事熱心なので、それに呼応するように自然とお金はついてきます。金運には恵まれていると言えます。商売上手なので、実業家として高収入を得ることも期待できます。また、古いものに縁がありますから、勉強すれば骨董品の目利きもできるようになるでしょう。美術品などの売買で収入を増やしていける可能性もあります。

仕事ができ、出世欲もあるので、上へ上へと上り詰めていき、名声と財産を手に入れることができます。ただし、高級志向があるので、身の丈に合わない使い方をすることも。あるいは人に騙されてしまったりする危険性もあります。減ったお金は、持ち前のバイタリティーを発揮すれば、再び増やしていけます。

葛藤しやすいこととその解決法

脇目も振らずに一直線にターゲットに向かっていきます。ブレーキが利かず、時に暴走してしまうことも。気持ちに余裕を持つことと、信頼できるアドバイザーを持つことが鍵となります。

自分を労るためのご褒美

熱心に取り組めるものを見つけると、エネルギーが分散することがなくなります。古いものに惹かれる性質なので、美術品などの勉強をしたり、収集したりすることも、心の潤いに。

開運の秘訣

強過ぎるパワーを制御すれば余裕が出る

圧倒的なパワーを活かすためには、物事を冷静に見つめることが鍵に。信頼できる人にアドバイスをもらうと、自分を制御でき、精神的な余裕が生まれます。それによってエネルギーを上手に循環させられるでしょう。

24 壁宿（へきしゅく）

そびえ立つ壁のように
揺るがない信念で人を支える

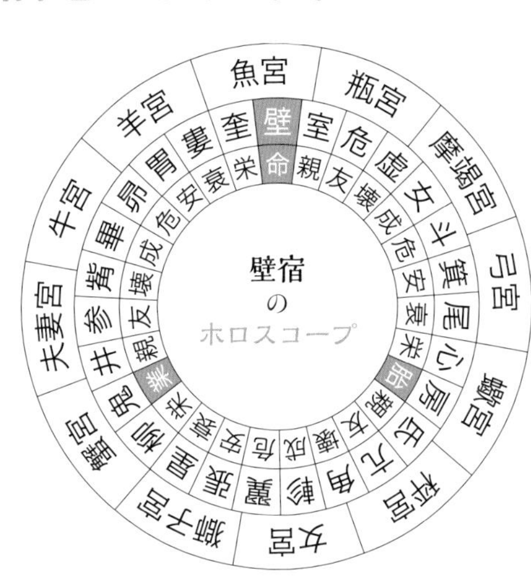

Keywords

安定感／遊ぶことが好き／社会性と協調性／サポーター

社会性に秀で、協調性も抜群。
頭脳明晰ですが、
自分は目立とうとせず、
壁のように周囲を支えて守ります。

性格と運命 楽しみを見つける力は27宿中、一位

「壁」そのもののような安定感を持つ人。動じない信念と人々を支える強さを持っています。壁のように人を支えることに喜びを見出し、自身が目立つことは好みません。壁際に立って温かく人々を見守る、「壁の花」的な存在です。

12宮の魚宮(ぎょきゅう)にあり、遊ぶことが大好き。角宿(かくしゅく)、危宿(きしゅく)と並び、**人生を楽しんでいく宿の一つとされ、楽しみを見つける能力は27宿中一番と言えるでしょう**。「安重宿」とも言われ、安定した生活を送れる運気を持ちます。

宿獣は野羊(のひつじ)。野生で生きるための勘や知恵を持ち、群れにしたがって生きていくことができる性質です。社会性、協調性を持っているので、組織の中を上手く渡り歩いていけるでしょう。

子どもの頃は、周囲から守られるような子です。支えるより支えられることが多くなり、恵まれた運気の子ども時代を過ごせるでしょう。

成長するにつれ、世話される側から徐々に人を世話する側に回り、何かと相談をされるようになっていきます。家族や友人、あるいは会社などを、壁のように強固に支える存在となっていくでしょう。頭脳も明晰なので、職場ではやがて上司や役員などからの信用を得たり、可愛がられたりして、その人の右腕のような立場を任されるようなこともあります。

一方で、**自分が表に出ることは好まず、人を陰でサポートすることに喜びを感じる人**。ただ、優しくて思いやりがあり、面倒見が良いため、頼まれたことを断れず安請け合いしてしまったり、お金を貸してしまったりするところがあるので、その点には注意が必要です。

信仰心があり、神秘的な世界やオカルトチックなものに興味を示します。その結果、自分自身も謎めいた雰囲気をまとうでしょう。

＼パワースポット／

夜の水族館

イルミネーションが輝く夜の水族館など、神秘的な雰囲気の漂う場所が吉。オカルトチックな場所を好むので、歴史や逸話のあるお城なども良いでしょう。

守護方位 ▶ **北**

＼ラッキーアイテム／

壁掛け絵画

壁を彩る装飾品、リースやパネル、写真なども開運アイテムになります。また、ガーターベルトなど、左腿に関するもの、そこを印象づけるものもラッキーアイテムです。

＼ファッションのポイント／

溶け込む

主役的な立場を好まないので、控えめなファッションが◎。その場に溶け込むようなものでも、十分魅力は伝わります。シルバーアクセサリーも似合います。

ラッキーカラー ▶ **銀色**

仕事 人をサポートする立場で手腕を発揮

観察力があり、周囲の状況を見極めながら慎重に物事を進めていけます。**表舞台に立つよりも、その洞察力や気配りを活かし、表に立つ人をサポートしていくような位置に就くほうが、実力を存分に発揮することができるでしょう。**会社であれば、経営者ではなく、副社長や秘書、経営コンサルタント、アドバイザーのような役割の仕事が向いています。また、神秘的なことに関心があるので、宗教関連、心理カウンセラー、占術家のような仕事も適職。遊び心のある人なので、楽しさを追求する要素がある、ゲームやアミューズメント系もおすすめです。いずれにしても、「人々を支えていく」という信念を持ちましょう。

秘書、コンサルタント、福祉、介護、宗教、占術家、アミューズメント

対人関係 意外にも自分自身のことは語らない性分

親切で面倒見が良いため、何かと相談をされることも多いでしょう。ただ、あなた自身は、意外にも自分のことを語らず秘密主義のところがあり、ミステリアスな雰囲気をまといます。その一方で、おだてられると調子に乗り、頼まれたことを何でも引き受けてしまったり、時に騙されてしまったりすることも。

人を支えることで幸せを感じる性分ですが、その支えも度が過ぎてしまうと、あなたのためにも相手のためにもならないということを肝に銘じて。物事を冷静に考え、選択していく姿勢を大切にしましょう。心に壁を作ることもありますが、時にはそれを取り払ってみると深い関係が築いていけます。

恋愛・結婚 人からの紹介が恋のきっかけに

楽しく遊ぶことが好きなので、社交の場で知り合い、交際に進展するケースは多いでしょう。また、常識的で周囲からの受けも良いので、目上の人が相手を探してくれて、恋愛や結婚へと発展していくことも。いずれにしても、周囲からの紹介がきっかけとなることが多そうです。

男女とも世話好きな面があるため、子どもっぽい人や世話が焼けるような人を選ぶ傾向があります。世話をし過ぎて、相手が怠けてしまうこともあるでしょう。結婚してからも、パートナーや子どもを甘やかし、スポイルしないように気をつけたいところです。

健康・美容　車の運転には細心の注意を払って

WeakPoint
左腿（ひだりもも）

壁宿は、左腿の象徴です。左腿のケガをしやすいので、肉離れしたり、筋（すじ）を傷めたりしないようにストレッチなどを十分にしましょう。

車の事故にも注意が必要。車の運転は人にお願いしたほうが良いかもしれません。脾（ひ）臓の病気、精神的な病気のノイローゼにもご注意を。がん検診は定期的に行い、怠らないようにしましょう。

お金　面倒見の良さゆえの損失には要注意

お金に関する執着は強いほうで、経済観念はしっかりしています。明晰な頭脳で本質を見抜くことができるうえ、やり繰りも上手です。**特に人をサポートする仕事では、周囲から厚く信頼され、それが収入へとつながって、着実にお金を貯めていくことができるでしょう**。

鋭い勘や本質を見抜く力を持つあなたですが、面倒見の良さから、ついお金を貸してしまったり、騙されてお金を取られてしまったりするようなこともあります。その点は気をつけていきたいところです。ただ、時に非常事態に見舞われたとしても、コツコツと貯めていき、それなりに貯金ができるタイプです。

葛藤しやすいこととその解決法

人の話を聞くことは多いものの、あなた自身は、自分の話をしたがらない傾向が。無理に話す必要はないですが、時にはオープンになってみると、知らなかった自分に出会えるはずです。

自分を労るためのご褒美

時には、人のお世話を一旦ストップして、自分本位に行動してみましょう。気の赴くまま、聖地やミステリースポットなどに出かけてみると、心が喜ぶのがわかるでしょう。

開運の秘訣

人を支えることに誇りを感じて

「良きアドバイザー」という意識を忘れずに、人に頼られる使命に誇りを持ちましょう。誰かがもたれかかってきても支えられる壁のような存在として、信念とプライドを持っていくことが、あなたの本質を輝かせます。

25 奎宿（けいしゅく）

異性との関わりの深さは一位。外見はソフトでも中身は強情

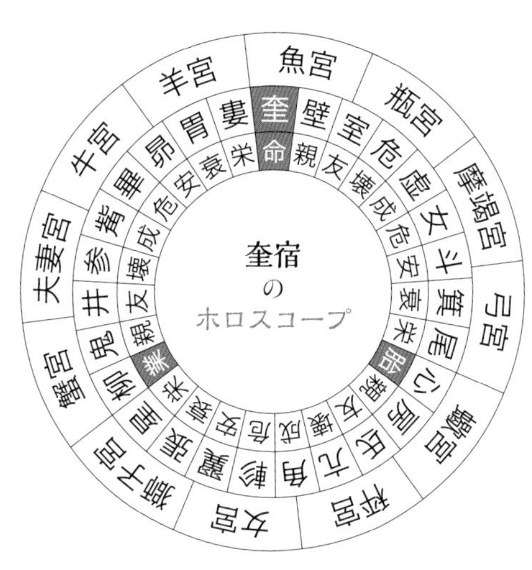

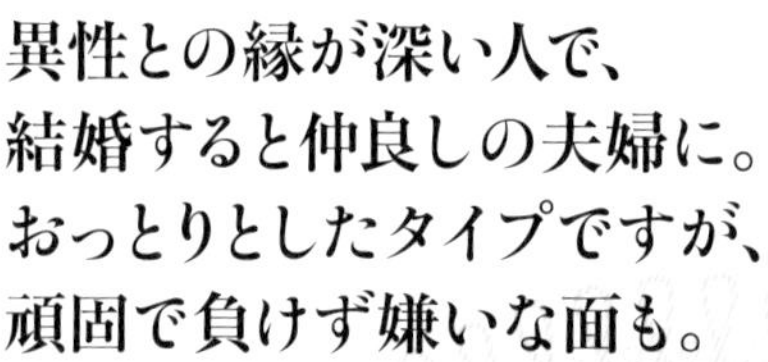

異性との縁が深い人で、
結婚すると仲良しの夫婦に。
おっとりとしたタイプですが、
頑固で負けず嫌いな面も。

Keywords

一匹狼（おおかみ）／常識人／きれい好き／負けず嫌い／清廉潔白

性格と運命 異性に支えられるが、一匹狼の一面も

「奎」という漢字には、股（また）という意味があります。左右二つ太腿（ふともも）の間という意味を持つこの宿は、「二つのものが支え合っていくこと」を特性として持ちます。

27宿中でもっとも異性との縁と関わりがある宿。パートナーとの縁は深く、結婚すれば仲の良い夫婦となるでしょう。また、就職をすれば異性の上司から可愛がられたりもします。自分自身も、同性といるより異性といるほうが楽しいと感じるでしょう。

12宮の魚宮（ぎょきゅう）にあり、「和善宿」と言われ、柔軟で比較的おっとりとしていて、話し方もソフトなタイプ。宿獣は狼となります。特に異性に支えられる宿ですが、一匹狼のように、一人で単独行動をしていくようなところもあります。

子どもの頃は、親や先生の言うことを良く聞き、学校などの規則も守っていくような子です。社会に出る頃になっても、社会のルールや規律などをきちんと守るので、「常識人」という言葉が良く合うでしょう。**親切で思慮深く、ソフトな人当たりで誠実に人と接していきます。きれい好きで、口も堅いでしょう。**

柔らかな外面とは違い、内面は意外とクール。また、強情で負けず嫌いなところを持ち、意志は決して曲げません。失敗したり、何かトラブルが起きたりしても、謝罪することは回避しようとする一面を持ちます。相手を巧みに良い気分にさせたり、納得させたりすることで、物事を収めていくでしょう。

曲がったことは嫌いで、決して悪巧みをしない清廉潔白な人柄です。クールな割には、何かにのめり込んでしまう熱いところもあります。熱いハートがあり、自己研鑽の意識も高いので、それに伴って純粋に何かにのめり込んでしまうのでしょう。ただその結果、感性が磨かれ、知識も豊富になっていきます。特に学術、文化のジャンルで活躍できるでしょう。

25 ✱ 奎宿

＼パワースポット／

海

魚宮にあることから、魚が生き生きと泳いでいるような場所が開運スポットに。海や水族館に行ってみましょう。船に乗って、海や川を渡るのもおすすめ。

守護方位 ▶ **西**

＼ラッキーアイテム／

ひざ掛け

ひざに関するものがラッキーアイテム。ひざ掛けは必須。冷えなどから大事なひざを守ってくれます。また、ひざに特徴的なデザインがあるデニムパンツやスカートなどもおすすめ。

＼ファッションのポイント／

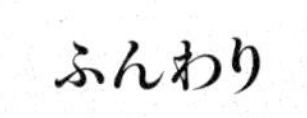

ふんわり

きれい好きなので、こぎれいに見えるものがフィットします。強情な内面をカバーするように、ソフトでふんわりとしたデザインのものを選んでみて。

ラッキーカラー ▶ **むらさき**

仕事 異性からのサポートで出世していく

正義感が強く、秘密を守れる人。仕事の面では、その律儀さやモラルのある面を活かすと良いでしょう。適職は、弁護士などの司法関連、警察官など。規律を守る常識人なので、公務員、官僚、司法書士、教師なども向いています。

仕事は熱心で即実行型。会社員なら、大きな組織が適しています。異性にサポートされる運気の持ち主なので、異性の上司や役員などから大いに引き立てられるでしょう。**魚宮にいる宿だけに、まるで出世魚のように望むポジションに就いていきます**。ジャーナリストや作家、評論家などで、内面の強さを表現するのもおすすめ。また、家業を継ぐのも適していて、継いだ時より大きくすることができるでしょう。

司法関連、警察官、公務員、官僚、教師、ジャーナリスト、作家

対人関係 異性との関わりによる誤解には注意

親切で誠実な態度で人と接します。そして、秘密はきちんと守り、決して周囲に漏らしません。そういった人間性が信頼され、人から悩みを相談されることも多くなるでしょう。

異性との縁が深い人ですから、異性から協力してもらったり、引き立ててもらえたりと、何かと協力をしてもらえることが多くなります。異性を味方につけることで、出世するなど運が開けることが多いので、それはもちろん問題ありません。ただし、**時として誤解を生んでしまったり、それによって有意義な出会いや縁を失ったりすることもあるので、その点は気をつけましょう**。

恋愛・結婚 27宿中、No.1の結婚運の持ち主

交際は紹介からスタートすることが多く、べったりといつもくっついているようなカップルになります。**27宿中もっとも結婚運が良いと言われる奎宿。結婚をすることで、運も高まっていきます**。相手からのサポートも期待できるでしょう。

結婚後も周囲が羨むほど夫婦仲が良く、子どもも大切にするでしょう。「仲良しなご夫婦ですね」「素敵なご家族ですね」などと言われることも多いタイプで、周囲からの評判も上々です。ただし、そんな素敵な家庭を持ちつつも、秘密をつくることが上手な奎宿の人は、こっそりと浮気するようなこともあります。自制心を持つようにしましょう。

健康・美容 体の冷え、特にひざ周りに要注意

WeakPoint

ひざ

奎宿は、ひざに当たります。ふとした瞬間に、ひざを傷めてしまったり、転んでひざをすりむいてしまったりすることもあるでしょう。**正座のし過ぎも良くありません**。ひざの屈伸運動を心がけましょう。

女性は婦人科系、冷え性にも注意。ひざ掛けは必須です。また、男女とも、ストレスからくる病気、高血圧や気管支の病気、アルコールや偏食にも気をつけましょう。

お金 結婚することで金運が上昇する

大金を手にすることは少ないタイプと言えますが、金銭面での苦労は少なく、着実に収入を得ていくでしょう。就職するなら大手企業がおすすめ。仕事熱心でもあるので、異性の上司や役員から引き立てられて出世し、それなりの収入は得られるでしょう。家業を継いだ場合、一時的に苦労したり、業績を落ち込ませたりするようなことはありますが、立て直した後は、その前より売り上げを向上させることができるようです。

結婚運に恵まれている奎宿は、結婚により、金運にも好影響があります。パートナーの収入やその家族や親戚からの支援によって、家計が潤う場合もあるでしょう。

葛藤しやすいこととその解決法

仕事と遊び、どちらも協力者は異性になりやすくなります。ついつい頼り過ぎてしまうところがありますので、時には、一匹狼の資質を活かし、自立心を持って行動しましょう。

自分を労るためのご褒美

当然のように常識や規律を遵守するあなた。その潔癖な姿勢が、知らずに自分を追い詰めている可能性もあります。船に乗って大海原を航海してみると、大らかな気持ちになれそうです。

開運の秘訣

運命の鍵を握るパートナー選びは慎重に

異性により運が開けますが、それは裏を返せば、パートナー選びを間違えると運を落とすことに直結します。異性のパートナーは人生のあらゆるシーンで、運命の鍵を握っています。常に正しい選択をしましょう。

26 婁宿（ろうしゅく）

人と人をつなぐコーディネーター。本質を見抜き、緻密にサポート

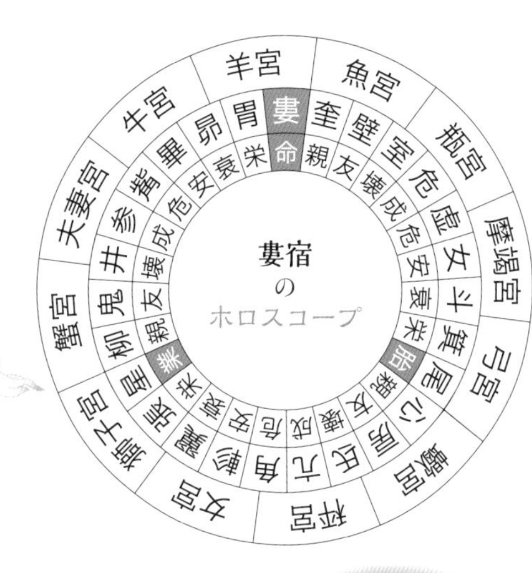

Keywords

コーディネーター／敏速／サポート役／わがまま／理数系

**人の隠れた本質を見抜きます。
コーディネート力が秀でているので、
補佐的立場で活躍。
面倒見も良いので人に好かれます。**

性格と運命 人の資質を上手につなぎ合わせる調整役

「婁」という漢字には、つなぐ、引き寄せる、そんな意味があります。そんな婁宿の人は、**27宿中、もっともコーディネーターとしての能力に優れ、人をつなげたり、引き寄せたりする力に秀でています**。「婁」という字は、明らかに見えると言う意味もあることから、この宿の人は人を見る目があり、隠れた部分も見抜くこともできます。そういった資質にも助けられ、人々のコーディネートを上手に行っていきます。人をサポートするのも得意です。

12宮の羊宮にあり、「急速宿」と言われ、動きは敏速です。宿獣は狗です。

No.1のポジションに立つより、社長などのサポートをしていく立場を担うことで、あなた自身が活きます。また、神社に鎮座し、参拝者のお賽銭の様子を窺っている狛犬のように、お金の計算も得意。堅実に貯めていくことができるでしょう。

子どもの頃は人見知りをしがちですが、理数系と音楽が得意で、暗記力にも優れているので、親からも先生からも期待されます。体は少し弱いようですが、成長するにつれ、健康状態も良くなっていきます。社会に出ると、計算能力や事務処理能力に優れているので、緻密な仕事をするようになります。

基本的には陽気で楽しいことが好きな性質で、人の心をつかむのが得意です。争い事が苦手で面倒見も良いので、人から好かれるでしょう。ただ、いい人そうに見える顔の裏に、少々ダークな一面も。目上の人に対しては忠実に仕えますが、人を見下すようなところや、わがままな面も隠し持っています。

補佐的な立場で輝けるタイプなので、リーダー的なポジションになると、トラブルが起きやすくなります。自己主張が激しくなり、人に対し批判的になったりする場合もあり、持ち前の思慮分別のあるコーディネート力が失われることもあるので、注意が必要です。

26・婁宿

\パワースポット/

コンサート会場

音楽を愛するので、コンサート会場、ライブハウスなど、音楽が奏でられる場所。また、音楽に集ってダンスをするのも好きなので、踊れる場所も◎。

守護方位▶西

\ラッキーアイテム/

レッグウォーマー

レッグウォーマーなど、脛に関するものが良いでしょう。脛を守り、冬場は温めてくれます。また、脛部分まであるロングブーツを履くのも良いでしょう。赤を取り入れるとパワーUP。

\ファッションのポイント/

調和

おしゃれも好きで、目立つタイプのあなたですが、助演女優的なポジションで一際輝きます。主役や周囲と同調するようなスタイルがしっくりくるでしょう。

ラッキーカラー▶赤

仕事　優れた調整力と事務処理能力が自慢

調整力に優れているので、その人の本質や強みを見抜き、適切な配置を行うコーディネーターやプロデューサー、コンサルタントは適職です。また、音楽やダンスなどを好み、さらに一芸に秀でている人なので、音楽関連やエンターテインメント系も向いているでしょう。医療関係への関心も強いので、医療関連全般もおすすめ。

計算能力や事務処理能力に優れ、緻密な作業も得意です。そういった面を活かせば、会計士、税理士、銀行などの金融関係の仕事、システム開発、ＩＴ関連の仕事もピッタリです。人を引き寄せられるので、飲食店経営も◎。いずれの場合も、「人と人とをつないでいく」という精神を大切に。

適職　コーディネーター、音楽、エンタメ、医療系、金融関係、飲食経営

対人関係　人の本質を見抜ける調整役

人を見る目があり、表面的な性格はもちろん、相手の隠れた部分を見抜くことができます。そのため、相手に対して癒しの言葉をかけてあげることができるでしょう。また、**適切なポジションに人を配置したり、人と人とをマッチングさせたりすることも得意なので、コミュニティーの中で重要な役割を果たします**。

サブリーダー的な立場がしっくりくるタイプで、そのほうが実力を存分に発揮できます。トップに立つようなことがあったら、表面的にはリーダーの振りをして、実権は信頼できる人にお願いするとスムーズにいくでしょう。優しい人柄ですが、実は人を見下すこともあり、わがままな面も隠し持っています。

恋愛・結婚　趣味や音楽の場で出会いがありそう

陽気で音楽や楽しいことを好む性質。好きなことを楽しむ場の中で、自然と人を引き寄せることができます。趣味の場で相手と出会えば、意気投合して、すんなり交際へと進展することもあるでしょう。マッチングアプリや紹介から始まる縁にも恵まれます。**あなたのわがままを包んでくれる相手を見つけることが鍵となります**。人の本質を見抜くことができるので、相手の隠れた部分も見えてしまい、欠点を突いてしまうと関係が悪くなってしまうこともあるようです。

結婚したら、甲斐甲斐しくパートナーや子どものお世話をするでしょう。やり繰り上手なうえに家事も得意なので、家庭を心地良く保ちます。

健康・美容　健康意識が強いが、火には用心を

WeakPoint
すね
脛

妻宿は、脛を示しています。**脛のケガや、打撲によるあざなどには注意**をしてください。また、頭部のケガや脳の病気にも気をつけましょう。医療や健康への関心が強いので、健康オタクになる人もいるようです。健康意識は高く、せっせとメンテナンスをするでしょう。

火に関する災害に遭いやすいので、火災や事故には注意。火傷もしやすいので気をつけましょう。

お金　しっかり者なので、お金は貯まりやすい

働き者なので、独身の人はもちろん、結婚後も共働きをすることが多くなります。自身が苦でない仕事に就けば、コツコツとお金を貯めていくことができるでしょう。リーダー的な人のサポートをしていく適性もあるので、その人の引き立てを受けられれば、昇進や昇給にも希望が見えてきます。

計算能力に優れているので、しっかりと家計簿をつけたり、収支の管理をしたりするのも楽しめるタイプ。貯金をするのが趣味になったりもするようです。ただし、欲を出して、大きな勝負に出たり、経営に乗り出したりして大きな組織のトップに立とうとすると、金運は一気にダウンしていくので、要注意です。

葛藤しやすいこととその解決法

批判的な精神が強いところがあり、人を差別してしまったり、文句を並べてしまったりすることがあります。自身が興味のあることに没頭すれば、人のことなど気にならなくなるでしょう。

自分を労るためのご褒美

健康オタク的なところがあるので、健康に良いことをすると、心が安定するでしょう。有機野菜などにこだわったり、自然食のレストラン巡りをしてみたりすると、お腹も心も満足します。

開運の秘訣

批判的な精神は抑えめに

「素晴らしい人間関係をつくり上げる」ことを意識しながら、使命感を持ってあなたの調整力を駆使していきましょう。批判的な精神も少し抑えめに、二番手のポジションをキープすれば、素晴らしい人生を歩めます。

27 胃宿（いしゅく）

波乱に満ちた人生を強く生きて、栄誉を得る

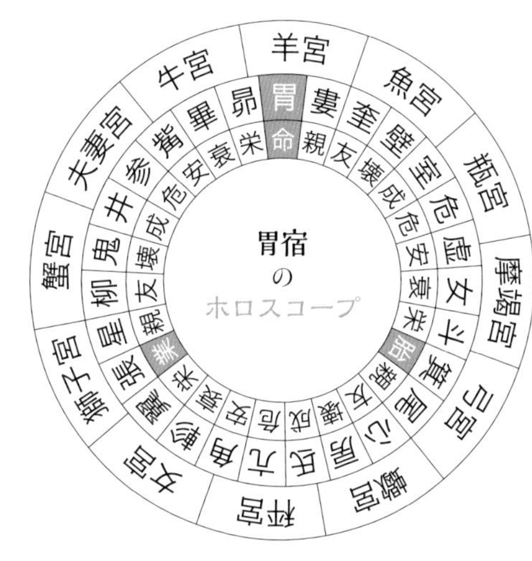

Keywords

美意識が高い／好奇心旺盛／短気／個性が強い／波乱万丈

美意識の高さはNo.1。底知れぬエネルギーを持ち、試練もたくましく乗り越えて成功をつかみ取ります。

性格と運命 好奇心旺盛で、何でも試したい性質

何でも飲み込んでしまう「胃」のように、好奇心旺盛で、どんなことでも人生に取り込んでみたいと願う人。まずは胃に入れて、どんな味がするか確かめたいのです。12宮の羊宮（ようきゅう）にあり、「猛悪宿」とも「急速宿」とも言われます。「猛悪宿」は、アクが強く激しく、「急速宿」は、行動や決断が早くなります。

底知れぬエネルギーを秘め、困難にも負けません。試練を乗り越えて栄誉を手にする宿としては、27宿で上位にランクされます。宿獣は雉（きじ）。雉は、とても美しい羽を身にまとう生き物です。そういったことから、この宿の人は、美意識の高さは27宿中一番と言えるでしょう。

子どもの頃から自立心が強い性質で、何が起きても人に迷惑をかけることなく、自力で解決しようとします。幼少期にはすでに、試練を乗り越えるエネルギーを秘めていると言えるでしょう。社会に出る頃になると、さらにパワーを増していき、肝も据わってくるので、恐れを知らないようなところも出てきます。めげない強さを持つタフな人ですが、融通が利かないところが玉にキズ。気性の激しいところもあり、自分のカテゴリーを侵されそうになると、怒り出してしまうこともあります。

ただ、そういった**短気な面を持つ割には、執念深いところも。一度目標を定めたら、達成するまで挑み続けます。**その結果、信頼、名誉、栄誉を手にしていくことができるでしょう。パワフルさだけでなく、頭の回転の速さも強みで、人を説得させるトーク力、知恵もあります。優れたポテンシャルと努力を惜しまないその姿勢が認められ、組織のリーダーに上り詰めていくことでしょう。

個性が強いので、多くの敵にも遭遇すると同時に、部下や後輩など、特に自分より下の人たちから尊敬されることも。いずれにしても、波乱に満ちた道を歩んで行くことになるようですが、その強さでどんなことも乗り越えていきます。

＼パワースポット／

レストラン

「胃」というだけに、食べることが好きです。美しいディスプレイのレストランやおしゃれなカフェはおすすめ。アミューズメントパークも良いでしょう。

守護方位 ▶ **西**

＼ラッキーアイテム／

フットネイル

足先に関するものが吉。美意識が高く、ビジュアルにこだわるので、フットネイルで足先にも美をまといましょう。食への関心が強いので、話題のレストラン特集本なども楽しめます。

＼ファッションのポイント／

羽毛

宿獣が雉なので、美しく華やかなものが似合います。羽毛を使ったアクセサリーやストールをファッションのポイントとして使っても良いでしょう。

ラッキーカラー ▶ **むらさき**

仕事 強い気持ちで上り詰めていく

強い気持ちを持ち、努力もしていける人。そのパワフルさにより、組織の中で上り詰め、リーダーになれる素質は十分にあります。**一方、強い印象とは裏腹に、意外にもデリケートなところがあるので、文芸などの世界にも向いています**。心の琴線に触れるような詩や言葉を伝えることができるでしょう。秘密主義なところがあるので、秘密厳守の職種も適任。ミステリー作家、探偵、調査員、警察官、政界なども向いています。「胃」がつくだけあって、飲食に関する仕事全般も適職。経営者になったとしたら、何店舗も持てるくらい事業を拡大していくでしょう。どのような仕事に就いても、生きるために大切なメッセージを人々に伝えていきます。

作家、アナウンサー、タレント、警察官、飲食業、メディカル系、貿易

対人関係 強いエネルギーは周りの人たちに還元を

行く先々にトラブルの種を蒔いてしまうところがあり、決して交際上手とは言えないあなた。それほどまでにエネルギーが強く、周囲に与える影響が大きいということです。**リーダー的な資質を備えている人ですから、持て余すそのエネルギーは、周囲の人たちにシェアしていきましょう**。その結果、人望が厚くなり、あなたを頼って人が集まってくるでしょう。その人々は、将来、人という宝となり、あなたの人間性を高めてくれたり、いざという時に、サポートしてくれたりします。

人のために行動することが大切です。人々を守り、導いていくことで、真のリーダーになれるはずです。

恋愛・結婚 ビジュアル重視の面食いタイプ

美意識が高い胃宿は、男女とも、相手に求めるものはビジュアル。美しい顔やスタイルにこだわるため、なかなか理想としている人と出会えません。理想を追い求めているうちに、交際のきっかけを逃したり、晩婚になったりもしがち。ただ、**自分が求めるルックスの人に出会ったなら、一瞬にしてハートを奪われるでしょう**。相手にパートナーやライバルがいたなら、略奪を目論むくらい気持ちは燃えます。

結婚したら、相手をリードして自分中心の家庭を築いていきます。我が強いタイプですが、自分の意見ばかり押しつけず、相手の事情にも配慮することが大切になります。信頼できる人のアドバイスにも耳を傾けると良いでしょう。

健康・美容　健康美に強いこだわりを持つ

WeakPoint
足先

胃宿は、足先を象徴します。薬のことに詳しく、日頃から健康美にこだわる生活を送る胃宿ですが、**足先のケガや冷えには気をつけましょう**。

また、食欲が旺盛なので、何でも食べようとするところにも注意。暴飲暴食は控え、胃の病気にも気をつけて。意外にデリケートなところもあるため、精神的ストレスからくる病気、婦人病、膠原(こうげん)病にも注意しましょう。

お金　飲食にかけるお金が多くなりがちに

「胃」の漢字が示すように、食べること、飲むことが好きなので、飲食にお金を使ってしまうことも多いようです。ただ仕事に前向きに取り組み、人を頼らず、自力で道を拓いていく強さも持っているので、それなりの収入や貯金はできるでしょう。

頭脳明晰で知恵もあり、根気強く努力できる人。さらに**霊的な能力がある人も多いので、それを活用していくことで、リーダー的なポジションを得られて、高収入を得る人もいるでしょう**。自力で人生も収入も手にしていくため、人から援助されることを望まず、自身が援助することもしません。時には「人のために」という意識を持つことが大切です。

葛藤しやすいこととその解決法

恐れを知らないタイプなので、無謀に思われる状況でも、突き進もうとするところがあります。時に向こう見ずな姿勢は抑え、立ち止まったり、人のアドバイスを聞いたりしましょう。

自分を労るためのご褒美

美意識の高いあなたは、自分自身にも手やお金を掛け、美を追求することがご褒美となります。痩身や美肌のエステに行ったり、美容医療を受けたりするのも良いでしょう。

人のために何ができるかを考えて

「自分は自分」という意識が強い人ですが、持ち前のエネルギーと頭脳や知恵、知識を人々のために活用していくことが開運につながります。人のために何ができるかを意識し、使命感を持って生きましょう。

破壊日こそ
運命を変えるチャンスの日に

「壊」の日、すなわち破壊日は、自分では解決できないようなことが起きたり……かと思うと、構えていても何も起きなかったりと、日によってまちまち。ですが、何かとトラブルが生じやすい日であることには間違いありません。

フリーで動ける人は、破壊日を避けて行動することも可能かもしれませんが、組織や集団の中にいる人は、なかなか自由に行動するのは難しいことも。ただし、用心することはできますから、できる限りの対策をしていきましょう。

それでもアクシデントが生じてしまったら、まずは、起きてしまった出来事を素直に受け入れてみることが大切です。あなたにとって、必要な出来事が起きているはず。その事態が「どうして起きてしまったのか」と考え、壁を乗り越えようとしていくことで、成長の糧になります。

ピンチはチャンス。破壊をぜひ、チャンスに変えていきましょう。面倒な人間関係、不得手な仕事。そんなネガティブな状況にいる場合、破壊日を活用することで、破談にしたりと、一度、クリアにすることができます。不要なものを手放したり、腐れ縁を切ったりすることもできるでしょう。

Part 3

人との相性を知る

この世に生を受けた日によって、
相性が織りなす人間模様が変化します。
自らの運命を知ったあとはぜひ、パートナーや
家族、気になる人などとの相性も見てみましょう。

Predict compatibility with Syukuyo astrology

人間関係を表す「6種類の相性」って？

宿曜ホロスコープからわかる気になる相手との相性

あの人とは居心地が良いけれど、あの人にはどうも苦手意識を感じる……というように、人間関係では相手との相性が鍵を握ります。宿曜占星術では、**宿と宿との関係性を見ることで、特定の人との相性を紐解くことができます。**

宿曜占星術では人間関係の相性を、「**安壊・栄親・友衰・危成・業胎・命**」の６つで表します。中には距離関係も示すものもあり、近距離、中距離、遠距離の３つによって、相手との縁の深さを表します。

相性を知ることで、さまざまな関係性を発展させていくことができます。例えば、仕事でチームを組む場合、「栄親」の相性同士で構成するのがベストですが、時にぬるま湯に浸かっているような空気になってしまうことも。その時は、チームの中に「壊」の相性の人が加わると、その人が起爆剤となり、進展する場合もあります。

次のページからそれぞれの関係性について詳しく見ていきましょう。

安壊の関係

強烈に惹かれ合うが、リスキーな間柄

あなたにとって「壊」は破壊で、相手に苦労させられます。「安」は安定で、相手が苦労します。どちらも「安壊の相手」で、もっとも危険な関係と言えます(時に立場が逆転することも)。刺激的な関係性で、知り合った当初はお互いに魅力を感じ、強く惹かれ合います。けれど、常に障害や試練がつきまとうため、かなりリスキーな間柄と言えるでしょう。

遠距離 強烈に惹かれる相手。深い因縁があることも。
中距離 やや縁が薄いが、破壊の相手には変わりない。
近距離 関わりは薄いものの、破壊の運気は生じる。

栄親の関係

ずっと良い関係でいられる最高の相性

あなたにとって「栄」は繁栄、「親」は親愛。お互いに発展できるこの相手とは、一生を通じて良い関係が保たれるでしょう。恋愛、結婚、仕事、すべてのシーンで協力し合い、相互の良さが引き出せる、最高の相性と言えます。一時期疎遠になったとしても、また何かのタイミングで復縁すれば、親しい間柄に戻れるはずです。

遠距離 仲の良さは格別で、誰も間に割って入れない。
中距離 最高の相性。良いバランスでお互いを尊重。
近距離 仲の良い関係ではあるものの、関心度は薄め。

友衰の関係

一緒にいると楽しく、友好的な関係

あなたにとって「友」は交友、「衰」は衰退。とても良い関係が築けます。特に恋愛においては楽しい時間を過ごせて、愛情も感じられるはずです。やや「友」のほうが優位になりがち。共通の趣味や志を通じて親睦を深め、絆が強くなっていくことも多いでしょう。最初の出会いから和気あいあいとした雰囲気になり、思う存分楽しめる相性です。

遠距離 縁が深い相手となり、一気に心を奪われる。
中距離 ほどよい関係性。趣味嗜好が合う。
近距離 深い関係になるのには、少し時間を要す。

危成の関係

成功にも導かれるが、危険も内包する

あなたにとって「危」は危険、「成」は成就。「危」の人からは危険を与えられ、「成」の人からは成功に導かれます。「成」は名の通り、実りが期待できる一方で、危険をはらむ関係性です。立場が逆転する可能性もあります。あなたとは違う観念を持つ相手なので魅力を感じられ、切磋琢磨できる、良い関係性にもなれそうです。

遠距離 お互いの世界を尊重しないと衝突しがち。
中距離 大切にし合えば、バランスは保たれる。
近距離 本来違う志向の人。興味が薄くなると離れる。

業胎の関係

前世や来世とのつながりを反映する間柄

前世・来世でのつながりを示す「業」「胎」の関係は、前世や来世での自分の宿を表します。仕事関係では良い相性。あなたから見た「業」は、カルマを表す前世での自分の宿。業の人は母親役となり、献身的にあなたに尽くします。「胎」は受胎を意味し、因縁により生まれる、来世での自分の宿を表します。あなたにとっては子ども役で、尽くす相手。

業 母親役。あなたに献身的に尽くしてくれる相手。
胎 子ども役。あなたが献身的に尽くす相手。

命の関係

良くも悪くも、自分を映し出す鏡

同じ「本命宿」の相手の「命」。深い因縁で結ばれ、最初に出会った時から、仲良しになれるでしょう。ただし、お互いに本心が見えるだけに、良くも悪くも自分を映し出す「鏡」となります。同性の場合は、距離を保たないと犬猿の間柄になることがあるでしょう。異性の場合は、結婚しなければ一生の友でいられます。

命 良くも悪くも反面教師になりやすい相手。

Predict compatibility with Syukuyo astrology

破壊相性が持つ危険な運命とは…

強烈に惹かれ合うとともに危険をはらむ「安壊」の関係

「安壊」の関係は、危険極まりない破壊相性です。相手はまさに「破壊運」を誘発する「破壊人」となり得る可能性もあるからです。

ただし、この「破壊人」ほど魅力を感じ、強く惹かれる相手はいないのもまた事実。相手に強烈に魅了され、その結果、自滅を招いてしまう場合もあります。さらにこの「安壊」の関係は、立場や環境により、逆転する場合もあるのです。

実際の関係性に目を向けてみると、歴史上では徳川慶喜と明治天皇が「安壊」の関係性だったと言われています。明治天皇が徳川慶喜を破壊して、江戸時代から明治時代に大きく歴史が動きました。芸能界で言うと、木村拓哉さんと工藤静香さんが安壊の関係性。出会いから結婚までのスピーディな展開を考えたら納得です。

互いに惹かれ合う安壊の二人。危険もはらんではいますが、上手に対処し、破壊と再生を繰り返すことで、さらに進化できるのです。

Predict compatibility with Syukuyo astrology

気になる相手との相性を知ろう

自分の本命宿と相手の本命宿から、両者の相性を見ることができます。
ここでいくつかの例を見ながら、その判断の仕方を学んでいきましょう。

意中の相手との相性を見る

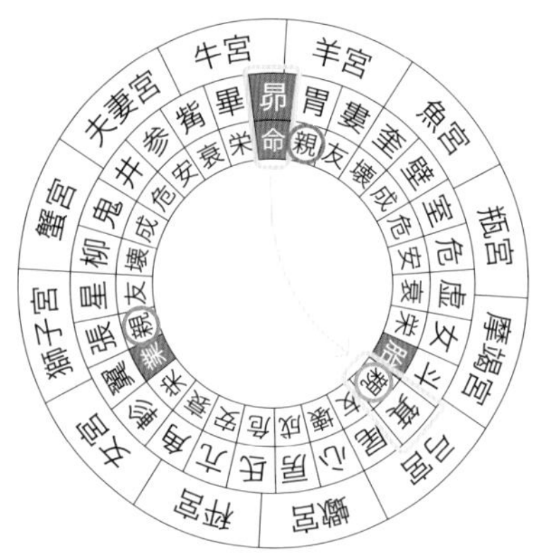

\ 意中の相手との相性 /

親の関係の中でも遠距離
本命宿が「昴宿」のあなたにとって、本命宿が「箕宿」の相手は、恋愛・結婚などすべてのシーンにおいて、互いの良さを引き出し合える最高のパートナー。一生を通じて好相性の二人です。

自分の本命宿を割り出す

P.18の「本命宿の出し方」を参照して、自分の本命宿を確認する。

→ 1980年7月7日生まれ→「昴宿」

相手の本命宿を割り出す

P.18の「本命宿の出し方」を参照して、相手の本命宿を確認する。

→ 1982年6月8日生まれ→「箕宿」

自分にとっての関係を見る

P.26の「昴宿」の宿曜ホロスコープを確認し、「昴宿」にとっての「箕宿」の関係を見る。

→ 「昴宿」にとって「箕宿」は「親」の関係（栄親の関係）である

「親」の関係の意味を知る

6種類の中の「親」の関係の意味を確認する。 → P.137へ

昴宿にとっての「親」の関係を詳しく知る

「昴宿」にとって「箕宿」は親の関係の中でも遠距離である。 → P.142へ

上司との相性を見る

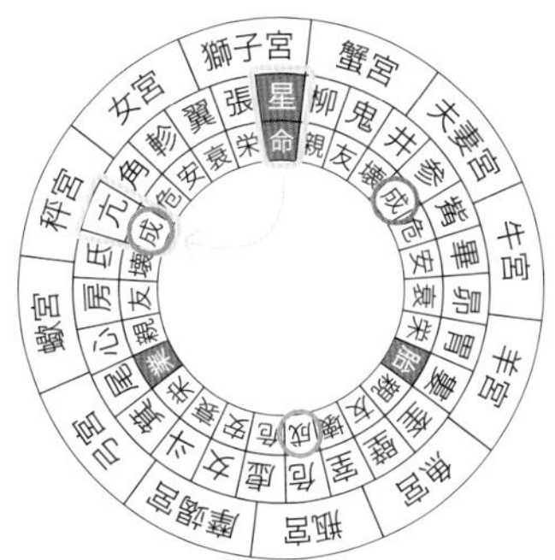

Step 1 自分の本命宿を割り出す

P.18の「本命宿の出し方」を参照して、自分の本命宿を確認する。

→ 1992年5月9日生まれ→「星宿」

Step 2 相手の本命宿を割り出す

P.18の「本命宿の出し方」を参照して、相手の本命宿を確認する。

→ 1973年9月25日生まれ→「亢宿」

Step 3 自分にとっての関係を見る

P.54の「星宿」の宿曜ホロスコープを確認し、「星宿」にとっての「亢宿」の関係を見る。

→ 「星宿」にとって「亢宿」は「成」の関係（危成の関係）である

Step 4 「成」の関係の意味を知る

6種類の中の「成」の関係の意味を確認する。 → P.138へ

Step 5 星宿にとっての「成」の関係を詳しく知る

「星宿」にとって「亢宿」は成の関係の中でも中距離である。 → P.156へ

＼上司との相性／

成の関係の中でも中距離

本命宿が「星宿」のあなたにとって、本命宿が「亢宿」の上司は、成功に導いてくれる人。異なる観念を持ってはいますが、良い関係を保つことができそうです。

CASE 3

家族との相性を見る

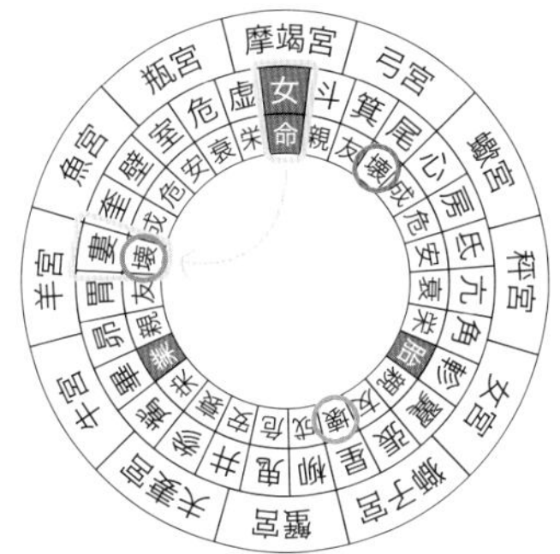

Step 1 自分の本命宿を割り出す

P.18の「本命宿の出し方」を参照して、自分の本命宿を確認する。

→ 1976年11月26日生まれ→「女宿」

Step 2 相手の本命宿を割り出す

P.18の「本命宿の出し方」を参照して、相手の本命宿を確認する。

→ 1949年3月1日生まれ→「婁宿」

Step 3 自分にとっての関係を見る

P.102の「女宿」の宿曜ホロスコープを確認し、「女宿」にとっての「婁宿」の関係を見る。

→ 「女宿」にとって「婁宿」は「壊」の関係（安壊の関係）である

Step 4 「壊」の関係の意味を知る

6種類の中の「壊」の関係の意味を確認する。 → P.137へ

Step 5 女宿にとっての「壊」の関係を詳しく知る

「女宿」にとって「婁宿」は壊の関係の中でも中距離である。 → P.180へ

＼家族との相性／

壊の関係の中でも中距離

本命宿が「女宿」のあなたにとって、本命宿が「婁宿」の姑は、苦労させられる関係。急に反撃を食らうことがあるので、注意しましょう。

01 昴宿（ぼうしゅく）の相性

関係	近距離	中距離	遠距離
安の関係	**参宿** ★★☆☆☆ 冒険心やパイオニア精神が旺盛で、新たなチャレンジをしていく参宿のことを最初のうちは面白く思います。しかし次第にその性格についていけなくなるかも。	**危宿** ★★☆☆☆ 社交的で、趣味も会話も、あなたにとっては新鮮そのもの。ただ、単に楽しませてくれる場合は良いですが、真剣な話になるとトラブルになりやすい傾向に。	**亢宿** ★★☆☆☆ 同じ目標に向かって一緒に頑張っていけますが、徐々に歯車が合わなくなっていきます。意見が食い違い、相手の強い意志に折れなくてはならなくなるかも。
壊の関係	**奎宿** ★☆☆☆☆ 誠実な印象の相手なので、最初のうちは関係性良好。でも、実はプライドが高く、あなたも自尊心が高いため、闘いが生じるようなことがあります。	**柳宿** ★☆☆☆☆ 関心を持って接近してきてくれます。しかしその思いはとても熱く、それに応えられないばかりか、相手に振り回されているように感じ、うっとうしく思うかも。	**心宿** ★☆☆☆☆ 陽気な人で愛嬌もあるので、あなたは心を許してしまうでしょう。自分ばかり心の内を見せているような気持ちになり、次第に不安が募っていきそうです。
栄の関係	**畢宿** ★★★★☆ パワーのある人なので、あなたのために力を貸してくれそう。夢や目標を話してみましょう。実現するためのアドバイスをくれて、実りがありそうです。	**女宿** ★★★★★ この人のリードについていくことで安心できます。大切なことを任せることもできるでしょう。トラブルが起きそうな時には、間に入ってくれます。	**軫宿** ★★★★☆ お互いに交際上手なところがあり、相通じるようなことも多い相手。何も言わなくても気持ちを察知してくれるので居心地が良く、一緒にいれば前進できます。
親の関係	**胃宿** ★★★★☆ とてもエネルギーが強い相手。あなたの志を理解してもらえれば、目的に向かって協力し合えます。何より、好奇心旺盛なこの人といると楽しいでしょう。	**張宿** ★★★★★ 最良の相手。プロデュースすることが得意なので、あなたのこともプロデュースしてくれます。細やかなアドバイスを与えてくれ、一緒に輝いていけます。	**箕宿** ★★★★☆ 面倒見が良い人なので、一緒にいて気持ちが楽でいられ、不要なプライドを捨てることができます。度胸もあるので、さまざまなシーンで心強い味方に。
友の関係	**婁宿** ★★★★☆ 人をコーディネートすることが得意な相手なので、やりたいことを相談すると、的確な答えをくれたり、必要な人を紹介してくれたりします。	**星宿** ★★★★☆ あなたの願いを叶えてくれる力がある人です。ポジティブなパワーで、夜空に輝く星のようにあなたのことを見守り、いざという時には力も貸してくれます。	**尾宿** ★★★★☆ 向上心を持ち、志が高いあなたに共感を抱いてくれます。物事を追求していける者同士なので一緒に歩め、決断する時はサポートもしてくれるでしょう。

関係	近距離	中距離	遠距離
衰の関係	**觜宿** ★★★☆☆ 学識があり、一度話し始めたら、あなたが感動するようなトークを展開します。この人と会話をしているうちに、抱えている悩みもどこかに行ってしまいそう。	**虚宿** ★★★☆☆ 現実的ではないものの、精神性が高い相手なので、不思議な話や発想に触れられます。この人の話に引き込まれるうち、意外なアイデアが浮かんできそうです。	**角宿** ★★★☆☆ ソフトな対応をする人なので、安心感はあります。共通の友人や趣味を持つことで、交友関係や趣味が広がり、あなたに楽しみをシェアしてくれるでしょう。
危の関係	**井宿** ★★☆☆☆ 最初のうちは関心が持てる相手なのですが、お互いに遠慮がなくなると、理路整然とした意見をぶつけてくるようになり、衝突することになりそうです。	**室宿** ★★★☆☆ 相手は勢いがあり、前しか見ていないことがあります。あなたとは見る方向も、得意分野も異なりそう。共感を求めず、個性を受け入れたら楽しめます。	**氐宿** ★★☆☆☆ コラボレーションしていくには適さない相手と言えます。しかしこの人は、人と調和していくことが得意でもあるので、あなたに合わせてくれそうです。
成の関係	**壁宿** ★★★☆☆ あなたの壁となってガードして、助けてくれます。しかし、本心を明かさないところがあるため、心から打ち解け合うのは難しいかもしれません。	**鬼宿** ★★★☆☆ 好感が持てる相手ではあります。しかし、いつどこに行き、気持ちが変わるかもしれないこの人に振り回されることもあり、心からは信頼できないでしょう。	**房宿** ★★★☆☆ 理解し合っていると思える相手ですが、実はそうではないことも多そう。本質的には価値観が違うため、相手は表面的に合わせているだけかもしれません。
業の関係	**翼宿** ★★★☆☆ あなたを支えてくれる人。一時期に離れるようなことがあっても、再び巡り会うような縁の相手です。男女関係では追われる立場になりやすいでしょう。		
胎の関係	**斗宿** ★★★☆☆ 何かとお願いされるようなことが多くなりがちですが、それが心地良く感じられたりします。この人をリスペクトするとともに、サポートしたくもなります。		
命の関係	**昴宿** ★★★☆☆ 同じ宿なので、本来なら打ち解けるのに時間がかからないのですが、昴宿の場合は、プライドの高さが邪魔をします。一定の距離を保つのが得策です。		

生まれながらにして幸せな宿とされ、環境や人々に恵まれる昴宿。特に目上の人や有力者から可愛がられたり、バックアップされたりすることも多いでしょう。そういったことから、自ずとプライドが高くなってしまう傾向があります。そうすると、どんな相性の相手であれ、良好な人間関係を保つことは難しくなってしまいます。謙虚になることも必要です。時には、相手を立てることも大切にしましょう。

破壊相性の人との付き合い方

破壊相性は、奎宿、柳宿、心宿です。
異なる価値観を持つ人たちと、無理に融合する必要はありません。志が高いあなたなので、彼らから生きるためのヒントをもらいましょう。きっと学ぶ点は多いはずです。

02 畢宿(ひっしゅく)の相性

関係	近距離	中距離	遠距離
安の関係	**井宿** ★☆☆☆☆ 頭の回転が速く、理路整然としたトークを展開する井宿。自分にはない魅力を感じますが、それを自分に向けられると、耳障りに感じそうです。	**室宿** ★★☆☆☆ ターゲットを見つけたら、一直線に向かっていくような室宿の人。あなたはコツコツと努力を重ねていくタイプなので、スピード感が合いません。	**氐宿** ★★☆☆☆ どちらも体力に自信がある者同士。同じ目的を持てば、共に達成していけるでしょう。ただし、氐宿の剛の強さが出たら、うっとうしく感じてしまいそう。
壊の関係	**婁宿** ★☆☆☆☆ 人を見る目とコーディネート能力があるこの人に魅力を感じますが、見抜かれているような気がしたり、趣味嗜好が異なったりして疲れることも。	**星宿** ★☆☆☆☆ 努力ができるところ、良く働くところは似ています。ただ、頑固なあなたなので、夢や理想を追い求めていく星宿に、次第についていけなくなりそうです。	**尾宿** ★★☆☆☆ この人との共通点は多く、マイペースなところも似ています。似ているゆえ、ストレスを感じることも。お互いに寄り添う気持ちが必要になります。
栄の関係	**觜宿** ★★★★☆ 真面目で礼儀も踏まえているので好感を抱ける相手。あなたを導いてくれることもあるでしょう。価値観を共有し、尊重し合うことができます。	**虚宿** ★★★★★ 神秘的な世界観を持っていたり、奇想天外な発想をしたりするこの人に興味が湧きます。相手は精神的に何かとサポートもしてくれるでしょう。	**角宿** ★★★★☆ 社交的で楽しいことが好きな相手なので、一緒にいると楽しい気分に。アドバイスをくれるほか、器用な手先を活かした分野でもアシストしてくれそう。
親の関係	**昴宿** ★★★★☆ あなたが努力している姿に惹かれ、良き理解者になってくれます。一緒にいると勉強になることも多いでしょう。何かあれば、すかさずフォローしてくれます。	**翼宿** ★★★★★ 最良の相手。あなたのことを大空に飛び立たせてくれるような人です。自由奔放な翼宿の人に憧れたり、リスペクトしたくなったりするでしょう。	**斗宿** ★★★★☆ 闘争心に溢れ、リーダーシップを取っていく斗宿の人から良い影響を受けます。切磋琢磨しながら、お互いのパーソナリティーを伸ばし合える関係性です。
友の関係	**胃宿** ★★★★☆ 底知れぬエネルギーを秘めている者同士、協力し合えば一緒に目標を達成していけます。共に栄誉を得ることも可能になるかもしれません。	**張宿** ★★★★☆ プロデュース能力がある相手に対して魅力を感じます。頼み事をすれば、あなたのリクエストに応えてもくれるので、信頼関係も築けるでしょう。	**箕宿** ★★★★☆ 裏表のないさっぱりとした性格の人。あなたと似たようなところもあり、共感できることも多いでしょう。あなたの頑張りを見てエールを送ってくれます。

関係	近距離	中距離	遠距離
衰の関係	**参宿** ★★★☆☆ エネルギッシュな人なので、共鳴し合えるでしょう。明るく正直な面も信頼できます。あなたのことを喜ばせるようなこともしてくれるでしょう。	**危宿** ★★★★☆ 楽しい人生を歩んでいくこの人とは価値観は異なるものの、気分転換させてくれたり、楽しい気分にさせてくれたりします。愛すべき相手となるでしょう。	**亢宿** ★★★☆☆ あなたの上をいくような頑固な性格の持ち主ですが、人をまとめる力もあり、改革精神も旺盛。味方になってもらうと、とても心強い人です。
危の関係	**鬼宿** ★★☆☆☆ 相手は細やかな感受性の持ち主で、自分にない感性に驚きや面白さを感じます。ただし、一挙手一投足に注意を払う必要もあり、理解しにくいところも。	**壁宿** ★★★☆☆ 遊ぶことが好きなこの人と一緒にいると楽しさをシェアしてもらえます。頑丈な壁のように支えてくれる人でもあるので、何か起きた時に頼りになります。	**房宿** ★★☆☆☆ さまざまなことに恵まれて、人からのバックアップに慣れている相手。一生懸命に頑張っているあなたに、理解を示してくれないところがあります。
成の関係	**奎宿** ★★★☆☆ 異性との縁によりサポートを受けやすいこの人は、あなたに比べると依存心が強くなる傾向が。あなたが異性ならば、相手をサポートしていくことに。	**柳宿** ★★★☆☆ 何かに夢中になるタイプの柳宿。あなたに夢中になってくれているうちは良いのですが、そうでなくなった時には、相手が去っていく可能性があります。	**心宿** ★★☆☆☆ 相手は人の心をつかむのが上手な人気者。つい心を許してしまいますが、手のうちが読まれるようなこともあるので、少し注意も必要となってくるでしょう。
業の関係	**軫宿** ★★☆☆☆ 社交的な人なので、社交の場へと誘ってくれたり、交際の術を教えてくれたりします。ただし、見つめる方向が違うので、共に夢を目指すことは不可能です。		
胎の関係	**女宿** ★★★☆☆ あなたの頑張りを見て、女宿の人はサポートしてくれるでしょう。あなたもこの人の自分を高めていく姿を見て、手助けをしたいと思えそうです。		
命の関係	**畢宿** ★★☆☆☆ 自立心が旺盛な者同士、自分のやり方やペースを守ります。同じ宿なので、目的を共有することもできますが、基本的にはお互い、自分のことで精一杯です。		

普段は温和な印象で、人と争うようなことは少ない畢宿。それは目的意識が強く、自分のことに一生懸命だからかもしれません。自立心が旺盛なため、人と頻繁に会ったり、人に合わせたりとはしません。そのため、お一人様行動が多くなり、人との交流も少なくなりがちです。時には無駄だと感じても、交流の場を大切にし、相手の立場に立って会話してみましょう。また違った自分に出会えそうです。

破壊相性の人との付き合い方

破壊相性は、婁宿、星宿、尾宿です。
あなたが大切にしている夢や努力を理解してくれない、と嘆く必要はありません。彼らのパーソナリティーを覗いてみることで、見たこともない世界を味わえそうです。

03 觜宿（ししゅく）の相性

関係	近距離	中距離	遠距離
安の関係	**鬼宿** ★☆☆☆☆ 深い関係にならなければ、相手の思いやりに癒されるでしょう。近い存在になると、相手の感情の激しさに疲れてしまったり、振り回されたりしそうです。	**壁宿** ★☆☆☆☆ 面倒見が良く、人のサポートをしていくこの人に対して、この人自身が何を思い、何をしたいのか、本心が見えずに戸惑いそう。金銭問題も起きやすい傾向に。	**房宿** ★☆☆☆☆ 金運の強さではお互いに負けませんが、自然と欲しいものが手に入ってしまう相手に納得できなかったり、自分の努力をむなしく感じてしまったりもしそうです。
壊の関係	**胃宿** ★☆☆☆☆ 胃宿の人の何でも自分に取り込もうとする好奇心と競争意識の強さに、太刀打ちできないと感じてしまいそう。必要以上に近寄らないのが、無難なようです。	**張宿** ★☆☆☆☆ リーダーとしての魅力を感じる相手。遠目で見ているぶんには良いのですが、近くに寄り過ぎると問題が生じ、解決に無駄なエネルギーを使うことに。	**箕宿** ★☆☆☆☆ 自分の利益やしたいことに対して独自の道を歩んで行く箕宿。そのため、一緒に歩もうとしても歩調が合わず、お株を奪われてしまったりもします。
栄の関係	**参宿** ★★★★★ オリジナリティーに富んだアイデアを提案してくれる人。この人とあなたの計画性とのコラボレーションが起きると、共に成長できる相手となります。	**危宿** ★★★★★ 人生を楽しむ才能は天下一品の相手。社交的で遊び上手な人なので、仕事もプライベートも楽しめて、お互いの良い面を引き出し合うこともできます。	**亢宿** ★★★★★ 強い意思で信念を貫いていく相手。同じ目標を持つことで、どんなに大きな夢であっても、協力し合い、立ち向かっていける好相性の人です。
親の関係	**畢宿** ★★★★★ 聡明でコツコツと努力していく相手に対して、信頼感を抱けます。安定感もあり、頼れる存在でもあるでしょう。あなたの夢にも理解を示してくれます。	**軫宿** ★★★★★ 人の気持ちを察したり見抜いたりすることができる相手。あなたの気持ちや意見を聞き入れてくれ、リクエストにも応じてくれるでしょう。	**女宿** ★★★★★ あなたと周囲の人たちとの間に入り、サポート体制を作ってくれたり、問題解決に乗り出してくれたりします。信頼し合える関係になっていくでしょう。
友の関係	**昴宿** ★★★★☆ 気品があり向学心も強いので好感が持てる相手です。話していると楽しく、学べることも多いでしょう。精神的な部分でもサポートしてくれそう。	**翼宿** ★★★★☆ 頼れるリーダータイプのこの人と一緒にいると、守ってもらえているような気持ちになれて心強いでしょう。夢に向かって一緒に飛ぶことができる相手です。	**斗宿** ★★★☆☆ あなたと一緒だと、この人の闘争心が出ることなく、穏やかな関係性となります。相手は精神性が高くカリスマ性もあるので、成長し合えるでしょう。

関係	近距離	中距離	遠距離
衰の関係	**井宿** ★★★☆☆ トーク力を誇るあなたに、相手も負けてはいません。衝突しそうになることもありますが、お互いに議論を楽しみ、それによって理解も深まっていきます。	**室宿** ★★★★☆ 「前進あるのみ」のこの人は、前へ前へと突き進みます。そんな姿を見て勇気をもらえそう。踏み出せずにいたことに挑戦するきっかけをくれるでしょう。	**氐宿** ★★★☆☆ 物事の本質を理解して分析していくような人です。理想主義に走らず、現実的な視点で物事を捉えていくので、信頼でき、意気投合できるでしょう。
危の関係	**柳宿** ★★☆☆☆ 流行っているものや、自分が熱狂しているものなどを教えてくれるので、有益な情報を得られます。一緒にショッピングに行ったりすると楽しめる相手でしょう。	**奎宿** ★★★☆☆ 温厚で誠実な面があるかと思えば、シビアな一面もある人。やや依存心がある相手なので、自然とあなたがサポートする側に回りそうです。	**心宿** ★★☆☆☆ いつの間にかあなたの心が相手に奪われている、そんな魅力がある人。心をコントロールされてしまうかもしれないので、軽い付き合いにするのが英断です。
成の関係	**婁宿** ★★★☆☆ 人のことを見抜く鋭い観察力がある人なので、仕事のパートナーなど実利的な面では良いのですが、プライベートでは、少し落ち着かないかもしれません。	**星宿** ★★★☆☆ 夢を現実にするために一生懸命に働いていく相手。信念を持ち、精神的にも強く、礼儀正しい人なので、あなたにとって好感を抱ける相手です。	**尾宿** ★★☆☆☆ ややそっけない雰囲気の相手と、打ち解けられない気がしてしまうかも。あなたが目標を話したり、歩み寄ったりすることで、協力し合える関係性になれます。
業の関係	**角宿** ★★☆☆☆ 流行や新しいものに敏感で交際上手なので、あなたのことを楽しませてくれるでしょう。実利面でも、考えが一致すれば、良い方向に向かいます。		
胎の関係	**虚宿** ★★☆☆☆ 精神的に不安定になりがちなこの人を、あなたのほうが気になってしまいます。「放っておけない」と思い、あれこれ世話を焼いてしまうでしょう。		
命の関係	**觜宿** ★★☆☆☆ 礼儀正しく、慎重な觜宿。同じ宿ということで安心できる相手でしょう。ただし一度議論が始まったら、ヒートアップし、罵り合ってしまうことも。		

理性があって礼儀正しく、人を立てられるところもあるあなた。人からの信頼を得やすく、そつなく対人関係に臨めるでしょう。知識も豊富で、話術も巧みなので、周囲の人たちからサポートしてもらえることも多くなります。

その素晴らしいトーク力は、自分の目標達成のためだけではなく、周囲の人のためにも役立て、癒しや勇気を与えていくことを常に意識しましょう。

破壊相性の人との付き合い方

破壊相性は、胃宿、張宿、箕宿です。
同じフィールドで競うと負けてしまうので、勝負事はご法度。コンプレックスを感じても、卑屈になる必要はありません。自分に何が必要かを気づかせてくれる貴重な相手だと捉えて。

04 参宿(しんしゅく)の相性

関係	近距離	中距離	遠距離
安の関係	**柳宿** ★☆☆☆☆ 好奇心旺盛なところや目標に情熱を注ぐところなど、共通点が多い二人。一緒に行動するのは楽しい人ですが、相手に主導権を握られると不快感を抱くかも。	**奎宿** ★☆☆☆☆ 惹かれ合うところもありますが、不思議と邪魔が入りがちになります。そうこうしているうちに、あなたのプライドの高さが顔を出し、衝突が起きるように。	**心宿** ★☆☆☆☆ 人気者のこの人と一緒にいると交友関係が広がりますが、近寄り過ぎると、相手の心の闇に触れたり、クールな対応をされてしまったりすることもありそうです。
壊の関係	**昴宿** ★☆☆☆☆ 志が高く能力も秀でているこの人に、関心が湧くでしょう。ただ最初は学ぶところも多いものの、次第に自分とは違う点が多いことに気づいてしまうかも。	**翼宿** ★☆☆☆☆ 積極的に自分の道を切り拓いていくところは共感を持てる相手。ただし、完璧主義なところや、自尊心の高いところに対し、合わないと感じるかもしれません。	**斗宿** ★☆☆☆☆ 闘争心やチャレンジ精神には惹かれるところがありますが、相手のカリスマ的な統率力に、次第に息苦しさを感じるようになっていきそうです。
栄の関係	**井宿** ★★★★☆ 理路整然とした考えや話し方に違和感を覚えるものの、同時に好感も持てる相手。言いたいことを言い合える関係になれば、ないものを補い合えます。	**室宿** ★★★★☆ 目標に向かって突き進む点は似ています。スピード感も感性も合うでしょう。良きパートナーになれますが、時に二人で暴走してしまう可能性もあります。	**氐宿** ★★★★★ 改革精神を持ち、パワフルに突き進んでいくこの人とは、似ているところがあって共感できます。波長も合うのでリラックスできる相手と言えるでしょう。
親の関係	**觜宿** ★★★★★ 知識、トーク力、思慮深さなど、この人の特性が、あなたの良さも引き立たせます。アイデアを具体的なかたちにしてくれて、良い化学反応が起きるでしょう。	**角宿** ★★★★★ 社交的で遊び心もあり、趣味も豊富な角宿。新しいことが好きなあなたの好奇心を満たしてくれる相手です。一緒にいることで、交友関係も広がっていきます。	**虚宿** ★★★★★ 人と違ったアイデアやひらめきを持つこの人は、オリジナリティーのある発想やアイデアを強みとするあなたにとって、喜ばしい相手と言えるでしょう。
友の関係	**畢宿** ★★★★☆ あなたと同じようにパワフルな人なので、無理をして合わせる必要がなく、一緒にいて楽でしょう。あなたの冒険や挑戦に、協力もしてくれる相手です。	**軫宿** ★★★★☆ サービス精神が旺盛で交際上手な人。あなたが激情に駆られた時には心を癒してくれたり、プロデューサー的なことをしてくれたりします。	**女宿** ★★★★☆ あなたが安心して冒険を共にできる相手です。トラブルが起きたら、事態を収拾してくれます。迷った時には相談にも乗ってくれるでしょう。

関係	近距離	中距離	遠距離
衰の関係	**鬼宿** ★★★★☆ オリジナリティー溢れる感性が似た者同士です。あなたはこの人の自分と似た部分に興味を持ち、惹かれていくでしょう。あなたが相手の良さを引き出すことも。	**壁宿** ★★★☆☆ チャレンジしたいあなたに、この人はそっと手を差し伸べてくれるでしょう。あなた自身は壁宿の人の何事にも動じないところに、大きな安心感を覚えます。	**房宿** ★★★☆☆ 房宿の人から見て、あなたの生き方はとても興味深く映るようです。あなた自身も、自分にはないところが多いこの人のことを面白いと感じるでしょう。
危の関係	**星宿** ★★★☆☆ 星に願いを掛けるように、ロマンを抱き、根気強く目標に向かっていく相手。あなたの理想であるとともに、一緒に新たな道を切り拓きたい相手でもあります。	**婁宿** ★★☆☆☆ 自分で冒険するより、人をコーディネートしていく相手に物足りなさを感じるかも。あなたの冒険をコーディネートしてもらうことで意義深い関係性に。	**尾宿** ★★☆☆☆ 目標を定めたら、粘り強く達成させていく尾宿の人。新しいものに目が行きがちなあなたとはやや合わず、不一致を感じてしまうかもしれません。
成の関係	**胃宿** ★★☆☆☆ あなた以上に自立心も好奇心も旺盛で、どんなことにでも首を突っ込みたくなる胃宿の人。協力し合うこともできますが、手強さを感じることもあります。	**張宿** ★★★☆☆ 華やかなオーラを身にまとった人なので、興味を惹かれるでしょう。相手も、あなたの個性的な発想やチャレンジングな行動に、興味を持ってくれそうです。	**箕宿** ★★☆☆☆ 自身の考えや行動を貫いて我が道を行く、そんなところはあなたと同じ相手なので、一緒にいて楽でしょう。度胸もあって頼れる、学ぶべき点も多い人です。
の関係	**亢宿** ★★★☆☆ 独自の人生哲学を持ち、強固な意志で突き進む人。あなたの生き方に共感を持ってくれて、お互いパワーを引き出せます。サポートもしてくれるでしょう。		
の関係	**危宿** ★★★☆☆ この人がお茶目なことをしたり、いたずらをしたりしているのを見ていると、愉快な気持ちになるでしょう。コラボレーションで、面白いことが起こります。		
の関係	**参宿** ★★☆☆☆ 個性派同士の二人は、違う方向を向くことも。個性やアイデアを認め合えますが、主導権争いが始まったり、お互いに飽きっぽくなったりしそうです。		

陽気でピュア、独創的で破天荒な性格の参宿。そんな姿が不思議な魅力を醸（かも）し出し、周囲から好感を持たれます。

ただし、子どもっぽい言動や、荒々しい言葉遣いには要注意です。下手をすると、周りから見放されてしまうようなこともあります。あなたのピュアさを抑える必要はもちろんありませんが、時には周囲に気配りしたり、ソフトな言動を心がけたりすることも必要です。

破壊相性の人との付き合い方

破壊相性は、昴宿、翼宿、斗宿です。
あなたの新たなチャレンジに否定的な言葉をかけてくるかもしれませんが、気落ちしないようにしてください。アドバイスをしてくれているのだと捉えて、ありがたく受け取りましょう。

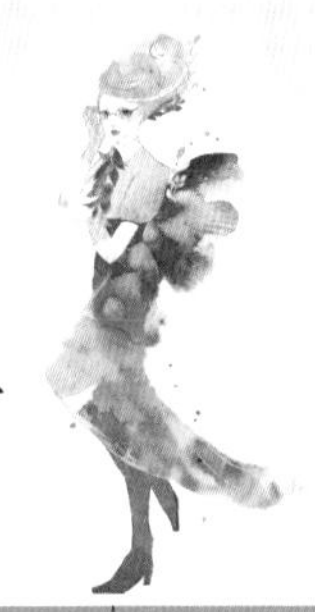

05 井宿（せいしゅく）の相性

関係	近距離	中距離	遠距離
安の関係	**星宿** ★☆☆☆☆ 我が道を行く、夢多きロマンチストである相手。頭の回転が速く、理論家で、役人気質でもあるあなた。二人は本質的に何となく合わないと感じるでしょう。	**婁宿** ★★☆☆☆ 鋭い観察眼を持ち、人を見抜く相手とあなたは少し似ています。とはいえ、気が合いそうで合わない相手。理屈で責めると嫌がられてしまうでしょう。	**尾宿** ★★☆☆☆ 根気強く物事に取り組んでいく相手は、ライバルを打ち負かすような強さを持ちます。言葉でやり合っても勝つことは難しいので、味方にしたほうが無難です。
壊の関係	**畢宿** ★☆☆☆☆ 自尊心が高く端正なインテリタイプのあなたと、信念を持って根気強く目標を達成していく相手。意見が合わずに、相手に押し切られてしまいがちに。	**軫宿** ★☆☆☆☆ 人の気持ちを瞬時に察することが得意な相手。あなたの気持ちも察してくれますが、意外にも自我が強いところもあり、交流は長く続かないようです。	**女宿** ★★☆☆☆ 自分磨きをしていく優等生タイプの女宿の人。理想を求めたり、自尊心の高さを出したりしなければ、お互いの知識が役に立つ場面もあるでしょう。
栄の関係	**鬼宿** ★★★★★ フリーダムで感性豊かな相手。まったく違うタイプですが、凝り固まっているあなたの頭や心をほぐしてくれるような存在で、傷も癒してくれるでしょう。	**壁宿** ★★★★★ 「壁の花」的な性質を持つ相手は、あなたにそっと寄り添ってくれます。物事を冷静に分析することもできるため、迷った時には頼りになる相手です。	**房宿** ★★★★★ 房宿の人に対し、あなたははっきりと意見を伝えることができるでしょう。その取り繕わない言葉を、相手は意外にもありがたがってくれそうです。
親の関係	**参宿** ★★★★★ 性格などは異なるタイプの相手ですが、意外にも一緒にいると馴染む二人です。共通の目標を持つことで、上手く役割分担ができるでしょう。	**亢宿** ★★★★★ リーダーの器だと感じられる相手です。どんな人や状況に対しても、信念を持って立ち向かうこの人の姿に、尊敬の念が湧いてくるでしょう。	**危宿** ★★★★★ 親切で、遊ぶことはもちろん、社交術にも優れているのが危宿の人。視野が狭くなりがちなあなたに新鮮な視点をもたらし、可能性を広げてくれます。
友の関係	**觜宿** ★★★★★ この人も、一度口を開いたら、あなたに負けないくらい口が達者な人でしょう。とはいえ、言い争いになることはほとんどなく、言葉のやりとりを楽しめます。	**角宿** ★★★★☆ 手先が器用で、多芸多才な角宿の人。井戸を掘るように物事を探究していく知識欲旺盛なあなたにとって、発見や学びが多く、一緒にいて楽しい相手です。	**虚宿** ★★★★☆ 信仰心があり、問題意識を持っている人。理想主義のあなたとは気が合います。語り合うのには絶好の相手。また、あなたのことも評価してくれそうです。

関係	近距離	中距離	遠距離
衰の関係	**柳宿** ★★★☆☆ 熱しやすく冷めやすいところがある相手。会うたびに興味の対象が変わっていたりするので、そのたび新鮮な気持ちになれるはず。熱意にも惹かれるでしょう。	**奎宿** ★★★★☆ 人に対して誠実に接し、物事の内面を見ていくこの人。異性のこともよくわかっているので、恋愛や結婚について、良き相談相手になってくれるでしょう。	**心宿** ★★★★☆ 理論によってではなく、立ち居振る舞いなどで人の心をつかんでいく相手。議論好きなあなたは、この宿の「人の心をつかむ技」を学ぶことができるでしょう。
危の関係	**張宿** ★★★☆☆ アピール力がある相手ですが、それが少し行き過ぎていると感じてしまうかも。あなたとしては気持ちが乗らず、上辺だけの会話になってしまいそうです。	**胃宿** ★★☆☆☆ 底知れぬエネルギーを秘めてる胃宿の人。自分のために猪突猛進に生きているようなこの人とは、相容れないと感じ、一線を引きたいと思ってしまうかも。	**箕宿** ★★☆☆☆ 正直で裏表のない相手。意見が食い違っても根に持たないさっぱりとした性格なので、付き合いやすいでしょう。あなたに協力してくれることも。
成の関係	**昴宿** ★★☆☆☆ 目上の人から好かれる昴宿。普段は付き合いやすく、あなたも好感を持ちます。ただし、トラブルが起きた時には、お互いの相違点が出てきてしまいます。	**翼宿** ★★★☆☆ 自尊心の高いリーダー。信念と意志が強く、威厳も持ち合わせている人で、信頼できると感じるでしょう。問題が起きたら、しっかりと話し合える相手です。	**斗宿** ★★☆☆☆ 精神性が高く、闘争心も旺盛な相手です。活発な議論を交わすこともできますが、あなたのほうが現実的。余計なひと言を言わないように注意しましょう。
の関係	**氐宿** ★★★☆☆ 無駄な争いを好まず合理的な相手。その部分は似ていて、無意味な論争はしない二人に。優位に立とうとするところもありますが、力を貸してくれる人です。		
の関係	**室宿** ★★★☆☆ 目標に向かって前進していく相手。あなたの夢や理想を現実のものにしてくれそうです。あなたも、この人のことをサポートしてあげたくなるでしょう。		
の関係	**井宿** ★★☆☆☆ 井宿の議論好きな面は、実は相手への興味と愛情によるところも。それを理解し合える同じ宿同士、ライバルにならなければ良好な関係性を築けるでしょう。		

普段は、優しい表情で穏やかな雰囲気を漂わせる井宿。立場が弱い人の味方になってあげるようなところもあるので、良好な人間関係を築けるタイプと言えるでしょう。ただし、人と意見が食い違ったり、自尊心の高いところが出たりすると、理屈を並べ、相手を論破しようとする一面も。理論という鎧をまとうのもほどほどに、戦う必要のない時は、本来の優しいあなたを意識するようにすると良いでしょう。

破壊相性の人との付き合い方

破壊相性は、畢宿、軫宿、女宿です。
相手からは「口が達者なだけの人」と思われることもありますが、弁が立つのはあなたの大切な長所です。ものの見方が違うのだと割り切って、自分の能力を誇っていきましょう。

06 鬼宿(きしゅく)の相性

関係	近距離	中距離	遠距離
安の関係	**張宿** ★☆☆☆☆ 大風呂敷を広げるようなこの人に対して、純真で本心を見抜くのが得意なあなたは、大きなことを言われても、いまいち信用できないようです。	**胃宿** ★★☆☆☆ 負けず嫌いな面がある相手を、少し面倒だと感じてしまうかも。けれど、ライバル視されてもあなたは気にしないので、胃宿がエネルギーを浪費しそうです。	**箕宿** ★★☆☆☆ 裏表がなく、正直で素直な箕宿の人。付き合いやすい相手のように感じますが、時にはこの人の正直さにより、傷つくようなこともあるかもしれません。
壊の関係	**觜宿** ★☆☆☆☆ 自由な感覚を持つあなたと、礼儀や常識を重んじるこの相手とは、基本的には合いません。ただ、近い関係でなければ、相手を癒してあげることができます。	**角宿** ★☆☆☆☆ 社交的で洗練された遊びを好むこの人は、流行りに疎いあなたを自分の引き立て役にしようと目論むことも。誘いに乗る時は、内容を確かめてからにして。	**虚宿** ★☆☆☆☆ 捉えどころがないミステリアスな相手。あなたはこの人の話を聞いてあげたりしますが、相手はプライドが高く、八つ当たりされてしまうこともありそうです。
栄の関係	**柳宿** ★★★★☆ 好きなこと対しては情熱的に取り組んでいきますが、飽きっぽいところもある人。ただし、あなたに対しては、変わらぬ愛情を抱き続けてくれるでしょう。	**奎宿** ★★★★★ 純粋な一面を持ち、誠意ある態度で接してくれる相手です。ボランティア精神旺盛でピュアなあなたに共感し、大いに認めてくれるでしょう。	**心宿** ★★★★★ 明るい顔の裏側でナイーブな顔も持っているこの人。陽気でニュートラルな態度のあなたに対して、心を開き、陰の部分も見せてくれるでしょう。
親の関係	**井宿** ★★★★☆ 意外にも優しい面を持つこの人は、人がいいあなたのことを、何かと守ってくれようとします。あなたも、この人を癒してあげることができるでしょう。	**氐宿** ★★★★★ シビアな現実社会を忙しく動き回っているようなこの人にとって、陽気なあなたは癒しの存在。あなたのために、具体的に動いてくれたりもするでしょう。	**室宿** ★★★★★ リラックスでき、あらゆるシーンで良きパートナーになれる相手。いつも前を見て走っていくような人なので、一緒にいることで活動範囲が広がります。
友の関係	**参宿** ★★★★☆ 好奇心旺盛で関心があることには何でも参加したくなる参宿は、あなたと似た感性の持ち主。自由人のあなたが、珍しく見守りたくなるような相手です。	**亢宿** ★★★★☆ どんなことに対しても自分の意思を主張する亢宿は、あなたにとって、刺激的な存在。そして、いざという時に頼れる人でもあるでしょう。	**危宿** ★★★★☆ 楽しいこと、遊ぶことを好み、優れた社交性も持つ人です。一緒にいると楽しいのはもちろん、純真な人なので、お互いに心を許せる存在となります。

関係	近距離	中距離	遠距離
衰の関係	**星宿** ★★★★☆ 個性溢れる者同士、波長が合うでしょう。どちらも常識にはとらわれない生活を好むため、気が合います。相手はあなたのことを面白がってもくれるはず。	**婁宿** ★★★★☆ タイプの違う二人ですが、あなたは婁宿の人の本質を見抜くことができ、細かな配慮をしていけます。そのため婁宿の人もあなたを心配し、協力し合える関係に。	**尾宿** ★★★☆☆ 粘り強く目標を達成させていく真面目な尾宿。似ているところは少ないかもしれませんが、時間を共有することで、共感できる部分も出てきます。
 危の関係	**翼宿** ★★★☆☆ 完璧を求めていくリーダータイプのこの人は、自由な生き方をしていくあなたに共感はしてくれなそう。ただ、ほどよい距離感を保てば、良好な関係に。	**昴宿** ★★☆☆☆ あなたはこの人の上品な立ち振る舞いに憧れを抱くでしょう。人徳があるこの宿の人は、あなたの感性を認めてくれたりもしますが、表面的なものに留まりそう。	**斗宿** ★★☆☆☆ カリスマ性があるこの人に対して、惹かれたりすることはあります。ただし、負けず嫌いな戦略家である相手に、結果的についていけなくなりそうです。
 成の関係	**畢宿** ★★★☆☆ コツコツと地道に努力していく相手。自由な発想で行動していくあなたとはタイプは違いますが、あなたのプランの後押しをしてくれることもあります。	**軫宿** ★★☆☆☆ 軫宿の人の純粋で人が良いところはあなたと似ています。ただ、意外に自我が強かったり、ガードが固かったりするので、そこまで深くは入り込めません。	**女宿** ★★☆☆☆ 常識的なタイプですが、心情は激しいところもある相手。あなたの自由な志向を理解してもらえないため、深い縁が生まれることは少ないようです。
  業の関係	**房宿** ★★☆☆☆ あなたの独創性を認めてくれる人。財力などを使い、あなたの夢の実現をサポートしてくれることもありますが、自由が制限されることは好みません。		
 胎の関係	**壁宿** ★★☆☆☆ 精神世界を好む自由人のあなたことを、丈夫な壁のように支えてくれる存在。安定感のあるこの人のおかげで、倒れることなく邁進することができるでしょう。		
 命の関係	**鬼宿** ★★☆☆☆ 感受性が豊かで、自由な発想で行動していくところは同じ二人。お互いのことを良く理解できる二人ですが、共に傷つきやすいために気遣いも必要です。		

現実離れした雰囲気をまとい、どこか違う次元にいるようなあなた。周りの人たちに自分の考えを理解してもらおうと思っても、なかなか難しいかもしれません。自分の好きなこと、関心があることに夢中になっているうち、いつの間にか一人になっていたり、現実主義な人と過ごして息が詰まってしまったりすることも。陽気でフレンドリーな部分を意識的に出すようにしてみると、良好な人間関係を築けるでしょう。

破壊相性の人との付き合い方

破壊相性は、觜宿、角宿、虚宿です。
あなたの自由奔放な振る舞いは、時にわがままだと思われてしまうかも……。でも、その自由さは大切な個性。自分のことだけでなく、相手に興味を持てば、実りある関係になれるはず。

07 柳宿（りゅうしゅく）の相性

関係	近距離	中距離	遠距離
安の関係	**翼宿** ★★☆☆☆ 誇り高きリーダーのこの人は、人をコントロールするのが得意。お互いに惹かれるところはありますが、いつしかコントロールされてしまうかもしれません。	**昴宿** ★☆☆☆☆ 気品があって志も高いこの宿の人と、趣味などの話で盛り上がれそう。あなたは相手に好意を抱きますが、ミーハーな面を出し過ぎると引かれてしまうかも。	**斗宿** ★☆☆☆☆ どちらも人気ある者同士。あなたは、この人に惹きつけられたり、あるいはライバル視したり。戦いを象徴する斗宿の人と争うと負けてしまうので、注意を。
壊の関係	**参宿** ★☆☆☆☆ 共通点が多く、パワフルなところも似ています。最初は気が合いますが、見つめる方向が違ってくるなど、意見の相違が出てくると衝突するようになります。	**亢宿** ★☆☆☆☆ 相手に合わせるのが苦手で、負けず嫌いのところがある相手。ただし、あなたへのライバル意識は低めでしょう。あなたは意識し、プレッシャーを感じるかも。	**危宿** ★☆☆☆☆ 楽しむことが好きなこの人とは、遊びを通じて交流すると、あなたの心が高まっていきそう。ただし、次第に感覚の違いを感じて、相手が距離をとる可能性が。
栄の関係	**星宿** ★★★★★ 大きな夢と理想を大切にするロマンティスト。好きなことに夢中になるあなたの気持ちも理解してくれます。同じ夢を共有できれば、素敵な関係に。	**婁宿** ★★★★★ 聡明で人のことを見抜くことができ、世の中のことに敏感な相手。あなたが情熱をかけていることに対して、役立つアドバイスをしてくれるでしょう。	**尾宿** ★★★★★ 職人肌のこの人は、頼み事をすると見事にこなしてくれるでしょう。根気がいる作業も好きな人。あなたに対して誠実で、応援もしてくれそうです。
親の関係	**鬼宿** ★★★★☆ 自由に行動していくこの宿の人ですが、気弱な一面もあり、あなたのことを頼ってくることも。あなたも、頼られると嬉しい気持ちになるようです。	**房宿** ★★★★★ 常識的で人当たりが良く、言動が優雅でスマートなこの宿の人。あなたにもそのような態度で接し、やりたいことに対してもサポートしてくれます。	**壁宿** ★★★★★ 自分でどんどん楽しいことを見つけていけるこの人は、あなたの熱い気持ちも丸ごと受け入れてくれます。あなたを支え、癒す存在になるでしょう。
友の関係	**井宿** ★★★★☆ 情報収集能力に優れているこの人は、必要な情報を必要な時に与えてくれます。あなたが熱くなって止まれなくなった時には、ブレーキもかけてくれます。	**氐宿** ★★★☆☆ 「世の中は自分の思い通りになる」という考えを持つ氐宿の人。人の心をつかむのが得意なあなたいることで、もっと自信がみなぎっていきそうです。	**室宿** ★★★★☆ 物事に突進していくパワーを持つこの人と、熱血漢のあなたとは息ピッタリ。同じ夢や趣味があるなら、夜通し語り合ったりして、共に邁進していけます。

関係	近距離	中距離	遠距離
衰の関係	**張宿** ★★★☆☆ スター的な要素を持っているこの人。トークが上手なあなたは、相手の心をくすぐってあげられそう。相手もあなたを大切に思ってくれるでしょう。	**胃宿** ★★★★☆ 恐れを知らない大胆さと勇気、何にでも首を突っ込みたくなる好奇心を持つ胃宿の人。パワーの強さに圧倒されますが、目標を共有する同志となれることも。	**箕宿** ★★★☆☆ 情熱を注いでいくところは、あなたと似ています。辛いことが起きても耐え抜く強さがあるこの人とは、あなたが一歩引いて接すると、良い関係になれます。
危の関係	**軫宿** ★★☆☆☆ 社交的で気配り上手。あなたに対しても何かと気配りしてくれるでしょう。ただ、サポーター気質の人ですが、自我が強いところもあるので油断は禁物。	**畢宿** ★★☆☆☆ 強い信念を持ち、一度決めたことは諦めずに達成させていく畢宿の人。あなたの情熱は認めますが、すぐ考えや目的が変わる性格には理解を示さなそう。	**女宿** ★★☆☆☆ 人に対して優しく対応していき、面倒見も良いこの人。あなたのことを思っての優しさからくる厳しい言葉に、窮屈な思いをすることもありそうです。
成の関係	**觜宿** ★★☆☆☆ 話し上手な割に人見知りなこの人。人懐っこいあなたが、自分の好きなことなどを話すことで仲良くなれますが、飽きっぽさを見せると距離ができてしまいそう。	**角宿** ★★★☆☆ 楽しいことが好きな人なので、この人の話を聞いたり、遊びに出かけたりすると楽しめるでしょう。あなたはこの人の深い部分にも興味が湧きそうです。	**虚宿** ★★☆☆☆ スピリチュアルなことに関心があるという点では似た者同士。ただし、理屈っぽく、自分が一番と思っているところがある相手なので、快く思えない時も。
の関係	**心宿** ★★★☆☆ 人の心を動かすのが得意な心宿の人。あなたも心をつかまれるようなことがあるでしょう。この人といることで、安心できたり、穏やかでいられたりします。		
の関係	**奎宿** ★★☆☆☆ サポートされるのに慣れている人ですが、あなたといると、相手があなたをサポートしそう。ただし、依存心があるので、最終的にあなたが助けることに。		
の関係	**柳宿** ★★☆☆☆ 熱しやすい人なので、一気に仲良くなります。お互いに夢中になっている時は良いのですが、そのバランスが崩れると、関係性に亀裂が入ることも。		

ピュアな情熱を持っているあなた。それは人間関係の中でも表れ、心惹かれた相手には情熱を傾けます。まるで熱病にかかったかのように、相手に夢中になるでしょう。ただしミーハーなところがあるので、新鮮さを失うと、途端に興味がなくなってしまうことも。その行動を繰り返すうち、次第に人が離れてしまう可能性もあります。人間関係においては、その飽きっぽさを封印することで、交流が長続きします。

破壊相性の人との付き合い方

破壊相性は、参宿、亢宿、危宿です。
共通点もある人たちですが、熱しやすく冷めやすいあなたに疲れ、離れていってしまうこともありそうです。相手の態度からそれを察知したら、関係性を保つ努力をしてください。

08 星宿の相性

関係	近距離	中距離	遠距離
安の関係	**軫宿** ★★☆☆☆ 広い視野を持ち、社交性に優れ、気遣いもできる軫宿の人。あなたのことをフォローしてくれますが、あなたはちょっと不可解に感じてしまいそうです。	**畢宿** ★★☆☆☆ 困難に負けない精神力は似たところがある二人ですが、求めるものが違います。あなたはこの人のオーソドックスな考え方を、次第に物足りなく感じそう。	**女宿** ★☆☆☆☆ 弱音を吐かず、時間をかけてでも目標をやり遂げるバイタリティーは相通じるものが。ただし、同じ目標を共有した場合は、互いに気を遣ってしまいそう。
壊の関係	**井宿** ★☆☆☆☆ 井宿の人は、あなたの夢のために情報や知識を与えてくれる存在。ただ、論理的なものの捉え方をする人なので、結局はお互いに歩み寄れなさそうです。	**氐宿** ★☆☆☆☆ その場の状況や相手の反応を見て行動するこの宿の人。自分を優位な立場に持っていこうとするため、一緒にいるうち、劣勢に追い込まれてしまうかも。	**室宿** ★☆☆☆☆ 陽気で正直な人ですが、感情が激しく好き嫌いがはっきりしています。一時的に仲良くなったとしても、振り回されることが多く、あなたが辛くなる可能性が。
栄の関係	**張宿** ★★★★★ プロデュース力のある張宿の人。あなたのことを気に入り、何かとリードしてくれるでしょう。陰のリーダーとして押し上げてくれそうです。	**胃宿** ★★★★★ 自立心もチャレンジ精神も旺盛な相手。現実的な視点から、あなたの夢を応援してくれます。くじけそうになった時は、叱咤激励してくれるでしょう。	**箕宿** ★★★★☆ 裏表がない人で、自分の選んだ道に情熱を傾けて歩んでいくこの人。あなたはそんなこの人に共感するとともに、深く信頼もできそうです。
親の関係	**柳宿** ★★★★☆ 純粋な柳宿の人に好感を持てます。情熱の傾け方は違うものの、お互いに相手の志を理解し合えます。あなたが舵取りをしたら、夢も共有できるでしょう。	**心宿** ★★★★★ 人の気持ちを理解し、細やかな気配りをしてくれる相手なので、親しくなれそうです。あなたの能力を目覚めさせてくれる、ありがたい存在となります。	**奎宿** ★★★★★ 温厚な人柄で、礼儀正しく、常識的な奎宿の人。信頼できる相手であり、理想を共有すれば、お互いにサポートし合うことができるでしょう。
友の関係	**鬼宿** ★★★★☆ 自由な感性とユニークな発想を持つ人。オリジナリティーを追求する者同士、気が合います。一緒にいると、アイデアが泉のように湧き出すことでしょう。	**房宿** ★★★★☆ 人を惹きつける魅力がある房宿の人。あなたも例外ではありません。判断が的確で、ミスも少ないこの人といると、安心して夢に向かっていけるでしょう。	**壁宿** ★★★★☆ 慎重で堅実な壁宿の人。能力は高いものの、それをひけらかしたりはしません。壁のような安定感であなたを支え、夢の実現をアシストしてくれます。

関係	近距離	中距離	遠距離
衰の関係	**翼宿** ★★★☆☆ 理想を掲げて世界に飛び立っていく相手。積極的に自分の道を切り拓いていきます。あなたの進む道にも理解を示し、親しくなれば協力もしてくれます。	**昴宿** ★★★★☆ 品の良さや人当たりの良さが魅力のこの人に、あなたは憧れの気持ちを抱くかもしれません。同時に、この人をサポートしたいという思いも湧いてきそう。	**斗宿** ★★★☆☆ 闘争心と向上心を持ち、自分を輝かせていくこの人。大きな理想と夢を持ち、自分を輝かせるあなた。二人は、お互いを高め合える関係性となるでしょう。
危の関係	**角宿** ★★☆☆☆ 人生には楽しみを求める、人気者の角宿。あなたにもソフトに接してきますが、我が道を行くあなたとは感覚が異なります。ただ、刺激はもらえます。	**觜宿** ★★☆☆☆ 礼儀正しく慎重で思慮深いこの人は、冒険をしようとはしません。ひたすら夢に向かっていくあなたとは性質が違いますが、お互いに学ぶべき点もあります。	**虚宿** ★★☆☆☆ 自分なりの哲学を持つこの人は、あなたの夢に対してネガティブなことを言ってきたりすることも。議論を交わしても終着点が見えてこないようです。
成の関係	**参宿** ★★☆☆☆ 改革精神を持つこの人とあなたは似ているところもあります。ただし、進めていく方法やスピードが異なるため、同じ目標を共有するのは困難かも。	**亢宿** ★★☆☆☆ 正義を主張して、自分が納得するまで動かないようなところがあるこの人。納得させるのに時間がかかることも多々あり、好感を持てなそうです。	**危宿** ★★☆☆☆ 存分に遊び、楽しもうとしていく危宿。ミーハーなところや、少々飽きっぽいところもあるこの人と、努力を重んじる働き者のあなたとは合いません。
の関係	**尾宿** ★★★☆☆ 物事に根気強く取り組むこの人とは共通点も多いでしょう。あなたがリーダーである場合は、リクエストに確実に応えてくれるので信頼できます。		
の関係	**婁宿** ★★☆☆☆ サポーター的な役割を得意とするこの人。あなたにアドバイスをくれたり、ストッパー役になってくれたりするので、あなたもお返ししたいと感じます。		
の関係	**星宿** ★★★☆☆ 理想や夢を共有できる相手です。途中で衝突するようなことがあったとしても、それすらも互いの糧となり、夢に向かって再び歩き出していけるでしょう。		

目標を達成するために、目の前にどんな困難なことが起きたとしても、負けずに頑張り続けていく星宿の人。そんなあなたの姿を眩しく思い、サポートしてくれる人は多数いるでしょう。あなたの夢が周りに与える影響はとても大きなもので、その夢を追う姿が多くの人たちに勇気を与えます。ただし、誰かのトラブルに関わると巻き込まれることも多いため、その点は注意していきたいところです。

破壊相性の人との付き合い方

破壊相性は、井宿、氐宿、室宿です。
理想が先行しがちなあなたに対して、もっと現実を見たほうが良いなどと言ってくることも。それでも決して信念は崩さないように。否定的な言葉すら、あなたのパワーに換えましょう。

09 張宿（ちょうしゅく）の相性

関係	近距離	中距離	遠距離
安の関係	**角宿** ★★☆☆☆ どちらも人気者同士で、やや世間体を気にするところが。あなたはこの人よりも自己アピールに意欲的ですが、表面的には穏やかな関係性を築けるでしょう。	**觜宿** ★☆☆☆☆ 理性的で慎重に行動していくこの人。主役的な立場を好むあなたを引き立ててくれますが、あなたが調子に乗ってしまうと、関係性は崩れていきそうです。	**虚宿** ★☆☆☆☆ 複雑な心を持ち、自尊心も強いこの人。最初は上手くいっていても、次第に二人とも「自分をアピールしたい」という意識が芽生え、譲らないと衝突しがちに。
壊の関係	**鬼宿** ★☆☆☆☆ 好奇心が旺盛なこの人は、あなたに関しても興味を示してくれます。ただし、あなたのオーバーなパフォーマンスが目に入ると、快く思わなくなる可能性も。	**房宿** ★☆☆☆☆ 愛されキャラで、自然と人が寄ってくるこの人。会話をしているぶんには楽しめますが、自分が目立ちたいと感じるあなたは、ライバル心を抱くかも。	**壁宿** ★☆☆☆☆ あなたに対して従順な態度をとりますが、実は内心は違っている場合も。あなたが心の奥まで見せてしまうと、相手の戦略にはまることもあるので要注意。
栄の関係	**翼宿** ★★★★★ 完璧主義で、自分の決めたことをやり通すこの人は、自分に厳しいところがあります。そんな点にあなたは共感を覚え、一緒に何かをしたくなります。	**昴宿** ★★★★★ 優雅な印象の昴宿の人。人の目を意識しているところが、あなたと似ています。波長が合い、お互いの良いところを引き出し合えるでしょう。	**斗宿** ★★★★★ この人もあなたと同じ人気者。密かに闘争心を燃やせば、戦いに勝利できそうです。精神性が高くカリスマ性の高い相手から、学ぶべき点も多数あります。
親の関係	**星宿** ★★★★★ 夢を追い求め、情熱を傾けていくこの人に好感を持てるでしょう。さらに、不要な見栄を張る必要もないため、一緒にいてリラックスできる相手です。	**尾宿** ★★★★★ 真面目で太っ腹、上下関係はキッチリとしている尾宿の人。あなたが上の立場なら、誠実な部下や後輩となり、下の立場なら守ってもらえるでしょう。	**婁宿** ★★★★★ 人を気遣えるこの人は、あなたに対してもそれを怠りません。婁宿は人を癒す存在であるため、あなたもこの人に気持ちを救われるでしょう。
友の関係	**柳宿** ★★★★★ 自己プロデュースが上手なこの人に、あなたは魅せられ、熱い気持ちを注ぐかもしれません。お互いに不足を補っていける、良い関係性を築けます。	**心宿** ★★★★☆ 明るい顔の裏でナイーブさを隠し持つこの人。あなたも実は繊細なところを隠し持っているので、相手はあなたを深く理解し、心のケアをしてくれます。	**奎宿** ★★★★☆ 純粋で律儀な相手。あなたとの約束やルールもキッチリ守ろうとするため、信頼できます。ソフトな相手なので、安らぎも与えてくれるでしょう。

関係	近距離	中距離	遠距離
衰の関係	**軫宿** ★★★☆☆ 褒め上手なこの人と一緒にいると、あなたのスター性が引き出されていくでしょう。褒められているうち、あなた自身の力が伸びていることに気がつきそう。	**畢宿** ★★★★☆ 堅実な相手なので、あなたが迷ったり、悩みを抱えたりした時、正しい方向へ導いてくれるでしょう。あなたに魅力も感じてくれる相手です。	**女宿** ★★★☆☆ たゆまぬ努力によって地位を確立していくこの人。その生き様を認めてあげることで、あなたのことも認めてくれて、フォローしてくれたりもするでしょう。
危の関係	**亢宿** ★★☆☆☆ 反骨精神に溢れるこの人。あなたの華やかなキャラクターに好意を持ってもらえる場合は良いのですが、そうでない場合には、距離を保つほうが賢明です。	**参宿** ★★☆☆☆ 参宿のオリジナリティーに富んだ、発想や冒険心に好感を持つでしょう。しかし、歯に衣着せぬような相手の発言に、傷ついてしまうこともありそうです。	**危宿** ★★☆☆☆ ピュアなだけに、少し危なっかしいところもある危宿の人。この人と一緒にいることで、あなたが気を遣い、フォローしていくことになりそうです。
成の関係	**井宿** ★★☆☆☆ 合理的で人を見抜く井宿の人は、あなたにとって手強い相手になりそう。自己アピールはそこそこにして、距離をとることを優先したほうが無難そうです。	**氐宿** ★★☆☆☆ 物事を冷静に分析していけるこの人は、あなたの本質的な部分も分析してきます。そんなシビアな接し方をする相手に、不安を感じるようになるでしょう。	**室宿** ★★☆☆☆ 物事に突進していく強さがあり、プライドも高い人です。この人と関わることで、あなたのペースは乱れるばかり。良い縁は生じにくく、近寄らないほうが得策です。
 業の関係	**箕宿** ★★☆☆☆ あなたと同じように目立つポジションにいる人ですが、どちらかというと相手があなたを立ててくれます。一緒に目立つことをしてみるのも一つの手です。		
 胎の関係	**胃宿** ★★★☆☆ 目立つのが好きなあなたですが、自立心の強いリーダータイプのこの人のことはプロデュースしてあげたくなりそう。ただし、押し売りになるのはNGです。		
 命の関係	**張宿** ★★★☆☆ 主役のポジションを狙っている者同士、ライバルになることも多いでしょう。ただし、切磋琢磨してお互いに成長もできそうです。違う分野を目指せば問題なし。		

芸能人のように自分を上手に演出していくあなた。華やかなオーラを身にまとい、周囲からの好感度も高いでしょう。絶妙なトークでリーダー的なポジションにいることも多く、いつも、あなたの周りには人がいっぱいです。

ただし、それをいいことに、威張ったり、偉そうな態度を取ったりすると、一気に人気者の座から転げ落ちてしまうので、その点は気をつけたいところです。

破壊相性の人との付き合い方

破壊相性は、鬼宿、房宿、壁宿です。
あなたが人を魅了するために重ねている努力を理解せず、単なる目立ちたがり屋のように捉えられてしまうかも……。あまり気にせず、自分の信じた道を進んでいけば良いでしょう。

10 翼宿(よくしゅく)の相性

関係	近距離	中距離	遠距離
安の関係	**亢宿** ★★☆☆☆ あなたと同じように意志が強い相手。一緒に何かをする際には相手に好感を抱くものの、次第に、あなたが相手をコントロールしたくなっていきそうです。	**参宿** ★★☆☆☆ 行動力があり、冒険を好むこの宿の人。そんな姿から刺激を受ける部分もありますが、二人の人生観は異なり、あなたが優位に立とうとすることが多くなります。	**危宿** ★★☆☆☆ 感性が豊かで繊細な面があるこの人。あなたに親切に接してくれますが、関心があることは本質的に違う二人。どことなく歯車が噛み合わないでしょう。
壊の関係	**柳宿** ★☆☆☆☆ 関心があることに没頭していくこの宿の人。関係性は悪くはありませんが、あなたが相手の熱意に折れたり、振り回されたりするケースもあるでしょう。	**心宿** ★☆☆☆☆ 明るく振る舞う人気者のこの人に、あなたは惹かれていくでしょう。ただし、一緒にいる時に心を見透かされるような場面もあり、神経を遣いそう。	**奎宿** ★☆☆☆☆ おっとりとしていて誠実な相手なので、良好な関係性のように思いがちですが、実は表面的な関係になりがち。お互いに理解を深めることはやや難しいでしょう。
栄の関係	**軫宿** ★★★★★ 乗り物でスイスイと出かけるようなフットワークの軽さがあるこの人。その行動力で、あなたの能力を引き出してくれたり、サポートしてくれたりします。	**畢宿** ★★★★★ 地味ながらも地道な努力をしていけるこの人に、あなたは信頼感を抱きます。努力できる人たちなので、一緒にいることで互いの可能性が広がるでしょう。	**女宿** ★★★★★ 努力を惜しまず、自分を高めていくこの人の知識やスキルには、目を見張るものがあるでしょう。将来のことを話し合えば、お互いに良い刺激に。
親の関係	**張宿** ★★★★★ あなたと同様に、理想に向かって努力していく人。あなたはこの人のタレント性に憧れを抱きそう。相手もあなたを華やかな舞台へと誘ってくれそうです。	**箕宿** ★★★★★ 積極的に自分の道を突き進んでいくところや、物事の考え方があなたと似ている箕宿。一緒にいると、あなたを勇気づけてくれるような相手です。	**胃宿** ★★★★★ 胃宿の人と接すると、その強いパワーに圧倒されるでしょう。好奇心も美意識も高く、良い刺激をもらえそう。一方、相手はあなたに癒されるでしょう。
友の関係	**星宿** ★★★★★ 似た者同士の組み合わせとなり、同じように理想を追いかけていくので気が合います。出会ってすぐに意気投合し、未来にも続いていく関係性になりそう。	**尾宿** ★★★★☆ 脇目も振らずまっすぐに進んでいく尾宿とは波長が合いそう。恋愛関係の場合、ベタベタした関係を求めるのは難しくても、誠実に付き合える相手です。	**婁宿** ★★★★☆ 細かいところに配慮することができる婁宿の人。綿密な作業や計算も得意としているため、完璧を求めるあなたが満足のいく対応をしてくれるでしょう。

関係	近距離	中距離	遠距離
衰の関係	**角宿** ★★★★☆ 付き合いが良くアクティブに行動していく相手。翼を持つあなたは、この人と一緒にいると、交友関係や世界が広がり、楽しい気持ちになれそうです。	**觜宿** ★★★☆☆ 知識ある理論派であり、丁寧に物事を進めていくこの人。完璧を求めるあなたは、安心してこの人と過ごしたり、お願い事をしたりできるでしょう。	**虚宿** ★★★☆☆ 独特の雰囲気を持ち、神秘的な世界を好む虚宿の人といることで、知らない世界に足を踏み入れることができます。相手もあなたに心を開いてくれそう。
危の関係	**氐宿** ★★☆☆☆ 自由奔放で活動的なこの人は、自分の欲求を満たすために動き回ります。利他精神の豊富なあなたとはやや合わない点が多く、別の道を歩いていくことに。	**井宿** ★★☆☆☆ シャープな頭脳を持ち、理路整然としたトークを得意とする井宿。音楽や芸術などを通じてメッセージを伝えるのが得意なあなたとは、感性が違うようです。	**室宿** ★★☆☆☆ 室宿の目的に向かっていく姿は、あなたと似ており、共感することも。ただし、あまりに突進力が強いこの人の勢いに、やがて圧倒されてしまいそうです。
成の関係	**鬼宿** ★★★☆☆ この人の自由な感性と好奇心旺盛なところに関心が湧きます。相手からの共感は得られなそうですが、役割分担して同じ目標を目指せば、協力し合えそう。	**房宿** ★★☆☆☆ 頑張らなくても欲しいものが手に入るこの人といると、あなたも欲しいものが手に入るかも。ただお互いに、求めるものが大きくなると上手くいきません。	**壁宿** ★★☆☆☆ 人の相談に乗ったり、サポートしたりしていくのは好きですが、自分のことは話したがらない壁宿の人。理解をするには、時間がかかりそうな相手です。
の関係	**斗宿** ★★★☆☆ カリスマ的な雰囲気を漂わせている斗宿の人と、風格を漂わせているあなた。そんなあなたに惹かれるところがあるのか、夢のサポートをしてくれそうです。		
の関係	**昴宿** ★★☆☆☆ 気品を漂わせ、あなたと共通点もあるこの人。お互いに尊重し合い、良いところを引き出し合えそうです。相手のバックアップもしたくなるでしょう。		
の関係	**翼宿** ★★★☆☆ 同じ宿なので、お互いを理解でき、一緒に理想に向かって歩いていくこともできるでしょう。ただし、両者の頑固さにより、妥協点が見出せない場合も。		

自分を奮い立たせ、理想の実現のために我が道を歩いていく翼宿。あなたのそんな姿を見ている周囲の人たちは、あなたをリスペクトするとともに、刺激を受け、自分のことも奮い立たせるでしょう。ただし、頑固な面が出てしまったり、人に対して厳しい面が出てしまったりすると、人は離れていってしまいます。深い優しさも持っているので、その部分を意識的に出していくようにしましょう。

破壊相性の人との付き合い方

破壊相性は、柳宿、心宿、奎宿です。
完璧を求め、理想を追求するあなたに対して、もう少し妥協したら？といった言葉を投げかけてくるかもしれません。ムキにならずに柔軟な気持ちで、時にはその助言を聞き入れて。

11 軫宿（しんしゅく）の相性

関係	近距離	中距離	遠距離
安の関係	**氐宿** ★★☆☆☆ 自身の欲求を満足させるために動き回る、この宿の人。人の気持ちを察するのは得意なあなたですが、利用されることもあり、関係は長続きしないかも。	**井宿** ★★☆☆☆ 人を論破することを好む井宿の人。お互いに相手の気持ちを理解しようとはしますが、論争しがち。あなたも自我が強いため、上手くいかなくなりそうです。	**室宿** ★☆☆☆☆ 自分の主張を押し通していく室宿の人とは、衝突が起きやすいでしょう。粘り強い面があるあなたですが、いつしか相手についていけず、疲れてしまいそう。
壊の関係	**星宿** ★☆☆☆☆ 夢の実現のためにパワフルに突き進むこの宿の人。近くにいることで好影響もありますが、結局は、あなたのほうが辛い立場に追いやられていきそうです。	**尾宿** ★☆☆☆☆ 社交的で人付き合いの良いあなたと、人に対して無愛想なこの人とでは、本質的に合わないところが。無理して理解しようとしなくて良いでしょう。	**婁宿** ★☆☆☆☆ あなたの隠したいところも見抜いてきそうなこの人といると、少し息苦しさを感じるかも。長い時間を共に過ごすと、神経がすり減ってしまいそうです。
栄の関係	**角宿** ★★★★★ お互いに社交性があり、アクティブ。初めて会った時から、気が合うのは当たり前の二人です。まるでずっと一緒にいるかのような気持ちになれるでしょう。	**觜宿** ★★★★★ 真面目で礼儀正しいこの人とは、初対面の時から安心して付き合えます。話も上手なので、引き込まれていくでしょう。一緒にいて心地良い相手です。	**虚宿** ★★★★★ 不思議な感性を持っている相手。興味を惹かれ、この人の話を聞くことでヒントをもらえるでしょう。相手もあなたといることで、とても安心できそう。
親の関係	**翼宿** ★★★★★ 羽ばたいていく使命を持つこの人と、フットワークの軽いあなた。お互いに情報交換をしたり、アドバイスし合ったりして、高め合っていくことができます。	**斗宿** ★★★★★ 常に高みを目指すこの人にとって、あなたのアシストは必要不可欠。あなたのことを頼りにしてきますし、あなた自身もそれを望むでしょう。	**昴宿** ★★★★★ 交際上手なこの人は、社交的なあなたと息ピッタリ。あなたは相手を自然とサポートしたくなってしまうようです。お互いに良き相談相手にもなれます。
友の関係	**張宿** ★★★★☆ 褒められて成長するタイプのこの人は、褒め上手なあなたといることで、気分が良くなるのはもちろん、実際にどんどんスキルも伸ばしていけるでしょう。	**箕宿** ★★★★☆ 素直で裏表のない正直者のこの人といることで安心できます。たまにズケズケと言ってくることはありますが、許容範囲内。それすらも楽しめそうです。	**胃宿** ★★★★☆ 好奇心が旺盛でバイタリティーがある相手。人のサポート役になれるあなたなので、相手を理解しつつ、意外と上手に付き合うことができそうです。

関係	近距離	中距離	遠距離
衰の関係	**亢宿** ★★★☆☆ 自分の理想や正義を主張して戦っていく亢宿の人は、改革派のリーダー的存在。あなたも相手のそんなスタンスを受け入れ、助けていけるでしょう。	**参宿** ★★★☆☆ 冒険心旺盛な相手。時に言葉が荒くなったりもしますが、憎めない相手でしょう。この人の冒険に付き合ったり、プロデュースしてあげたりできそうです。	**危宿** ★★★★☆ どちらも、人の心を惹きつけるのが上手な人気者同士。世話をしなくてはいけないこともありますが、楽しむことが上手なこの人といると、明るい気持ちに。
危の関係	**房宿** ★★☆☆☆ 気品漂い、どことなく人懐っこさもあるこの人に惹かれるところがあります。一見付き合いやすい相手ですが、意外とドライなところもあるので戸惑うかも。	**鬼宿** ★★★☆☆ フリーダムでフレンドリー、無邪気なところがある鬼宿は、心を許せる相手となるでしょう。ただ本音で話せるものの、この人を本当に理解するのは困難です。	**壁宿** ★★☆☆☆ あなたと同じように、人をサポートしていくのが得意なこの人。癒してくれたりもしますが、秘密主義のところがあり、深い関係にはなりにくいでしょう。
成の関係	**柳宿** ★★☆☆☆ 周囲から自然と助けられやすい性質を持つ柳宿。気配り上手で、人のサポートを得意とするあなたも、自然とバックアップしてしまうでしょう。	**心宿** ★★☆☆☆ 愛嬌があり、人の心にスッと入り込むのが上手な心宿。あなたの心の中にも、難なく入ってきそうです。ただし、相手はあなたを同じようには受け入れなそう。	**奎宿** ★★☆☆☆ 思慮深く、礼節を重んじるこの人。あなたの話題についてこられなかったり、冗談が通じなかったりします。無理をして距離を詰めなくても良いでしょう。
 業の関係	**女宿** ★★★☆☆ きめ細かい対応をするところが似ている二人で、お互いに歩み寄れます。あなたはこの人の言うことを素直に聞き、相手はあなたの世話を焼いてくれます。		
 胎の関係	**畢宿** ★★☆☆☆ コツコツと努力を続けられるこの人は、あなたの希望を叶えてくれる人の一人です。ただ最終的には、あなたが相手のアシストをしていく立場になりそう。		
 命の関係	**軫宿** ★★★☆☆ お互いに交際上手で、人の気持ちを察していけるので、優しさ溢れる関係性となるでしょう。自我が強く内向的な面があるところもわかり合えます。		

交際上手で社交的。そんなあなたは華やかな印象を与えがちですが、思慮深いところもあり、先陣を切っていくタイプではありません。周囲にいる人たちのサポート的な立場に回ることが多いでしょう。褒め上手でもあるあなたといることで、周りの人たちは安心でき、心を委ねることもできます。いつしかあなたは人気者になっていくでしょう。欲さえかかなければ、良好な人間関係を保つことができるはずです。

破壊相性の人との付き合い方

破壊相性は、星宿、尾宿、婁宿です。
あなたの魅力である社交的なところに、あまり理解を示さないかも。でも、何を言われても、あなたの良さを消すことはありません。さらに処世術に磨きをかけて接してみましょう。

12 角宿(かくしゅく)の相性

関係	近距離	中距離	遠距離
 安の関係	**房宿** ★★☆☆☆ 恵まれた環境にいることが多く、さらに用心深いため冒険することは少ない房宿の人。あなたが相手を楽しませてあげようとしても、あまり喜ばれないようです。	**鬼宿** ★☆☆☆☆ 浮世離れしているところがあり、純真なハートを持つ鬼宿の人。最初から何となく自分とは違うと感じますが、次第にその感覚は確信に変わっていきそう。	**壁宿** ★★☆☆☆ 毎日を楽しんでいこうとする感覚は似ています。一緒にいて楽しい相手ではありますが、次第に相違点が浮き彫りに。ベースにある考えが異なるようです。
 壊の関係	**張宿** ★☆☆☆☆ お互いに人気者同士。自分を演じて華やかな舞台に立つようなこの人に好意を持ちます。しかし、相手はあなたを受け入れてくれないようなところがあります。	**箕宿** ★☆☆☆☆ 度胸もあり、物事に情熱的に取り組んでいく箕宿は、根は純情で陽気なので、付き合いやすい相手。ただし安易に近寄ると、あなたのペースが崩れてしまいそう。	**胃宿**  ★☆☆☆☆ 常にチャレンジし続けていく姿勢、胃に何でも入れたがるような好奇心の強さ。そんな強烈なキャラクターに、あなたは翻弄されてしまうかもしれません。
栄の関係	**亢宿** ★★★★☆ 自分が正しいと思う道を突き進んでいくこの人を、頼もしいと感じるようです。一緒に目標を立てたなら、本当に頼もしいパートナーになってくれるでしょう。	**参宿** ★★★★★ 新しいもの好きで、何にでも参加したがるようなこの人といると、楽しめるでしょう。さらに交流の幅が広がり、二人で時代の先端を歩めそう。	**危宿** ★★★★★ 遊び上手なこの人といると、純粋に楽しいでしょう。お互いに情報交換してアイデアを出し合い、楽しめるとともに、交流の幅も数倍広がっていきます。
 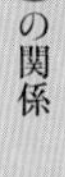 親の関係	**軫宿** ★★★★★ お互いに社交的で交際上手。あなたと似ているところも多い相手です。多趣味なあなたを相手がプロデュースしてくれて、お互いに意義のある関係性に。	**女宿** ★★★★★ 自分を磨いていくことが好きで、いつの間にか多趣味になっているような相手。あなたも多趣味なので共通点があり、刺激を受けることも多いでしょう。	**畢宿** ★★★★★ 聡明でコツコツと努力を続けていくこの人。違う点も多い二人ですが、この人から学ぶ点も多いはず。あなたは相手のことを楽しませてあげられそうです。
 友の関係	**翼宿** ★★★★☆ さまざまなアーティストに精通するなど、音楽をこよなく愛す翼宿。あなたも流行や新しいものに敏感なので、この人といると音楽などの話題が尽きなそう。	**斗宿** ★★★★☆ チャレンジ精神が旺盛で、いざという時には戦い、勝利していくような強さを持つ斗宿。あなたにとって見習うべきところが多い相手と言えるでしょう。	**昴宿** ★★★★☆ 志が高く、気品が漂うこの人。あなたの多趣味なところや交際上手なところに魅力を感じそうです。人気者同士の組み合わせでもあり、意気投合しそうです。

関係	近距離	中距離	遠距離
衰の関係	**氐宿** ★★★☆☆ 精神力と体力に自信のあるこの人といると、徹夜で遊ぶなど、羽目を外してしまうかも。刺激を与えてくれる相手ですが、共に暴走しないよう注意して。	**井宿** ★★★☆☆ 探求心が旺盛な井宿の人は、あなたの好奇心を満たしてくれそうです。豊富な知識をシェアしてくれる相手なので、いろいろな気づきもあるでしょう。	**室宿** ★★★☆☆ 猪突猛進でまっすぐに突き進んでいく人。そのパワーに疲れを感じる時もありますが、いざという時にはあなたのことを助けてくれてる、頼れる相手です。
危の関係	**心宿** ★★☆☆☆ 明るく接してくれるこの人といると楽しいでしょう。ただし、あなたの本心を見抜かれることもあり、なかなか心をオープンにすることはできない模様。	**柳宿** ★★☆☆☆ 情熱的で、人を引き寄せるパワーがある柳宿の人ですが、あなたにとっては疲れを感じやすい相手。あなた自身の良さを活かすのは難しいでしょう。	**奎宿** ★★☆☆☆ 思慮深く常識的なこの人。楽しく生きているあなたのことを理解できなかったり、良く思っていなかったりします。接点を持たないほうがお互いに楽でしょう。
成の関係	**星宿** ★★☆☆☆ 夢や理想を追求していくこの人と、社交性を求めていくあなたとでは、向いている方向が異なります。ただし、何かあったら頼りになる存在でもあります。	**尾宿** ★★☆☆☆ 一つのことを粘り強く極めていくタイプのこの人と、多趣味・多芸なあなたとでは、大切にしたいものが異なります。けれど、相手から見習うべき点も多数。	**婁宿** ★★☆☆☆ 器用で多芸なところは、あなたと共通していると言えます。綿密な作業が得意なので、あなたのことをフォローしてくれる場面もあるでしょう。
業の関係	**虚宿** ★★☆☆☆ 捉えどころがなく、ミステリアスな虚宿の人。一緒にいても理解することは難しい相手ですが、この人からは好感を持たれ、役立つ話を聞かせてもらえます。		
胎の関係	**觜宿** ★★☆☆☆ 相手は一度口を開けば、巧みなトークであなたを魅了するでしょう。努力家でもあるこの宿の人のことを、あなたも自然と応援してあげたくなります。		
命の関係	**角宿** ★★★☆☆ 社交的で楽しいことが好き、多趣味。そんな二人なので、気が合って楽しいのはもちろん、一緒にいることで、ネットワークはエンドレスに広がります。		

一緒にいる人を楽しませてあげることができるあなた。人々の力になることも多いでしょう。流行りのものや新しいものにも敏感なので、それらの情報を人に教えてあげることもできます。

ただ、社交的ですが、意外にも人の好き嫌いが激しいところがあるので、その一面を出してしまうと、せっかくの人気者のポジションを失うことに。時にはそういった部分を上手に隠すことも大切です。

破壊相性の人との付き合い方

破壊相性は、張宿、箕宿、胃宿です。

愛想が良くソフトで社交性のあるあなたのことを、疎ましく感じる人もいるかも。否定的な言葉は気にしないようにする一方、時には我が身を振り返る好機とも捉えてみましょう。

13 亢宿（こうしゅく）の相性

関係	近距離	中距離	遠距離
安の関係	**心宿** ★★☆☆☆ 愛想が良く好感度も高いこの人は、あなたのことを理解してくれる一人でもあります。ただ、安心して接すると、この人の思わぬ心の闇に触れることに。	**柳宿** ★☆☆☆☆ 強い信念を持ち、自分の正義をパワフルに推し進めていくところは共通しています。ただ、あなたは相手に合わせようとせず、エネルギーの矛先が異なりそう。	**奎宿** ★★☆☆☆ あなたがリーダーなら、この人はサポーター。そんなポジション関係になりそうです。ただし、この人に寄りかかられると、少し疎ましく感じてしまう時も。
壊の関係	**翼宿** ★☆☆☆☆ 温和な印象ですが実は自尊心が強く、リーダー的な資質を持っている翼宿。あなたをコントロールしようとする面もあり、同じ目標を持つとやりにくい相手です。	**斗宿** ★☆☆☆☆ 戦いに臨み、勝利していくこの人。あなたと攻防戦を繰り広げるようなこともあるでしょう。戦って傷ついていくよりも、戦わずして勝利する方法を考えて。	**昴宿** ★☆☆☆☆ あなたは、この人の志の高さや優雅な雰囲気に飲まれてしまうことも。同じ目標を持つと、最初は良くても、次第にこの人の存在がプレッシャーになりそうです。
栄の関係	**氐宿** ★★★★★ 物事を冷静に分析する能力に長けている氐宿。あなたの考えや主張も冷静に判断してアドバイスをしてくれたり、良き協力者になってくれたりします。	**井宿** ★★★★★ 頭の回転が速く、情報収集能力にも優れているこの人は、あなたの改革精神を掻き立ててくれる相手です。理路整然とした話術にも魅力を感じるでしょう。	**室宿** ★★★★★ 前を見て突き進むこの人のエネルギーに目を見張ると同時に、共感することもできるでしょう。パートナーになれば、共に進化していける二人です。
親の関係	**角宿** ★★★★☆ 自分にはないような明るい雰囲気を持ち、社交的なこの人に魅力を感じるでしょう。一方あなたは、この人にスリリングな体験をさせてあげられそうです。	**虚宿** ★★★★★ あなたは悩み多き虚宿の人のことを、強い心で支えてあげようとするでしょう。相手も、あなたのことを頼もしく感じます。相手のアイデアに助けられることも。	**觜宿** ★★★★★ 説得力のある話術と知識を誇る觜宿。あなたが間違いを犯しそうになった時は、正しい道に導いくれます。何かとこの人に相談したくなるでしょう。
友の関係	**軫宿** ★★★★☆ 社交的な割に思慮深い相手。例えるなら、あなたが進む道を整えてくれるようなありがたい存在で、必要な人を紹介してくれるなど、アシストしてくれます。	**女宿** ★★★★☆ 目的意識が高く、どんなに時間がかかってもやり遂げる力があるこの人に共感できるでしょう。相手は意志が強いあなたといれば、目的を達成していけます。	**畢宿** ★★★★☆ 多少のことでは揺るがないこの人。頑固過ぎるところはありますが、そこはあなたも同じ。この人の一生懸命さに感銘を受けるかもしれません。

関係	近距離	中距離	遠距離
衰の関係	**房宿** ★★★★☆ がむしゃらにならなくても、自然と欲しいものを手に入れられたり、人が集まってきたりするこの人に憧れを抱くかも。相手はあなたを見守ってくれます。	**鬼宿** ★★★☆☆ 精神性が高く個性的な発想をする鬼宿。自由なこの人といると、心からリラックスできるでしょう。あなた自身も相手をサポートしてあげられそう。	**壁宿** ★★★☆☆ 壁のように動じない信念を持つ壁宿の人は、同じように信念を持って突き進むあなたに共感し、支えてくれます。手堅いアドバイスをくれるでしょう。
危の関係	**尾宿** ★★☆☆☆ 尾宿はあなたにとってライバルにしたくない相手で、この人の執念に根負けしてしまうかも。争うのではなく、お互いの長所を引き出すという意識を持って。	**星宿** ★★☆☆☆ 自分の夢や理想を追い求めていく星宿の人と、自分の主義主張を通していくあなた。ぶつかりやすいので、安易に近寄らないほうが賢明と言えるでしょう。	**婁宿** ★★☆☆☆ 人との争いを避けるこの人とは、ぶつかり合うことはないでしょう。ただし、深い縁も生じにくいので、近づいても、すぐに遠ざかってしまいそうです。
成の関係	**張宿** ★★★☆☆ 張宿の人は、自分を引き立ててくれる相手と認識したら、あなたと上手くやっていこうとするでしょう。あなたもこの人によって引き立てられそうです。	**箕宿** ★★☆☆☆ 志を貫き、情熱的に生きることをモットーとしているこの人は、あなたと似たところが。裏表のない性格なので、戦わない限りは付き合いやすい相手です。	**胃宿** ★★★☆☆ 自立心旺盛なこの人とは、馬が合うでしょう。ただし、底知れぬパワーの持ち主でもあるので、近くに寄り過ぎると、火傷をしてしまうかもしれません。
の関係	**危宿** ★★★☆☆ 子どものように無邪気なところがあるこの人とは、衝突することなく、リラックスして付き合えます。あなたといることを相手も楽しむでしょう。		
の関係	**参宿** ★★★☆☆ パイオニア精神に溢れるこの人は、改革精神があるあなたと気が合います。面白いアイデアを提供してくれたり、お互いにサポートし合えたりします。		
の関係	**亢宿** ★★☆☆☆ 同じ宿なので、頑固なところも一緒。何かと小競り合いするようなことが多くなります。じっくり話し合い、妥協点を見つけていくことが鍵となるでしょう。		

自分が信じていること、正義だと思うことは、相手が誰であっても、構わずに主張していく亢宿のあなた。年下からは頼りにされる存在ですが、その強い自我が仇（あだ）となり、目上の人たちからは生意気だと言われかねません。トラブルが発生することもあるでしょう。

自分の主張を通すには、まずは目線を合わせて、相手の言いぶんも真摯に受け止めるようにしましょう。

破壊相性の人との付き合い方

破壊相性は、翼宿、斗宿、昴宿です。
あなたが正論を貫く姿勢が、「大げさに騒いでいる」などと批判されてしまうかも。けれど、改新していく人がいるからこそ世の中は変わるもの。自分の信念に誇りを持って堂々と。

14 氐宿（ていしゅく）の相性

関係	近距離	中距離	遠距離
安の関係	尾宿 ★☆☆☆☆ 時間がかかっても着実に階段を上っていくようなこの人。あなたは相手の良さを認めるものの、着実過ぎるところに付き合っているうち、疲れてしまいそう。	星宿 ★★☆☆☆ 大きな理想に向かって、ひたすら突き進んでいく星宿。しかし、あなたは人より優位な立場に立ちたいところがあるため、少し鼻につくと感じてしまうかも。	婁宿 ★☆☆☆☆ 婁宿は気配りの人ですが、内心では人を見下すようなところがあるため、接し方には注意が必要。一つ対応を間違えたら、犬猿の仲になってしまう可能性も。
壊の関係	軫宿 ★☆☆☆☆ 交際上手なこの人に、あなたは最初は心を開こうとするかもしれませんが、本質的には合わない二人。相手の自我が出始めたら、距離を置いたほうが無難です。	女宿 ★☆☆☆☆ 強い精神力を持ち、何事もやり遂げようとする女宿。あなたも体力、精神力では引けを取りませんが、不利な立場になりやすいので、引いたほうが得策です。	畢宿 ★★☆☆☆ どっしりとした安定感があり、反対されても我を押し通す強さがある畢宿。あなたがコントロールしようとしても動じません。相談相手としてなら良いでしょう。
栄の関係	房宿 ★★★★★ 恵まれた運を持ち、余裕がある房宿の人。あなたのことも大らかに受け入れ、欲求を満たしてくれます。あなたはそのお陰で清々しい気持ちになるでしょう。	鬼宿 ★★★★★ この人の奇想天外な発想と無邪気な行動が憎めず、愛情すら湧いてくるでしょう。あなたの言動が相手の心の琴線に触れたら、協力もしてくれます。	壁宿 ★★★★★ 冷静に観察・分析していくところはあなたと同じ。一緒に目的に向かって邁進していけるでしょう。楽しいことも好きな人なので、遊び仲間としても◎。
親の関係	亢宿 ★★★★☆ 自分が正しいと思ったら一歩も引かない亢宿。あなたと考えが一致すれば、協力し、成果を挙げられるでしょう。ただし、距離が近いぶん喧嘩も多くなります。	危宿 ★★★★★ 遊びにかけては誰にも負けないくらい、豊富なアイデアを持っています。仕事でもプライベートでも、あなたの良きパートナーとなるでしょう。	参宿 ★★★★★ 新規開拓していくのが得意なこの人。分析力あるあなたと手を組むことで、ビジネスチャンスが生まれます。プライベートでも刺激を与え合えそうです。
友の関係	角宿 ★★★★☆ 「遊び」を軸に、仕事の可能性も交友関係も広げていく角宿。そんな器用さがあるこの人と一緒に行動したら、あなたも楽しみながら世界を広げていきます。	虚宿 ★★★★☆ 豊かな感性を持つ虚宿。時に感情に支配されるようなことがあるので、その感性が宝の持ち腐れにならないように、あなたが上手くコントロールを。	觜宿 ★★★★☆ 慎重なタイプで、安心感のある相手。欲求を満たすために動き回っているあなたのストッパー役になったり、アドバイザーになったりしてくれるでしょう。

関係	近距離	中距離	遠距離
衰の関係	**心宿** ★★★★☆ お互いに、相手が喜ぶツボを心得ている二人。お互いに魅力を感じ、信頼し合えるでしょう。多くを語らなくても、良き理解者になってくれる相手です。	**柳宿** ★★★☆☆ 好感度が高く、その場その場で誰かしらにバックアップしてもらえる柳宿の人。気楽に付き合えますが、あなたも相手をバックアップしているうちの一人かも。	**奎宿** ★★★☆☆ 誠実でソフトなイメージの奎宿。考え方が理路整然としているので、それがあなたには心地良いでしょう。あなたの物欲などはこの人がセーブしてくれそう。
危の関係	**箕宿** ★★☆☆☆ 度胸の良さで運を勝ち取っていくこの人。物事の本質を理解するあなたと協力すれば、共に成功へと近づきます。ただし、先を越されることもあるので注意。	**張宿** ★★☆☆☆ 注目されることが好きな張宿とはやや合わず、あなたは、この人のことが何となく鼻につきそう。喧嘩やトラブルになる前に離れたほうが良さそうです。	**胃宿** ★★☆☆☆ エネルギッシュな印象ですが、実はデリケートな面を隠し持っている胃宿。とはいえ、そのパワーに押されることが多いので、あまり親しくしないほうが無難。
成の関係	**翼宿** ★★☆☆☆ 理想を追いかけていくこの人と、現実を冷静に分析していくあなた。上手くいかないことも多い関係性ですが、役割分担することで協力し合えます。	**斗宿** ★★☆☆☆ 闘争心がメラメラと燃えているこの人。無駄な戦いはしない主義のあなたとは、根本的に合わないでしょう。協働する場合は、闘いの場面は相手に任せて。	**昴宿** ★☆☆☆☆ いつも優等生でいたい昴宿の人とあなたとは、目指す方向が違うようです。ただ、この人の好むものにあなたが合わせられれば、うまくいくこともありそうです。
の関係	**室宿** ★★☆☆☆ ターゲットが決まったら、脇目も振らずその目標に向かっていくような室宿の人。仕事などでは協力し合えますが、プライベートとなると少し疲れそう。		
の関係	**井宿** ★★★☆☆ 物事を論理的に捉える井宿。あなたも現実重視で合理的なところがあるので、気が合うでしょう。相手をサポートすると、良いパートナーシップが築けます。		
の関係	**氐宿** ★★☆☆☆ 物事の本質を理解して、冷静に分析していく二人。理解はし合えますが、お互いに自分が優位に立つことを求めてしまうと、せめぎ合いになりそう。		

人を喜ばせるのが上手な氐宿。相手を褒めることで心をくすぐり、心地良い気持ちにさせてあげることができます。

合理的なところがあり、自分が無駄だと感じる争いをするようなこともないので、人付き合いで苦戦することは比較的少ないタイプです。過剰な欲や、優位に立ちたいという気持ちなどを抑えられたら、順調に人間関係をキープしていくことができるでしょう。

破壊相性の人との付き合い方

破壊相性は、軫宿、女宿、畢宿です。
あなたの合理的なところなどを批判してくるかもしれませんが、それも大切な個性。自分の長所を認め、非難してくる相手の長所も認めることで、一層あなたは輝きを増していくでしょう。

15 房宿（ぼうしゅく）の相性

関係	近距離	中距離	遠距離
安の関係	**箕宿** ★☆☆☆☆ 裏表がなくさっぱりとしているぶん、何でも正直に言ってしまう箕宿。その言葉に傷ついたり、この人自身のトラブルに巻き込まれたりするので要注意。	**張宿** ★★☆☆☆ 華やかな雰囲気をまとい、人を惹きつけるこの人とあなたは似た者同士。ただ、楽しく会話はできますが、次第に相手がライバル視してきそうです。	**胃宿** ★☆☆☆☆ 好奇心旺盛で何でもガツガツと自分に取り込みたがるこの人。優雅な空気感を漂わせるあなたとでは性質が違い、心を許し合う関係にはなりにくいでしょう。
壊の関係	**角宿** ★☆☆☆☆ 人を楽しませるプロフェッショナルである角宿。あなたもこの人に引き込まれていきますが、ふと我に返る瞬間も。関係性は長続きしにくいようです。	**虚宿** ★☆☆☆☆ 複雑で繊細なハートを持つ虚宿の人を、ちょっとした言動により傷つけてしまうようなことが。同時に相手からも、傷つけられたり、振り回されたりしそう。	**觜宿** ★☆☆☆☆ 思慮深さや慎重さがあり、知識も豊富なこの人といると楽しく、学ぶことも多いでしょう。ただ、近くなり過ぎると、相手の巧みな話術に丸め込まれることも。
栄の関係	**心宿** ★★★★★ まるで自分のハートがこの人に鷲づかみにされるような感覚を抱くかもしれません。それほどまでに出会った瞬間からフィーリングが合う相手となります。	**柳宿** ★★★★★ 人を惹きつける力を持つ者同士、一緒にいることで交流の幅が広がるでしょう。お互いにネットワークが広がり、人生に豊かさが増していきます。	**奎宿** ★★★★★ あなたのことを気にかけてくれる人の一人で、あなたの誠実な姿勢に好感を持つでしょう。何かあるたびにあなたのことを守り、フォローしてくれます。
親の関係	**氐宿** ★★★★☆ 強い欲を持つ氐宿の人とあなたとは違いがありますが、不思議と波長が合います。ビジネスで組めば、あなたの強い金運も作用し、良い成果が現れそう。	**室宿** ★★★★☆ 感情が激しく、好き嫌いがはっきりしていて正直者。そんな室宿に好感を抱き、仲良くなれます。相手の夢のサポートをすれば、最良のパートナーになれそう。	**井宿** ★★★★★ 雄弁な井宿の人は、あなたのためにいろいろとアドバイスしてくるでしょう。それが嫌な感じはせず、自分の成長を促してくれているような気持ちになれます。
友の関係	**亢宿** ★★★☆☆ 似ていないようで似ている点がある二人です。意外なところで馬が合い、心を許し合える関係性になるでしょう。公私に渡り、実のある会話ができます。	**危宿** ★★★★☆ この人と一緒にいるととても楽しく、まるで遊んでいるかのような気持ちになれそう。あなたが体験したことがないような世界に招待してくれる相手です。	**参宿** ★★★★☆ 何にでも飛び入り参加してしまうような、好奇心旺盛な参宿。一緒にいるとワクワクし、飽きることがないでしょう。あなたの価値観を変えてくれることも。

関係	近距離	中距離	遠距離
衰の関係	**尾宿** ★★★☆☆ 根気強く、諦めない尾宿の人。あなたが夢や目標を諦めそうになった時は、励ましてくれたり、ピンチヒッターになってくれたりするでしょう。	**星宿** ★★★★☆ 星宿のオリジナリティー溢れる夢や希望を見たり、聞いたりするだけでもあなたにとっては良い刺激が。「自分も一緒に頑張ろう」という気持ちになれそうです。	**婁宿** ★★★★☆ リズムが合うので一緒にいてリラックスすることができる相手。人の本質を見抜くので、あなたに合う人を紹介してくれるようなこともあるでしょう。
危の関係	**斗宿** ★★☆☆☆ 闘争心溢れるこの人は、あなたのことをライバル視したり、戦いを挑んできたりします。あなたはその戦いに興味がないので、上手にかわしていって。	**翼宿** ★★☆☆☆ お互いに環境に恵まれやすい二人。共通点が多く、話も弾むでしょう。ただし、この人の完璧主義なところがいつしか面倒になってきそうです。	**昴宿** ★★☆☆☆ 二人とも人からのバックアップをされやすいところは似ています。ただし、相手のプライドの高さや価値観の違いに、次第に疲弊していきそうです。
成の関係	**軫宿** ★★☆☆☆ 物腰柔らかで、人との交際力にも長けている軫宿。あなたと最初は気が合いますが、途中から相手に少しずつ違和感を抱いてしまいそうです。	**女宿** ★★★☆☆ 世話好きで、きめ細やかな対応が得意な女宿の人とは、一緒にいてリラックスできそうです。お互いに双方の長所を引き出していけるでしょう。	**畢宿** ★★☆☆☆ 不器用ながら自分の道を歩み努力を重ねていくこの人とあなたとでは、価値観や人生観が異なりそう。知り合っても深い関係にはなりにくいでしょう。
 業の関係	**壁宿** ★★☆☆☆ 頑丈な壁のようにあなたを支えてくれます。あなたも相手をサポートしたいと願うでしょう。どちらかと言えば、恋愛より仕事のパートナーに向く二人です。		
 胎の関係	**鬼宿** ★★☆☆☆ 自由で好きなことに夢中になるこの人に、エールを送りたくなるでしょう。相手もあなたに感謝してくれますが、構い過ぎると逃げられてしまいます。		
 命の関係	**房宿** ★★★☆☆ 人にもお金にも恵まれ、常識的でソフトな物腰の房宿同士。一緒にいると楽しめますが、房宿のドライな一面が出ると、乾いた関係性になることも。		

好感度の高いあなたは、比較的、良い人間関係を作っていくことができるでしょう。ただし、恵まれた環境にいることが多いため、人の痛みを感じにくいところがあります。また、エリート意識が高いため、人を見下してしまう一面もあるでしょう。

時には相手の痛みに寄り添ったり、想像力を働かせてみたりすることで、さらに周囲の人たちと温かい関係性を築いていけるはずです。

破壊相性の人との付き合い方

破壊相性は、角宿、虚宿、觜宿です。
あなたがやることに対し、何かと口を出してきそうな人たちです。振り回されたりすることもありますが、あなたのためを思ってのアドバイスだと感じたら、素直に受け入れてみましょう。

16 心宿(しんしゅく)の相性

関係	近距離	中距離	遠距離
安の関係	**斗宿** ★☆☆☆☆ カリスマ性のある斗宿の人に、最初は好意を抱き、理解しようと努めます。けれど、負けず嫌いであなたとも競おうとする相手に、次第に疲れてしまいそう。	**翼宿** ★★☆☆☆ 自尊心のあるリーダー気質の翼宿の人。あなたは相手を理解しようとしますが、そんなところが「心を見透かされている」と警戒され、距離を置かれてしまうかも。	**昴宿** ★☆☆☆☆ 人と合わせることが得意で交際上手なこの人。明るいあなたに好意的に接してきますが、陰陽の二面性を持つあなたに、次第に混乱してしまいそうです。
壊の関係	**亢宿** ★☆☆☆☆ 自分の信念を貫くこの人の強さに魅力を感じるでしょう。ただし一緒にいるとその強いパワーに圧倒され、次第に自分を見失っていくような気持ちになるかも。	**危宿** ★☆☆☆☆ 楽しいことを追求する危宿の人と一緒にいると、あなたの陰の部分まで明るく照らしてもらえそう。ただし、時間の経過とともに不安を感じるようにもなります。	**参宿** ★☆☆☆☆ 人のことより、自分のやりたいことを優先する参宿。最初は相手に興味を覚えますが、次第にあなたの心は疲れ、傷ついていってしまうかもしれません。
栄の関係	**尾宿** ★★★★☆ 何かに集中すると、脇目も振らずに努力するこの人のことを、大切に思えるでしょう。盛り上がりには欠けますが、精神的な支えになってくれる相手です。	**星宿** ★★★★★ 素敵な夢を持っているこの人に、あなたは憧れを抱きそうです。相手のやりたいことを理解し、素直にエールを送ることができるでしょう。	**婁宿** ★★★★★ 相手の隠れた本質まで見抜き、それを理解しようとしてくれる婁宿の人。一緒にいることであなたの心は癒され、少しずつ不安もなくなっていきそうです。
親の関係	**房宿** ★★★★★ 人を引き寄せる魅力がある者同士、波長もリズムも合います。お互いのことを深くわかり合えるでしょう。公私ともに安心でき、仲良しになれる相手です。	**壁宿** ★★★★★ 人を支えることに使命さえ感じている壁宿。あなたの陽気さの裏にある陰の部分もすんなり受け入れ、何か起きたら支えようという思いを抱いてくれます。	**鬼宿** ★★★★★ 面白い発想をしていくこの人と一緒にいると、楽しい気分になれるのはもちろん、あなたの可能性や仕事の幅も広がっていきます。お世話もしたくなりそう。
友の関係	**氐宿** ★★★★☆ 人間の複雑な感情や性質も冷静に分析して、理解しようとする氐宿。この人に対して、あなたは心を開くことができ、自信も与えてもらえるでしょう。	**室宿** ★★★★★ 室宿の人が持つターゲットに突進していく勇ましさに、好感を抱くでしょう。あなたとは違う感覚の相手ですが、何故か息が合い、フォローもしてくれます。	**井宿** ★★★★☆ 理路整然とした考えを持ち、説得力のあるトークを展開するこの人といると、心強い味方を得たような気持ちになれます。相手もあなたを大切に思うでしょう。

関係	近距離	中距離	遠距離
衰の関係	**箕宿** ★★★★☆ 裏表がなく、さっぱりとした性格の箕宿。あなたは相手の嘘がない言葉に信頼感を抱き、この人になら自分の弱さを見せても構わないと思えそうです。	**張宿** ★★★★☆ 自己演出力に優れ、人々を魅了していけるこの人に心を動かされそう。人を惹きつける魅力がある者同士、お互いに弱い部分を見せ合えそうです。	**胃宿** ★★★☆☆ 自立心、好奇心旺盛な胃宿の人に、あなたは好意を抱きます。相手も、気持ちを理解してくれるあなたに歩み寄り、守ってくれようともするでしょう。
危の関係	**女宿** ★★☆☆☆ 愛嬌があり人を惹きつけるあなた。面倒見の良い女宿の人は、よかれと思ってあなたの世話を焼こうとしますが、あなたにとっては余計なお世話のようです。	**軫宿** ★★☆☆☆ 社交的な人なので、あなたの心の中に入り込もうとしてきます。ただし、油断できない相手なので、あなたは入り込まれ過ぎないようにガードしたいところ。	**畢宿** ★☆☆☆☆ 言葉少なに粘り強く物事に取り組んでいく畢宿は、あなたとは異質な感性の持ち主。人に惑わされないので、あなたの魅力は相手に届かないかもしれません。
成の関係	**角宿** ★★☆☆☆ 交流の幅が広いこの人と一緒にいることで、あなたの交友関係もますます広がっていきます。意気投合しているうちは、良い関係性を保てるでしょう。	**虚宿** ★★☆☆☆ いくつもの違う顔を持っている虚宿を相手にするのはとても困難。人の心をつかむのが得意なあなたですら、この人を理解することができないでしょう。	**觜宿** ★★★☆☆ 礼儀正しく、接しやすい相手ですが、実は用心深いところがあります。あなたがフレンドリーに近づいても、安易に自分を見せてはくれないようです。
業の関係	**奎宿** ★★★☆☆ 温厚で誠実、あなたに細やかな配慮をしてくれる相手です。お互いに依存しやすいところがあるので、その点に気をつければ良い関係でいられるでしょう。		
胎の関係	**柳宿** ★★☆☆☆ 関心があることに熱中する柳宿。その熱い気持ちを理解し、サポートしたくなります。相手はあなたの支えに安心して物事に取り組むことができそう。		
命の関係	**心宿** ★★★☆☆ 同じように寂しがり屋の一面を持つこの相手に、心を許せるでしょう。お互いを癒しながら、弱い部分を補い合って助け合い、共に成長していく二人です。		

人の心をつかむ名手であるあなた。どんな人の心にもスッと入り込めると自負していても、そうではないことに、ある時、気づくことがあるでしょう。けれどその気づきによって、さらに交際術に磨きがかかっていきます。また、人の心に入り込むのは得意でも、猜疑心（さいぎしん）が強く、自分は入り込まれるのを拒んだりすることも。そのバランスをとり、許容範囲を少し広げてみることで、付き合いやすい人が増えていきます。

破壊相性の人との付き合い方

破壊相性は、亢宿、危宿、参宿です。
あなたの二面性に違和感を抱いたり、好ましくないと思ったりすることも。あまり気にするとストレスになります。人は誰しも裏の部分を持っているもの。二面的な自分も受け入れて。

17 尾宿(びしゅく)の相性

関係	近距離	中距離	遠距離
安の関係	**女宿** ★☆☆☆☆ どんなに時間がかかっても、決めたことをやり遂げていくこの人と似ているところはあります。ただし、一緒にいると雰囲気が悪くなることが多いようです。	**軫宿** ★★☆☆☆ 社交的な相手ですが、職人肌で言葉少なに物事に打ち込んでいくあなたとは違うタイプ。無理に合わせようとすると、フラストレーションを感じてしまいそう。	**畢宿** ★★☆☆☆ 他のことには目もくれず、自分のやるべきことに取り組んでいく二人。お互いに相手のことは目に入りませんが、同じ志を共有すれば、深く向き合えるでしょう。
壊の関係	**氐宿** ★☆☆☆☆ 夢を追いかけるより、現実を見ていくこの人。最初のうちは関係性は良好ですが、時間の経過とともに、何かが違うと思い始めてしまうでしょう。	**室宿** ★☆☆☆☆ 猪突猛進になってしまうこの人とあなたとでは、スピード感が異なります。相手の自分勝手なところについていけなくなってしまいそうなので、距離をとって。	**井宿** ★☆☆☆☆ 知的で論理的なこの人。あなたと異なる点が多く、相反しそう。敵にするよりお互いに味方になることで、関係が悪化せず、良い方向へと進んでいきます。
栄の関係	**箕宿** ★★★★★ とても陽気な割に、どんなに辛くても自分が決めた道を歩んでいく強さのある相手。そんな点に共感を覚え、お互いにサポートし合える関係になれそうです。	**張宿** ★★★★★ 人からの後ろ盾を受けやすいこの人。あなたも自然とこの人のことをバックアップしているかもしれません。案外、それを心地良く感じたりもするでしょう。	**胃宿** ★★★★☆ 底知れぬエネルギーを秘め、試練を乗り越えていく胃宿。そんな点に好感を抱き、自分と似ていると思えそうです。切磋琢磨できる良い関係性に。
親の関係	**心宿** ★★★★★ 愛嬌があり可愛い笑顔を見せてくれるこの人に、心が安らぎそう。集中力をふと抜いて自分を解放させたい時、一緒にいたい相手になるでしょう。	**奎宿** ★★★★☆ 常識があり真面目で誠実な奎宿に、安心感を抱きます。頑固なところも似ています。この人といることで、一緒に願望に向かって努力できるでしょう。	**柳宿** ★★★★★ 熱しやすく冷めやすいこの人ですが、あなたのことは、なぜかずっと応援してくれます。あなたも、この人の大切なものを理解したいと思うでしょう。
友の関係	**房宿** ★★★★☆ 威厳と人徳がある人。あなたの頑張りを評価し、力を尽くしてあなたをサポートしてくれるでしょう。あなたもこの人に協力し、良い関係性を築けます。	**壁宿** ★★★★☆ サポート力に優れたこの人は、あなたが粘り強く目標に進んでいく姿を見て、何かと協力してくれるでしょう。息抜きしたい時に楽しませてもくれます。	**鬼宿** ★★★★☆ フリーダムでユニークなこの人は、あなたの世界観を広げてくれます。あなたの夢や目標に対して、奇想天外なアイデアをくれることもあるでしょう。

関係	近距離	中距離	遠距離
衰の関係	**斗宿** ★★★☆☆ 闘争心を持つことで自分らしくいられる斗宿の人。時に衝突することがあっても、優れた才能、壁を乗り越えていくパワーから学べる点も多いでしょう。	**翼宿** ★★★★☆ 高い理想を持ち、自分を奮い立たせる翼宿。目標達成のために自分を鼓舞し続けるあなた。あなたにとって、相手は翼を広げて一緒に飛んでくれる人です。	**昴宿** ★★★★☆ 志が高いこの人と一緒いると、あなたの向上心が掻き立てられます。相手も、あなたの生き方に感銘を受けてくれるでしょう。お互いに成長していける二人。
危の関係	**虚宿** ★★☆☆☆ この人の心情には理解しがたいものがあるかも。相手も無愛想なあなたに対し、思うところがあるようです。お互いにプラスになる要素は少ない相性の模様。	**角宿** ★★★☆☆ 交際上手で楽しいことも好きなこの人。一緒にいてリラックスできることもありますが、感性が違うところも多いでしょう。ただ、見習うべき点はあります。	**觜宿** ★★☆☆☆ この人の礼儀正しく真面目なところには好感が持てますが、話が噛み合わず、困惑してしまうこともありそう。共通の話題を作ることで歩み寄れるでしょう。
成の関係	**亢宿** ★★☆☆☆ 自分の正義を貫きたい亢宿の人と一緒にいると、お互いに疲れてしまったり、トラブルになったりしてしまうようです。相手の良い点を見つけて。	**危宿** ★★☆☆☆ 凝り固まっているあなたのことを癒してくれたり、楽しませてくれたりする人です。ただ、頑固な面を出し過ぎると離れていってしまうかもしれません。	**参宿** ★☆☆☆☆ 好奇心旺盛なこの人とは、関心の方向もスピード感も違い、似ているところが少ないため、共感はできないでしょう。よほど努力しないと歩み寄れません。
業の関係	**婁宿** ★★★☆☆ 気配りができ、心の奥を見抜くこともできる婁宿は、あなたに理解を示してくれます。あなたもこの人のことを理解しようとすれば、サポートし合えます。		
胎の関係	**星宿** ★★☆☆☆  働き者でバイタリティーがある星宿。その点は、あなたと似ているでしょう。一緒に何かをしていく時には、この人にリードを任せると上手くいくようです。		
命の関係	**尾宿** ★★☆☆☆ 同じ宿でどちらも粘り強いため、意見が一致する場合は良いものの、違う場合には、なかなか結論が出ないことも。妥協点を見出していきましょう。		

集中力や粘り強さはあなたの長所であるとともに、短所にもなり得ます。人付き合いの中でそれを出し過ぎると、相手が根負けしたり、疲れ切ってしまったりすることも。そうしていくうちに、大切な人が離れていってしまうこともあるでしょう。頑張り続けることは素敵なことですが、時と場合、状況に合わせた対応も必要です。それを意識するようになれば、あなたといたいと思う人はもっと増えるでしょう。

破壊相性の人との付き合い方

破壊相性は、氐宿、室宿、井宿です。
交際上手ではないあなたのことを、不器用な生き方をする人だと思っています。でも、この人たちに勝とうとするのは控えたほうが無難。そっと距離を置くか、味方にするのが得策です。

18 箕宿の相性

関係	近距離	中距離	遠距離
安の関係	**虚宿** ★☆☆☆☆ ナイーブな感性を持つこの人と、はっきり・さっぱりとした性格のあなたとでは、相反しそう。相手を理解し、寄り添うことを徐々に負担に感じそうです。	**角宿** ★★☆☆☆ 一緒に遊ぶのには楽しい相手ですが、次第になあなあな関係になってしまいそう。そういったなかであなたはストレスを感じ、距離をとりたくなりそうです。	**觜宿** ★★☆☆☆ 絶妙なトークを展開するこの人に魅力を感じるあなたですが、徐々に違和感を抱くようになります。ただし、相手の豊富な知識など、学ぶべき点は多いでしょう。
壊の関係	**房宿** ★☆☆☆☆ バックアップを受けやすい房宿。「自分は自分」と我が道を行くスタンスのあなたは、どこか合わないと感じ、少しずつ距離が開いていってしまいそうです。	**壁宿** ★☆☆☆☆ 人をサポートしていくのが得意な壁宿の人は、自分が決めた目標に向かって努力するあなたのことも支えてくれます。ただ、わかり合えない部分もありそう。	**鬼宿** ★☆☆☆☆ あなたは昴宿の人に正直な気持ちで接しますが、つかみどころのない相手に物足りなさを感じます。次第に、この人より自分に時間を使いたいと思うように。
栄の関係	**斗宿** ★★★★☆ どんなことにもチャレンジ精神を持って挑んでいくこの人に共感できそう。衝突しそうでしない相手で、お互いに認め合い、高め合える仲になれます。	**翼宿** ★★★★★ 世界に向かって飛び立っていこう、そんな心意気がある人です。あなたと感覚が似ているところもあり、リーダー気質なので、頼りになる相手と言えます。	**昴宿** ★★★★★ 場の空気を読めて交際上手な昴宿。人から受ける恵みも多い人なので、その恩恵にあやかることができそうです。あなたもこの人の心強い味方になります。
親の関係	**尾宿** ★★★★★ 「諦める」という文字はその辞書になく、決めたことに関して、とにかく頑張り続けていく尾宿。二人で力を合わせると、大きなことができそうです。	**婁宿** ★★★★★ 人の能力を見抜くこの人は、あなたのことを買っています。パートナーになることで、あなたが進みたい道へとナビゲートしてくれるでしょう。	**星宿** ★★★★☆ あなたと同様に、自分の理想としていることに情熱を傾けていく星宿。お互いに共感し合い、安心して付き合うことができるでしょう。共に夢も叶えられそう。
友の関係	**心宿** ★★★★☆ 明るく陽気な人なので、一緒にいると笑顔が絶えないでしょう。あなたが道を間違えそうになった時はフォローもしてくれる、心強い存在です。	**奎宿** ★★★★☆ 人とは支え合うというスタンスの奎宿。あなたのこともフォローしてくれます。その思慮深さに助けられることも多いでしょう。力を合わせていけます。	**柳宿** ★★★★☆ 周りに人がいっぱいいるこの人と一緒にいると視野が広がり、人生観が変わっていくようなこともありそうです。あなたのことも何気なくサポートしてくれそう。

関係	近距離	中距離	遠距離
 衰の関係	**女宿** ★★★★☆ いろいろなことを学び、多才な面を持っているこの人。付き合う中で、勉強になることも多いでしょう。あなたは相手に、楽しみや喜びを与えてあげられそう。	**軫宿** ★★★☆☆ 人の気持ちを察することができる軫宿には、あなたも正直に何でも話そうという気持ちになれます。自我が強い者同士ですが、相性の良い二人です。	**畢宿** ★★★★☆ 時間はかかっても着実に自分の道を歩いていく畢宿。熱意やスピードは異なっても、決めた道を歩むところに共感し、相手を応援したくなるでしょう。
 危の関係	**危宿** ★★☆☆☆ 純粋な子どものようなこの人。何をしても憎めない相手ですが、それも行き過ぎると、面倒を見ることが嫌になっていきそう。適度な距離を保つのが得策です。	**亢宿** ★★☆☆☆ 正義感が強いこの人と自分の道を貫いていくあなたは、似たところがあります。ただ、共感はできますが、お互いに譲ることができないので、揉め事に注意。	**参宿** ★☆☆☆☆ 好き嫌いがはっきりしていて、それを隠そうとしないところが似ている二人。一緒に居て楽な面もありますが、衝突することもあるので、注意が必要です。
  成の関係	**氐宿** ★★★☆☆ 冷静に物事を分析していく氐宿は、情熱を傾けていくあなたとは違うタイプ。ただ、同じ目標を共有する場合、この人にリードを任せるとうまくいきそうです。	**室宿** ★★★☆☆ エネルギッシュに目標に突き進んでいくところはあなたとそっくり。目的を共有したら、共に脇目も振らず、突き進んでいくことができるでしょう。	**井宿** ★★☆☆☆ 理性の人である井宿。何事も恐れずチャレンジしていくあなたとは違いはありますが、見習うべき相手。役割を間違えなければ、相手に協力できそうです。
 業の関係	**胃宿** ★★☆☆☆ 美意識が高く好奇心も旺盛なこの人。この人の感性に、あなたのやりたいことがはまれば、自分のパワーや才能を、あなたのために使ってくれそうです。		
胎の関係	**張宿** ★★☆☆☆ タレント性のある張宿に圧倒されるとともに、つい、この人のために動いてあげたくなりそう。パートナーになれば、大きな成功を手にできるでしょう。		
 命の関係	**箕宿** ★★★☆☆ あっけらかんとした関係性。お互いに歯に衣着せぬ発言をし、言い合いになっても発展性のある結果に。互いに根に持たないので、大いに激論をして。		

多くの人に好かれている、人気者のあなた。裏表のないさっぱりした性格なので、自分で思っている以上に人から好感を持たれていることでしょう。ただし、思ったことをズケズケと言ってしまうところがあるので、時には知らないうちに人の心を傷つけてしまうようなことも。その正直さはあなたの良さでもありますが、言葉を発する前に、言っても良いことと、いけないことをひと呼吸置いて考えてみましょう。

破壊相性の人との付き合い方

破壊相性は、房宿、壁宿、鬼宿です。
「自分は自分」のスタンスで突進するあなたにとって、時にこの人たちは厄介な存在かも。ただ、視野を広げてくれる相手でもあり、難題が生じた時には、解決のきっかけをくれる場合も。

19 斗宿（とうしゅく）の相性

関係	近距離	中距離	遠距離
安の関係	**危宿** ★★☆☆☆ ピュアな心を持つ危宿の人といることで、あなたも純真な心を取り戻せそう。ただ、楽しい時間を過ごせる相手ですが、発展性はあまりなさそうです。	**亢宿** ★☆☆☆☆ 自分の信じる道を突き進む亢宿。勝気で人に負けたくないあなた。意見が合わないと、壮絶な戦いが繰り広げられそう。この相手には謙虚さも必要になります。	**参宿** ★☆☆☆☆ 新しいものに興味を持ち、パイオニア精神に溢れるこの人。気が強い面は同じで、最初は互いに興味を持ちますが、時の経過とともに付き合いにくさを感じそう。
壊の関係	**心宿** ★☆☆☆☆ 人の心に語りかけるのが上手な心宿は、何かに燃えているあなたの心の炎を落ち着かせてくれたりします。ただ、ふと後ろを向かれて、心に穴が空くことも。	**奎宿** ★☆☆☆☆ おっとりとしていて思慮深い奎宿の人は、あなたとは違うタイプ。カリスマ性がある強いあなたに、どっぷり頼ってくることがあり、面倒になってしまうかも。	**柳宿** ★☆☆☆☆ 熱い気持ちを持つこの人とは少しだけ似ているところがあります。ただ、勝負強いあなたですが、いつの間にか相手のペースに巻き込まれていることがありそう。
栄の関係	**女宿** ★★★★★ きめ細やかな対応が得意な女宿は好パートナー。あなたはこの人と一緒にいることで、「戦う」という自分の使命を改めて感じられるでしょう。	**軫宿** ★★★★★ 褒め上手なこの人と一緒にいることで、心地良い気分になれます。自分はもっと上に行ける！そんな気持ちにさせてくれて、モチベーションが上がります。	**畢宿** ★★★★★ 自分の気持ちに正直に道を歩んでいく畢宿の姿を見て、自分と似ていると思えたり、共感できたりもしそう。同じ方向に向かって一緒に歩める二人です。
親の関係	**箕宿** ★★★★☆ 面倒見が良い女宿。同時にプロデュース能力にも優れているため、あなたのお世話をしてくれると同時に、引き立て、そして魅力を伸ばしてもくれるでしょう。	**胃宿** ★★★★★ 底知れぬエネルギーで、試練を乗り越えて栄誉を手にする胃宿。そんな点はあなたと同じで共感を抱きます。一緒に手を組むことで、大きな栄誉を手にできそう。	**張宿** ★★★★★ 人気者同士なので気が合います。この人の華やかさ、プロデュース能力には学ぶべきところが。一緒に組んで違う役割を担えば、あなたも成功できそうです。
友の関係	**尾宿** ★★★★☆ 目標達成するまで、頑張り続けるこの人。あなたの夢のアシストを託せば、最後までやり切ってくれそう。同じ立場なら好敵手になり、刺激をもらえます。	**婁宿** ★★★★☆ 良きサポーター役になれる資質がある婁宿。あなたのカリスマ性に惹かれるとともに、さらに魅力を引き出し、不動のリーダーとなる手助けをしてくれます。	**星宿** ★★★★☆ 理想を追求していくこの人。あなたが上へと上り詰めていく時に、良い刺激を与えてくれるでしょう。お互いの理想を語り合うと、多くの刺激を得られそう。

関係	近距離	中距離	遠距離
衰の関係	**虚宿** ★★★☆☆ 精神世界の中にいるような人。あなたにもそんな部分はあるのでわかり合える二人ですが、問題が生じた時には対処が大変な相手と言えるでしょう。	**角宿** ★★★★☆ 流行に敏感で遊び上手なこの人といると、楽しめます。刺激を与え合える関係性でもあります。この人といれば、戦いの手を止め、心身を休められそう。	**觜宿** ★★★★☆ 人当たりが良い人なので、安心して付き合えます。この人の話の面白さや知識の深さに魅了され、深い信頼関係を築いていくことができるでしょう。
危の関係	**室宿** ★★☆☆☆ まっすぐ進んでいくパワーを持っている室宿。目標に向かって前進していくところは似ていますが、激しい感情がある相手なので、付き合いきれないかも。	**氐宿** ★★☆☆☆ 相手の反応を見ながら対応を変えていくような冷静さを持つこの人。あなたが闘争心を燃やしていっても、するりとかわされたり、戦わずして負けたりもしそう。	**井宿** ★☆☆☆☆ 論理的な思考のこの人。理屈っぽいところもあり、あなたは少しずつ面倒になっていく予感。口でいろいろと言われ続けているうちに、拒絶したくなりそうです。
成の関係	**房宿** ★★★☆☆ 自然と恵まれたポジションにつく房宿。戦うことでさまざまなものを勝ち獲っていくあなた。相通じるところがなく、当たり障りのない関係に終わりそうです。	**壁宿** ★★☆☆☆ 本来なら、あなたをサポートしてくれる立ち位置の人ですが、不思議とそんな関係にはなりにくい相手。あなたへの関心度が低いのかもしれません。	**鬼宿** ★★☆☆☆ 自由を好むこの人。あなたに一時的に関心を寄せるでしょう。ただし、時間が経つにつれ、あなたの闘争心の強さを目の当たりにし、疲れてしまいそう。
業の関係	**昴宿** ★★☆☆☆ バックアップされやすい昴宿。自分の持つ人脈を駆使し、何かとあなたのために動いてくれるでしょう。力のある人をあなたに紹介してくれたりもします。		
胎の関係	**翼宿** ★★★☆☆ 海外を視野に入れ、活動の幅を広げていこうとするこの人。カリスマ性のあるリーダー気質のあなたは、この人の野望達成をサポートしたいと感じそうです。		
命の関係	**斗宿** ★★☆☆☆ 闘争心が強い者同士なので、切磋琢磨しながら、お互いの目標を達成していけそう。同じ方向を向いて力を合わせたら、ものすごい力を発揮できそうです。		

見た目はソフトな印象を与える斗宿の人は、難なくいろいろなタイプの人と交流することができるでしょう。周囲の人たちが、付き合ううちにあなたのカリスマ性に気づいていくことで、次第に一目置かれる存在になっていきます。

ただし、あなた自身は弱音を吐くことが苦手。気が休まらず、追い込まれてしまうこともあります。信頼できる相手には、弱さを見せてみましょう。さらに関係性が深まっていきます。

破壊相性の人との付き合い方

破壊相性は、心宿、奎宿、柳宿です。
温かい関係性を築けそうな相手ですが、意外にも、油断できない人たち。この人たちに心の隙を見せたり、弱音を見せたりするのは慎重に。凛とした態度で接すると良いでしょう。

20 女宿(じょしゅく)の相性

関係	近距離	中距離	遠距離
安の関係	室宿 ★★☆☆☆ 猪突猛進していくようなパワフルな人。おしとやかな印象のあるあなたに対して優位な立場に立とうとします。ただ、実は男勝りなあなたが優位に立ちそう。	氐宿 ★☆☆☆☆ 精神力の強さは拮抗しているので、波長が合っていると勘違いしてしまう相手ですが、油断は禁物。優位に立てる可能性もありますが、逆転される場合も。	井宿 ★★☆☆☆ 温厚なインテリタイプ。あなたは自己研磨を怠らない人なので、案外、共感できるところもあるでしょう。相手に多くを求めなければ、上手くやれそうです。
壊の関係	尾宿 ★☆☆☆☆ 一度決めたことをやり抜いていくあなたと、着実に歩みを進めていくこの人とは、似ているところもあります。ただし、それが疲れの要因になることも。	婁宿 ★☆☆☆☆ 二人とも面倒見が良く、争うことを好まない者同士。一見、良きパートナーになれそうですが、それは思い違い。急に反撃を食らうことがあるので要注意です。	星宿 ★☆☆☆☆ 最初は良くても、意外に勝気な面を持っているあなたに対して、相手が次第にプレッシャーをかけてくるようになります。あなたが疲れてしまいそうです。
栄の関係	虚宿 ★★★★☆ ミステリアスなイメージのこの人は、あなたにとってわかりにくいところも。ただお世話好きなあなたは、相手の悩みを聞いてあげたくなったりもします。	角宿 ★★★★★ 一緒にいて無条件に楽しい相手で、学ぶ点も多いでしょう。趣味を一緒に楽しんだりもできます。この人の交友の広さや交際上手なところにも惹かれそう。	觜宿 ★★★★★ 礼儀正しく慎重な觜宿の人とは付き合いやすく、相手の会話の上手さにも惹きつけられることが多いでしょう。気持ちも理解し合える二人です。
親の関係	斗宿 ★★★★☆ 戦い、勝利を収めることで栄誉を手にしていくこの人。あなたはこの人の世話を焼くことを名誉に感じそう。トラブルが起きても、間に入って解決していきます。	昴宿 ★★★★★ 優雅で気品の漂う昴宿に憧れを抱きそうです。バックアップにも恵まれるこの人と一緒にいることで、有意義なネットワークも広がっていくでしょう。	翼宿 ★★★★★ 身近な人に優しく接してくれるこの人。あなたも面倒見が良いタイプなので、穏やかで優しい時間が過ぎていくでしょう。何かと相談にも乗ってくれます。
友の関係	箕宿 ★★★★☆ 何でもはっきりと言葉にしていくこの人に対して、信頼を寄せることができます。相手はあなたの、常に自分を高める姿や多才なところに惹かれるでしょう。	胃宿 ★★★★☆ 好奇心旺盛で何でもやってみたいという胃宿に、あなたは魅力を感じるでしょう。相手もあなたの、やりたいことに全力を注ぐ姿に感銘を受けます。	張宿 ★★★★☆ 自己演出能力に優れている張宿と自己研磨に優れているあなた。お互いに相手を魅力的に思えそうです。互いに不足を補い、長所を伸ばしていけるでしょう。

関係	近距離	中距離	遠距離
衰の関係	**危宿** ★★★★☆ ピュアなハートを持ち、子どものように無邪気な危宿。一緒にいると楽しいのはもちろんですが、あなたの心のオアシスとなり、癒してもくれそうです。	**亢宿** ★★★☆☆ 反骨精神を持って生きる強い亢宿。あなたも芯の強さでは負けないところがあります。二人でタッグを組めば、目標を達成していくことができるでしょう。	**参宿** ★★★☆☆ 常に新しいことにチャレンジしていくこの人は、どちらかというと慎重に物事を進めていこうとするあなたにとって刺激的な相手。視野が広がります。
危の関係	**壁宿** ★★☆☆☆ サービス精神が旺盛で、人をサポートするのが得意なこの人。あなたのことも支えてくれようとしますが、慎重なあなたは、少し警戒してしまうかもしれません。	**房宿** ★★★☆☆ 人懐っこいところを見せてくる房宿に、あなたも心を許すでしょう。ただ、一緒にいてリラックスできる相手ではありますが、価値観は異なるようです。	**鬼宿** ★★☆☆☆ 独創的な発想をしていく鬼宿といると、あなたも面白いアイデアが浮かび、仕事の幅が広がるでしょう。ただし、相手を世話し過ぎると離れていってしまいます。
成の関係	**心宿** ★★★☆☆ 明るいこの人に惹かれます。最初は心地良い関係ですが、次第に、寂しがり屋な相手に戸惑うことも。世話好きなあなたですが、ほどよい距離をキープして。	**奎宿** ★★☆☆☆ 仕事熱心で誠実なこの人。良好な間柄になれそうな気がしますが、意外と難航しそうです。意見が食い違うことが多いので、その時は上手にスルーしましょう。	**柳宿** ★★☆☆☆ 熱心に物事に打ち込むこの人の情熱には目を見張るものがありますが、そんな姿が、あなたのペースを乱す要因に。徐々に違和感が募っていきそうです。
 業の関係	**畢宿** ★★★☆☆ コツコツと努力を重ね、物事を成就させていくこの人とあなたは似ているところが多く共感できます。時間がかかることも、二人なら達成できるでしょう。		
 胎の関係	**軫宿** ★★★☆☆ 粘り強いところが似ています。社交性があり、優れた資質を持ち、幅広い視野で物事を捉えていく軫宿の人に好意を抱くあなたは、つい面倒を見てしまいそう。		
 命の関係	**女宿** ★★★☆☆ 言葉にしなくてもわかり合える関係性。トラブルの仲裁に入るような性格の者同士なので、二人の間に大きな問題やトラブルが起きることは少ないでしょう。		

おしとやかで堅実に物事を運ぶ、「優等生」なイメージのあるあなた。周囲の人たちはあなたに対し、接しやすく、信頼できる人という印象を持つことが多いでしょう。面倒見が良く、トラブルの仲裁に入るようなタイプなので、頼りにされることも多い人です。

ただし、お世話好きの面が仇となり、トラブルに巻き込まれ、背負わなくても良い苦労を背負うこともあるので、自分を大切にしましょう。

破壊相性の人との付き合い方

破壊相性は、尾宿、婁宿、星宿です。
トラブルや争い事を収めようとするあなたに、無理難題を押しつけてきそうです。何でも背負おうとせず、これ以上無理だと思ったことは、深入りや後追いをせずに諦めることも肝心です。

21 虚宿（きょしゅく）の相性

関係	近距離	中距離	遠距離
安の関係	**壁宿** ★★☆☆☆ 物事を客観的に見ながら人をサポートしていく壁宿。あなたにもそうしようとしますが、あなたは不愉快に感じ、相手の好意を素直に受け取れなそうです。	**房宿** ★☆☆☆☆ 人の痛みにやや鈍感になりがちなところがある房宿。あなたの複雑な心やデリケートな部分に理解を示さず、結果的に、表面的な付き合いになってしまいそう。	**鬼宿** ★☆☆☆☆ 鬼宿の人といると安心感を覚えますが、自分の思うように生きたい鬼宿の人は自由を望みます。いずれは自由にどこかへ飛んで行ってしまうかもしれません。
壊の関係	**箕宿** ★☆☆☆☆ 何でも正直に口に出してしまうこの人といると、あなたのハートはズタズタになってしまうかも。プライドもへし折られてしまいそうです。	**胃宿** ★☆☆☆☆ 美意識が高い豊かな感性は共感できるでしょう。ただし、胃宿は基本的に人より自分のために生きる人なので、あなたに深くは関心を向けてくれなそう。	**張宿** ★☆☆☆☆ 魅力的なオーラを発しているこの人に惹かれていくのを感じますが、そこまでがピーク。相手があなたに対して歩み寄ろうとしたら、反発心が湧いてしまいそう。
栄の関係	**危宿** ★★★★★ 天真爛漫に人と向き合う危宿の人。あなたはその姿勢に不信感を抱くことなく付き合うことができます。相手もあなたのことを大切に思ってくれそうです。	**亢宿** ★★★★★ 自分の信念を貫いていく亢宿の人。この人に守ってもらえる場面も多いでしょう。相手も、あなたの力になりたいと純粋に思っているようです。	**参宿** ★★★★★ 何にでも興味を持つこの人は、複雑な心を持ち、ミステリアスな雰囲気を漂わせるあなたに興味津々。はっきり意見を言うので、頼りにもなる人です。
親の関係	**女宿** ★★★★★ 意外にも内面に陰の部分を隠し持っている女宿は、あなたのナイーブなところも理解しようとするでしょう。世話好きなので、何かと面倒も見てくれそうです。	**畢宿** ★★★★★ 無駄口を叩かず、自分の決めたことをクリアしていくこの人。人の意見に惑わされない芯の強さもあるので、あなたは深い信頼を寄せることができます。	**軫宿** ★★★★★ 軫宿の人は、あなたの気持ちを察し、とても親切に接してくれるでしょう。的確にアシストもしてくれるので、安心でき、癒される相手です。
友の関係	**斗宿** ★★★★☆ 神秘的なことを好み、信仰の深いところがある者同士、気が合うでしょう。相手の闘争心が強いところを受け入れていけば、良い関係になれそうです。	**昴宿** ★★★★☆ 気品溢れる雰囲気や、人に合わせていける交際術を持つこの人といるとリラックスできます。相手もあなたに対して好意的なので、心を許し合えるでしょう。	**翼宿** ★★★☆☆ 人に優しく接する翼宿は、特に身内など、近しい人に対してその傾向が強め。あなたにも真心を持って接します。リーダーを任せたら最適な人でもあります。

関係	近距離	中距離	遠距離
衰の関係	**室宿** ★★★★☆ 陽気ですが、好き嫌いがはっきりしているこの人。あなたに合わせてくれることは少なそうですが、裏表がないので信頼できて、良い関係を築けます。	**氐宿** ★★★☆☆ 現実的で冷静に物事を分析するこの人。あなたとは相反することが多いものの、あなたの夢や理想を現実化してくれる相手でもあります。関係を大切に。	**井宿** ★★★☆☆ 情報収集が得意で、知識も豊富なこの人。意外にも気が合い、あなたの感性にも理解を示してくれます。情報や知識をあなたのために役立ててくれそうです。
危の関係	**奎宿** ★★☆☆☆ 奎宿の人の、常識を並べ立てるようなところに直面するとモヤモヤ。相手も、神秘を好むあなたの世界観にイライラしそう。お互いにペースが乱れる相性です。	**心宿** ★★☆☆☆ 陰と陽の心を持つこの人は、あなたと似たところがあります。ただし、デリケートな面が重なってしまうと収拾がつかなくなり、あなたが疲れを感じそう。	**柳宿** ★★☆☆☆ 何かに情熱を傾けたら止まらない、そんな熱いハートを持った相手。ただしターゲットがコロコロ変わるので、あなたはついていけずに振り回されるかも。
成の関係	**尾宿** ★★☆☆☆ 融通が利かない頑固者のこの人。「感性の人」のあなたとは共通点が見つからず、面白みに欠けるでしょう。ただし、安定感があるので頼りがいはあります。	**婁宿** ★★☆☆☆ 聡明で努力家、器用で多才な婁宿。そんな相手に好感を持ちますが、相性としては残念ながらいまいち。相手を認めつつも、適度な距離をとると良さそうです。	**星宿** ★★☆☆☆ 理想としているところが異なる二人。あなたは夢の実現のために必死で働くこの人への接し方に戸惑ってしまいそう。無理して近寄らなくても良い相性です。
の関係	**觜宿** ★★★☆☆ 話し上手な觜宿の人。あなたの考えている運命論や人生哲学を話してみると、あなたの考えを受け入れたうえで、的確なアドバイスや知識を与えてくれます。		
の関係	**角宿** ★★★☆☆ いろいろな引き出しを持っているこの人。一緒にいると多くの面で刺激を受けます。特に、遊び、趣味、交友面で魅力を感じ、この人をサポートしたくなります。		
の関係	**虚宿** ★★☆☆☆ 複雑でいくつもの顔を持つ、同じ宿の相手。理解しようと奮闘しても、難しいところがあるでしょう。ただし、自分のことを探るためのヒントは多々あります。		

自分の本心を知られたくなくて、虚勢を張ってみたり、あまのじゃくになってしまったりする虚宿。そういった態度をとることにより、周囲は余計、あなたのことを理解できなくなってしまいそうです。けれど、感性が豊かでいくつもの顔を持っているところは、あなたの大事な個性でもありますから、あまり気にし過ぎないようにしましょう。心を許した相手には、オープンになってみると心が安らぎます。

破壊相性の人との付き合い方

破壊相性は、箕宿、胃宿、張宿です。
人のためより自分のために生きようとするタイプの人たちなので、期待するほどあなたを構ってはくれません。この人たちに頼るより、自分の弱さは自分で克服していく意識を持って。

22 危宿（きしゅく）の相性

関係	近距離	中距離	遠距離
安の関係	**奎宿** ★☆☆☆☆ おっとりしているのに、考え方は理論的な奎宿。人生を謳歌するようなあなたの生き方に異論を唱えてくるかも。経済意識も異なるため、基本的には合いません。	**心宿** ★★☆☆☆ 多趣味で多才で、にこやかな心宿は人気者。あなたとは通じるところもあり、気軽に接近したくなる相手ですが、問題が発生した時などに価値観の違いが露わに。	**柳宿** ★★☆☆☆ 好きなことに熱狂する者同士、趣味嗜好が合えば大いに盛り上がるはずです。ただし、熱くなる対象が異なってしまうと、あっさり関係が消滅してしまいそう。
壊の関係	**斗宿** ★☆☆☆☆ 社交的で正直者のあなたを受け入れてくれます。ただし、あなたが自由に振る舞い過ぎると、相手の堪忍袋の緒が切れてしまいそうなので注意が必要です。	**昴宿** ★☆☆☆☆ 勉強好きでさまざまな能力が高く、優雅な雰囲気も漂わせる相手。そんなこの人に対して、自分とは違う世界の人だと認識した瞬間に、劣等感を感じそう。	**翼宿** ★☆☆☆☆ 翼を広げてグローバルな活躍をしたいと考えている翼宿の人。自由に飛び回りたいと願うあなたと意気投合しますが、根本的な思考は合わなそうです。
栄の関係	**室宿** ★★★★☆ 交流を通じて、あなたは室宿の人に遊び心をもたらしたり、視野を広げてあげたりすることができそう。有意義なネットワークが広がっていくでしょう。	**氐宿** ★★★★★ 客観的な思考を持ち、冷静に人の良いところを見抜いていける氐宿の人。あなたの遊び心を上手く引き出しながら、仕事の躍進へとつなげていってくれます。	**井宿** ★★★★★ この人といることで、自分の良さをのびのびと表現することができます。この人から学んだ知識を活かしていけば、あなたは成長できそうです。
親の関係	**虚宿** ★★★★★ 感性で生きている者同士なので、あらゆることで息が合います。深い部分まで話をすることができるので、打ち解け合い、癒し合うこともできる仲となります。	**觜宿** ★★★★★ 相手が納得できるような話し方をしてくれる觜宿の人。基本的には自由にしていたいあなたですが、この人の言うことには従順になれるでしょう。	**角宿** ★★★★★ 社交的で多趣味、遊び上手なこの人とは似たところが多く、とても気が合う相手です。公私ともに仲良くなれて、人脈も可能性も、何倍にも広がるでしょう。
友の関係	**女宿** ★★★★★ 面倒見が良い女宿は、あなたと一緒にいることで、喜びや楽しみを感じられそう。その感謝の意味も含めて、何かとあなたのお世話をしてくれそうです。	**畢宿** ★★★★☆ 地味ながら確実に自分の道を築いていくこの人。感情に走り、状況に流されやすいあなたに、粘り強く生きることの大切さを教えてくれるでしょう。	**軫宿** ★★★★☆ 二人とも交際上手で、相手のことを心地良い気持ちにしてあげることができる人たち。共通点も多いので楽しく、いつまでも一緒にいたいと思うでしょう。

関係	近距離	中距離	遠距離
衰の関係	**壁宿** ★★★★☆ 自由過ぎて、時に破天荒な行動をとってしまうあなた。壁宿の人はそんなあなたの感覚に寄り添い、アドバイスもしてくれます。二人は意気投合するでしょう。	**房宿** ★★★★☆ 挑戦することが少ない房宿の人にとって、「人生はゲーム」と考えるようなあなたは新鮮な存在となりそう。相手のことをワクワクさせてあげられそうです。	**鬼宿** ★★★☆☆ 奇想天外な発想が持ち味の、自由を満喫する鬼宿。あなたと同じようにフリーダムな世界に住んでいる人なので、その個性を活かし合えそうです。
危の関係	**婁宿** ★★☆☆☆ 金銭感覚に乏しいあなたと、金銭管理が得意な婁宿。価値観が合わず、特にお金のことで揉めてしまうことが多くなり、息苦しい思いをしそうです。	**尾宿** ★★☆☆☆ 一度決めたことはやり抜いていくこの人と、あらゆることに挑戦するあなた。タイプは違いますが、あなたといると、相手は柔軟になれそうです。	**星宿** ★★☆☆☆ 夢に向かって一生懸命に働いていく星宿の人。楽しみのために生きているあなたですが、この人の頑張っている姿を見ることで、挑戦意欲に火がつきそう。
成の関係	**箕宿** ★★☆☆☆ 陽気で天真爛漫なあなたと箕宿の人は似た者同士なので、フレンドリーな関係性になれそう。あなたがしっかりしていれば、良い関係性をキープできます。	**胃宿** ★★☆☆☆ 自立心があり、ストイックな世界で生きるこの人と、ゆるい世界で生きるあなたとは根本的に合いません。一緒にいたいなら、気合を入れ直す必要があります。	**張宿** ★★☆☆☆ 女優のように自分を演じられるこの人は、目的のためには手段を選ばないところもあります。自由奔放なあなたとは合わず、あなたは萎縮してしまうかも。
業の関係	**参宿** ★★★☆☆ 新しいものが好きで改革精神があるこの人と、遊び感覚に優れているあなた。二人で組むことで面白いことが起こりそうな、ワクワクできる関係性です。		
胎の関係	**亢宿** ★★☆☆☆ ピュアなハートを持つあなたと自分の正義を貫くこの人。合わない感じもしますが、あなたがこの人をサポートすれば、楽しみながら前進していけます。		
命の関係	**危宿** ★★☆☆☆ 社交性が強調されていく相性。一緒にいれば、交友関係は何倍にも広がっていくでしょう。ただし、遊びがエンドレスになり、怠け心が顔を出してしまうかも。		

人生を謳歌し、何かに縛られることなく自由に生きていきたいと思っている危宿。社交性は抜群で、「一緒にいると楽しい」と相手に思わせるような性質の持ち主なので、周囲からの人気は高いでしょう。交流の幅も広いため、仲の良い人が移り変わっていったりもするようです。それでもピュアな人柄により、あまり憎まれることはありません。相手への感謝の気持ちを持てば、素敵な関係性が保たれていきます。

破壊相性の人との付き合い方

破壊相性は、斗宿、昴宿、翼宿です。
楽しいことを求めて自由に行動するあなたに対し、この人たちは苦言を呈してくるかも。ムッとしても、ありがたく受け取って。無限に遊んでしまうあなたのストッパー役になるでしょう。

23 室宿(しつしゅく)の相性

関係	近距離	中距離	遠距離
安の関係	**婁宿** ★☆☆☆☆ No.2として手腕を発揮していく婁宿。目の前のことに夢中になってしまうあなたといると、この人の能力が発揮できなくなり、トラブルが発生しそうです。	**尾宿** ★★☆☆☆ コツコツと自分のやりたいことを続けていく尾宿。あなたとは、勢いもスピード感も違います。あなたが優位に立とうとすると、関係は破綻してしまうかも。	**星宿** ★☆☆☆☆ 強いバイタリティーで、理想を現実にしていくあなたと星宿。似ているところもありますが、それゆえに衝突することも多くなります。譲り合う気持ちを持って。
壊の関係	**女宿** ★☆☆☆☆ 感情が激しく、好き嫌いがはっきりしているあなたのフォローをしてくれるのがこの人。ただし次第に、その行動を余計なお節介だと感じてしまいそうです。	**畢宿** ★☆☆☆☆ 時間がかかってもやり遂げていくこの人と、すぐに結果を求めたくなるあなた。相手からはあなたが感情のまま行動しているように見え、突き放されてしまうかも。	**軫宿** ★☆☆☆☆ 相手を機嫌良くさせる、褒め上手な軫宿の人。あなたのことも褒めてくれますが、何となく皮肉のように感じてしまうかも。最終的に疎遠になっていきそうです。
栄の関係	**壁宿** ★★★★☆ あなたがどんなに暴走してもフォローをしてくれる、ありがたい存在。陰になり日向になり状況に応じたアシストをしてくれる、大事にしたい相手です。	**房宿** ★★★★★ まさにベストパートナー。この人自身、そしてこの人を取り巻く人や財が、あなたの人生も豊かなものにしてくれるでしょう。高い目標に向かって共に歩めます。	**鬼宿** ★★★★★ ユニークな発想の持ち主である鬼宿といると、心に余裕が出ます。前ばかり見ず、時には横を見られるようになるなど、新たな視点を持てるようになります。
親の関係	**危宿** ★★★★★ 子どものように純粋なこの人の社交性や遊び心が、あなたにとっては心地良く、癒されます。また、目的達成のために必要な人を紹介してくれたりもします。	**参宿** ★★★★★ 新たな道を切り拓いていく時に、一番必要だと思える相手がこの人です。挑戦意識が高い参宿の人とタッグを組めば、立ちはだかる壁も突破していけます。	**亢宿** ★★★★★ 信じる道を怯むことなく前進していくこの人は、あなたが自分との共通点を見出せる相手。一緒なら向かうところ敵なし！そんな気持ちになれそう。
友の関係	**虚宿** ★★★★☆ いくつもの顔を持つ虚宿は、あなたの想像の範疇を超えてくる相手。しかし、その型にはまらないところすら共感でき、いつしか信頼し合えるようになれます。	**觜宿** ★★★★☆ 慎重で思慮深く行動していき、説得力のある言葉を使うこの人。猪突猛進な割に、準備は綿密に行うあなたに、的確なアドバイスをしてくれるでしょう。	**角宿** ★★★★☆ 新しいもの好きで、スリルも味わいたい角宿。この人と一緒にいると楽しく、刺激的な毎日を送れそう。相手はあなたの激しい生き方にも付き合ってくれます。

関係	近距離	中距離	遠距離
衰の関係	**奎宿** ★★★★☆ おっとりしていて優しい奎宿は、あなたの長所も短所も受け入れてくれる相手です。野心家のあなたが秘める、緻密なところも受容してくれるでしょう。	**心宿** ★★★☆☆ 相手を魅了する人気者の心宿。あなたもこの人に好意を抱く一人になるでしょう。思いのほか息が合う二人なので、この人の交際術を学んでみると◎。	**柳宿** ★★★★☆ ミーハーなところがあり、熱狂的な柳宿の人。あなたと趣味や目標などが合えば、共に熱い気持ちを持って進んでいくことができるでしょう。
危の関係	**胃宿** ★☆☆☆☆ エネルギッシュで野心家なところは、あなたと同じ。ただ、同じ目的を持ってしまうと、衝突必至の相手です。違う目的を持ったほうが助け合えるでしょう。	**箕宿** ★★☆☆☆ 純粋に自分の道を突き進んでいくところはあなたと同じ。共感できる相手ですが、ライバルになる可能性も高いので、上手く立ち回りましょう。	**張宿** ★★☆☆☆ 人を魅了するような行動やトークが得意で、自分を演出する力がある張宿の人。同じく主役気質のあなたは、そんなこの人を疎ましく思ってしまいそう。
成の関係	**斗宿** ★★☆☆☆ 熱い野心を秘め、一番になりたいと思っている者同士。切磋琢磨しているうちは良いのですが、ライバルになると、手強い相手となりそうです。	**昴宿** ★★☆☆☆ 人に合わせていける交際上手なところがあるものの、尋常でなくプライドの高い昴宿。あなたが感情的にならず、相手を立てられれば関係性は良好でしょう。	**翼宿** ★★☆☆☆ 自尊心が高くリーダー気質のこの人ですが、あなたとは穏やかな関係を築こうとします。あなたがそれを受け入れれば、良い関係をキープできそう。
 の関係	**井宿** ★★★☆☆ 理知的で、いつでも冷静に対処していくこの人は、あなたが前進するうえで必要不可欠な相手。的確なアドバイスをしてくれ、時に間違いを修正してくれます。		
 の関係	**氐宿** ★★★☆☆ パイオニア精神が旺盛で、新たな分野を開拓していく氐宿。あなたはこの人のリクエストに応えたり、一緒に力を合わせたくなったりするでしょう。		
 の関係	**室宿** ★★☆☆☆ 突っ走るだけでなく、綿密な準備もしていく二人。そんなお互いの性質を理解し合えますが、相手の手の内がわかるため、時にはやり辛さを感じそう。		

エネルギーに満ち溢れるあなたは、決めた目標に向かって突進するだけでなく、人間関係においても、時にわがままに見えるほどパワフルに行動し、周囲と関わっていきます。そういった態度でいると、時にトラブルが発生したり、相手に疎ましく思われたりすることも……。

猪突猛進なあなたですが、相手はどう感じているかを察する習慣をつけましょう。余裕を持つことで上手くいく関係性もあるのです。

破壊相性の人との付き合い方

破壊相性は、女宿、畢宿、軫宿です。
地道に努力する宿が多く、勢いで欲しいものを手にするあなたに共感してくれなそう。欲しいものを得る方法は人それぞれ。まずは相手のポリシーを認めれば、相手も歩み寄ってきます。

24 壁宿(へきしゅく)の相性

関係	近距離	中距離	遠距離
安の関係	**胃宿** ★☆☆☆☆ 人を支えていくことが得意なあなたですが、この人は自立心旺盛なので、あなたのことを必要としなそう。利用されることはありそうなので、警戒心を持って。	**箕宿** ★☆☆☆☆ 目立つことが好きで、自我も強いこの人。あなたにはそのつもりがなくても、知らぬ間に、相手があなたにアシストをさせていることが多くなりそうです。	**張宿** ★★☆☆☆ 主役を演じる張宿の人。助演を演じるあなた。そんな役割分担は整っているものの、なぜか、相手に敬遠されるようなことがあります。無理に近寄らなくても◎。
壊の関係	**虚宿** ★☆☆☆☆ 夢やロマンを追い続けている虚宿は、気ままなところがあります。あなたが近寄ろうとすると、プライドの高さやわがままぶりを発揮して、振り回されそう。	**觜宿** ★☆☆☆☆ あなたは、この人と会話したり、生き様を見たりしているうち、敵わないと思ってしまいそうです。コンプレックスを感じるなら、無理に接近しないでおいて。	**角宿** ★☆☆☆☆ 楽しいことを満喫する二人。意気投合して、一緒に旅行や遊びに精を出すでしょう。ただ、仲良くはできますが、相手のトラブルに巻き込まれることも。
栄の関係	**奎宿** ★★★★☆ 依存心が強い奎宿。あなたがサポートしようと思わなくても、自然にあなたに寄りかかってきそうです。素直に頼られると、嬉しい気持ちになれそうです。	**心宿** ★★★★★ 陽気なこの人といると心が安らぎ、ストレスも飛んでいきそう。あなたはこの人の心の闇も理解して、暗闇から救い出そうとするでしょう。	**柳宿** ★★★★★ 自然と人を引き寄せ、バックアップされる運の持ち主である柳宿。あなたも知らないうちにサポートさせられそうですが、それを心地良いと感じるでしょう。
親の関係	**室宿** ★★★★☆ 自分のために突き進んでいく室宿と、人のために役立とうとするあなた。異なる価値観の相手ですが、意外にも相手はあなたのことを気にかけてくれます。	**井宿** ★★★★★ 冷静に観察・分析していくあなたと現実的な思考のこの人とは、気が合うだけでなく、利害関係も一致します。話をすると、気持ちが落ち着くでしょう。	**氐宿** ★★★★★ 現実を見据えてパワフルに行動するこの人。あなたも起きている状況を冷静に観察・分析していく人なので、共に助け合いながら壁も乗り越えていけるでしょう。
友の関係	**危宿** ★★★★☆ 無邪気で天真爛漫な危宿。人生を楽しむ才能抜群のあなたとはとても馬が合い、最高の遊び仲間になりそうです。一緒にいるだけでワクワクするでしょう。	**参宿** ★★★☆☆ 好奇心旺盛な参宿の人といると、良い刺激を受けることができます。新たなことへのチャレンジをやめないこの人にとっても、あなたは必要不可欠な人です。	**亢宿** ★★★★☆ 常に問題意識を持って生きていて、問題が発生したら、正義感を燃やして取り組む亢宿の人。あなたが大いに魅力を感じ、頼りにできる存在と言えます。

関係	近距離	中距離	遠距離
の関係	**婁宿** ★★★★☆ 冷静に観察や分析をしていくあなた。綿密な分析力を持っているこの人とは、有益なアドバイスをし合える良い関係に。長い付き合いを見据えて相手を大切に。	**尾宿** ★★★★☆ 二人の相性は良好。あなたは尾宿の人の、時間をかけてでもやりたいことを貫いていく健気な姿に心打たれ、献身的に尽くしたくなりそうです。	**星宿** ★★★☆☆ 通じ合える仲。バイタリティーがあり、夢の実現のため懸命に働いていく星宿の人の個性に触れ、楽しみながら協力していくことができるでしょう。
の関係	**昴宿** ★★☆☆☆ 女王様、王様気質である昴宿の人に、あなたは振り回されてしまう可能性があります。わがままに付き合う気がないのなら、そっと距離を置きましょう。	**斗宿** ★★☆☆☆ 生まれながらにサポート運に恵まれる斗宿。周囲には必ず援助してくれる人がいるでしょう。あなたもこの人のことを熱心にサポートすることになりそう。	**翼宿** ★★☆☆☆ 海外に縁があり、海外旅行、留学、海外赴任などを経験することも多い翼宿。外国へ旅行するなど、海外関連のことに一緒に臨むと実りがありそうです。
の関係	**女宿** ★★★☆☆ 常に前向きに自分磨きをし、知識を身につけていく女宿から、良い影響を受けられるでしょう。何か起きた時は、相談相手にもなってくれる存在です。	**畢宿** ★★☆☆☆ 精神的に強く、一度決めたことをやり遂げていくこの人。あなたを頼ることはあまりなさそうですが、逆に、あなたが相手を頼ってみると良いかもしれません。	**軫宿** ★★☆☆☆ あなたに気配りをしてくれます。ただ二人とも、秘書的な役割をしたほうが良いタイプなので、遠慮してお互いに譲り合ってしまうようなことが起きそうです。
の関係	**鬼宿** ★★★☆☆ 自由な発想をしていくこの人といると、まるで異世界に来たかのような不思議な楽しさを味わえることでしょう。また、あなたのサポートもしてくれます。		
の関係	 **房宿** ★★☆☆☆ 人懐っこい雰囲気がある房宿のことを、ついつい世話したくなってしまいそう。適度なら良いのですが、やり過ぎて相手が図に乗らないように要注意。		
の関係	**壁宿** ★★★☆☆ 陽気で優しく、相手をサポートすることが好きな者同士、素晴らしい関係を築けそう。一緒に楽しめることも多く、居心地も良い、最良の相手です。		

頑丈な壁のように周囲の人たちを守り、支えていくあなたは、人の役に立つことを美徳と考えています。多くの人から頼りにされ、相談を受けることも多いはずです。みな、あなたに安心して、深い話も持ちかけてくるでしょう。

ただ、あなた自身は、あまり自分のプライベートな部分は話しません。そんな態度が、時に相手に寂しさを与えてしまうかも。パートナーや親友など心許せる人には、自分をさらけ出して。

破壊相性の人との付き合い方

破壊相性は、虚宿、觜宿、角宿です。
彼らは自分寄りの考えをする人たちなので、人に尽くすあなたのことが理解できないかも。何を言われても気にせず、人の支えになりましょう。すると、真の幸福感が得られます。

25 奎宿(けいしゅく)の相性

関係	近距離	中距離	遠距離
安の関係	**昴宿** ★☆☆☆☆ セレブリティーな感覚のこの人は、高価なものを購入したり、高級店に行ったりすることを好みます。異なる経済感覚を持つあなたは、付き合いきれないことも。	**斗宿** ★☆☆☆☆ 負けず嫌いな斗宿は、どんな戦いにも勝利していこうとするでしょう。比較的おっとりしているあなたは、この人のそんなスタンスを好きになれないようです。	**翼宿** ★★☆☆☆ プライドをかけてリーダーシップを取ろうとするこの人に、憧れの気持ちを抱きます。しかしながら本質的な価値観が異なり、次第に距離は空いてしまいそう。
壊の関係	**危宿** ★☆☆☆☆ 一緒にいて楽しい相手ですが、徐々にこの人の金銭感覚の疎さに呆れ果ててしまうかも。根本的に価値観が違うので、どうにも合わないと感じそうです。	**参宿** ★☆☆☆☆ 人生はチャレンジの連続と思っている参宿。慎ましさの裏で、どんな手段を使っても目標を達成させたいあなた。補い合える二人ですが、噛み合わない点も。	**亢宿** ★☆☆☆☆ 信念を曲げないこの人。ふんわりした空気感のあなたは、この人に圧倒されてしまいそうです。一緒にいると圧を感じてしまうので、距離を置いたほうが無難。
栄の関係	**婁宿** ★★★★★ リーダーを支えるNo.2のポジションで手腕を発揮するこの人。人と支え合いながら生きていくあなた。どこか似ているところもあり、気が合うでしょう。	**尾宿** ★★★★★ 一度決めたことは、頑ななまでにやり遂げるこの人。意外にも頑固な性格のあなたなので、二人は似ています。手を組めば大きな山も越えられるでしょう。	**星宿** ★★★★★ 強い信念を持つ星宿。お互いに信頼関係を結ぶことができる相手です。基本的に人を頼りたいあなたですが、この人に対しては、支えてあげたいと感じそうです。
親の関係	**壁宿** ★★★★★ あなたのことを大切に思い、何かと気遣ってアシストしてくれるこの人。楽しみや幸福感も与えてくれるので、ずっと一緒にいたいと思えそうです。	**鬼宿** ★★★★★ 自由でユニークなアイデアが持ち味の鬼宿。純粋なハートであなたに接してくるため、あなたは安心して付き合えて、会うたびに癒されるでしょう。	**房宿** ★★★★☆ 共通点が多い相手なので安心できます。違いを感じるところは、お互いにカバーし合えるので問題ありません。何をするにしても協力し合える仲でしょう。
友の関係	**室宿** ★★★★☆ おっとりしたあなたと、激しい感情を秘めているこの人とで性格の違いはあるものの、魅力を感じる相手。一緒にいることで勉強になることは多いはず。	**井宿** ★★★★☆ 探求心が旺盛で、一つのことを深く掘っていく井宿。冷静なこの人に相談事を持ちかければ的確に答えてくれます。学ぶべきことが多い相手と言えます。	**氐宿** ★★★☆☆ 物事を冷静に分析していく氐宿。体も心もタフなので、安心感もあるでしょう。気は合いますが、相手に寄り掛かり過ぎないように自制心を持って。

関係	近距離	中距離	遠距離
衰の関係	**胃宿** ★★★☆☆ 自立心旺盛な胃宿は、あなたにとって見習うべき相手。一緒にいることであなたの自立心が養われ、反対に依存心は和らいでいくでしょう。	**箕宿** ★★★★☆ 独立志向が強くて、度胸があり、人に媚びることなく自分の道を探していく箕宿。この凛とした姿にあなたは憧れを抱き、頼りにしたくなるでしょう。	**張宿** ★★★★☆ ただそこにいるだけなのに目立ち、存在感のある張宿の人。強みである独自の感性やトーク力で、あなたの魅力を引き出してくれそうです。
危の関係	**畢宿** ★★☆☆☆ 多くを語らず、地道に努力し続けるこの人。気力と体力で難関を突破していくでしょう。性格の違いにより相性はいまいちですが、頼り甲斐のある相手です。	**女宿** ★★☆☆☆ 面倒見が良い女宿ですが、ストイックな面もあるので、あなたが頼ろうとすると、自力で頑張るよう叱咤激励しそう。それによってあなたのやる気はアップします。	**軫宿** ★★☆☆☆ 人付き合いは上手な軫宿ですが、相手の交際術が、あなたにはしっくりこない可能性も。また、金銭感覚のズレが、亀裂を生む原因になりそうです。
成の関係	**虚宿** ★★☆☆☆ 感情の動きが読めず、人に理解してもらうことが難しいこの人。あなたも理解しようと努力はするものの、苦戦しそう。無理に距離を詰めなくてOK。	**觜宿** ★★★☆☆ 知識豊富で理論派な觜宿の人の、鮮やかなトークに惹きつけられそう。衝突することもない相性です。ただ、相手にコントロールされる可能性はあります。	**角宿** ★★☆☆☆ 社交的なこの人といると楽しめるでしょう。一緒に遊びに出かけるには良い相手です。ごく身近な関係になると、金銭感覚の違いによって喧嘩が勃発しそう。
業の関係	**柳宿** ★★☆☆☆ 熱狂的な性格ゆえ、代わりが見つかると、それまで追いかけてきたものに冷めてしまう柳宿の人。ただ、あなたへの感情は変わらなそうです。		
胎の関係	**心宿** ★★★☆☆ 時に人のハートを鷲づかみにしてしまうほどの、心宿の人の高いコミュニケーション力に感動してしまいそう。何かしら力になりたいと感じるでしょう。		
命の関係	**奎宿** ★★☆☆☆ おっとりとしていて誠実、思慮深い二人は似た者同士。ただ、一緒にいることで規律を意識せざるを得なくなり、窮屈に感じてしまいそうです。		

常識的で、相手に誠実に接する奎宿の人。周囲の人たちから信用されやすく、安心して付き合える相手だと思われるでしょう。

ラッキーパーソンは異性。交流の幅を広げたり、仕事で活躍したり、遊びに行ったりする時にも異性が鍵を握ります。とはいえ、あまり異性を意識し過ぎるのではなく、自然体でいるのがベター。気軽に行動するなかで、思わぬチャンスが舞い込みそうです。

破壊相性の人との付き合い方

破壊相性は、危宿、参宿、亢宿です。
異性と交流を深めるあなたに対して、良くない印象を持ってくるかも。ただ、それに対しての反論は控えたほうが◎。逆に彼らを立てるほどの余裕を持てば、あなたの徳は高まります。

26 婁宿の相性

関係	近距離	中距離	遠距離
安の関係	畢宿 ★☆☆☆☆ どっしりと構えている畢宿は、不器用ながら着実に歩みを進めていきます。あなたはその点を認めるものの、テンポやリズムが異なり、歩調が合いません。	女宿 ★★☆☆☆ 努力家で多芸なところや面倒見の良いところもあなたと似ています。ただ、一見、相性が良さそうですが、余計なお節介をされて離れたくなってしまいそう。	軫宿 ★★☆☆☆ 細やかなことによく気がつくこの人。交際上手なので、相手を気遣い、ほどよい距離感をとることも上手です。ただあなたとは価値観が違い、波長が合いません。
壊の関係	室宿 ★☆☆☆☆ 室宿の人の「何よりも自分」というところが鼻につくと、拒絶したくなってしまいそう。衝突する前に、背中を向けてしまったほうが賢明です。	井宿 ★☆☆☆☆ 知的な考えを持ち、理路整然とトークを展開する井宿の人。誰かを論破することを楽しむので、相手にすると、あなたが傷を負ってしまうかもしれません。	氐宿 ★☆☆☆☆ 冷静に物事を見て分析する氐宿。あなたも人を分析するのは得意ですが、氐宿は全体を見て、あなたは細部を見るタイプ。視点が異なる二人と言えるでしょう。
栄の関係	胃宿 ★★★★★ 試練を乗り越えトップに立っていくような胃宿。あなたはNo.2のポジションにいることで能力を発揮できるタイプなので、この人の右腕になれそうです。	箕宿 ★★★★★ あなたが抱いている願いを現実化してくれる人。さっぱりとしていて苦労も乗り越えていく人なので、付き合いやすく、この人といると強くなれるでしょう。	張宿 ★★★★★ 華やかなオーラを身にまとった張宿。この人が話し始めたら、自然と引き込まれていくでしょう。お互いに弱みを補い合い、癒し合うこともできます。
親の関係	奎宿 ★★★★★ 常識的で誠実に人と接していく相手。トップをサポートしていくタイプのあなたとはお互いにしっくりきます。深い信頼関係を結ぶことができるでしょう。	柳宿 ★★★★★ コーディネート力と鋭い金銭感覚を持つあなたと、世の中の動きを察知し、トレンドに敏感な柳宿。パートナーを組むことで、新たな流行を生み出せそう。	心宿 ★★★★★ 相手の心に入り込むのが得意なこの人といると、自分のことを理解してくれていると感じ、安心感と幸福感に包まれます。気を許せる関係になれるでしょう。
友の関係	壁宿 ★★★★★ 相手の優れたところを見抜き、支えていく壁宿と、物事を冷静に見て人のアシストをしていくあなたは似ています。相手はあなたの視野を広げてくれそう。	鬼宿 ★★★★☆ 個性豊かなアイデアと発想が自慢の鬼宿の人といると、新鮮な感覚を得られます。この人に細やかなアドバイスをすることが楽しくなっていきそう。	昴宿 ★★★★☆ 清潔感が漂い、ソフトな印象のこの人。常識的なので付き合いやすいでしょう。不思議と素直になれて、一緒にいるとリラックスできる相手です。

関係	近距離	中距離	遠距離
衰の関係	**昴宿** ★★★★☆ 勉強好きで知的な会話をする昴宿。少しプライドの高いところはありますが、交際上手で、聡明なあなたと合うでしょう。必要なことを教えてくれそうです。	**斗宿** ★★★☆☆ ムキになって勝負を仕掛けてくることもある斗宿ですが、そんな面が、あなたの目には可愛く映ります。この人の素質を見抜き、伸ばしたくなりそう。	**翼宿** ★★★★☆ あなたは翼宿の素晴らしいところにいろいろと気がつき、尊重してあげることができます。お互いを理解できる良好な関係を築けるでしょう。
危の関係	**觜宿** ★★☆☆☆ 二人とも慎重に対応していくタイプ。觜宿の人のトーク力には目を見張るものがありますが、意外にも心の奥は見せないところがあり、距離は縮まらなそう。	**虚宿** ★★☆☆☆ 感受性が強く、気分屋で、人知れず悩みを抱えていたりするこの人。人のことを見抜く能力があるあなたでも、理解するのは困難と感じてしまいそうです。	**角宿** ★★★☆☆ 器用で多芸な二人。一緒にいると視野が広がりますが、あなたは角宿の人のノリの軽さについていけないかも。相手に合わせず自分のペースを守って。
成の関係	**危宿** ★★★☆☆ 純粋で人気者の危宿の人に、あなたも好感を抱くでしょう。ただし自由奔放な相手なので、ずっと一緒にいるのは難しそう。あなたが疲れてしまいそうです。	**参宿** ★★★☆☆ 新しいことに興味津々で、どこにでも顔を出す好奇心旺盛なこの人に、あなたは興味を抱くでしょう。ただし、何でも言葉にする相手に、時に傷つくことも。	**亢宿** ★★☆☆☆ 正しいと思ったことは、あなたがどんなにアドバイスをしたところで曲げない相手。時にはあなたが譲歩し、折り合いをつけていくことが肝心になりそうです。
 業の関係	**星宿** ★★☆☆☆ 夢や理想の実現のため、懸命に頑張る星宿。この人と夢を共有し、協力することができそうです。相手も、あなたの努力家なところを評価します。		
 胎の関係	**尾宿** ★★★☆☆ 粘り強く自分の信じた道を歩んでいくこの人と、努力することができるあなたとは共通点も多いでしょう。あなたは献身的にこの人をサポートしたくなります。		
 命の関係	**婁宿** ★★☆☆☆ 相手の隠れた能力に気づき合える二人。見抜かれているような気がしても、怖がる必要はありません。大らかな気持ちで向き合えば、共に成長できます。		

器用で多芸な婁宿の人は、同じ趣味・嗜好を持つ人たちとは意気投合し、楽しい時間を過ごすことができるでしょう。あなたの最大の特長は、人に関心を向けられること。相手のことをもっと知りたいと思い、隠れた部分まで見ようとします。面倒見が良く、人のサポートも得意でしょう。そういった優しさによって周囲からの信頼を得ます。人をサポートする力があるので、No.2のポジションで生き生きとするでしょう。

破壊相性の人との付き合い方

破壊相性は、室宿、井宿、氐宿です。
人のコーディネートやサポートをするのが得意なあなたに対して、いろいろと不満を言ったり、口を出してきたりしそうです。自分を信じて、相手と真摯に接してみましょう。

27 胃宿(いしゅく)の相性

関係	近距離	中距離	遠距離
安の関係	**觜宿** ★☆☆☆☆ 理論派で、説得力がある話し方をする觜宿の人。慎重なタイプなのであなたと衝突することはありませんが、相手はどこかストレスを感じている可能性も。	**虚宿** ★★☆☆☆ 感受性が強く、少しのことで悩んだり、落ち込んだりしてしまう虚宿。一緒にいる時にこの人のネガティブな面に触れると、距離をとりたくなってしまうかも。	**角宿** ★☆☆☆☆ フットワークが軽い人で、流行にも敏感。好奇心旺盛なあなたなので、行動力のあるこの人に関心が湧きますが、遊び好きなところは好ましく思えなそう。
壊の関係	**壁宿** ★☆☆☆☆ 慎重で堅実、人にも優しいこの人ですが、遊び好きだったりと、意外な一面も持っています。注意深く相手を観察するようにしましょう。	**鬼宿** ★☆☆☆☆ 自分の好きなように行動していくフリーダムな感覚を持っているこの人。好奇心が旺盛なところは同じですが、興味の対象は異なる場合が多いようです。	**房宿** ★☆☆☆☆ エリート意識が強かったり、人の痛みに疎かったりするこの人。バイタリティーのあるあなたですが、この人との関係の中では、自分を見失ってしまうかも。
栄の関係	**昴宿** ★★★★☆ 有能でプライドが高いものの、空気を読み、人に合わせていける交際上手な昴宿。あなたとは、お互いにないものを補い合える仲になれそうです。	**斗宿** ★★★★★ 闘争心が強い斗宿とは、一見ライバル関係になりそうですが、意外と同士になれる相性。同じ志を持つことで、切磋琢磨し、高め合っていけそうです。	**翼宿** ★★★★★ エネルギッシュに翼を広げて飛んでいくこの人。あなたもエネルギー溢れるタイプなので、二人で飛び立ち、目的地に辿り着くことができそうです。
親の関係	**婁宿** ★★★★★ 試練を乗り越えて栄誉を手にしていくあなた。人のサポートをすることで実力を発揮していくこの人。役割分担がピッタリとはまる好相性です。	**星宿** ★★★★★ 志や目的意識が高い者同士なので、力を合わせれば信じられないくらいのパワーが生まれそう。お互いの実力以上の力を発揮し、成果を上げられるでしょう。	**尾宿** ★★★★★ 「自分は自分、人は人」というスタンスの尾宿の人。あなたも自立心や独立心が旺盛なので、お互いに価値観が合い、好感を持てるでしょう。
友の関係	**奎宿** ★★★★☆ 考え方が理路整然としている奎宿の人。一見、違うタイプの二人に感じますが、相手があなたを立ててくれることも多く、案外しっくりきます。	**柳宿** ★★★★☆ 野心を抱いた瞬間にパワーが増すあなたと、ターゲットを見つけるとパワーアップする柳宿。目的が一致すれば、底知れぬ力を発揮する二人です。	**心宿** ★★★☆☆ 明るく快活で、年齢に関係なく好感を持たれる人気者の心宿。あなたも好意を抱くでしょう。相手も、前向きにチャレンジしていくあなたを応援してくれます。

関係	近距離	中距離	遠距離
衰の関係	**畢宿** ★★★★☆ 着実に目標を達成させていくこの人。目的はあなたと異なっても、何かと相談するのには良い相手です。悩みにも真剣に答えてくれるでしょう。	**女宿** ★★★★☆ 自分の道を切り拓いていくあなたは、その道中でトラブルに見舞われることもあるでしょう。そんな時に、女宿の人は大いに頼りになります。	**軫宿** ★★★☆☆ 人の気持ちを察し、細かなところに目が届く軫宿。褒め上手でもあるので、この人があなたに寄り添ってくれることで、やる気になれるでしょう。
危の関係	**参宿** ★★★☆☆ チャレンジ精神旺盛なのが、二人の共通点になります。パートナーとなることで、次から次へと果敢に新しいことに挑んでいけそうです。	**危宿** ★★☆☆☆ 危宿にはミーハーなところがあり、興味の対象がコロコロと変わっていきそうです。そういったところがあなたと合わず、すれ違ってしまうかも。	**亢宿** ★★☆☆☆ 反骨精神が強く、間違ったことを正そうとするパワーには計り知れないものがある亢宿。理屈っぽいところもありますが、あなたとは気が合うところも。
成の関係	**室宿** ★★★☆☆ あなたと同じようにエネルギッシュに目的に向かっていく人。衝突しやすいので味方にするのがベター。そうすれば、頼もしい存在になるはずです。	**井宿** ★★☆☆☆ 知性豊かで、理路整然とした考えの持ち主である井宿。戦うのではなく、手を組むほうが賢明です。この人の知恵や知識を頼りにしてみると良いでしょう。	**氐宿** ★★☆☆☆ 精神力が強い人で、パイオニア精神も旺盛です。あなたが自分の道を切り拓いていく際に助けてくれるかもしれません。素直に頼ってみましょう。
業の関係	**張宿** ★★★☆☆ プロデュース力に優れているこの人。自己演出が得意ですが、不思議とあなたのこともプロデュースしてくれそう。それにより、あなたの世界が広がります。		
胎の関係	**箕宿**  ★★☆☆☆ あなたが歩み寄ることで、素敵なパートナーシップを築いていけそうです。フレンドリーな人なので、仲良くなるのに時間は要さないでしょう。		
 命の関係	**胃宿** ★★☆☆☆ 同じスタンスの相手なので、お互いのことを理解しやすいでしょう。ただ、心の交流にはちょっと苦戦するかもしれません。独立をモットーにすると◎。		

自立心旺盛で独立独歩のあなたなので、人の面倒を見たり、人を頼ったりすることは、あまりないようです。そのため、いつの間にか孤独になってしまっていることも。ただし、リーダーになれる資質の持ち主なので、協力体制を作ってみたり、人を導いたりすることで、孤独を回避することができるでしょう。時には自分のためではなく、誰かのために動いてみると、見える景色が変わってくるはずです。

破壊相性の人との付き合い方

破壊相性は、壁宿、鬼宿、房宿です。
自立心があるあなたに対して、「自分のことばかり考えている」などとそんな不満を言ってきそうです。そう言われたら、無理のない範囲で優しくしたり、関心を寄せたりしてみましょう。

栄親の関係は最高の運命の相手!?

宿曜占星術において「栄親」の関係にある二人は、最高の相性となり、お互いの良い部分を引き出し合うことができます。仕事、結婚、恋愛、どんなシーンにおいてもプラスの作用が働き、最高のパートナーとなるでしょう。

例えば、スタジオジブリのお二人。宮崎駿監督は昴宿、高畑勲監督は箕宿で、「栄親の遠距離」の関係です。この二人のパートナーシップにより、スタジオジブリは大きく成長し、世界からも高く評価される作品をいくつも生み出しました。栄親の運の強さ、相性の良さを物語っている例と言えます。

ただし、パートナーシップが崩れる場合もあります。それは近距離の場合。お互いに隣りの宿の相手になるため、親密度は濃厚になり、結束力も固くなります。そのため、いつも一緒にいることで二人の世界に入ってしまい、視野が狭まったり、他者からのアドバイスが耳に入らなくなったりする可能性が。距離が近過ぎるために摩擦が生じ、激しい気性の宿同士だと、ぶつかり合うこともあるでしょう。とはいえ、栄親の関係である以上、素晴らしい関係性であることは変わりなく、結果的にプラスの方向へと進んでいくはずです。

年・月・日の運勢を見る

宿曜占星術では、特定の
年、月、日の運勢も見ることができます。
その時の運勢を知れば、
どう過ごせば良いのかがわかるでしょう。

Predict the fortune of the time

特定の時期の運勢を読み解く

本命宿から、日運、月運、年運がわかる

宿曜占星術では、個人の性質や人との相性だけではなく、決まった日、月、年の運勢も知ることができます。**用いるのは基本的に自身の本命宿で、ここから「日の運勢」「月の運勢」「年の運勢」を読み解きます**。運勢は「命・栄・衰・安・危・成・壊・友・親・業・胎」の11種類に分けられます（運勢の各意味はP.203～204参照）。

ただ本書では、私のこれまでの著書と異なり、「日の運勢」「月の運勢」では11種の運勢を用いますが、「年の運勢」に関しては、別の方法で読み解いていきます。年運に関しての読み解き方は諸説ありますが、本書では今までで紹介したことのない、年齢を用いた方法で運勢を見てみます。

これから訪れる未来の運勢を読むことができれば、その時にどのように行動すれば良いのかがわかります。ぜひ宿曜占星術を活用して、人生をより豊かなものにしていってくださいね。

宿曜占星術で見られる運勢とは…

宿曜占星術では、日・月・年ごとの運勢を読み解くことができます。
「日運」と「月運」は本命宿から、「年運」は年齢からその運勢を導きます。

運命の日、避けるべき日がわかる「日運」

→ P.200へ

一日単位の運勢を見る「日運」には、全部で「命・栄・衰・安・危・成・壊・友・親・業・胎」の11の運勢があります。それぞれの意味を知り、その日の運勢、そしてとるべき行動を見ていきましょう。

あなたの本命宿とその日の宿によって運勢は決まり、例えば同じ「昴」の日でも、昴宿の人の運勢は「命」、觜宿の人の運勢は「友」となります。宿同士の関係性も含めて運勢を読み取ると、より深い意味を捉えられるでしょう。

行動すべき月、しないほうが良い月がわかる「月運」

→ P.206へ

一月ごとの運勢を見る月運は、「命・栄・衰・安・危・成・壊・友・親・業・胎」が循環せず、1月～12月まで、毎年同じ組み合わせで固定されています。

行動すべき月は、「栄」「親」「成」などの月。これらの月において、「栄」「親」「成」などの日運を合わせると、さらに運気が上向きに。一方、行動しないほうが良い月は、「壊」の月です。その他の運勢については、目的によって見方を変えると良いでしょう。「壊」のない宿もあります。

人生のターニングポイントがわかる「年運」

→ P.216へ

本書では、これまでの著書の年運とは異なる手法を用います。用いるのは、年齢によって導かれる9つの運勢である「九曜星(くようせい)」。羅睺星(らごうせい)・土曜星・水曜星・金曜星・日曜星・火曜星・計都星(けいとせい)・月曜星・木曜星の9つの天体に対応させて運勢を見る方法で、年齢ごとに運勢が変わります。

predict the fortune of the time

一日単位の運勢を見る「日運」の出し方

自分の本命宿とその日の宿から気になる日の運勢がわかる

一日ごとの運勢である「日運」は、誕生日による「本命宿」と、運勢を見たい日の宿から、簡単に割り出すことができます。

まず、巻末の「宿曜暦」より、あなたの「本命宿」を探します。例えば1980年７月７日生まれの方の場合なら、P.237の宿曜暦より、「昴宿」であることがわかります。

続いて、運勢を見たい日の「宿」を確認します。例えば2024年１月１日の運勢を見たい場合、P. 248の宿曜暦より、宿は「軫」。**昴宿のホロスコープで「軫」を探すとその内側に「栄」と出ており、この日は昴宿にとって「栄」の日だとわかります。**「繁栄させる」を意味する「栄」は、絶好調の日です[※1]。

一方、例えば2024年１月24日は、宿曜暦より、「柳」。昴宿のホロスコープで「柳」をみるとその内側は「壊」です。つまり、昴宿の人にとっては「破壊日」を意味する「壊」となります(P.205参照)[※2]。

※1…「軫」の特性も加味すると「軫宿栄日」となり、より深く読み解くことができます。
※2…「柳」の特性も加味すると「柳宿壊日」(柳宿破壊日)となり、より深く読み解くことができます。

日運の出し方（例：昴宿）

自分の本命宿とその日の宿によって、その日の運勢、「日運」がわかります。本命宿の宿曜ホロスコープと照らし合わせて、読み解いてみましょう。

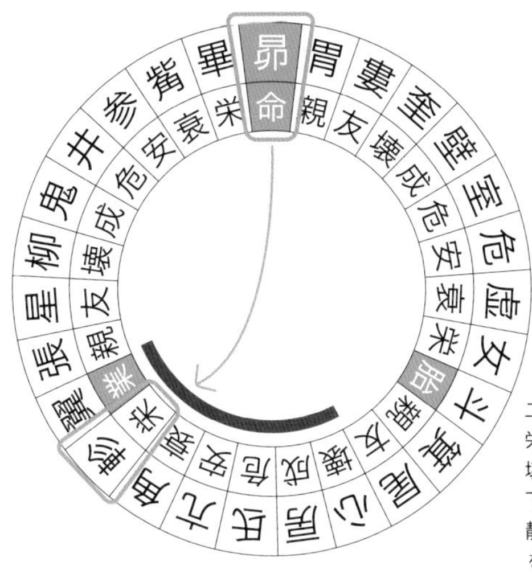

二・九の期間内の「業→栄→衰→安→危→成→壊」の7日間は、運気が下降するため、焦らずに静かに過ごし、良い行いを積み重ねましょう。

Step 1 自分の本命宿を割り出す

例えば、1980年7月7日生まれのAさんの場合、P.237の宿曜暦を見て、7月と7日がクロスした場所を確認します。「昴」となっているので、本命宿は「昴宿」となります。 → **昴宿**

Step 2 その日の宿を割り出す

運勢を知りたいターゲットとなる年月日の日の宿を探します。例えば、2024年1月1日は、P.248の宿曜暦より「軫」となっているので、その日の宿は「軫宿」となります。 → **軫宿**

Step 3 宿曜ホロスコープで運勢を見る

P.26の昴宿のホロスコープで「軫宿」を見ると、「栄」となっています。したがってこの日は「昴宿」にとっては「栄」の日。「繁栄させる」を意味する、絶好調の日となります。 → **「栄」の運勢**

Step 4 運勢の意味を知る

運勢を表す、本命宿と日の関係性には「命・栄・衰・安・危・成・壊・友・親・業・胎」の11種類があります（詳細はP.203〜204）。この場合は「栄」の運勢を確認します。 → **P.203へ**

predict the fortune of the time

その日の運命を示す 11種の運勢

その日どのように過ごせば良いかがわかる

一日単位の運勢である「日運」は、「命・栄・衰・安・危・成・壊・友・親・業・胎」の11種で表され、あなたの本命宿とその日の宿から知ることができます。この日運を上手に活用することで、仕事などを成功に導くことができたり、あるいは悪縁を切ることができたりします。ただし、「壊」の日は、破壊を意味するため、慎重に行動しなくてはいけません。

基本的に命→栄→衰→安→危→成→壊→友→親→業→栄→衰→安→危→成→壊→友→親→胎→栄→衰→安→危→成→壊→友→親→命の順で繰り返されますが、新月の日を境にサイクルが狂うことがあります。「命～親」は一・九となり、この期間は現在起きていることと向き合って積極的に行動する期間、「業～親」は二・九となり、過去の出来事を教訓にして過ごす期間、「胎～親」は三・九となり、一・九の現在、二・九の過去を未来へとつなげていく期間です。

日運の11種の運勢とその意味

日運は、「命・栄・衰・安・危・成・壊・友・親・業・胎」の11種の運勢から導きます。本命宿とその日の宿から見てみましょう。

命の関係

「出生」を意味する

慎重な行動を心がけたい日

現世での自分の宿。因縁が生じやすく、すべてにおいて慎重に過ごしたい日です。誤解が生じ、判断ミスからトラブルが発生する可能性も。この時に起きた出来事が、運命を左右したり、将来に影響を及ぼしたりすることもあるので、冷静な判断を。周囲に意見を求めたりするのも良いでしょう。

吉凶混合日

栄の関係

「繁栄」を意味する

積極的にチャレンジする日

栄光を手にしやすい日。発展をする活気に溢れた時なので、積極的にチャレンジすると良く、努力したことには好結果が表れます。特に仕事で結果が出やすい日ですが、人との交流も◎。何か新しいことを始めても良いでしょう。目上の人から可愛がられる時なので、その人に引き上げてもらえることも。

大大吉日

衰の関係

「衰退」を意味する

体調を崩しやすい日

体調を崩しやすく、精神的にも不安定になりやすい日。過労になりそうなことは避け、おとなしく過ごしましょう。重要な用事や仕事、遠出の旅行や出張も控えるのが吉。パワーダウンしているため、物事のスタートには向きませんが、何かを整えたり、除厄や病の治癒、休養するのは良いでしょう。

凶日

安の関係

「安定」を意味する

平穏無事に過ごせる日

体調的にも精神的にも、物事が安定した方向に導かれます。平穏無事に過ごせ、環境の変化にも強い日。そのため、旅行や引っ越しをしたり、考え事をしたりするのに最適です。リラックスできる時なので、気になっていたことを整理するのも◎。精神を安定させる日にしても良いでしょう。

吉日

危の関係

「危険」を意味する

危険を伴う可能性がある日

危険なことに遭いやすい日。ケガにも注意です。吉凶混合で、人が集まる華やかな会に参加すると楽しく過ごせ、嬉しい再会や、ネットワークの広がりがあったりします。ただし、感情や状況が不安定なため失敗を誘発することも。言動に気をつけ、早く退散するのがベター。旅行や高価な買い物には向きません。

吉凶混合日

成の関係

「成功」を意味する

物事が成就しやすい日

成功に導かれ、物事が成就しやすい日。仕事の努力の成果が嬉しいかたちで表れます。学問を極めたり、試験を受けたり、学問や研究などをするのにも最適。何かのスタートや決定の日にも向いていて、始めたことが実を結ぶ可能性が高くなります。良い人間関係も築かれやすい日です。

大吉日

壊の関係

「破壊」を意味する

静かに過ごすべき危険な日

「破壊運」の日。すべてにおいて良くない日で、危険が伴うことも。破壊したり、されたりすることが多くなるため、静かに時を過ごしたほうが安全です。人との関係を沈静化させたり、悪縁を切ったりするのには良い日ですが、良縁も切ってしまわないように要注意。物事のスタートには向きません。

大凶日

友の関係

「交友」を意味する

人との交友を持つべき日

人との交流を持つのに良い時。家族との関係性が良くなり、友人と会うと楽しい時間を過ごせます。ネットワークが広がり、有意義な出会いもあるでしょう。趣味の場などには積極的に参加しましょう。とても楽しい時間を過ごせるはず。この交流により、仕事に好影響がもたらされることもあります。

大吉日

親の関係

「親愛」を意味する

親しい人と親睦を深める日

「友」の運勢の日と似ていますが、「親」はよりプライベートな内容で絶好調の日。最良の人間関係を築けるでしょう。普通の友人から親友へ進展、恋人関係から結婚へとステップアップするような時で、慶事の日としては最高。プライベートな関係が、仕事の成功に結びつく場合もあります。

大大吉日

業の関係

「行為、カルマ」を意味する

何事にも積極的に動くべき日

前世の自分の宿と言われ、すべてに積極的に出て良い日。重要な仕事に関わったり、温めていたプランを実行させたりするのも◎。予想以上の良い結果が伴うでしょう。ただし、注意すべき7日間の始まりなので、全面的に吉日とは言えません。自分の身や行いを清め、善行を心がける期間の初日でもあります。

吉日

胎の関係

「受胎」を意味する

控えめに過ごしたい日

来世での自分の宿と言われ、「命」と同様、控え目で慎重に過ごしたい日。エネルギー不足になり、空回りすることも。重要な判断をしたりするのも避けましょう。周りの人たちとの調和を考えて、言動には気をつけること。母親のお腹で胎児が育つように、将来に向けてのプランをじっくり練るには最適です。

凶日

Predict the fortune of the time

「破壊日」の過ごし方

思わぬ危険が伴う破壊日は、おとなしく過ごしたい要注意日

11の運勢のうち「壊」の日は、「破壊」を意味する運勢の日。破壊されたり、破壊したりする日で、何事においても危険が伴う要注意の一日となります。**結婚、開店など、お祝い事や物事のスタートには向きません。**

また、せっかく築いてきた良縁が切れてしまう可能性もあります（他動破壊）。本命宿によって、自身に破壊をもたらす宿は違い（「壊」の関係にある宿）、例えば、昴宿の場合は柳宿、心宿、奎宿の３宿の特性に絡んだ破壊がもたらされます。

自分の性格や特性が思わぬ事態を引き起こすこともあります（自己破壊）。いわゆる自滅です。この日は十分に注意をして過ごしましょう。

破壊日を乗り切るポイント

Point 1

自宅で静かに過ごす

重要な仕事、約束は避けて、仕事はリモートが可能ならリモートでしましょう。起きてしまったことは変えられませんから、そこから学びを得てください。

Point 2

破壊に該当する宿の特性をよく知る

自分と「壊」の関係にある宿の意味を熟知すること。例えば昴宿は、奎宿・柳宿・心宿と壊の関係にあるので、その特性が悪い方向に向かわないよう注意を※。

Point 3

人間関係のリセットを試みる

破壊日は悪いことばかりではなく、ライバルを撃退したり、悪縁を断ち切ったりすることなども可能です。良くない流れを断ち、リセットするつもりで。

※例えば、奎宿は異性のサポートを受けやすい宿なので、奎宿破壊運の時は、それが悪い方面に出て異性トラブルなどが起きないよう、注意が必要となります。

predict the fortune of the time

バイオリズムで見る「月運」

毎年同じ月に同じ運勢が巡ってくる

一月ごとの運勢「月運」は、バイオリズムで見ることができます。日運と同様、月運も本命宿からその月の運勢がわかります。P.207〜215より、自分の本命宿の月運を探してみてください。命・栄・衰・安・危・成・壊・友・親……という運勢が決まったかたちで循環するわけではなく、１〜12月まで毎年同じ運勢となります。

月運は、旧暦の月で見ます。P.222からの宿曜暦上で、「１月…室の太字〜　２月…奎の太字〜　３月…胃の太字〜　４月…畢の太字〜　５月…参の太字〜　6月…鬼の太字〜　７月…張の太字〜　８月…角の太字〜　９月…氐の太字〜　10月…心の太字〜　11月…斗の太字〜　12月…虚の太字〜」が旧暦となります。稀（まれ）に、同じ月が一年に２回あることもあります（P.222参照）。

月運は、破壊運を示す「壊」を含め、**毎年、同じ月に同じ運勢が巡ってきます**※。

※例えば、昴宿の人は「奎宿破壊運」が巡ってくる毎年2月（旧暦）、「心宿破壊運」が巡ってくる毎年10月（旧暦）は要注意の月となり、毎年、精神的なダメージやトラブルに注意したい時期となります。

各宿の月運のバイオリズム

01 昴宿の月運のバイオリズム

好調期には夢や目標を言葉にして

2、10月は心を揺さぶってくる人に注意。人からのサポートに恵まれているあなたなので、好調月の3、4、7月に夢や希望、目標を話してみると、協力者が出現しそう。

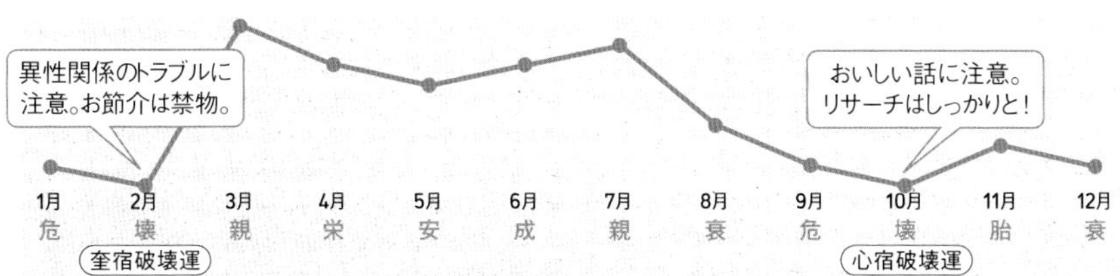

02 畢宿の月運のバイオリズム

7月はつぼみが花開く時期になりそう

月の破壊運がないため、安心できます。ただし、4、5月は地に足が着かなくなるので要注意。7月以降は好調期。種を蒔いていたことがつぼみとなり、開花していきそう。

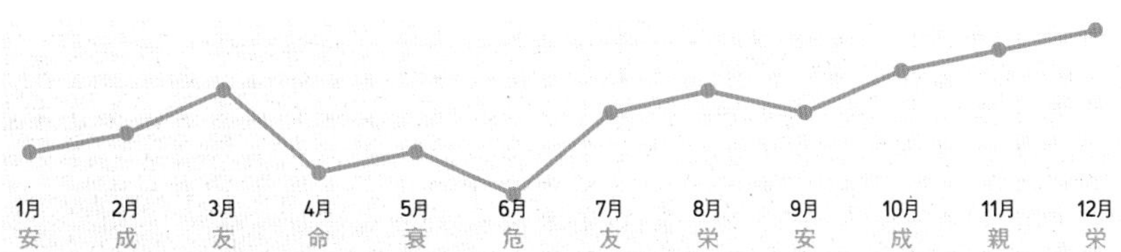

※畢宿に破壊運はありません。

03 觜宿の月運のバイオリズム

強運期の4、5月は巧みなトークで魅了

3、7月は欲望と心の油断からくる破壊に気をつけて。4、5月に強運期到来。トーク力を活かせば、人々を惹きつけられ、チャンスを手にすることができそう。

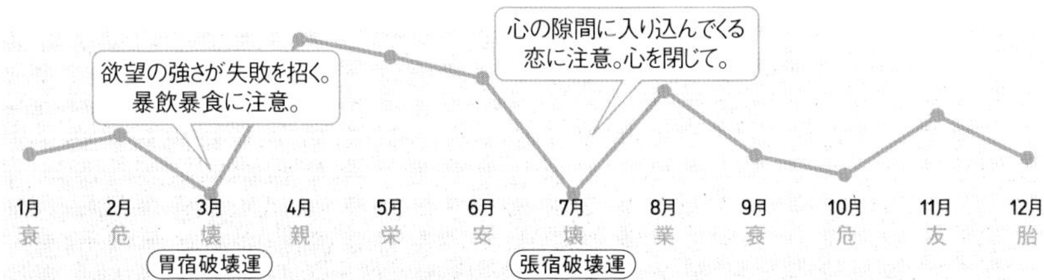

※月運は旧暦の月で見ます。

04 参宿の月運のバイオリズム

11月は慎ましい言動が吉となる時

11月は争いやトラブルの火種を作りやすいので、言動に注意。相手を立てて。1、2、8、9月はネットワーク作りに最適。強運をシェアしてくれる人に出会えそう。

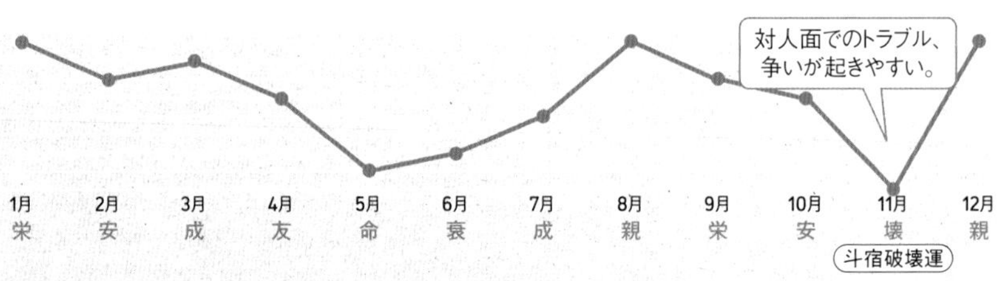

05 井宿の月運のバイオリズム

理論的な口調は時期により吉凶が変わる

4月は理路整然とした口調や、論破しようとする姿勢で仲間外れになりがち。協調性を大切に。5、6月は説得力の強さや実務能力の高さが認められ、高評価を得られそう。

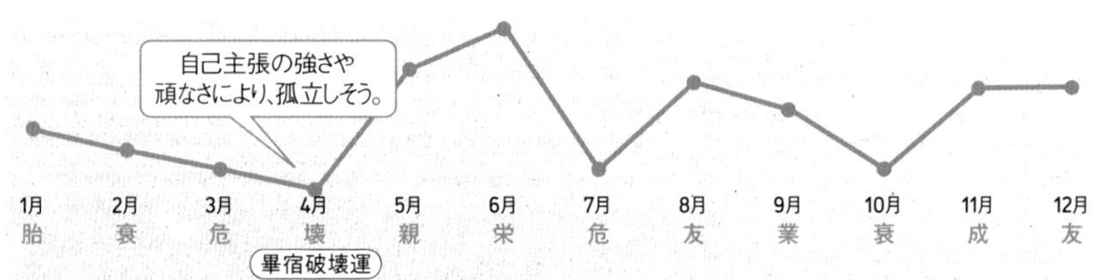

06 鬼宿の月運のバイオリズム

1、2、9、10月は存分に個性を発揮

あなたの精神性の高さが、災いを引き起こしてしまうのが、8、12月。1、2、9、10月は想像力や発想力が豊かになり、存分にオリジナリティーを表現可能。自信を持って！

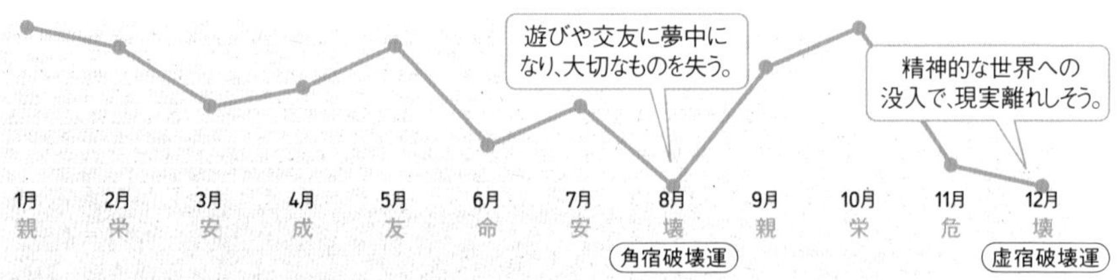

07 柳宿の月運のバイオリズム

絶頂期の6月は社会的な成功に期待

激情に流されやすい5月は、クールダウンさせてくれる人が必要。絶頂期が到来する6月は、目上の人の引き立てにより、社会的成功が。目上の人に相談を持ちかけてみて。

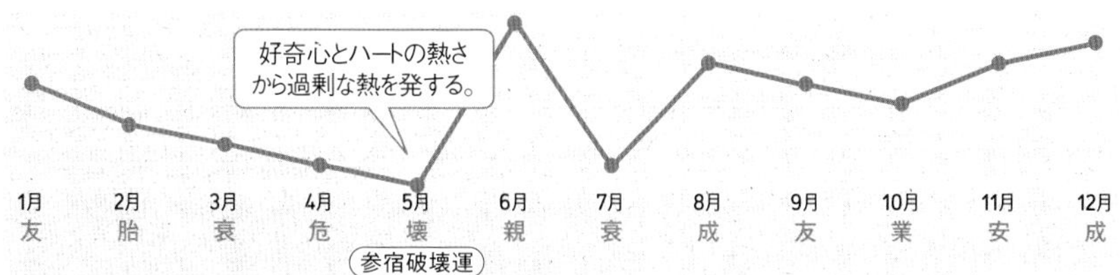

08 星宿の月運のバイオリズム

2、3、10月は個性的な夢が実現する時

1、9月は自滅しがちになるので、視野を広くして周囲を見渡す余裕を持とう。2、3、10月は個性的な夢を実現・達成するチャンスが到来し、好調期となります。

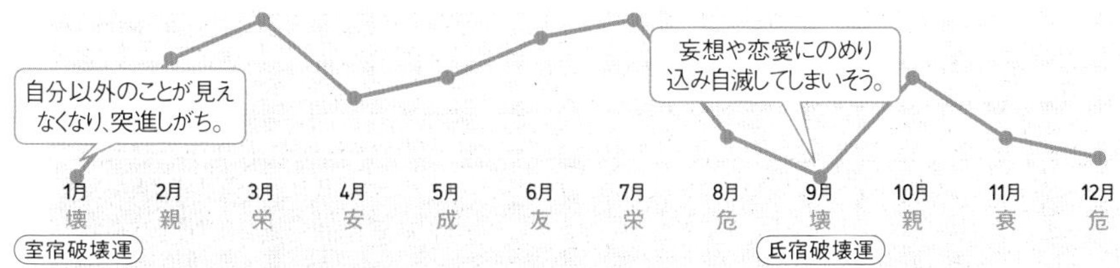

09 張宿の月運のバイオリズム

大幸運期の11月はスター的な存在に

感情に支配されやすい6月。目立たずに信頼できる人と過ごし、心の安定を図ろう。運気の絶頂期は11月。持ち前のプロデュース能力が発揮され、スター的存在になれそう。

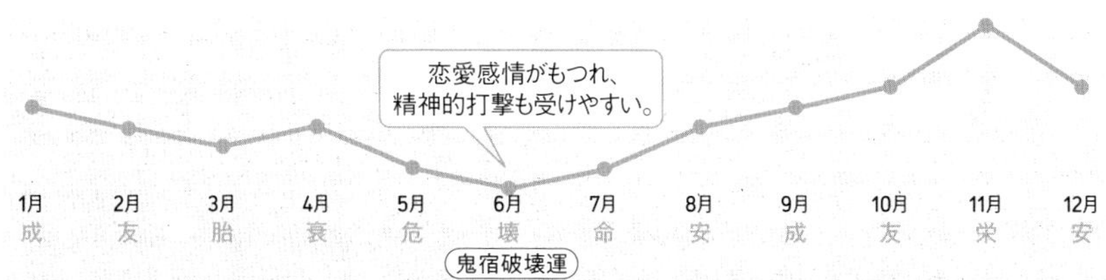

※月運は旧暦の月で見ます。

10 翼宿の月運のバイオリズム

低調期はライトな交際を心がけて危険回避

2、10月は異性、家族、年下から精神的ダメージを受けやすいので、対人関係はライトに。3、4、7月は引き立てを受けやすく、世界進出や成功に向かって羽ばたけそう。

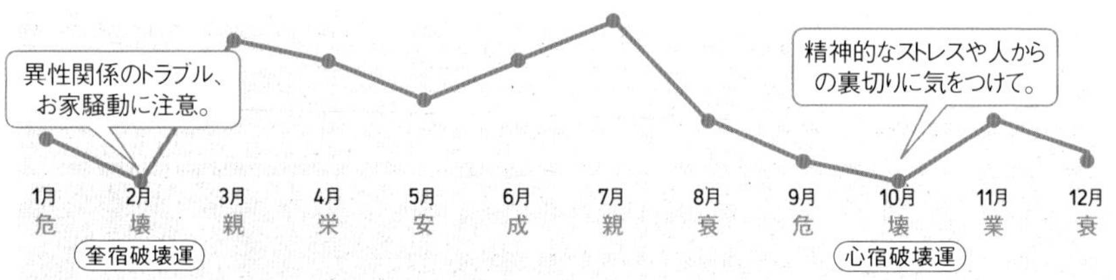

11 軫宿の月運のバイオリズム

破壊運はないが、4、5、6月は用心

月の破壊運はないため、安心できます。ただし、4、5、6月は社交性が裏目に。絶頂期の８月は思い切りが肝心。11、12月は社交性を活かし、欲しいものをつかんで。

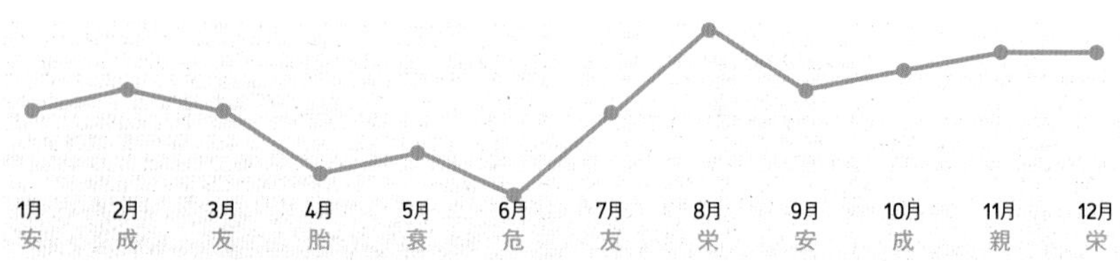

※軫宿に破壊運はありません。

12 角宿の月運のバイオリズム

3、7月は謙虚に、4、5月は自分勝手に

3、7月は「自分が、自分が」と自分中心な態度になるのはNG。謙虚さを大切に。一方、4、5月は自分勝手でOK。「目立ってなんぼ」の精神で、前進あるのみ！

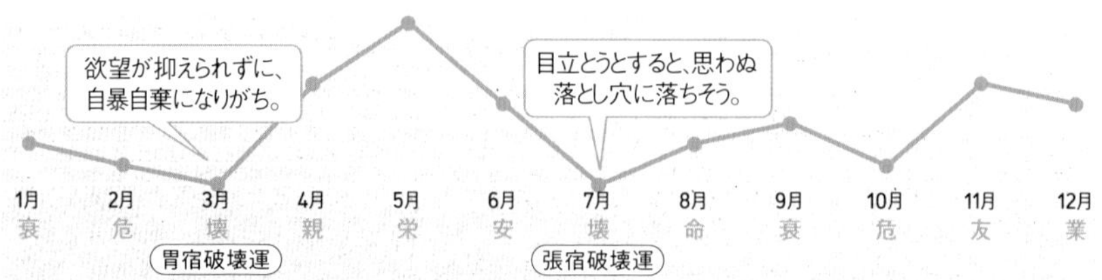

13 亢宿の月運のバイオリズム

反発心に火がつく11月は調和を意識して

反骨精神に火がつく11月は、周囲との調和が鍵に。1、8、12月はあなたの信念や正義が通りやすく、称賛されやすい時期。リーダー的な立場で活躍しそう。

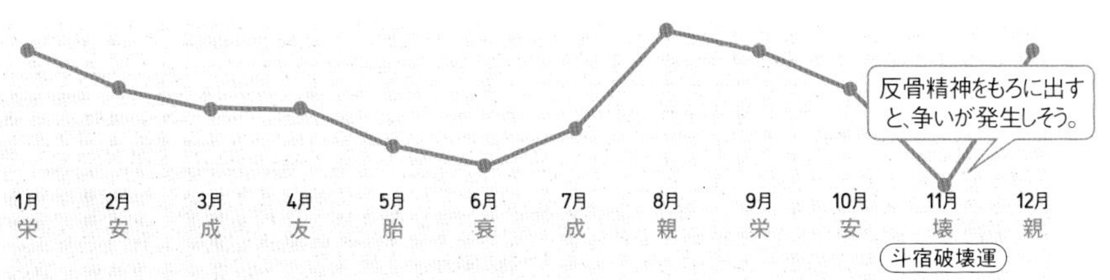

14 氐宿の月運のバイオリズム

過労に注意の4月はしっかり自分をケア

４月は心身の強さを誇るあなたでも、過労気味に。疲れを取ることも必要。5、６月は目的意識が強まり、改革精神が花開く時。周囲からのバックアップも得られそう。

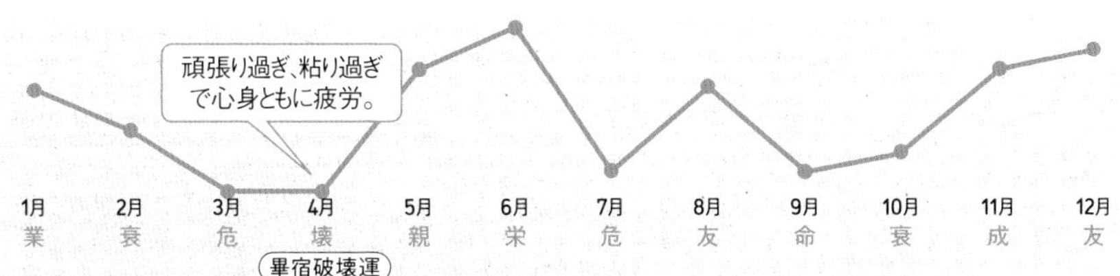

15 房宿の月運のバイオリズム

1、2、9、10月は人脈により可能性拡大

8、12月は自分を取り戻すことに専念して。1、2、9、10月は人の痛みに理解を示し、培ってきた知識や能力を駆使することで、成功へのチャンスが広がります。

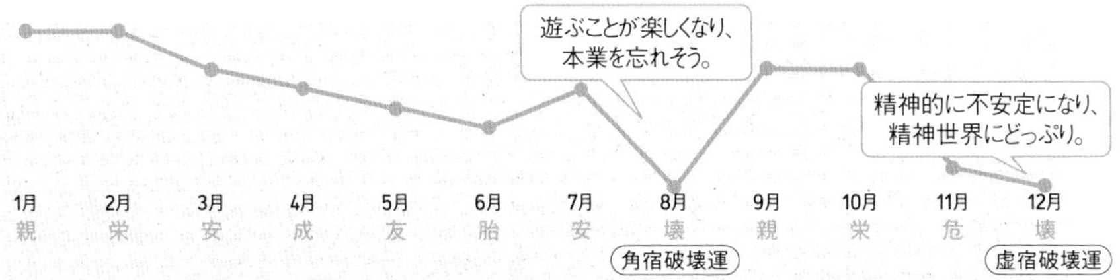

※月運は旧暦の月で見ます。

16 心宿の月運のバイオリズム

新しい世界が始まる6月が絶頂期

陰の性格が出やすくなるため、人を褒めるのを心がけたい5月。絶頂期は6月。5月に起きたことをクリアにしたうえで、愛されキャラを発揮し、新たな世界に踏み出せそう。

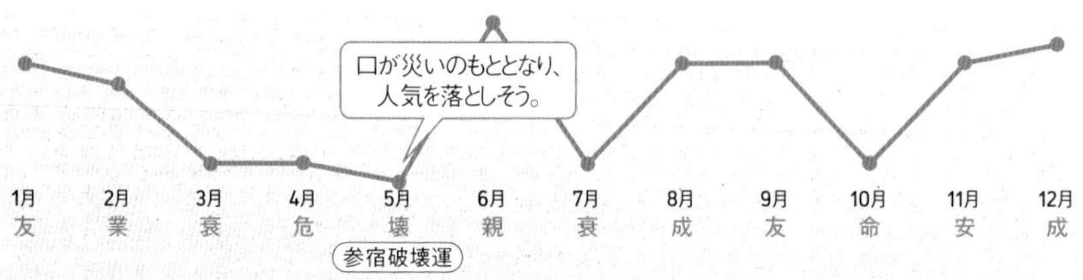

17 尾宿の月運のバイオリズム

2、10月はメンターとの出会いに期待

1、9月は人のアドバイスに耳を傾け、視野を広く持ったり、休息したりすること。2、10月に親身になってくれる人とつながれば、3月には目標達成を目指せそう。

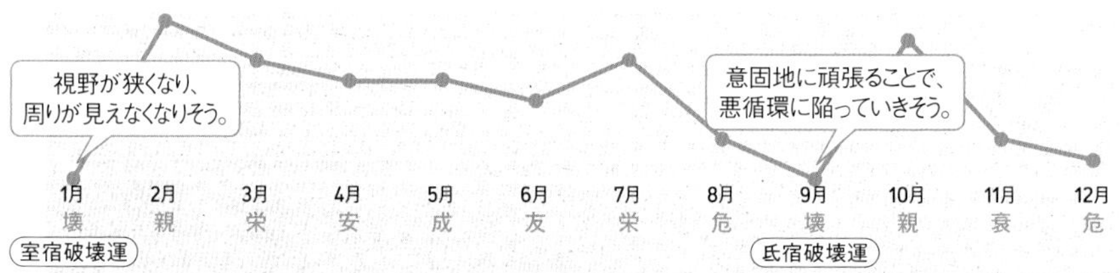

18 箕宿の月運のバイオリズム

いつもの自分を見失いがちな6月に要注意

6月は克己心が失われ、情やお酒に溺れるようなことが。前向きで自立している普段の自分を思い出して。最高潮の11月は、情熱を傾けられるものが見つかる予感。

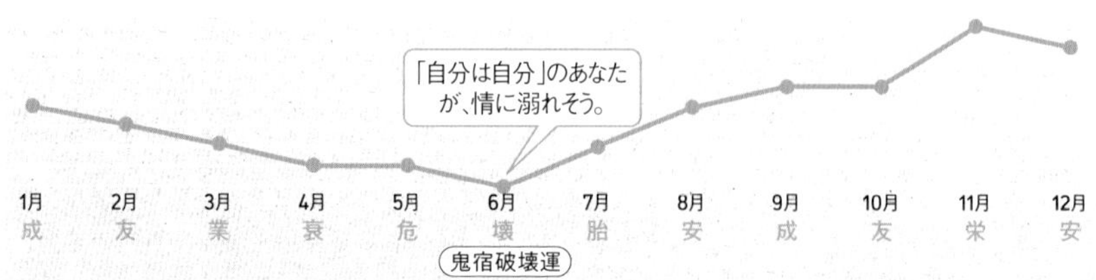

19 斗宿の月運のバイオリズム

カリスマ性が増すのは3、7月

一位になりたい気持ちを抑えて謙虚にいきたい2、10月。逆に、4月は自分や人との戦いに勝利し、成功をつかめそう。3、7月はカリスマ性が発揮でき、味方が増えます。

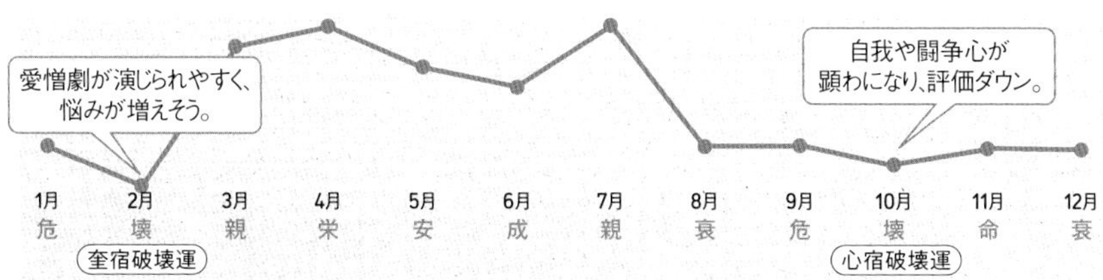

20 女宿の月運のバイオリズム

5、6月以外は安定した運気を維持できる

月の破壊運はないため、安心できます。5、6月だけが注意月で、心身が不安定になりがち。他の月は、自分磨きに精を出すことで、美や名誉などを得られそう。

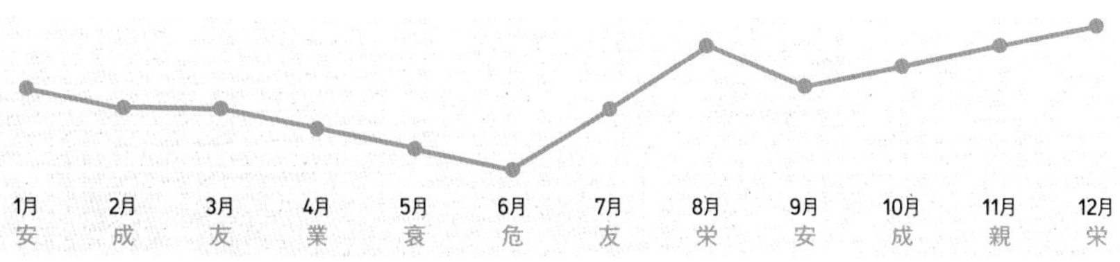

※女宿に破壊運はありません。

21 虚宿の月運のバイオリズム

支援を受け、前進していける4、5月

3、7月は何かにのめり込んだり、自分の複雑な心に惑わされたりして、ストレスが大きくなっていく時。4月にバックアップを受けることで、5月には前進が可能に。

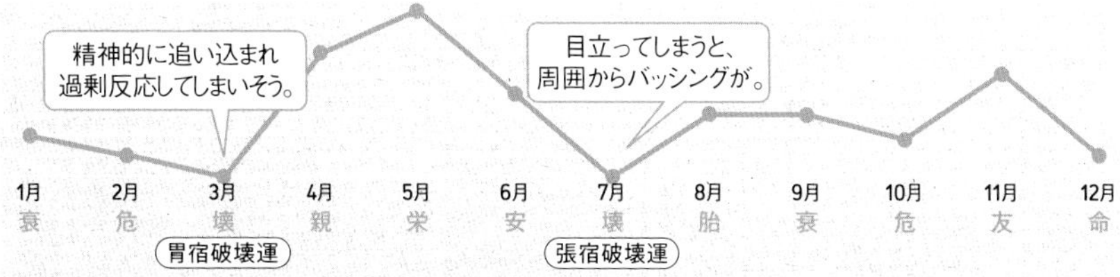

※月運は旧暦の月で見ます。

22 危宿の月運のバイオリズム

8、9、12月は持ち前の遊び心を発揮

11月は感情のコントロールがポイントに。8、9、12月は、持ち前の遊び心や社交性により、多くの人を巻き込んでいくことができ、幸福感を得ることができそう。

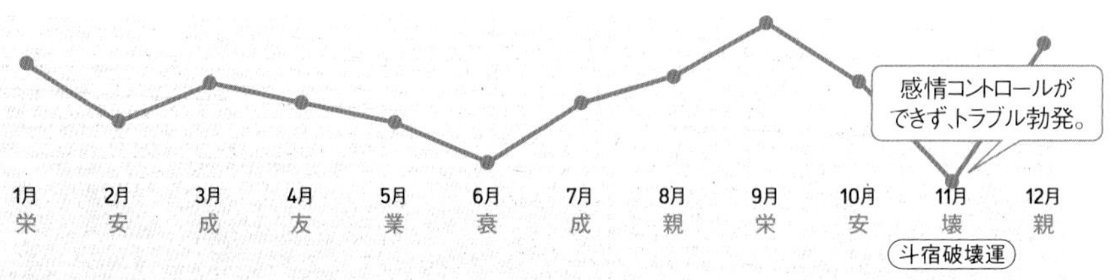

23 室宿の月運のバイオリズム

まっすぐな姿勢が功を奏すのは5、6月

4月は、思い込みの激しさによりトラブル発生。周囲の意見は素直に聞いて。反対に5、6月は、目標にまっすぐ突き進んで好結果を得られそう。パワーコントロールが鍵。

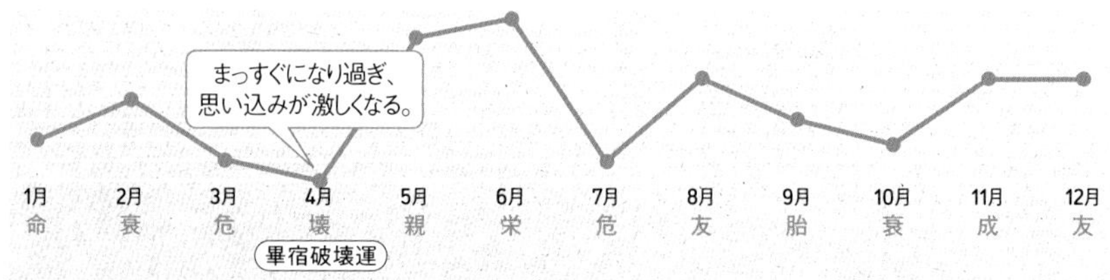

24 壁宿の月運のバイオリズム

好調期は交友関係で笑顔がもたらされる

8、12月は自分のことばかりで、視野が狭くなりがち。時には、人に頼ってみて。1、2、9、10月は、交友関係により笑顔が広がり、幸せな気持ちに包まれそう。

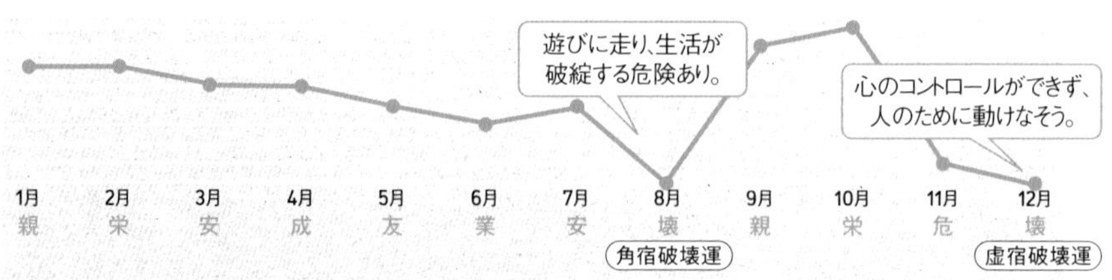

25 奎宿の月運のバイオリズム

6月は恋愛面でのチャンスが多い時期

好奇心が湧き上がって新しいものに飛びつき、失敗しがちなのが5月。付き合う友人が鍵を握りそう。6月はあなたの誠実さによりネットワークが広がり、恋愛面も活発に。

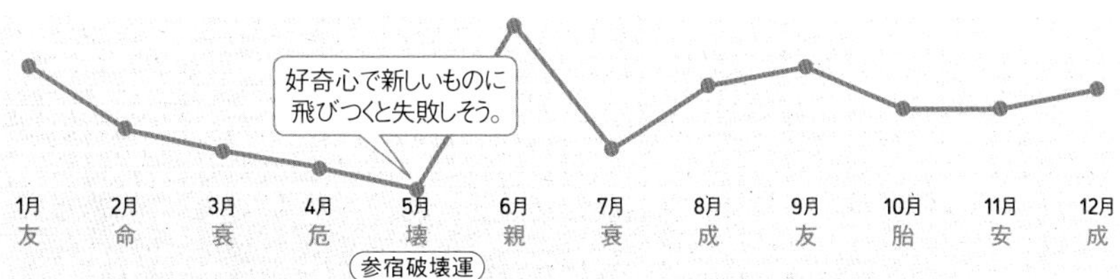

26 婁宿の月運のバイオリズム

1、9月は欲の出し過ぎに要注意

1、9月は欲が出てしまい、立場が危うくなっていきそう。人の世話をするより、自分が世話してもらうことを優先して。2、3、10月は、信頼できる人とつながれそう。

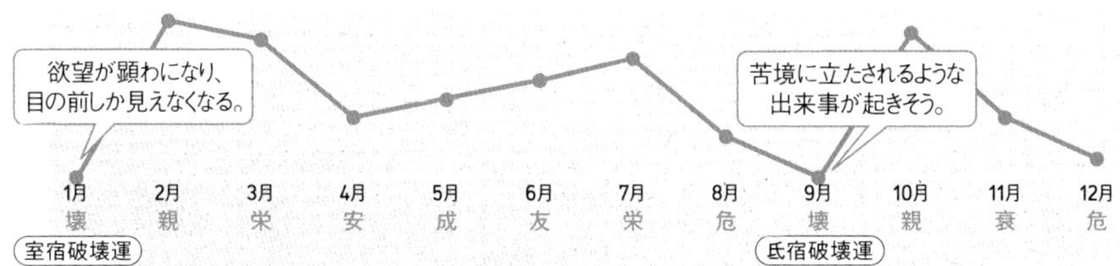

27 胃宿の月運のバイオリズム

自立心を掻き立ててくれる11月に好機が

6月は、好奇心の強さが仇になったり、対立を招いたりしそう。時には周りの人を頼って。11月は勝負の時。自立心が旺盛なあなたなので、独立、起業などの好機に。

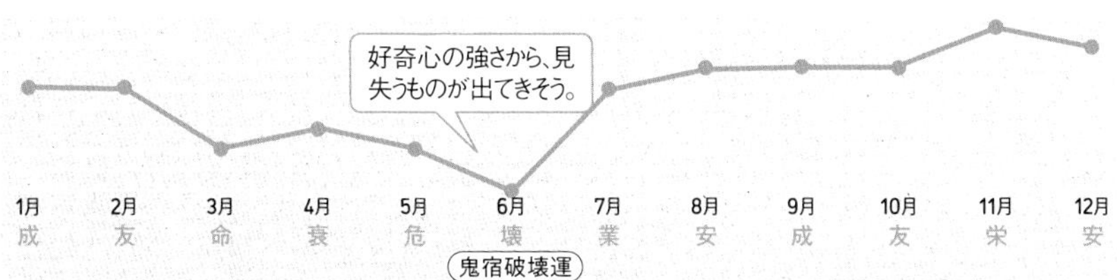

※月運は旧暦の月で見ます。

Predict the fortune of the time

九曜星（くようせい）から導く「年運」で年齢ごとの運勢を見る

9つの天体に対応して年齢ごとに運勢が変化する

年運は、年齢による「九曜星」を使って見ることができます。**その時の年齢から運勢を見る**ということです。九曜星とは、「日曜星（太陽）」「月曜星（月）」「火曜星（火星）」「水曜星（水星）」「木曜星（木星）」「金曜星（金星）」「土曜星（土星）」の「七星」に、「計都星（けいとせい）（月の降交点）」「羅睺星（らごうせい）（月の昇交点）」を加えた9つの運勢です。

P.217の年齢対応表を見ていただくとわかるように、0歳時の羅睺星からスタートして、土曜星、水曜星、金曜星、日曜星、火曜星、計都星、月曜星、木曜星……と、年齢ごとに一つずつ各星を順行します。9年後には、再び羅睺星に戻り、同じサイクルがスタートします。生まれてから永遠にこの運気の巡りが循環していくのです。

九曜星から導かれる年運は、旧暦の1月1日を境に運勢が変化します（宿曜暦上の室の太字から）。

九曜星の年齢対応表

月運、月運とは異なり、年運は九曜星を使って運勢を見ます。
各年齢に対応する九曜星は、下記の表の通りです。

年齢	0	1	2	3	4	5	6	7	8	9
九曜星	羅	土	水	金	日	火	計	月	木	羅
年齢	10	11	12	13	14	15	16	17	18	19
九曜星	土	水	金	日	火	計	月	木	羅	土
年齢	20	21	22	23	24	25	26	27	28	29
九曜星	水	金	日	火	計	月	木	羅	土	水
年齢	30	31	32	33	34	35	36	37	38	39
九曜星	金	日	火	計	月	木	羅	土	水	金
年齢	40	41	42	43	44	45	46	47	48	49
九曜星	日	火	計	月	木	羅	土	水	金	日
年齢	50	51	52	53	54	55	56	57	58	59
九曜星	火	計	月	木	羅	土	水	金	日	火
年齢	60	61	62	63	64	65	66	67	68	69
九曜星	計	月	木	羅	土	水	金	日	火	計
年齢	70	71	72	73	74	75	76	77	78	79
九曜星	月	木	羅	土	水	金	日	火	計	月
年齢	80	81	82	83	84	85	86	87	88	89
九曜星	木	羅	土	水	金	日	火	計	月	木
年齢	90	91	92	93	94	95	96	97	98	99
九曜星	羅	土	水	金	日	火	計	月	木	羅
年齢	100	101	102	103	104	105	106	107	108	109
九曜星	土	水	金	日	火	計	月	木	羅	土

九曜星から導く年運の運勢

九曜星が表す運勢は、以下の通りです。その年の運勢をもとに
人生の計画を立てれば、運気を味方につけることができるでしょう。

羅睺星（らごうせい）

運気低迷。八方塞がりなので、物事を始めたり、勝負を賭けたりする時ではありません。強引に物事を進めると、災難や失敗を招きやすくなります。健康にも注意が必要。

大凶

土曜星

運気は次第に上向きに。計画に沿って着実に進めれば、社会的に認められる機運が高まります。年の前半はケガ、病気に注意。自我が出過ぎると足をすくわれる場合も。

吉

水曜星

チャレンジして良い年。交際が活発になり、周囲からサポートされることが多くなります。目標に向かって果敢に攻めれば、努力がかたちに。恋愛や結婚運も好調です。

大吉

金曜星

仕事運、金運が好調。リーダー的存在として活躍できます。ただし、状況が変わりやすく、対応力が必要に。傲慢になると争いや金銭トラブルの恐れも。家族問題にも注意。

吉凶

日曜星

挑戦する意欲が湧き、チャンスを手に入れられます。物事が成就しやすく、地位や名誉を得られやすい時。新規のことや恋愛も◎。ただし、秘密事には注意しましょう。

大大吉

火曜星

何事にも自制心を。人間関係のトラブルや病気には気をつけましょう。感情を抑え、控え目にすることが肝心。恋愛運も下降しますが、女性は妊娠する可能性があります。

凶

計都星（けいとせい）

運気低迷。羅睺星の運勢と類似。新規事業など新たなスタートは慎み、環境を変えることも避けて。ストレス解消に努めて、家庭の安定、健康回復に専念しましょう。

大凶

月曜星

運気は徐々に上向き、嬉しい事が多くなります。仕事は成果を得られ、サポートにも恵まれそう。人との交流も活発で恋愛も充実。翌年に巡ってくる木曜星の下準備を。

大吉

木曜星

何事も絶好調！努力してきたことが大成功へと導かれ、ご褒美がもらえます。新規案件も良く、新たな恋が始まったり、結婚の好機に恵まれたりします。妊娠の可能性も。

大大吉

大切な動物との相性も読み解ける

経営者の方から、「会社組織で、宿曜占星術をどのように活用したら良いか」といったご相談をよく受けます。栄親の関係性によって組織づくりをすれば、素晴らしい作品や成果が生み出されるでしょう。ただし、心地良過ぎて、ぬるま湯に浸かってしまう場合もあるので、そんな時には、あえて破壊相性の人を投入して起爆剤になってもらいます。このように、シーンに応じて、宿曜占星術の相性の活用法は多様です。

2022年、自宅に家族としてうさぎを迎えました。彼女は房宿。私は女宿なので、「危成の中距離」の関係になります。

実は最初は、角宿の男の子が来る予定でした。この子は、栄親の中距離なので最良のパートナー。ところが先方の事情によりお迎えできなくなり、最終的には不思議な縁により、房宿の女の子、「らら」が来ることになったのです。結果的に彼女が私を気に入ってくれたのですが、今考えると、自宅で仕事をしている私にとっては、栄親のべったりの相性よりも、お互いの生活を尊重できる危成の関係くらいのほうが良かったかもしれません。このように、人だけでなく動物にも、宿曜の相性を活用することができるのです。

Epilogue

出会いも出来事も、すべては宇宙からの導き

『一番わかりやすい はじめての宿曜占星術』をお読みいただきまして、ありがとうございます。いかがでしたでしょうか。

さて、Prologueの続きになりますが、後に知った話、私の師となられた方は、実は「真言密教の伝承者」だったのです。直伝されたものは、宿曜道、陰陽道、姓名学、北斗、紫微斗数（しびとすう）など。それらはすべて、「秘伝の書」に基づき口授されました。

20年以上前のある日、私は不思議な夢を見ました。それは、眩しい光に包まれた人が現れて「伝承者であるお前の頭に輪をつける。正しい行いをしなければ輪が締まる」と告げてくるというもの。その夢で語られたことは、何かのお告げのように感じられました。

宿曜経は、1200年前に弘法大師・空海により日本に伝えられ、「公表してはならぬ」という教えがあります。当時の私は、人々の生活の役に立つ占法ならば公開しても良いのだと判断して、執筆することにしました。まだまだ書けない秘伝の奥義は隠されていますが、夢のお告げには「自ら正しく慎重に、正しく人々を導いていきなさい」というメッセージが込められていたような気がします。

長年の研究により、相性には「環境遺伝」が起きるということがわかりました。相性は育った環境により左右される場合があるのです。例えば、私の

家族は「栄親」の相性が多いため、私は自然と対人面で「栄親」の人を選んでしまう傾向があります。「安壊」の家庭で育った人は、自然と「安壊」の人を選んでしまうことでしょう。それは、慣れ親しんだ関係性に心地良さを感じるから。したがって、安壊の関係だからと言って一概に悪いとは言い切れないのです。

同じく「破壊」も、必要以上に恐れることはありません。本書のアドバイスを実践することで、対処法が自然とわかるようになり、現世での使命に気づけば、おのずと道は拓かれていくでしょう。さらには、起きたことを学び、活かすことも考えていけば、ポジティブに生活していくことができるのです。

人間関係も運勢も、あなたの身に起きることは、偶然ではなく必然的に起きています。出会い、出来事は、すべて宇宙からの導き。現実を受け入れて、宇宙からのメッセージを受け取りましょう。困難に陥った時、幸せを手に入れたい時、この本を開いてください。きっとヒントが見出せるはずです。

私は、「幸せの手助けをする」、それが自分の使命だと感じています。その思いがたくさんの人の魂に響き、共存できる世界になることを祈っています。

本書出版にあたり、編集の藤井茜様、長倉衣里様、美しく可憐なイラストを描いてくれたsioux様、関係者の皆様に深く感謝申し上げます。

「メッセージを受け取ってくださったあなたに、
大いなる宇宙からのご天恵がありますように」

宇月田　麻裕

宿曜暦

この「宿曜暦」をもとに、あなたや気になる人の本命宿を知ることができます。**生まれた年の暦を探し、縦軸から生まれた月を、横軸から生まれた日を探し、クロスするところを見てください。そこに書いてある宿が、あなたの「本命宿」となります。**

掲載本やサイトによって本命宿が異なる場合がありますが、それは著者や監修者によって新月の日(朔)の基準が多種多様なため、宿曜暦が一様ではないからです。本書では、日本で生まれた人を対象とするため、日本時間における新月の日の0時00分〜を基準にしています。また、宿曜暦は、毎月1日の新月の日に基準を合わせて修正するため、2日続きで同宿があったり、宿が飛んだり、一定の宿が繰り返したりする場合があります。

さらに、P.206〜の月運を見る際に必要な旧暦も、この宿曜暦から見られます。赤字太字部分が旧暦の各月の1日になります。各月の1日は下記の表の通りです。

まれに一年の中で、畢畢、参参と続くのは、旧暦の場合は、同じ月が続く年があるからです。畢畢と続く時は、一年のうちに4月が2度あり、参参と続く時は、一年のうちに5月が2度あることを意味しています。例えば、1925年4月5月は畢畢となり、旧暦の4月が2度あります。

旧暦月の見方

月運は旧暦で見ます。旧暦の特性上、一年に同じ月が2回あることもあります。
各月の1日に当たる日は、下記の表の通りです(暦の赤字太字の部分)。

1月…室	2月…奎	3月…胃	4月…畢
5月…参	6月…鬼	7月…張	8月…角
9月…氐	10月…心	11月…斗	12月…虚

1923（大正12）年

月＼日	1	2	3	4	5	6	7	8	9	10	11	12	13	14	15	16	17	18	19	20	21	22	23	24	25	26	27	28	29	30	31
1月	鬼	柳	星	張	翼	軫	角	亢	氐	房	心	尾	箕	斗	女	虚	**虚**	危	室	壁	奎	婁	胃	昴	畢	觜	参	井	鬼	柳	星
2月	張	翼	軫	角	亢	氐	房	心	尾	箕	斗	女	虚	危	室	**室**	壁	奎	婁	胃	昴	畢	觜	参	井	鬼	柳	星			
3月	張	翼	軫	角	亢	氐	房	心	尾	箕	斗	女	虚	危	室	壁	**奎**	婁	胃	昴	畢	觜	参	井	鬼	柳	星	張	翼	軫	角
4月	亢	氐	房	心	尾	箕	斗	女	虚	危	室	壁	奎	婁	胃	**胃**	昴	畢	觜	参	井	鬼	柳	星	張	翼	軫	角	亢	氐	
5月	房	心	尾	箕	斗	女	虚	危	室	壁	奎	婁	胃	昴	畢	**畢**	觜	参	井	鬼	柳	星	張	翼	軫	角	亢	氐	房	心	尾
6月	箕	斗	女	虚	危	室	壁	奎	婁	胃	昴	畢	觜	**参**	井	鬼	柳	星	張	翼	軫	角	亢	氐	房	心	尾	箕	斗	女	
7月	虚	危	室	壁	奎	婁	胃	昴	畢	觜	参	井	鬼	**鬼**	柳	星	張	翼	軫	角	亢	氐	房	心	尾	箕	斗	女	虚	危	室
8月	壁	奎	婁	胃	昴	畢	觜	参	井	鬼	柳	**張**	翼	軫	角	亢	氐	房	心	尾	箕	斗	女	虚	危	室	壁	奎	婁	胃	昴
9月	畢	觜	参	井	鬼	柳	星	張	翼	軫	**角**	亢	氐	房	心	尾	箕	斗	女	虚	危	室	壁	奎	婁	胃	昴	畢	觜	参	
10月	井	鬼	柳	星	張	翼	軫	角	亢	**氐**	房	心	尾	箕	斗	女	虚	危	室	壁	奎	婁	胃	昴	畢	觜	参	井	鬼	柳	星
11月	張	翼	軫	角	亢	氐	房	心	**心**	尾	箕	斗	女	虚	危	室	壁	奎	婁	胃	昴	畢	觜	参	井	鬼	柳	星	張	翼	
12月	軫	角	亢	氐	房	心	尾	**斗**	女	虚	危	室	壁	奎	婁	胃	昴	畢	觜	参	井	鬼	柳	星	張	翼	軫	角	亢	氐	房

1924（大正13）年

月＼日	1	2	3	4	5	6	7	8	9	10	11	12	13	14	15	16	17	18	19	20	21	22	23	24	25	26	27	28	29	30	31
1月	心	尾	箕	斗	女	**虚**	危	室	壁	奎	婁	胃	昴	畢	觜	参	井	鬼	柳	星	張	翼	軫	角	亢	氐	房	心	尾	箕	斗
2月	女	虚	危	室	**室**	壁	奎	婁	胃	昴	畢	觜	参	井	鬼	柳	星	張	翼	軫	角	亢	氐	房	心	尾	箕	斗	女		
3月	虚	危	室	壁	奎	**奎**	婁	胃	昴	畢	觜	参	井	鬼	柳	星	張	翼	軫	角	亢	氐	房	心	尾	箕	斗	女	虚	危	室
4月	壁	奎	婁	**胃**	昴	畢	觜	参	井	鬼	柳	星	張	翼	軫	角	亢	氐	房	心	尾	箕	斗	女	虚	危	室	壁	奎	婁	
5月	胃	昴	畢	**畢**	觜	参	井	鬼	柳	星	張	翼	軫	角	亢	氐	房	心	尾	箕	斗	女	虚	危	室	壁	奎	婁	胃	昴	畢
6月	觜	**参**	井	鬼	柳	星	張	翼	軫	角	亢	氐	房	心	尾	箕	斗	女	虚	危	室	壁	奎	婁	胃	昴	畢	觜	参	井	
7月	鬼	**鬼**	柳	星	張	翼	軫	角	亢	氐	房	心	尾	箕	斗	女	虚	危	室	壁	奎	婁	胃	昴	畢	觜	参	井	鬼	柳	星
8月	**張**	張	翼	軫	角	亢	氐	房	心	尾	箕	斗	女	虚	危	室	壁	奎	婁	胃	昴	畢	觜	参	井	鬼	柳	星	張	**角**	亢
9月	氐	房	心	尾	箕	斗	女	虚	危	室	壁	奎	婁	胃	昴	畢	觜	参	井	鬼	柳	星	張	翼	軫	角	亢	氐	**氐**	房	
10月	心	尾	箕	斗	女	虚	危	室	壁	奎	婁	胃	昴	畢	觜	参	井	鬼	柳	星	張	翼	軫	角	亢	氐	房	**心**	尾	箕	斗
11月	女	虚	危	室	壁	奎	婁	胃	昴	畢	觜	参	井	鬼	柳	星	張	翼	軫	角	亢	氐	房	心	尾	箕	**斗**	女	虚	危	
12月	室	壁	奎	婁	胃	昴	畢	觜	参	井	鬼	柳	星	張	翼	軫	角	亢	氐	房	心	尾	箕	斗	女	**虚**	危	室	壁	奎	婁

1925（大正14）年

月＼日	1	2	3	4	5	6	7	8	9	10	11	12	13	14	15	16	17	18	19	20	21	22	23	24	25	26	27	28	29	30	31
1月	胃	昴	畢	觜	参	井	鬼	柳	星	張	翼	軫	角	亢	氐	房	心	尾	箕	斗	女	虚	危	**室**	壁	奎	婁	胃	昴	畢	觜
2月	参	井	鬼	柳	星	張	翼	軫	角	亢	氐	房	心	尾	箕	斗	女	虚	危	室	壁	奎	**奎**	婁	胃	昴	畢	觜			
3月	参	井	鬼	柳	星	張	翼	軫	角	亢	氐	房	心	尾	箕	斗	女	虚	危	室	壁	奎	婁	**胃**	昴	畢	觜	参	井	鬼	柳
4月	星	張	翼	軫	角	亢	氐	房	心	尾	箕	斗	女	虚	危	室	壁	奎	婁	胃	昴	畢	**畢**	觜	参	井	鬼	柳	星	張	
5月	翼	軫	角	亢	氐	房	心	尾	箕	斗	女	虚	危	室	壁	奎	婁	胃	昴	畢	觜	参	**畢**	觜	参	井	鬼	柳	星	張	翼
6月	軫	角	亢	氐	房	心	尾	箕	斗	女	虚	危	室	壁	奎	婁	胃	昴	畢	觜	**参**	井	鬼	柳	星	張	翼	軫	角	亢	
7月	氐	房	心	尾	箕	斗	女	虚	危	室	壁	奎	婁	胃	昴	畢	觜	参	井	鬼	**鬼**	柳	星	張	翼	軫	角	亢	氐	房	心
8月	尾	箕	斗	女	虚	危	室	壁	奎	婁	胃	昴	畢	觜	参	井	鬼	柳	**張**	翼	軫	角	亢	氐	房	心	尾	箕	斗	女	虚
9月	危	室	壁	奎	婁	胃	昴	畢	觜	参	井	鬼	柳	星	張	翼	軫	**角**	亢	氐	房	心	尾	箕	斗	女	虚	危	室	壁	
10月	奎	婁	胃	昴	畢	觜	参	井	鬼	柳	星	張	翼	軫	角	亢	氐	**氐**	房	心	尾	箕	斗	女	虚	危	室	壁	奎	婁	胃
11月	昴	畢	觜	参	井	鬼	柳	星	張	翼	軫	角	亢	氐	房	**心**	尾	箕	斗	女	虚	危	室	壁	奎	婁	胃	昴	畢	觜	
12月	参	井	鬼	柳	星	張	翼	軫	角	亢	氐	房	心	尾	箕	**斗**	女	虚	危	室	壁	奎	婁	胃	昴	畢	觜	参	井	鬼	柳

1926（大正15／昭和元）年

月＼日	1	2	3	4	5	6	7	8	9	10	11	12	13	14	15	16	17	18	19	20	21	22	23	24	25	26	27	28	29	30	31
1月	星	張	翼	軫	角	亢	氐	房	心	尾	箕	斗	女	**虚**	危	室	壁	奎	婁	胃	昴	畢	觜	参	井	鬼	柳	星	張	翼	軫
2月	角	亢	氐	房	心	尾	箕	斗	女	虚	危	室	**室**	壁	奎	婁	胃	昴	畢	觜	参	井	鬼	柳	星	張	翼	軫			
3月	角	亢	氐	房	心	尾	箕	斗	女	虚	危	室	壁	**奎**	婁	胃	昴	畢	觜	参	井	鬼	柳	星	張	翼	軫	角	亢	氐	房
4月	心	尾	箕	斗	女	虚	危	室	壁	奎	婁	**胃**	昴	畢	觜	参	井	鬼	柳	星	張	翼	軫	角	亢	氐	房	心	尾	箕	
5月	斗	女	虚	危	室	壁	奎	婁	胃	昴	畢	**畢**	觜	参	井	鬼	柳	星	張	翼	軫	角	亢	氐	房	心	尾	箕	斗	女	虚
6月	危	室	壁	奎	婁	胃	昴	畢	觜	**参**	井	鬼	柳	星	張	翼	軫	角	亢	氐	房	心	尾	箕	斗	女	虚	危	室	壁	
7月	奎	婁	胃	昴	畢	觜	参	井	鬼	**鬼**	柳	星	張	翼	軫	角	亢	氐	房	心	尾	箕	斗	女	虚	危	室	壁	奎	婁	胃
8月	昴	畢	觜	参	井	鬼	柳	**張**	翼	軫	角	亢	氐	房	心	尾	箕	斗	女	虚	危	室	壁	奎	婁	胃	昴	畢	觜	参	井
9月	鬼	柳	星	張	翼	軫	**角**	亢	氐	房	心	尾	箕	斗	女	虚	危	室	壁	奎	婁	胃	昴	畢	觜	参	井	鬼	柳	星	
10月	張	翼	軫	角	亢	氐	**氐**	房	心	尾	箕	斗	女	虚	危	室	壁	奎	婁	胃	昴	畢	觜	参	井	鬼	柳	星	張	翼	軫
11月	角	亢	氐	房	**心**	尾	箕	斗	女	虚	危	室	壁	奎	婁	胃	昴	畢	觜	参	井	鬼	柳	星	張	翼	軫	角	亢	氐	
12月	房	心	尾	箕	**斗**	女	虚	危	室	壁	奎	婁	胃	昴	畢	觜	参	井	鬼	柳	星	張	翼	軫	角	亢	氐	房	心	尾	箕

※赤字太字は旧暦の1日を表しています。

1927（昭和2）年

月＼日	1	2	3	4	5	6	7	8	9	10	11	12	13	14	15	16	17	18	19	20	21	22	23	24	25	26	27	28	29	30	31
1月	斗	女	虚	虚	危	室	壁	奎	婁	胃	昴	畢	觜	参	井	鬼	柳	星	張	翼	軫	角	亢	氐	房	心	尾	箕	斗	女	虚
2月	危	室	壁	奎	婁	胃	昴	畢	觜	参	井	鬼	柳	星	張	翼	軫	角	亢	氐	房	心	尾	箕	斗	女	虚	危			
3月	室	壁	奎	奎	婁	胃	昴	畢	觜	参	井	鬼	柳	星	張	翼	軫	角	亢	氐	房	心	尾	箕	斗	女	虚	危	室	壁	奎
4月	婁	胃	昴	畢	觜	参	井	鬼	柳	星	張	翼	軫	角	亢	氐	房	心	尾	箕	斗	女	虚	危	室	壁	奎	婁	胃	昴	
5月	畢	觜	参	井	鬼	柳	星	張	翼	軫	角	亢	氐	房	心	尾	箕	斗	女	虚	危	室	壁	奎	婁	胃	昴	畢	觜	参	参
6月	井	鬼	柳	星	張	翼	軫	角	亢	氐	房	心	尾	箕	斗	女	虚	危	室	壁	奎	婁	胃	昴	畢	觜	参	井	鬼	柳	
7月	星	張	翼	軫	角	亢	氐	房	心	尾	箕	斗	女	虚	危	室	壁	奎	婁	胃	昴	畢	觜	参	井	鬼	柳	星	張	翼	軫
8月	角	亢	氐	房	心	尾	箕	斗	女	虚	危	室	壁	奎	婁	胃	昴	畢	觜	参	井	鬼	柳	星	張	翼	角	亢	氐	房	心
9月	尾	箕	斗	女	虚	危	室	壁	奎	婁	胃	昴	畢	觜	参	井	鬼	柳	星	張	翼	軫	角	亢	氐	氐	房	心	尾	箕	
10月	斗	女	虚	危	室	壁	奎	婁	胃	昴	畢	觜	参	井	鬼	柳	星	張	翼	軫	角	亢	氐	房	心	心	尾	箕	斗	女	虚
11月	危	室	壁	奎	婁	胃	昴	畢	觜	参	井	鬼	柳	星	張	翼	軫	角	亢	氐	房	心	尾	斗	女	虚	危	室	壁	奎	
12月	婁	胃	昴	畢	觜	参	井	鬼	柳	星	張	翼	軫	角	亢	氐	房	心	尾	箕	斗	女	虚	虚	危	室	壁	奎	婁	胃	昴

1928（昭和3）年

月＼日	1	2	3	4	5	6	7	8	9	10	11	12	13	14	15	16	17	18	19	20	21	22	23	24	25	26	27	28	29	30	31
1月	畢	觜	参	井	鬼	柳	星	張	翼	軫	角	亢	氐	房	心	尾	箕	斗	女	虚	危	室	室	壁	奎	婁	胃	昴	畢	觜	参
2月	井	鬼	柳	星	張	翼	軫	角	亢	氐	房	心	尾	箕	斗	女	虚	危	室	壁	奎	婁	胃	昴	畢	觜	参	井	鬼		
3月	柳	星	張	翼	軫	角	亢	氐	房	心	尾	箕	斗	女	虚	危	室	壁	奎	婁	胃	奎	婁	胃	昴	畢	觜	参	井	鬼	柳
4月	星	張	翼	軫	角	亢	氐	房	心	尾	箕	斗	女	虚	危	室	壁	奎	婁	胃	昴	畢	觜	参	井	鬼	柳	星	張	翼	
5月	軫	角	亢	氐	房	心	尾	箕	斗	女	虚	危	室	壁	奎	婁	胃	昴	畢	觜	参	井	鬼	柳	星	張	翼	軫	角	亢	氐
6月	房	心	尾	箕	斗	女	虚	危	室	壁	奎	婁	胃	昴	畢	觜	参	参	井	鬼	柳	星	張	翼	軫	角	亢	氐	房	心	
7月	尾	箕	斗	女	虚	危	室	壁	奎	婁	胃	昴	畢	觜	参	井	鬼	柳	星	張	翼	軫	角	亢	氐	房	心	尾	箕	斗	女
8月	虚	危	室	壁	奎	婁	胃	昴	畢	觜	参	井	鬼	柳	張	翼	軫	角	亢	氐	房	心	尾	箕	斗	女	虚	危	室	壁	奎
9月	婁	胃	昴	畢	觜	参	井	鬼	柳	星	張	翼	軫	角	亢	氐	房	心	尾	箕	斗	女	虚	危	室	壁	奎	婁	胃	昴	
10月	畢	觜	参	井	鬼	柳	星	張	翼	軫	角	亢	氐	氐	房	心	尾	箕	斗	女	虚	危	室	壁	奎	婁	胃	昴	畢	觜	参
11月	井	鬼	柳	星	張	翼	軫	角	亢	氐	房	心	尾	箕	斗	女	虚	危	室	壁	奎	婁	胃	昴	畢	觜	参	井	鬼	柳	
12月	星	張	翼	軫	角	亢	氐	房	心	尾	箕	斗	女	虚	危	室	壁	奎	婁	胃	昴	畢	觜	参	井	鬼	柳	星	張	翼	軫

1929（昭和4）年

月＼日	1	2	3	4	5	6	7	8	9	10	11	12	13	14	15	16	17	18	19	20	21	22	23	24	25	26	27	28	29	30	31
1月	角	亢	氐	房	心	尾	箕	斗	女	虚	虚	危	室	壁	奎	婁	胃	昴	畢	觜	参	井	鬼	柳	星	張	翼	軫	角	亢	氐
2月	房	心	尾	箕	斗	女	虚	危	室	室	壁	奎	婁	胃	昴	畢	觜	参	井	鬼	柳	星	張	翼	軫	角	亢	氐			
3月	房	心	尾	箕	斗	女	虚	危	室	壁	奎	婁	胃	昴	畢	觜	参	井	鬼	柳	星	張	翼	軫	角	亢	氐	房	心	尾	箕
4月	斗	女	虚	危	室	壁	奎	婁	胃	胃	昴	畢	觜	参	井	鬼	柳	星	張	翼	軫	角	亢	氐	房	心	尾	箕	斗	女	
5月	虚	危	室	壁	奎	婁	胃	昴	畢	觜	参	井	鬼	柳	星	張	翼	軫	角	亢	氐	房	心	尾	箕	斗	女	虚	危	室	壁
6月	奎	婁	胃	昴	畢	觜	参	井	鬼	柳	星	張	翼	軫	角	亢	氐	房	心	尾	箕	斗	女	虚	危	室	壁	奎	婁	胃	
7月	昴	畢	觜	参	井	鬼	鬼	柳	星	張	翼	軫	角	亢	氐	房	心	尾	箕	斗	女	虚	危	室	壁	奎	婁	胃	昴	畢	觜
8月	参	井	鬼	柳	張	翼	軫	角	亢	氐	房	心	尾	箕	斗	女	虚	危	室	壁	奎	婁	胃	昴	畢	觜	参	井	鬼	柳	星
9月	張	翼	角	亢	氐	房	心	尾	箕	斗	女	虚	危	室	壁	奎	婁	胃	昴	畢	觜	参	井	鬼	柳	星	張	翼	軫	角	
10月	亢	氐	氐	房	心	尾	箕	斗	女	虚	危	室	壁	奎	婁	胃	昴	畢	觜	参	井	鬼	柳	星	張	翼	軫	角	亢	氐	房
11月	心	尾	箕	斗	女	虚	危	室	壁	奎	婁	胃	昴	畢	觜	参	井	鬼	柳	星	張	翼	軫	角	亢	氐	房	心	尾	箕	
12月	斗	女	虚	危	室	壁	奎	婁	胃	昴	畢	觜	参	井	鬼	柳	星	張	翼	軫	角	亢	氐	房	心	尾	箕	斗	女	虚	虚

1930（昭和5）年

月＼日	1	2	3	4	5	6	7	8	9	10	11	12	13	14	15	16	17	18	19	20	21	22	23	24	25	26	27	28	29	30	31
1月	危	室	壁	奎	婁	胃	昴	畢	觜	参	井	鬼	柳	星	張	翼	軫	角	亢	氐	房	心	尾	箕	斗	女	虚	危	室	室	壁
2月	奎	婁	胃	昴	畢	觜	参	井	鬼	柳	星	張	翼	軫	角	亢	氐	房	心	尾	箕	斗	女	虚	危	室	壁	奎			
3月	婁	胃	昴	畢	觜	参	井	鬼	柳	星	張	翼	軫	角	亢	氐	房	心	尾	箕	斗	女	虚	危	室	壁	奎	婁	胃	胃	昴
4月	畢	觜	参	井	鬼	柳	星	張	翼	軫	角	亢	氐	房	心	尾	箕	斗	女	虚	危	室	壁	奎	婁	胃	昴	畢	畢	觜	
5月	参	井	鬼	柳	星	張	翼	軫	角	亢	氐	房	心	尾	箕	斗	女	虚	危	室	壁	奎	婁	胃	昴	畢	觜	参	井	鬼	柳
6月	星	張	翼	軫	角	亢	氐	房	心	尾	箕	斗	女	虚	危	室	壁	奎	婁	胃	昴	畢	觜	参	井	鬼	柳	星	張	翼	
7月	軫	角	亢	氐	房	心	尾	箕	斗	女	虚	危	室	壁	奎	婁	胃	昴	畢	觜	参	井	鬼	柳	星	鬼	柳	星	張	翼	軫
8月	角	亢	氐	房	心	尾	箕	斗	女	虚	危	室	壁	奎	婁	胃	昴	畢	觜	参	井	鬼	柳	張	翼	軫	角	亢	氐	房	心
9月	尾	箕	斗	女	虚	危	室	壁	奎	婁	胃	昴	畢	觜	参	井	鬼	柳	星	張	翼	角	亢	氐	房	心	尾	箕	斗	女	
10月	虚	危	室	壁	奎	婁	胃	昴	畢	觜	参	井	鬼	柳	星	張	翼	軫	角	亢	氐	氐	房	心	尾	箕	斗	女	虚	危	室
11月	壁	奎	婁	胃	昴	畢	觜	参	井	鬼	柳	星	張	翼	軫	角	亢	氐	房	心	尾	箕	斗	女	虚	危	室	壁	奎	婁	
12月	胃	昴	畢	觜	参	井	鬼	柳	星	張	翼	軫	角	亢	氐	房	心	尾	箕	斗	女	虚	危	室	壁	奎	婁	胃	昴	畢	觜

1931（昭和6）年

月＼日	1	2	3	4	5	6	7	8	9	10	11	12	13	14	15	16	17	18	19	20	21	22	23	24	25	26	27	28	29	30	31
1月	参	井	鬼	柳	星	張	翼	軫	角	亢	氐	房	心	尾	箕	斗	女	虚	虚	危	室	壁	奎	婁	胃	昴	畢	觜	参	井	鬼
2月	柳	星	張	翼	軫	角	亢	氐	房	心	尾	箕	斗	女	虚	危	室	壁	奎	婁	胃	昴	畢	觜	参	井	鬼	柳			
3月	星	張	翼	軫	角	亢	氐	房	心	尾	箕	斗	女	虚	危	室	壁	奎	奎	婁	胃	昴	畢	觜	参	井	鬼	柳	星	張	翼
4月	軫	角	亢	氐	房	心	尾	箕	斗	女	虚	危	室	壁	奎	婁	胃	胃	昴	畢	觜	参	井	鬼	柳	星	張	翼	軫	角	
5月	亢	氐	房	心	尾	箕	斗	女	虚	危	室	壁	奎	婁	胃	昴	畢	畢	觜	参	井	鬼	柳	星	張	翼	軫	角	亢	氐	房
6月	心	尾	箕	斗	女	虚	危	室	壁	奎	婁	胃	昴	畢	觜	参	井	鬼	柳	星	張	翼	軫	角	亢	氐	房	心	尾	箕	
7月	斗	女	虚	危	室	壁	奎	婁	胃	昴	畢	觜	参	井	鬼	柳	星	張	翼	軫	角	亢	氐	房	心	尾	箕	斗	女	虚	危
8月	室	壁	奎	婁	胃	昴	畢	觜	参	井	鬼	柳	星	張	翼	軫	角	亢	氐	房	心	尾	箕	斗	女	虚	危	室	壁	奎	婁
9月	胃	昴	畢	觜	参	井	鬼	柳	星	張	翼	角	亢	氐	房	心	尾	箕	斗	女	虚	危	室	壁	奎	婁	胃	昴	畢	觜	
10月	参	井	鬼	柳	星	張	翼	軫	角	亢	氐	房	心	尾	箕	斗	女	虚	危	室	壁	奎	婁	胃	昴	畢	觜	参	井	鬼	柳
11月	星	張	翼	軫	角	亢	氐	房	心	心	尾	箕	斗	女	虚	危	室	壁	奎	婁	胃	昴	畢	觜	参	井	鬼	柳	星	張	
12月	翼	軫	角	亢	氐	房	心	尾	斗	女	虚	危	室	壁	奎	婁	胃	昴	畢	觜	参	井	鬼	柳	星	張	翼	軫	角	亢	氐

1932（昭和7）年

月＼日	1	2	3	4	5	6	7	8	9	10	11	12	13	14	15	16	17	18	19	20	21	22	23	24	25	26	27	28	29	30	31
1月	房	心	尾	箕	斗	女	虚	虚	危	室	壁	奎	婁	胃	昴	畢	觜	参	井	鬼	柳	星	張	翼	軫	角	亢	氐	房	心	尾
2月	箕	斗	女	虚	危	室	壁	奎	婁	胃	昴	畢	觜	参	井	鬼	柳	星	張	翼	軫	角	亢	氐	房	心	尾	箕	斗		
3月	女	虚	危	室	壁	奎	奎	婁	胃	昴	畢	觜	参	井	鬼	柳	星	張	翼	軫	角	亢	氐	房	心	尾	箕	斗	女	虚	危
4月	室	壁	奎	婁	胃	胃	昴	畢	觜	参	井	鬼	柳	星	張	翼	軫	角	亢	氐	房	心	尾	箕	斗	女	虚	危	室	壁	
5月	奎	婁	胃	昴	畢	畢	觜	参	井	鬼	柳	星	張	翼	軫	角	亢	氐	房	心	尾	箕	斗	女	虚	危	室	壁	奎	婁	胃
6月	昴	畢	觜	参	井	鬼	柳	星	張	翼	軫	角	亢	氐	房	心	尾	箕	斗	女	虚	危	室	壁	奎	婁	胃	昴	畢	觜	
7月	参	井	鬼	鬼	柳	星	張	翼	軫	角	亢	氐	房	心	尾	箕	斗	女	虚	危	室	壁	奎	婁	胃	昴	畢	觜	参	井	鬼
8月	柳	張	翼	軫	角	亢	氐	房	心	尾	箕	斗	女	虚	危	室	壁	奎	婁	胃	昴	畢	觜	参	井	鬼	柳	星	張	翼	軫
9月	角	亢	氐	房	心	尾	箕	斗	女	虚	危	室	壁	奎	婁	胃	昴	畢	觜	参	井	鬼	柳	星	張	翼	軫	角	亢	氐	
10月	房	心	尾	箕	斗	女	虚	危	室	壁	奎	婁	胃	昴	畢	觜	参	井	鬼	柳	星	張	翼	軫	角	亢	氐	房	心	尾	箕
11月	斗	女	虚	危	室	壁	奎	婁	胃	昴	畢	觜	参	井	鬼	柳	星	張	翼	軫	角	亢	氐	房	心	尾	箕	斗	女	虚	
12月	危	室	壁	奎	婁	胃	昴	畢	觜	参	井	鬼	柳	星	張	翼	軫	角	亢	氐	房	心	尾	箕	斗	女	虚	危	室	壁	奎

1933（昭和8）年

月＼日	1	2	3	4	5	6	7	8	9	10	11	12	13	14	15	16	17	18	19	20	21	22	23	24	25	26	27	28	29	30	31
1月	婁	胃	昴	畢	觜	参	井	鬼	柳	星	張	翼	軫	角	亢	氐	房	心	尾	箕	斗	女	虚	危	室	室	壁	奎	婁	胃	昴
2月	畢	觜	参	井	鬼	柳	星	張	翼	軫	角	亢	氐	房	心	尾	箕	斗	女	虚	危	室	壁	奎	婁	胃	昴	畢			
3月	觜	参	井	鬼	柳	星	張	翼	軫	角	亢	氐	房	心	尾	箕	斗	女	虚	危	室	壁	奎	婁	胃	胃	昴	畢	觜	参	井
4月	鬼	柳	星	張	翼	軫	角	亢	氐	房	心	尾	箕	斗	女	虚	危	室	壁	奎	婁	胃	昴	畢	畢	觜	参	井	鬼	柳	
5月	星	張	翼	軫	角	亢	氐	房	心	尾	箕	斗	女	虚	危	室	壁	奎	婁	胃	昴	畢	觜	参	井	鬼	柳	星	張	翼	軫
6月	角	亢	氐	房	心	尾	箕	斗	女	虚	危	室	壁	奎	婁	胃	昴	畢	觜	参	井	鬼	参	井	鬼	柳	星	張	翼	軫	
7月	角	亢	氐	房	心	尾	箕	斗	女	虚	危	室	壁	奎	婁	胃	昴	畢	觜	参	井	鬼	鬼	柳	星	張	翼	軫	角	亢	氐
8月	房	心	尾	箕	斗	女	虚	危	室	壁	奎	婁	胃	昴	畢	觜	参	井	鬼	柳	張	翼	軫	角	亢	氐	房	心	尾	箕	斗
9月	女	虚	危	室	壁	奎	婁	胃	昴	畢	觜	参	井	鬼	柳	星	張	翼	軫	角	亢	氐	房	心	尾	箕	斗	女	虚	危	
10月	室	壁	奎	婁	胃	昴	畢	觜	参	井	鬼	柳	星	張	翼	軫	角	亢	氐	房	心	尾	箕	斗	女	虚	危	室	壁	奎	婁
11月	胃	昴	畢	觜	参	井	鬼	柳	星	張	翼	軫	角	亢	氐	房	心	心	尾	箕	斗	女	虚	危	室	壁	奎	婁	胃	昴	
12月	畢	觜	参	井	鬼	柳	星	張	翼	軫	角	亢	氐	房	心	尾	斗	女	虚	危	室	壁	奎	婁	胃	昴	畢	觜	参	井	鬼

1934（昭和9）年

月＼日	1	2	3	4	5	6	7	8	9	10	11	12	13	14	15	16	17	18	19	20	21	22	23	24	25	26	27	28	29	30	31
1月	柳	星	張	翼	軫	角	亢	氐	房	心	尾	箕	斗	女	虚	危	室	壁	奎	婁	胃	昴	畢	觜	参	井	鬼	柳	星	張	翼
2月	軫	角	亢	氐	房	心	尾	箕	斗	女	虚	危	室	室	壁	奎	婁	胃	昴	畢	觜	参	井	鬼	柳	星	張	翼			
3月	軫	角	亢	氐	房	心	尾	箕	斗	女	虚	危	室	壁	奎	婁	胃	昴	畢	觜	参	井	鬼	柳	星	張	翼	軫	角	亢	氐
4月	房	心	尾	箕	斗	女	虚	危	室	壁	奎	婁	胃	胃	昴	畢	觜	参	井	鬼	柳	星	張	翼	軫	角	亢	氐	房	心	
5月	尾	箕	斗	女	虚	危	室	壁	奎	婁	胃	昴	畢	觜	参	井	鬼	柳	星	張	翼	軫	角	亢	氐	房	心	尾	箕	斗	女
6月	虚	危	室	壁	奎	婁	胃	昴	畢	觜	参	参	井	鬼	柳	星	張	翼	軫	角	亢	氐	房	心	尾	箕	斗	女	虚	危	
7月	室	壁	奎	婁	胃	昴	畢	觜	参	井	鬼	鬼	柳	星	張	翼	軫	角	亢	氐	房	心	尾	箕	斗	女	虚	危	室	壁	奎
8月	婁	胃	昴	畢	觜	参	井	鬼	柳	張	翼	軫	角	亢	氐	房	心	尾	箕	斗	女	虚	危	室	壁	奎	婁	胃	昴	畢	觜
9月	参	井	鬼	柳	星	張	翼	軫	角	亢	氐	房	心	尾	箕	斗	女	虚	危	室	壁	奎	婁	胃	昴	畢	觜	参	井	鬼	
10月	柳	星	張	翼	軫	角	亢	氐	氐	房	心	尾	箕	斗	女	虚	危	室	壁	奎	婁	胃	昴	畢	觜	参	井	鬼	柳	星	張
11月	翼	軫	角	亢	氐	房	心	尾	箕	斗	女	虚	危	室	壁	奎	婁	胃	昴	畢	觜	参	井	鬼	柳	星	張	翼	軫	角	
12月	亢	氐	房	心	尾	箕	斗	女	虚	危	室	壁	奎	婁	胃	昴	畢	觜	参	井	鬼	柳	星	張	翼	軫	角	亢	氐	房	心

※赤字太字は旧暦の1日を表しています。

1935（昭和10）年

月＼日	1	2	3	4	5	6	7	8	9	10	11	12	13	14	15	16	17	18	19	20	21	22	23	24	25	26	27	28	29	30	31
1月	尾	箕	斗	女	虚	危	室	壁	奎	婁	胃	昴	畢	觜	参	井	鬼	柳	星	張	翼	軫	角	亢	氐	房	心	尾	箕	斗	女
2月	虚	危	室	室	壁	奎	婁	胃	昴	畢	觜	参	井	鬼	柳	星	張	翼	軫	角	亢	氐	房	心	尾	箕	斗	女			
3月	虚	危	室	壁	奎	婁	胃	昴	畢	觜	参	井	鬼	柳	星	張	翼	軫	角	亢	氐	房	心	尾	箕	斗	女	虚	危	室	壁
4月	奎	婁	胃	昴	畢	觜	参	井	鬼	柳	星	張	翼	軫	角	亢	氐	房	心	尾	箕	斗	女	虚	危	室	壁	奎	婁	胃	
5月	昴	畢	畢	觜	参	井	鬼	柳	星	張	翼	軫	角	亢	氐	房	心	尾	箕	斗	女	虚	危	室	壁	奎	婁	胃	昴	畢	觜
6月	参	井	鬼	柳	星	張	翼	軫	角	亢	氐	房	心	尾	箕	斗	女	虚	危	室	壁	奎	婁	胃	昴	畢	觜	参	井	鬼	
7月	鬼	柳	星	張	翼	軫	角	亢	氐	房	心	尾	箕	斗	女	虚	危	室	壁	奎	婁	胃	昴	畢	觜	参	井	鬼	柳	張	翼
8月	軫	角	亢	氐	房	心	尾	箕	斗	女	虚	危	室	壁	奎	婁	胃	昴	畢	觜	参	井	鬼	柳	星	張	翼	軫	角	亢	氐
9月	房	心	尾	箕	斗	女	虚	危	室	壁	奎	婁	胃	昴	畢	觜	参	井	鬼	柳	星	張	翼	軫	角	亢	氐	氐	房	心	
10月	尾	箕	斗	女	虚	危	室	壁	奎	婁	胃	昴	畢	觜	参	井	鬼	柳	星	張	翼	軫	角	亢	氐	房	心	尾	箕	斗	女
11月	虚	危	室	壁	奎	婁	胃	昴	畢	觜	参	井	鬼	柳	星	張	翼	軫	角	亢	氐	房	心	尾	箕	斗	女	虚	危	室	
12月	壁	奎	婁	胃	昴	畢	觜	参	井	鬼	柳	星	張	翼	軫	角	亢	氐	房	心	尾	箕	斗	女	虚	虚	危	室	壁	奎	婁

1936（昭和11）年

月＼日	1	2	3	4	5	6	7	8	9	10	11	12	13	14	15	16	17	18	19	20	21	22	23	24	25	26	27	28	29	30	31
1月	胃	昴	畢	觜	参	井	鬼	柳	星	張	翼	軫	角	亢	氐	房	心	尾	箕	斗	女	虚	危	室	壁	奎	婁	胃	昴	畢	觜
2月	参	井	鬼	柳	星	張	翼	軫	角	亢	氐	房	心	尾	箕	斗	女	虚	危	室	壁	奎	奎	婁	胃	昴	畢	觜	参		
3月	井	鬼	柳	星	張	翼	軫	角	亢	氐	房	心	尾	箕	斗	女	虚	危	室	壁	奎	婁	胃	昴	畢	觜	参	井	鬼	柳	星
4月	張	翼	軫	角	亢	氐	房	心	尾	箕	斗	女	虚	危	室	壁	奎	婁	胃	昴	胃	昴	畢	觜	参	井	鬼	柳	星	張	
5月	翼	軫	角	亢	氐	房	心	尾	箕	斗	女	虚	危	室	壁	奎	婁	胃	昴	畢	畢	觜	参	井	鬼	柳	星	張	翼	軫	角
6月	亢	氐	房	心	尾	箕	斗	女	虚	危	室	壁	奎	婁	胃	昴	畢	觜	参	井	鬼	柳	星	張	翼	軫	角	亢	氐	房	
7月	心	尾	箕	斗	女	虚	危	室	壁	奎	婁	胃	昴	畢	觜	参	井	鬼	鬼	柳	星	張	翼	軫	角	亢	氐	房	心	尾	箕
8月	斗	女	虚	危	室	壁	奎	婁	胃	昴	畢	觜	参	井	鬼	柳	張	翼	軫	角	亢	氐	房	心	尾	箕	斗	女	虚	危	室
9月	壁	奎	婁	胃	昴	畢	觜	参	井	鬼	柳	星	張	翼	軫	角	亢	氐	房	心	尾	箕	斗	女	虚	危	室	壁	奎	婁	
10月	胃	昴	畢	觜	参	井	鬼	柳	星	張	翼	軫	角	亢	氐	房	心	尾	箕	斗	女	虚	危	室	壁	奎	婁	胃	昴	畢	觜
11月	参	井	鬼	柳	星	張	翼	軫	角	亢	氐	房	心	心	尾	箕	斗	女	虚	危	室	壁	奎	婁	胃	昴	畢	觜	参	井	
12月	鬼	柳	星	張	翼	軫	角	亢	氐	房	心	尾	箕	斗	女	虚	危	室	壁	奎	婁	胃	昴	畢	觜	参	井	鬼	柳	星	張

1937（昭和12）年

月＼日	1	2	3	4	5	6	7	8	9	10	11	12	13	14	15	16	17	18	19	20	21	22	23	24	25	26	27	28	29	30	31
1月	翼	軫	角	亢	氐	房	心	尾	箕	斗	女	虚	虚	危	室	壁	奎	婁	胃	昴	畢	觜	参	井	鬼	柳	星	張	翼	軫	角
2月	亢	氐	房	心	尾	箕	斗	女	虚	危	室	壁	奎	婁	胃	昴	畢	觜	参	井	鬼	柳	星	張	翼	軫	角	亢			
3月	氐	房	心	尾	箕	斗	女	虚	危	室	壁	奎	奎	婁	胃	昴	畢	觜	参	井	鬼	柳	星	張	翼	軫	角	亢	氐	房	心
4月	尾	箕	斗	女	虚	危	室	壁	奎	婁	胃	昴	畢	觜	参	井	鬼	柳	星	張	翼	軫	角	亢	氐	房	心	尾	箕	斗	
5月	女	虚	危	室	壁	奎	婁	胃	昴	畢	觜	参	井	鬼	柳	星	張	翼	軫	角	亢	氐	房	心	尾	箕	斗	女	虚	危	室
6月	壁	奎	婁	胃	昴	畢	觜	参	参	井	鬼	柳	星	張	翼	軫	角	亢	氐	房	心	尾	箕	斗	女	虚	危	室	壁	奎	
7月	婁	胃	昴	畢	觜	参	井	鬼	柳	星	張	翼	軫	角	亢	氐	房	心	尾	箕	斗	女	虚	危	室	壁	奎	婁	胃	昴	畢
8月	觜	参	井	鬼	柳	張	翼	軫	角	亢	氐	房	心	尾	箕	斗	女	虚	危	室	壁	奎	婁	胃	昴	畢	觜	参	井	鬼	柳
9月	星	張	翼	軫	角	亢	氐	房	心	尾	箕	斗	女	虚	危	室	壁	奎	婁	胃	昴	畢	觜	参	井	鬼	柳	星	張	翼	
10月	軫	角	亢	氐	房	心	尾	箕	斗	女	虚	危	室	壁	奎	婁	胃	昴	畢	觜	参	井	鬼	柳	星	張	翼	軫	角	亢	氐
11月	房	心	心	尾	箕	斗	女	虚	危	室	壁	奎	婁	胃	昴	畢	觜	参	井	鬼	柳	星	張	翼	軫	角	亢	氐	房	心	
12月	尾	箕	斗	女	虚	危	室	壁	奎	婁	胃	昴	畢	觜	参	井	鬼	柳	星	張	翼	軫	角	亢	氐	房	心	尾	箕	斗	女

1938（昭和13）年

月＼日	1	2	3	4	5	6	7	8	9	10	11	12	13	14	15	16	17	18	19	20	21	22	23	24	25	26	27	28	29	30	31
1月	虚	虚	危	室	壁	奎	婁	胃	昴	畢	觜	参	井	鬼	柳	星	張	翼	軫	角	亢	氐	房	心	尾	箕	斗	女	虚	危	室
2月	壁	奎	婁	胃	昴	畢	觜	参	井	鬼	柳	星	張	翼	軫	角	亢	氐	房	心	尾	箕	斗	女	虚	危	室	壁			
3月	奎	奎	婁	胃	昴	畢	觜	参	井	鬼	柳	星	張	翼	軫	角	亢	氐	房	心	尾	箕	斗	女	虚	危	室	壁	奎	婁	胃
4月	胃	昴	畢	觜	参	井	鬼	柳	星	張	翼	軫	角	亢	氐	房	心	尾	箕	斗	女	虚	危	室	壁	奎	婁	胃	昴	畢	
5月	觜	参	井	鬼	柳	星	張	翼	軫	角	亢	氐	房	心	尾	箕	斗	女	虚	危	室	壁	奎	婁	胃	昴	畢	觜	参	井	鬼
6月	柳	星	張	翼	軫	角	亢	氐	房	心	尾	箕	斗	女	虚	危	室	壁	奎	婁	胃	昴	畢	觜	参	井	鬼	鬼	柳	星	
7月	張	翼	軫	角	亢	氐	房	心	尾	箕	斗	女	虚	危	室	壁	奎	婁	胃	昴	畢	觜	参	井	鬼	柳	張	翼	軫	角	亢
8月	氐	房	心	尾	箕	斗	女	虚	危	室	壁	奎	婁	胃	昴	畢	觜	参	井	鬼	柳	星	張	翼	張	翼	軫	角	亢	氐	房
9月	心	尾	箕	斗	女	虚	危	室	壁	奎	婁	胃	昴	畢	觜	参	井	鬼	柳	星	張	翼	軫	角	亢	氐	房	心	尾	箕	
10月	斗	女	虚	危	室	壁	奎	婁	胃	昴	畢	觜	参	井	鬼	柳	星	張	翼	軫	角	亢	氐	房	心	尾	箕	斗	女	虚	危
11月	室	壁	奎	婁	胃	昴	畢	觜	参	井	鬼	柳	星	張	翼	軫	角	亢	氐	房	心	心	尾	箕	斗	女	虚	危	室	壁	
12月	奎	婁	胃	昴	畢	觜	参	井	鬼	柳	星	張	翼	軫	角	亢	氐	房	心	尾	箕	斗	女	虚	危	室	壁	奎	婁	胃	昴

1939（昭和14）年

月＼日	1	2	3	4	5	6	7	8	9	10	11	12	13	14	15	16	17	18	19	20	21	22	23	24	25	26	27	28	29	30	31
1月	畢	觜	参	井	鬼	柳	星	張	翼	軫	角	亢	氐	房	心	尾	箕	斗	女	**虚**	危	室	壁	奎	婁	胃	昴	畢	觜	参	井
2月	鬼	柳	星	張	翼	軫	角	亢	氐	房	心	尾	箕	斗	女	虚	危	室	**室**	壁	奎	婁	胃	昴	畢	觜	参	井			
3月	鬼	柳	星	張	翼	軫	角	亢	氐	房	心	尾	箕	斗	女	虚	危	室	壁	奎	**奎**	婁	胃	昴	畢	觜	参	井	鬼	柳	星
4月	張	翼	軫	角	亢	氐	房	心	尾	箕	斗	女	虚	危	室	壁	奎	婁	胃	**胃**	昴	畢	觜	参	井	鬼	柳	星	張	翼	
5月	軫	角	亢	氐	房	心	尾	箕	斗	女	虚	危	室	壁	奎	婁	胃	昴	**畢**	觜	参	井	鬼	柳	星	張	翼	軫	角	亢	氐
6月	房	心	尾	箕	斗	女	虚	危	室	壁	奎	婁	胃	昴	畢	觜	**参**	井	鬼	柳	星	張	翼	軫	角	亢	氐	房	心	尾	
7月	箕	斗	女	虚	危	室	壁	奎	婁	胃	昴	畢	觜	参	井	鬼	**鬼**	柳	星	張	翼	軫	角	亢	氐	房	心	尾	箕	斗	女
8月	虚	危	室	壁	奎	婁	胃	昴	畢	觜	参	井	鬼	柳	**張**	翼	軫	角	亢	氐	房	心	尾	箕	斗	女	虚	危	室	壁	奎
9月	婁	胃	昴	畢	觜	参	井	鬼	柳	星	張	翼	**角**	亢	氐	房	心	尾	箕	斗	女	虚	危	室	壁	奎	婁	胃	昴	畢	
10月	觜	参	井	鬼	柳	星	張	翼	軫	角	亢	氐	**氐**	房	心	尾	箕	斗	女	虚	危	室	壁	奎	婁	胃	昴	畢	觜	参	井
11月	鬼	柳	星	張	翼	軫	角	亢	氐	房	**心**	尾	箕	斗	女	虚	危	室	壁	奎	婁	胃	昴	畢	觜	参	井	鬼	柳	星	
12月	張	翼	軫	角	亢	氐	房	心	尾	箕	**斗**	女	虚	危	室	壁	奎	婁	胃	昴	畢	觜	参	井	鬼	柳	星	張	翼	軫	角

1940（昭和15）年

月＼日	1	2	3	4	5	6	7	8	9	10	11	12	13	14	15	16	17	18	19	20	21	22	23	24	25	26	27	28	29	30	31
1月	亢	氐	房	心	尾	箕	斗	女	**虚**	危	室	壁	奎	婁	胃	昴	畢	觜	参	井	鬼	柳	星	張	翼	軫	角	亢	氐	房	心
2月	尾	箕	斗	女	虚	危	室	**室**	壁	奎	婁	胃	昴	畢	觜	参	井	鬼	柳	星	張	翼	軫	角	亢	氐	房	心	尾		
3月	箕	斗	女	虚	危	室	壁	奎	**奎**	婁	胃	昴	畢	觜	参	井	鬼	柳	星	張	翼	軫	角	亢	氐	房	心	尾	箕	斗	女
4月	虚	危	室	壁	奎	婁	胃	**胃**	昴	畢	觜	参	井	鬼	柳	星	張	翼	軫	角	亢	氐	房	心	尾	箕	斗	女	虚	危	
5月	室	壁	奎	婁	胃	昴	**畢**	觜	参	井	鬼	柳	星	張	翼	軫	角	亢	氐	房	心	尾	箕	斗	女	虚	危	室	壁	奎	婁
6月	胃	昴	畢	觜	参	**参**	井	鬼	柳	星	張	翼	軫	角	亢	氐	房	心	尾	箕	斗	女	虚	危	室	壁	奎	婁	胃	昴	
7月	畢	觜	参	井	**鬼**	柳	星	張	翼	軫	角	亢	氐	房	心	尾	箕	斗	女	虚	危	室	壁	奎	婁	胃	昴	畢	觜	参	井
8月	鬼	柳	星	**張**	翼	軫	角	亢	氐	房	心	尾	箕	斗	女	虚	危	室	壁	奎	婁	胃	昴	畢	觜	参	井	鬼	柳	星	張
9月	翼	**角**	亢	氐	房	心	尾	箕	斗	女	虚	危	室	壁	奎	婁	胃	昴	畢	觜	参	井	鬼	柳	星	張	翼	軫	角	亢	
10月	**氐**	房	心	尾	箕	斗	女	虚	危	室	壁	奎	婁	胃	昴	畢	觜	参	井	鬼	柳	星	張	翼	軫	角	亢	氐	房	心	**心**
11月	尾	箕	斗	女	虚	危	室	壁	奎	婁	胃	昴	畢	觜	参	井	鬼	柳	星	張	翼	軫	角	亢	氐	房	心	尾	**斗**	女	
12月	虚	危	室	壁	奎	婁	胃	昴	畢	觜	参	井	鬼	柳	星	張	翼	軫	角	亢	氐	房	心	尾	箕	斗	女	虚	**虚**	危	室

1941（昭和16）年

月＼日	1	2	3	4	5	6	7	8	9	10	11	12	13	14	15	16	17	18	19	20	21	22	23	24	25	26	27	28	29	30	31
1月	壁	奎	婁	胃	昴	畢	觜	参	井	鬼	柳	星	張	翼	軫	角	亢	氐	房	心	尾	箕	斗	女	虚	危	**室**	壁	奎	婁	胃
2月	昴	畢	觜	参	井	鬼	柳	星	張	翼	軫	角	亢	氐	房	心	尾	箕	斗	女	虚	危	室	壁	奎	**奎**	婁	胃			
3月	昴	畢	觜	参	井	鬼	柳	星	張	翼	軫	角	亢	氐	房	心	尾	箕	斗	女	虚	危	室	壁	奎	婁	胃	**胃**	昴	畢	觜
4月	参	井	鬼	柳	星	張	翼	軫	角	亢	氐	房	心	尾	箕	斗	女	虚	危	室	壁	奎	婁	胃	昴	**畢**	觜	参	井	鬼	
5月	柳	星	張	翼	軫	角	亢	氐	房	心	尾	箕	斗	女	虚	危	室	壁	奎	婁	胃	昴	畢	觜	参	**参**	井	鬼	柳	星	張
6月	翼	軫	角	亢	氐	房	心	尾	箕	斗	女	虚	危	室	壁	奎	婁	胃	昴	畢	觜	参	井	鬼	**鬼**	柳	星	張	翼	軫	
7月	角	亢	氐	房	心	尾	箕	斗	女	虚	危	室	壁	奎	婁	胃	昴	畢	觜	参	井	鬼	柳	**鬼**	柳	星	張	翼	軫	角	亢
8月	氐	房	心	尾	箕	斗	女	虚	危	室	壁	奎	婁	胃	昴	畢	觜	参	井	鬼	柳	星	**張**	翼	軫	角	亢	氐	房	心	尾
9月	箕	斗	女	虚	危	室	壁	奎	婁	胃	昴	畢	觜	参	井	鬼	柳	星	張	翼	**角**	亢	氐	房	心	尾	箕	斗	女	虚	
10月	危	室	壁	奎	婁	胃	昴	畢	觜	参	井	鬼	柳	星	張	翼	軫	角	亢	**氐**	房	心	尾	箕	斗	女	虚	危	室	壁	奎
11月	婁	胃	昴	畢	觜	参	井	鬼	柳	星	張	翼	軫	角	亢	氐	房	心	**心**	尾	箕	斗	女	虚	危	室	壁	奎	婁	胃	
12月	昴	畢	觜	参	井	鬼	柳	星	張	翼	軫	角	亢	氐	房	心	尾	**斗**	女	虚	危	室	壁	奎	婁	胃	昴	畢	觜	参	井

1942（昭和17）年

月＼日	1	2	3	4	5	6	7	8	9	10	11	12	13	14	15	16	17	18	19	20	21	22	23	24	25	26	27	28	29	30	31
1月	鬼	柳	星	張	翼	軫	角	亢	氐	房	心	尾	箕	斗	女	虚	**虚**	危	室	壁	奎	婁	胃	昴	畢	觜	参	井	鬼	柳	星
2月	張	翼	軫	角	亢	氐	房	心	尾	箕	斗	女	虚	危	**室**	壁	奎	婁	胃	昴	畢	觜	参	井	鬼	柳	星	張			
3月	翼	軫	角	亢	氐	房	心	尾	箕	斗	女	虚	危	室	壁	奎	**奎**	婁	胃	昴	畢	觜	参	井	鬼	柳	星	張	翼	軫	角
4月	亢	氐	房	心	尾	箕	斗	女	虚	危	室	壁	奎	婁	**胃**	昴	畢	觜	参	井	鬼	柳	星	張	翼	軫	角	亢	氐	房	
5月	心	尾	箕	斗	女	虚	危	室	壁	奎	婁	胃	昴	畢	**畢**	觜	参	井	鬼	柳	星	張	翼	軫	角	亢	氐	房	心	尾	箕
6月	斗	女	虚	危	室	壁	奎	婁	胃	昴	畢	觜	参	**参**	井	鬼	柳	星	張	翼	軫	角	亢	氐	房	心	尾	箕	斗	女	
7月	虚	危	室	壁	奎	婁	胃	昴	畢	觜	参	井	**鬼**	柳	星	張	翼	軫	角	亢	氐	房	心	尾	箕	斗	女	虚	危	室	壁
8月	奎	婁	胃	昴	畢	觜	参	井	鬼	柳	星	**張**	翼	軫	角	亢	氐	房	心	尾	箕	斗	女	虚	危	室	壁	奎	婁	胃	昴
9月	畢	觜	参	井	鬼	柳	星	張	翼	軫	**角**	亢	氐	房	心	尾	箕	斗	女	虚	危	室	壁	奎	婁	胃	昴	畢	觜	参	
10月	井	鬼	柳	星	張	翼	軫	角	亢	**氐**	房	心	尾	箕	斗	女	虚	危	室	壁	奎	婁	胃	昴	畢	觜	参	井	鬼	柳	星
11月	張	翼	軫	角	亢	氐	房	心	**心**	尾	箕	斗	女	虚	危	室	壁	奎	婁	胃	昴	畢	觜	参	井	鬼	柳	星	張	翼	
12月	軫	角	亢	氐	房	心	尾	**斗**	女	虚	危	室	壁	奎	婁	胃	昴	畢	觜	参	井	鬼	柳	星	張	翼	軫	角	亢	氐	房

※赤字太字は旧暦の1日を表しています。

1943（昭和18）年

月＼日	1	2	3	4	5	6	7	8	9	10	11	12	13	14	15	16	17	18	19	20	21	22	23	24	25	26	27	28	29	30	31
1月	心	尾	箕	斗	女	虚	危	室	壁	奎	婁	胃	昴	畢	觜	参	井	鬼	柳	星	張	翼	軫	角	亢	氐	房	心	尾	箕	斗
2月	女	虚	危	室	室	壁	奎	婁	胃	昴	畢	觜	参	井	鬼	柳	星	張	翼	軫	角	亢	氐	房	心	尾	箕	斗			
3月	女	虚	危	室	壁	奎	婁	胃	昴	畢	觜	参	井	鬼	柳	星	張	翼	軫	角	亢	氐	房	心	尾	箕	斗	女	虚	危	室
4月	壁	奎	婁	胃	胃	昴	畢	觜	参	井	鬼	柳	星	張	翼	軫	角	亢	氐	房	心	尾	箕	斗	女	虚	危	室	壁	奎	
5月	婁	胃	昴	畢	觜	参	井	鬼	柳	星	張	翼	軫	角	亢	氐	房	心	尾	箕	斗	女	虚	危	室	壁	奎	婁	胃	昴	畢
6月	觜	参	参	井	鬼	柳	星	張	翼	軫	角	亢	氐	房	心	尾	箕	斗	女	虚	危	室	壁	奎	婁	胃	昴	畢	觜	参	
7月	井	鬼	柳	星	張	翼	軫	角	亢	氐	房	心	尾	箕	斗	女	虚	危	室	壁	奎	婁	胃	昴	畢	觜	参	井	鬼	柳	星
8月	張	翼	軫	角	亢	氐	房	心	尾	箕	斗	女	虚	危	室	壁	奎	婁	胃	昴	畢	觜	参	井	鬼	柳	星	張	翼	軫	角
9月	亢	氐	房	心	尾	箕	斗	女	虚	危	室	壁	奎	婁	胃	昴	畢	觜	参	井	鬼	柳	星	張	翼	軫	角	亢	氐	房	
10月	心	尾	箕	斗	女	虚	危	室	壁	奎	婁	胃	昴	畢	觜	参	井	鬼	柳	星	張	翼	軫	角	亢	氐	房	心	心	尾	箕
11月	斗	女	虚	危	室	壁	奎	婁	胃	昴	畢	觜	参	井	鬼	柳	星	張	翼	軫	角	亢	氐	房	心	尾	箕	斗	女	虚	
12月	危	室	壁	奎	婁	胃	昴	畢	觜	参	井	鬼	柳	星	張	翼	軫	角	亢	氐	房	心	尾	箕	斗	女	虚	危	室	壁	奎

1944（昭和19）年

月＼日	1	2	3	4	5	6	7	8	9	10	11	12	13	14	15	16	17	18	19	20	21	22	23	24	25	26	27	28	29	30	31
1月	婁	胃	昴	畢	觜	参	井	鬼	柳	星	張	翼	軫	角	亢	氐	房	心	尾	箕	斗	女	虚	危	室	室	壁	奎	婁	胃	昴
2月	畢	觜	参	井	鬼	柳	星	張	翼	軫	角	亢	氐	房	心	尾	箕	斗	女	虚	危	室	壁	奎	婁	胃	昴	畢	觜		
3月	参	井	鬼	柳	星	張	翼	軫	角	亢	氐	房	心	尾	箕	斗	女	虚	危	室	壁	奎	婁	胃	昴	畢	觜	参	井	鬼	柳
4月	星	張	翼	軫	角	亢	氐	房	心	尾	箕	斗	女	虚	危	室	壁	奎	婁	胃	昴	畢	畢	觜	参	井	鬼	柳	星	張	
5月	翼	軫	角	亢	氐	房	心	尾	箕	斗	女	虚	危	室	壁	奎	婁	胃	昴	畢	觜	畢	觜	参	井	鬼	柳	星	張	翼	軫
6月	角	亢	氐	房	心	尾	箕	斗	女	虚	危	室	壁	奎	婁	胃	昴	畢	觜	参	参	井	鬼	柳	星	張	翼	軫	角	亢	
7月	氐	房	心	尾	箕	斗	女	虚	危	室	壁	奎	婁	胃	昴	畢	觜	参	井	鬼	柳	星	張	翼	軫	角	亢	氐	房	心	尾
8月	箕	斗	女	虚	危	室	壁	奎	婁	胃	昴	畢	觜	参	井	鬼	柳	星	張	翼	軫	角	亢	氐	房	心	尾	箕	斗	女	虚
9月	危	室	壁	奎	婁	胃	昴	畢	觜	参	井	鬼	柳	星	張	翼	角	亢	氐	房	心	尾	箕	斗	女	虚	危	室	壁	奎	
10月	婁	胃	昴	畢	觜	参	井	鬼	柳	星	張	翼	軫	角	亢	氐	氐	房	心	尾	箕	斗	女	虚	危	室	壁	奎	婁	胃	昴
11月	畢	觜	参	井	鬼	柳	星	張	翼	軫	角	亢	氐	房	心	心	尾	箕	斗	女	虚	危	室	壁	奎	婁	胃	昴	畢	觜	
12月	参	井	鬼	柳	星	張	翼	軫	角	亢	氐	房	心	尾	斗	女	虚	危	室	壁	奎	婁	胃	昴	畢	觜	参	井	鬼	柳	星

1945（昭和20）年

月＼日	1	2	3	4	5	6	7	8	9	10	11	12	13	14	15	16	17	18	19	20	21	22	23	24	25	26	27	28	29	30	31
1月	張	翼	軫	角	亢	氐	房	心	尾	箕	斗	女	虚	虚	危	室	壁	奎	婁	胃	昴	畢	觜	参	井	鬼	柳	星	張	翼	軫
2月	角	亢	氐	房	心	尾	箕	斗	女	虚	危	室	室	壁	奎	婁	胃	昴	畢	觜	参	井	鬼	柳	星	張	翼	軫			
3月	角	亢	氐	房	心	尾	箕	斗	女	虚	危	室	壁	奎	婁	胃	昴	畢	觜	参	井	鬼	柳	星	張	翼	軫	角	亢	氐	房
4月	心	尾	箕	斗	女	虚	危	室	壁	奎	婁	胃	昴	畢	觜	参	井	鬼	柳	星	張	翼	軫	角	亢	氐	房	心	尾	箕	
5月	斗	女	虚	危	室	壁	奎	婁	胃	昴	畢	畢	觜	参	井	鬼	柳	星	張	翼	軫	角	亢	氐	房	心	尾	箕	斗	女	虚
6月	危	室	壁	奎	婁	胃	昴	畢	觜	参	井	鬼	柳	星	張	翼	軫	角	亢	氐	房	心	尾	箕	斗	女	虚	危	室	壁	
7月	奎	婁	胃	昴	畢	觜	参	井	鬼	柳	星	張	翼	軫	角	亢	氐	房	心	尾	箕	斗	女	虚	危	室	壁	奎	婁	胃	昴
8月	畢	觜	参	井	鬼	柳	星	張	翼	軫	角	亢	氐	房	心	尾	箕	斗	女	虚	危	室	壁	奎	婁	胃	昴	畢	觜	参	井
9月	鬼	柳	星	張	翼	角	亢	氐	房	心	尾	箕	斗	女	虚	危	室	壁	奎	婁	胃	昴	畢	觜	参	井	鬼	柳	星	張	
10月	翼	軫	角	亢	氐	氐	房	心	尾	箕	斗	女	虚	危	室	壁	奎	婁	胃	昴	畢	觜	参	井	鬼	柳	星	張	翼	軫	角
11月	亢	氐	房	心	心	尾	箕	斗	女	虚	危	室	壁	奎	婁	胃	昴	畢	觜	参	井	鬼	柳	星	張	翼	軫	角	亢	氐	
12月	房	心	尾	箕	斗	女	虚	危	室	壁	奎	婁	胃	昴	畢	觜	参	井	鬼	柳	星	張	翼	軫	角	亢	氐	房	心	尾	箕

1946（昭和21）年

月＼日	1	2	3	4	5	6	7	8	9	10	11	12	13	14	15	16	17	18	19	20	21	22	23	24	25	26	27	28	29	30	31
1月	斗	女	虚	危	室	壁	奎	婁	胃	昴	畢	觜	参	井	鬼	柳	星	張	翼	軫	角	亢	氐	房	心	尾	箕	斗	女	虚	危
2月	室	室	壁	奎	婁	胃	昴	畢	觜	参	井	鬼	柳	星	張	翼	軫	角	亢	氐	房	心	尾	箕	斗	女	虚	危			
3月	室	壁	奎	奎	婁	胃	昴	畢	觜	参	井	鬼	柳	星	張	翼	軫	角	亢	氐	房	心	尾	箕	斗	女	虚	危	室	壁	奎
4月	婁	胃	昴	畢	觜	参	井	鬼	柳	星	張	翼	軫	角	亢	氐	房	心	尾	箕	斗	女	虚	危	室	壁	奎	婁	胃	昴	
5月	畢	觜	参	井	鬼	柳	星	張	翼	軫	角	亢	氐	房	心	尾	箕	斗	女	虚	危	室	壁	奎	婁	胃	昴	畢	觜	参	参
6月	井	鬼	柳	星	張	翼	軫	角	亢	氐	房	心	尾	箕	斗	女	虚	危	室	壁	奎	婁	胃	昴	畢	觜	参	井	鬼	柳	
7月	星	張	翼	軫	角	亢	氐	房	心	尾	箕	斗	女	虚	危	室	壁	奎	婁	胃	昴	畢	觜	参	井	鬼	柳	張	翼	軫	角
8月	亢	氐	房	心	尾	箕	斗	女	虚	危	室	壁	奎	婁	胃	昴	畢	觜	参	井	鬼	柳	星	張	翼	軫	角	亢	氐	房	心
9月	尾	箕	斗	女	虚	危	室	壁	奎	婁	胃	昴	畢	觜	参	井	鬼	柳	星	張	翼	軫	角	亢	氐	房	心	尾	箕	斗	
10月	女	虚	危	室	壁	奎	婁	胃	昴	畢	觜	参	井	鬼	柳	星	張	翼	軫	角	亢	氐	房	心	心	尾	箕	斗	女	虚	危
11月	室	壁	奎	婁	胃	昴	畢	觜	参	井	鬼	柳	星	張	翼	軫	角	亢	氐	房	心	尾	箕	斗	女	虚	危	室	壁	奎	
12月	婁	胃	昴	畢	觜	参	井	鬼	柳	星	張	翼	軫	角	亢	氐	房	心	尾	箕	斗	女	虚	危	室	壁	奎	婁	胃	昴	畢

1947（昭和22）年

月＼日	1	2	3	4	5	6	7	8	9	10	11	12	13	14	15	16	17	18	19	20	21	22	23	24	25	26	27	28	29	30	31
1月	觜	参	井	鬼	柳	星	張	翼	軫	角	亢	氐	房	心	尾	箕	斗	女	虚	危	室	**室**	壁	奎	婁	胃	昴	畢	觜	参	井
2月	鬼	柳	星	張	翼	軫	角	亢	氐	房	心	尾	箕	斗	女	虚	危	室	壁	奎	**奎**	婁	胃	昴	畢	觜	参	井			
3月	鬼	柳	星	張	翼	軫	角	亢	氐	房	心	尾	箕	斗	女	虚	危	室	壁	奎	婁	胃	**奎**	婁	胃	昴	畢	觜	参	井	鬼
4月	柳	星	張	翼	軫	角	亢	氐	房	心	尾	箕	斗	女	虚	危	室	壁	奎	婁	**胃**	昴	畢	觜	参	井	鬼	柳	星	張	
5月	翼	軫	角	亢	氐	房	心	尾	箕	斗	女	虚	危	室	壁	奎	婁	胃	昴	**畢**	觜	参	井	鬼	柳	星	張	翼	軫	角	亢
6月	氐	房	心	尾	箕	斗	女	虚	危	室	壁	奎	婁	胃	昴	畢	觜	参	**参**	井	鬼	柳	星	張	翼	軫	角	亢	氐	房	
7月	心	尾	箕	斗	女	虚	危	室	壁	奎	婁	胃	昴	畢	觜	参	井	**鬼**	柳	星	張	翼	軫	角	亢	氐	房	心	尾	箕	斗
8月	女	虚	危	室	壁	奎	婁	胃	昴	畢	觜	参	井	鬼	柳	**張**	翼	軫	角	亢	氐	房	心	尾	箕	斗	女	虚	危	室	壁
9月	奎	婁	胃	昴	畢	觜	参	井	鬼	柳	星	張	翼	軫	**角**	亢	氐	房	心	尾	箕	斗	女	虚	危	室	壁	奎	婁	胃	
10月	昴	畢	觜	参	井	鬼	柳	星	張	翼	軫	角	亢	**氐**	房	心	尾	箕	斗	女	虚	危	室	壁	奎	婁	胃	昴	畢	觜	参
11月	井	鬼	柳	星	張	翼	軫	角	亢	氐	房	心	**心**	尾	箕	斗	女	虚	危	室	壁	奎	婁	胃	昴	畢	觜	参	井	鬼	
12月	柳	星	張	翼	軫	角	亢	氐	房	心	尾	**斗**	女	虚	危	室	壁	奎	婁	胃	昴	畢	觜	参	井	鬼	柳	星	張	翼	軫

1948（昭和23）年

月＼日	1	2	3	4	5	6	7	8	9	10	11	12	13	14	15	16	17	18	19	20	21	22	23	24	25	26	27	28	29	30	31
1月	角	亢	氐	房	心	尾	箕	斗	女	虚	**虚**	危	室	壁	奎	婁	胃	昴	畢	觜	参	井	鬼	柳	星	張	翼	軫	角	亢	氐
2月	房	心	尾	箕	斗	女	虚	危	室	**室**	壁	奎	婁	胃	昴	畢	觜	参	井	鬼	柳	星	張	翼	軫	角	亢	氐	房		
3月	心	尾	箕	斗	女	虚	危	室	壁	奎	**奎**	婁	胃	昴	畢	觜	参	井	鬼	柳	星	張	翼	軫	角	亢	氐	房	心	尾	箕
4月	斗	女	虚	危	室	壁	奎	婁	**胃**	昴	畢	觜	参	井	鬼	柳	星	張	翼	軫	角	亢	氐	房	心	尾	箕	斗	女	虚	
5月	危	室	壁	奎	婁	胃	昴	畢	**畢**	觜	参	井	鬼	柳	星	張	翼	軫	角	亢	氐	房	心	尾	箕	斗	女	虚	危	室	壁
6月	奎	婁	胃	昴	畢	觜	**参**	井	鬼	柳	星	張	翼	軫	角	亢	氐	房	心	尾	箕	斗	女	虚	危	室	壁	奎	婁	胃	
7月	昴	畢	觜	参	井	鬼	**鬼**	柳	星	張	翼	軫	角	亢	氐	房	心	尾	箕	斗	女	虚	危	室	壁	奎	婁	胃	昴	畢	觜
8月	参	井	鬼	柳	**張**	翼	軫	角	亢	氐	房	心	尾	箕	斗	女	虚	危	室	壁	奎	婁	胃	昴	畢	觜	参	井	鬼	柳	星
9月	張	翼	**角**	亢	氐	房	心	尾	箕	斗	女	虚	危	室	壁	奎	婁	胃	昴	畢	觜	参	井	鬼	柳	星	張	翼	軫	角	
10月	亢	氐	**氐**	房	心	尾	箕	斗	女	虚	危	室	壁	奎	婁	胃	昴	畢	觜	参	井	鬼	柳	星	張	翼	軫	角	亢	氐	房
11月	**心**	尾	箕	斗	女	虚	危	室	壁	奎	婁	胃	昴	畢	觜	参	井	鬼	柳	星	張	翼	軫	角	亢	氐	房	心	尾	箕	
12月	**斗**	女	虚	危	室	壁	奎	婁	胃	昴	畢	觜	参	井	鬼	柳	星	張	翼	軫	角	亢	氐	房	心	尾	箕	斗	女	**虚**	危

1949（昭和24）年

月＼日	1	2	3	4	5	6	7	8	9	10	11	12	13	14	15	16	17	18	19	20	21	22	23	24	25	26	27	28	29	30	31
1月	室	壁	奎	婁	胃	昴	畢	觜	参	井	鬼	柳	星	張	翼	軫	角	亢	氐	房	心	尾	箕	斗	女	虚	危	室	**室**	壁	奎
2月	婁	胃	昴	畢	觜	参	井	鬼	柳	星	張	翼	軫	角	亢	氐	房	心	尾	箕	斗	女	虚	危	室	壁	奎	**奎**			
3月	婁	胃	昴	畢	觜	参	井	鬼	柳	星	張	翼	軫	角	亢	氐	房	心	尾	箕	斗	女	虚	危	室	壁	奎	婁	胃	**胃**	昴
4月	畢	觜	参	井	鬼	柳	星	張	翼	軫	角	亢	氐	房	心	尾	箕	斗	女	虚	危	室	壁	奎	婁	胃	昴	**畢**	觜	参	
5月	井	鬼	柳	星	張	翼	軫	角	亢	氐	房	心	尾	箕	斗	女	虚	危	室	壁	奎	婁	胃	昴	畢	觜	参	**参**	井	鬼	柳
6月	星	張	翼	軫	角	亢	氐	房	心	尾	箕	斗	女	虚	危	室	壁	奎	婁	胃	昴	畢	觜	参	井	**鬼**	柳	星	張	翼	
7月	軫	角	亢	氐	房	心	尾	箕	斗	女	虚	危	室	壁	奎	婁	胃	昴	畢	觜	参	井	鬼	柳	星	**張**	翼	軫	角	亢	氐
8月	房	心	尾	箕	斗	女	虚	危	室	壁	奎	婁	胃	昴	畢	觜	参	井	鬼	柳	星	張	翼	**張**	翼	軫	角	亢	氐	房	心
9月	尾	箕	斗	女	虚	危	室	壁	奎	婁	胃	昴	畢	觜	参	井	鬼	柳	星	張	翼	**角**	亢	氐	房	心	尾	箕	斗	女	
10月	虚	危	室	壁	奎	婁	胃	昴	畢	觜	参	井	鬼	柳	星	張	翼	軫	角	亢	氐	**氐**	房	心	尾	箕	斗	女	虚	危	室
11月	壁	奎	婁	胃	昴	畢	觜	参	井	鬼	柳	星	張	翼	軫	角	亢	氐	房	**心**	尾	箕	斗	女	虚	危	室	壁	奎	婁	
12月	胃	昴	畢	觜	参	井	鬼	柳	星	張	翼	軫	角	亢	氐	房	心	尾	箕	**斗**	女	虚	危	室	壁	奎	婁	胃	昴	畢	觜

1950（昭和25）年

月＼日	1	2	3	4	5	6	7	8	9	10	11	12	13	14	15	16	17	18	19	20	21	22	23	24	25	26	27	28	29	30	31
1月	参	井	鬼	柳	星	張	翼	軫	角	亢	氐	房	心	尾	箕	斗	女	**虚**	危	室	壁	奎	婁	胃	昴	畢	觜	参	井	鬼	柳
2月	星	張	翼	軫	角	亢	氐	房	心	尾	箕	斗	女	虚	危	室	**室**	壁	奎	婁	胃	昴	畢	觜	参	井	鬼	柳			
3月	星	張	翼	軫	角	亢	氐	房	心	尾	箕	斗	女	虚	危	室	壁	奎	**奎**	婁	胃	昴	畢	觜	参	井	鬼	柳	星	張	翼
4月	軫	角	亢	氐	房	心	尾	箕	斗	女	虚	危	室	壁	奎	婁	**胃**	昴	畢	觜	参	井	鬼	柳	星	張	翼	軫	角	亢	
5月	氐	房	心	尾	箕	斗	女	虚	危	室	壁	奎	婁	胃	昴	畢	**畢**	觜	参	井	鬼	柳	星	張	翼	軫	角	亢	氐	房	心
6月	尾	箕	斗	女	虚	危	室	壁	奎	婁	胃	昴	畢	觜	参	**参**	井	鬼	柳	星	張	翼	軫	角	亢	氐	房	心	尾	箕	
7月	斗	女	虚	危	室	壁	奎	婁	胃	昴	畢	觜	参	井	**鬼**	柳	星	張	翼	軫	角	亢	氐	房	心	尾	箕	斗	女	虚	危
8月	室	壁	奎	婁	胃	昴	畢	觜	参	井	鬼	柳	星	**張**	翼	軫	角	亢	氐	房	心	尾	箕	斗	女	虚	危	室	壁	奎	婁
9月	胃	昴	畢	觜	参	井	鬼	柳	星	張	翼	**角**	亢	氐	房	心	尾	箕	斗	女	虚	危	室	壁	奎	婁	胃	昴	畢	觜	
10月	参	井	鬼	柳	星	張	翼	軫	角	亢	**氐**	房	心	尾	箕	斗	女	虚	危	室	壁	奎	婁	胃	昴	畢	觜	参	井	鬼	柳
11月	星	張	翼	軫	角	亢	氐	房	心	**心**	尾	箕	斗	女	虚	危	室	壁	奎	婁	胃	昴	畢	觜	参	井	鬼	柳	星	張	
12月	翼	軫	角	亢	氐	房	心	尾	**斗**	女	虚	危	室	壁	奎	婁	胃	昴	畢	觜	参	井	鬼	柳	星	張	翼	軫	角	亢	氐

※赤字太字は旧暦の1日を表しています。

1951（昭和26）年

月＼日	1	2	3	4	5	6	7	8	9	10	11	12	13	14	15	16	17	18	19	20	21	22	23	24	25	26	27	28	29	30	31
1月	房	心	尾	箕	斗	女	虚	虚	危	室	壁	奎	婁	胃	昴	畢	觜	参	井	鬼	柳	星	張	翼	軫	角	亢	氐	房	心	尾
2月	箕	斗	女	虚	危	室	壁	奎	婁	胃	昴	畢	觜	参	井	鬼	柳	星	張	翼	軫	角	亢	氐	房	心	尾	箕			
3月	斗	女	虚	危	室	壁	奎	奎	婁	胃	昴	畢	觜	参	井	鬼	柳	星	張	翼	軫	角	亢	氐	房	心	尾	箕	斗	女	虚
4月	危	室	壁	奎	婁	胃	昴	畢	觜	参	井	鬼	柳	星	張	翼	軫	角	亢	氐	房	心	尾	箕	斗	女	虚	危	室	壁	
5月	奎	婁	胃	昴	畢	畢	觜	参	井	鬼	柳	星	張	翼	軫	角	亢	氐	房	心	尾	箕	斗	女	虚	危	室	壁	奎	婁	胃
6月	昴	畢	觜	参	参	井	鬼	柳	星	張	翼	軫	角	亢	氐	房	心	尾	箕	斗	女	虚	危	室	壁	奎	婁	胃	昴	畢	
7月	觜	参	井	鬼	柳	星	張	翼	軫	角	亢	氐	房	心	尾	箕	斗	女	虚	危	室	壁	奎	婁	胃	昴	畢	觜	参	井	鬼
8月	柳	星	張	翼	軫	角	亢	氐	房	心	尾	箕	斗	女	虚	危	室	壁	奎	婁	胃	昴	畢	觜	参	井	鬼	柳	星	張	翼
9月	角	亢	氐	房	心	尾	箕	斗	女	虚	危	室	壁	奎	婁	胃	昴	畢	觜	参	井	鬼	柳	星	張	翼	軫	角	亢	氐	
10月	氐	房	心	尾	箕	斗	女	虚	危	室	壁	奎	婁	胃	昴	畢	觜	参	井	鬼	柳	星	張	翼	軫	角	亢	氐	房	心	尾
11月	箕	斗	女	虚	危	室	壁	奎	婁	胃	昴	畢	觜	参	井	鬼	柳	星	張	翼	軫	角	亢	氐	房	心	尾	箕	斗	女	
12月	虚	危	室	壁	奎	婁	胃	昴	畢	觜	参	井	鬼	柳	星	張	翼	軫	角	亢	氐	房	心	尾	箕	斗	女	虚	危	室	壁

1952（昭和27）年

月＼日	1	2	3	4	5	6	7	8	9	10	11	12	13	14	15	16	17	18	19	20	21	22	23	24	25	26	27	28	29	30	31
1月	奎	婁	胃	昴	畢	觜	参	井	鬼	柳	星	張	翼	軫	角	亢	氐	房	心	尾	箕	斗	女	虚	危	室	室	壁	奎	婁	胃
2月	昴	畢	觜	参	井	鬼	柳	星	張	翼	軫	角	亢	氐	房	心	尾	箕	斗	女	虚	危	室	壁	奎	婁	胃	昴	畢		
3月	觜	参	井	鬼	柳	星	張	翼	軫	角	亢	氐	房	心	尾	箕	斗	女	虚	危	室	壁	奎	婁	胃	胃	昴	畢	觜	参	井
4月	鬼	柳	星	張	翼	軫	角	亢	氐	房	心	尾	箕	斗	女	虚	危	室	壁	奎	婁	胃	昴	畢	觜	参	井	鬼	柳	星	
5月	張	翼	軫	角	亢	氐	房	心	尾	箕	斗	女	虚	危	室	壁	奎	婁	胃	昴	畢	觜	参	参	井	鬼	柳	星	張	翼	軫
6月	角	亢	氐	房	心	尾	箕	斗	女	虚	危	室	壁	奎	婁	胃	昴	畢	觜	参	井	参	井	鬼	柳	星	張	翼	軫	角	
7月	亢	氐	房	心	尾	箕	斗	女	虚	危	室	壁	奎	婁	胃	昴	畢	觜	参	井	鬼	鬼	柳	星	張	翼	軫	角	亢	氐	房
8月	心	尾	箕	斗	女	虚	危	室	壁	奎	婁	胃	昴	畢	觜	参	井	鬼	柳	星	張	翼	軫	角	亢	氐	房	心	尾	箕	斗
9月	女	虚	危	室	壁	奎	婁	胃	昴	畢	觜	参	井	鬼	柳	星	張	翼	角	亢	氐	房	心	尾	箕	斗	女	虚	危	室	
10月	壁	奎	婁	胃	昴	畢	觜	参	井	鬼	柳	星	張	翼	軫	角	亢	氐	氐	房	心	尾	箕	斗	女	虚	危	室	壁	奎	婁
11月	胃	昴	畢	觜	参	井	鬼	柳	星	張	翼	軫	角	亢	氐	房	心	尾	箕	斗	女	虚	危	室	壁	奎	婁	胃	昴	畢	
12月	觜	参	井	鬼	柳	星	張	翼	軫	角	亢	氐	房	心	尾	箕	斗	女	虚	危	室	壁	奎	婁	胃	昴	畢	觜	参	井	鬼

1953（昭和28）年

月＼日	1	2	3	4	5	6	7	8	9	10	11	12	13	14	15	16	17	18	19	20	21	22	23	24	25	26	27	28	29	30	31
1月	柳	星	張	翼	軫	角	亢	氐	房	心	尾	箕	斗	女	虚	危	室	壁	奎	婁	胃	昴	畢	觜	参	井	鬼	柳	星	張	翼
2月	軫	角	亢	氐	房	心	尾	箕	斗	女	虚	危	室	室	壁	奎	婁	胃	昴	畢	觜	参	井	鬼	柳	星	張	翼			
3月	軫	角	亢	氐	房	心	尾	箕	斗	女	虚	危	室	壁	奎	婁	胃	昴	畢	觜	参	井	鬼	柳	星	張	翼	軫	角	亢	氐
4月	房	心	尾	箕	斗	女	虚	危	室	壁	奎	婁	胃	胃	昴	畢	觜	参	井	鬼	柳	星	張	翼	軫	角	亢	氐	房	心	
5月	尾	箕	斗	女	虚	危	室	壁	奎	婁	胃	昴	畢	觜	参	井	鬼	柳	星	張	翼	軫	角	亢	氐	房	心	尾	箕	斗	女
6月	虚	危	室	壁	奎	婁	胃	昴	畢	觜	参	井	鬼	柳	星	張	翼	軫	角	亢	氐	房	心	尾	箕	斗	女	虚	危	室	
7月	壁	奎	婁	胃	昴	畢	觜	参	井	鬼	鬼	柳	星	張	翼	軫	角	亢	氐	房	心	尾	箕	斗	女	虚	危	室	壁	奎	婁
8月	胃	昴	畢	觜	参	井	鬼	柳	星	張	翼	軫	角	亢	氐	房	心	尾	箕	斗	女	虚	危	室	壁	奎	婁	胃	昴	畢	觜
9月	参	井	鬼	柳	星	張	翼	角	亢	氐	房	心	尾	箕	斗	女	虚	危	室	壁	奎	婁	胃	昴	畢	觜	参	井	鬼	柳	
10月	星	張	翼	軫	角	亢	氐	氐	房	心	尾	箕	斗	女	虚	危	室	壁	奎	婁	胃	昴	畢	觜	参	井	鬼	柳	星	張	翼
11月	軫	角	亢	氐	房	心	心	尾	箕	斗	女	虚	危	室	壁	奎	婁	胃	昴	畢	觜	参	井	鬼	柳	星	張	翼	軫	角	
12月	亢	氐	房	心	尾	斗	女	虚	危	室	壁	奎	婁	胃	昴	畢	觜	参	井	鬼	柳	星	張	翼	軫	角	亢	氐	房	心	尾

1954（昭和29）年

月＼日	1	2	3	4	5	6	7	8	9	10	11	12	13	14	15	16	17	18	19	20	21	22	23	24	25	26	27	28	29	30	31
1月	箕	斗	女	虚	虚	危	室	壁	奎	婁	胃	昴	畢	觜	参	井	鬼	柳	星	張	翼	軫	角	亢	氐	房	心	尾	箕	斗	女
2月	虚	危	室	室	壁	奎	婁	胃	昴	畢	觜	参	井	鬼	柳	星	張	翼	軫	角	亢	氐	房	心	尾	箕	斗	女			
3月	虚	危	室	壁	奎	婁	胃	昴	畢	觜	参	井	鬼	柳	星	張	翼	軫	角	亢	氐	房	心	尾	箕	斗	女	虚	危	室	壁
4月	奎	婁	胃	昴	畢	觜	参	井	鬼	柳	星	張	翼	軫	角	亢	氐	房	心	尾	箕	斗	女	虚	危	室	壁	奎	婁	胃	
5月	昴	畢	畢	觜	参	井	鬼	柳	星	張	翼	軫	角	亢	氐	房	心	尾	箕	斗	女	虚	危	室	壁	奎	婁	胃	昴	畢	觜
6月	参	井	鬼	柳	星	張	翼	軫	角	亢	氐	房	心	尾	箕	斗	女	虚	危	室	壁	奎	婁	胃	昴	畢	觜	参	井	鬼	
7月	柳	星	張	翼	軫	角	亢	氐	房	心	尾	箕	斗	女	虚	危	室	壁	奎	婁	胃	昴	畢	觜	参	井	鬼	柳	星	張	翼
8月	軫	角	亢	氐	房	心	尾	箕	斗	女	虚	危	室	壁	奎	婁	胃	昴	畢	觜	参	井	鬼	柳	星	張	翼	角	亢	氐	房
9月	心	尾	箕	斗	女	虚	危	室	壁	奎	婁	胃	昴	畢	觜	参	井	鬼	柳	星	張	翼	軫	角	亢	氐	氐	房	心	尾	
10月	箕	斗	女	虚	危	室	壁	奎	婁	胃	昴	畢	觜	参	井	鬼	柳	星	張	翼	軫	角	亢	氐	房	心	心	尾	箕	斗	女
11月	虚	危	室	壁	奎	婁	胃	昴	畢	觜	参	井	鬼	柳	星	張	翼	軫	角	亢	氐	房	心	尾	斗	女	虚	危	室	壁	
12月	奎	婁	胃	昴	畢	觜	参	井	鬼	柳	星	張	翼	軫	角	亢	氐	房	心	尾	箕	斗	女	虚	虚	危	室	壁	奎	婁	胃

1955(昭和30)年

月＼日	1	2	3	4	5	6	7	8	9	10	11	12	13	14	15	16	17	18	19	20	21	22	23	24	25	26	27	28	29	30	31
1月	昴	畢	觜	参	井	鬼	柳	星	張	翼	軫	角	亢	氐	房	心	尾	箕	斗	女	虚	危	室	**室**	壁	奎	婁	胃	昴	畢	觜
2月	参	井	鬼	柳	星	張	翼	軫	角	亢	氐	房	心	尾	箕	斗	女	虚	危	室	壁	奎	**奎**	婁	胃	昴	畢	觜			
3月	参	井	鬼	柳	星	張	翼	軫	角	亢	氐	房	心	尾	箕	斗	女	虚	危	室	壁	奎	婁	**胃**	昴	畢	觜	参	井	鬼	柳
4月	星	張	翼	軫	角	亢	氐	房	心	尾	箕	斗	女	虚	危	室	壁	奎	婁	胃	昴	**胃**	昴	畢	觜	参	井	鬼	柳	星	
5月	張	翼	軫	角	亢	氐	房	心	尾	箕	斗	女	虚	危	室	壁	奎	婁	胃	昴	畢	**畢**	觜	参	井	鬼	柳	星	張	翼	軫
6月	角	亢	氐	房	心	尾	箕	斗	女	虚	危	室	壁	奎	婁	胃	昴	畢	觜	**参**	井	鬼	柳	星	張	翼	軫	角	亢	氐	
7月	房	心	尾	箕	斗	女	虚	危	室	壁	奎	婁	胃	昴	畢	觜	参	井	**鬼**	柳	星	張	翼	軫	角	亢	氐	房	心	尾	箕
8月	斗	女	虚	危	室	壁	奎	婁	胃	昴	畢	觜	参	井	鬼	柳	星	**張**	翼	軫	角	亢	氐	房	心	尾	箕	斗	女	虚	危
9月	室	壁	奎	婁	胃	昴	畢	觜	参	井	鬼	柳	星	張	翼	**角**	亢	氐	房	心	尾	箕	斗	女	虚	危	室	壁	奎	婁	
10月	胃	昴	畢	觜	参	井	鬼	柳	星	張	翼	軫	角	亢	氐	**氐**	房	心	尾	箕	斗	女	虚	危	室	壁	奎	婁	胃	昴	畢
11月	觜	参	井	鬼	柳	星	張	翼	軫	角	亢	氐	房	**心**	尾	箕	斗	女	虚	危	室	壁	奎	婁	胃	昴	畢	觜	参	井	
12月	鬼	柳	星	張	翼	軫	角	亢	氐	房	心	尾	箕	**斗**	女	虚	危	室	壁	奎	婁	胃	昴	畢	觜	参	井	鬼	柳	星	張

1956(昭和31)年

月＼日	1	2	3	4	5	6	7	8	9	10	11	12	13	14	15	16	17	18	19	20	21	22	23	24	25	26	27	28	29	30	31
1月	翼	軫	角	亢	氐	房	心	尾	箕	斗	女	虚	**虚**	危	室	壁	奎	婁	胃	昴	畢	觜	参	井	鬼	柳	星	張	翼	軫	角
2月	亢	氐	房	心	尾	箕	斗	女	虚	危	室	**室**	壁	奎	婁	胃	昴	畢	觜	参	井	鬼	柳	星	張	翼	軫	角	亢		
3月	氐	房	心	尾	箕	斗	女	虚	危	室	壁	**奎**	婁	胃	昴	畢	觜	参	井	鬼	柳	星	張	翼	軫	角	亢	氐	房	心	尾
4月	箕	斗	女	虚	危	室	壁	奎	婁	胃	**胃**	昴	畢	觜	参	井	鬼	柳	星	張	翼	軫	角	亢	氐	房	心	尾	箕	斗	
5月	女	虚	危	室	壁	奎	婁	胃	昴	**畢**	觜	参	井	鬼	柳	星	張	翼	軫	角	亢	氐	房	心	尾	箕	斗	女	虚	危	室
6月	壁	奎	婁	胃	昴	畢	觜	参	**参**	井	鬼	柳	星	張	翼	軫	角	亢	氐	房	心	尾	箕	斗	女	虚	危	室	壁	奎	
7月	婁	胃	昴	畢	觜	参	井	**鬼**	柳	星	張	翼	軫	角	亢	氐	房	心	尾	箕	斗	女	虚	危	室	壁	奎	婁	胃	昴	畢
8月	觜	参	井	鬼	柳	**張**	翼	軫	角	亢	氐	房	心	尾	箕	斗	女	虚	危	室	壁	奎	婁	胃	昴	畢	觜	参	井	鬼	柳
9月	星	張	翼	軫	**角**	亢	氐	房	心	尾	箕	斗	女	虚	危	室	壁	奎	婁	胃	昴	畢	觜	参	井	鬼	柳	星	張	翼	
10月	軫	角	亢	**氐**	房	心	尾	箕	斗	女	虚	危	室	壁	奎	婁	胃	昴	畢	觜	参	井	鬼	柳	星	張	翼	軫	角	亢	氐
11月	房	心	**心**	尾	箕	斗	女	虚	危	室	壁	奎	婁	胃	昴	畢	觜	参	井	鬼	柳	星	張	翼	軫	角	亢	氐	房	心	
12月	尾	**斗**	女	虚	危	室	壁	奎	婁	胃	昴	畢	觜	参	井	鬼	柳	星	張	翼	軫	角	亢	氐	房	心	尾	箕	斗	女	虚

1957(昭和32)年

月＼日	1	2	3	4	5	6	7	8	9	10	11	12	13	14	15	16	17	18	19	20	21	22	23	24	25	26	27	28	29	30	31
1月	**虚**	危	室	壁	奎	婁	胃	昴	畢	觜	参	井	鬼	柳	星	張	翼	軫	角	亢	氐	房	心	尾	箕	斗	女	虚	危	室	**室**
2月	壁	奎	婁	胃	昴	畢	觜	参	井	鬼	柳	星	張	翼	軫	角	亢	氐	房	心	尾	箕	斗	女	虚	危	室	壁			
3月	奎	**奎**	婁	胃	昴	畢	觜	参	井	鬼	柳	星	張	翼	軫	角	亢	氐	房	心	尾	箕	斗	女	虚	危	室	壁	奎	婁	**胃**
4月	昴	畢	觜	参	井	鬼	柳	星	張	翼	軫	角	亢	氐	房	心	尾	箕	斗	女	虚	危	室	壁	奎	婁	胃	昴	畢	**畢**	
5月	觜	参	井	鬼	柳	星	張	翼	軫	角	亢	氐	房	心	尾	箕	斗	女	虚	危	室	壁	奎	婁	胃	昴	畢	觜	**参**	井	鬼
6月	柳	星	張	翼	軫	角	亢	氐	房	心	尾	箕	斗	女	虚	危	室	壁	奎	婁	胃	昴	畢	觜	参	井	鬼	**鬼**	柳	星	
7月	張	翼	軫	角	亢	氐	房	心	尾	箕	斗	女	虚	危	室	壁	奎	婁	胃	昴	畢	觜	参	井	鬼	柳	**張**	翼	軫	角	亢
8月	氐	房	心	尾	箕	斗	女	虚	危	室	壁	奎	婁	胃	昴	畢	觜	参	井	鬼	柳	星	張	翼	**角**	亢	氐	房	心	尾	箕
9月	斗	女	虚	危	室	壁	奎	婁	胃	昴	畢	觜	参	井	鬼	柳	星	張	翼	軫	角	亢	氐	**角**	亢	氐	房	心	尾	箕	
10月	斗	女	虚	危	室	壁	奎	婁	胃	昴	畢	觜	参	井	鬼	柳	星	張	翼	軫	角	亢	**氐**	房	心	尾	箕	斗	女	虚	危
11月	室	壁	奎	婁	胃	昴	畢	觜	参	井	鬼	柳	星	張	翼	軫	角	亢	氐	房	心	**心**	尾	箕	斗	女	虚	危	室	壁	
12月	奎	婁	胃	昴	畢	觜	参	井	鬼	柳	星	張	翼	軫	角	亢	氐	房	心	尾	**斗**	女	虚	危	室	壁	奎	婁	胃	昴	畢

1958(昭和33)年

月＼日	1	2	3	4	5	6	7	8	9	10	11	12	13	14	15	16	17	18	19	20	21	22	23	24	25	26	27	28	29	30	31
1月	觜	参	井	鬼	柳	星	張	翼	軫	角	亢	氐	房	心	尾	箕	斗	女	虚	**虚**	危	室	壁	奎	婁	胃	昴	畢	觜	参	井
2月	鬼	柳	星	張	翼	軫	角	亢	氐	房	心	尾	箕	斗	女	虚	危	室	**室**	壁	奎	婁	胃	昴	畢	觜	参	井			
3月	鬼	柳	星	張	翼	軫	角	亢	氐	房	心	尾	箕	斗	女	虚	危	室	壁	**奎**	婁	胃	昴	畢	觜	参	井	鬼	柳	星	張
4月	翼	軫	角	亢	氐	房	心	尾	箕	斗	女	虚	危	室	壁	奎	婁	胃	**胃**	昴	畢	觜	参	井	鬼	柳	星	張	翼	軫	
5月	角	亢	氐	房	心	尾	箕	斗	女	虚	危	室	壁	奎	婁	胃	昴	畢	**畢**	觜	参	井	鬼	柳	星	張	翼	軫	角	亢	氐
6月	房	心	尾	箕	斗	女	虚	危	室	壁	奎	婁	胃	昴	畢	觜	**参**	井	鬼	柳	星	張	翼	軫	角	亢	氐	房	心	尾	
7月	箕	斗	女	虚	危	室	壁	奎	婁	胃	昴	畢	觜	参	井	鬼	**鬼**	柳	星	張	翼	軫	角	亢	氐	房	心	尾	箕	斗	女
8月	虚	危	室	壁	奎	婁	胃	昴	畢	觜	参	井	鬼	柳	**張**	翼	軫	角	亢	氐	房	心	尾	箕	斗	女	虚	危	室	壁	奎
9月	婁	胃	昴	畢	觜	参	井	鬼	柳	星	張	翼	**角**	亢	氐	房	心	尾	箕	斗	女	虚	危	室	壁	奎	婁	胃	昴	畢	
10月	觜	参	井	鬼	柳	星	張	翼	軫	角	亢	氐	**氐**	房	心	尾	箕	斗	女	虚	危	室	壁	奎	婁	胃	昴	畢	觜	参	井
11月	鬼	柳	星	張	翼	軫	角	亢	氐	房	**心**	尾	箕	斗	女	虚	危	室	壁	奎	婁	胃	昴	畢	觜	参	井	鬼	柳	星	
12月	張	翼	軫	角	亢	氐	房	心	尾	箕	**斗**	女	虚	危	室	壁	奎	婁	胃	昴	畢	觜	参	井	鬼	柳	星	張	翼	軫	角

※赤字太字は旧暦の1日を表しています。

1959（昭和34）年

月＼日	1	2	3	4	5	6	7	8	9	10	11	12	13	14	15	16	17	18	19	20	21	22	23	24	25	26	27	28	29	30	31
1月	亢	氐	房	心	尾	箕	斗	女	虚	危	室	壁	奎	婁	胃	昴	畢	觜	参	井	鬼	柳	星	張	翼	軫	角	亢	氐	房	心
2月	尾	箕	斗	女	虚	危	室	室	壁	奎	婁	胃	昴	畢	觜	参	井	鬼	柳	星	張	翼	軫	角	亢	氐	房	心			
3月	尾	箕	斗	女	虚	危	室	壁	奎	婁	胃	昴	畢	觜	参	井	鬼	柳	星	張	翼	軫	角	亢	氐	房	心	尾	箕	斗	女
4月	虚	危	室	壁	奎	婁	胃	胃	昴	畢	觜	参	井	鬼	柳	星	張	翼	軫	角	亢	氐	房	心	尾	箕	斗	女	虚	危	
5月	室	壁	奎	婁	胃	昴	畢	畢	觜	参	井	鬼	柳	星	張	翼	軫	角	亢	氐	房	心	尾	箕	斗	女	虚	危	室	壁	奎
6月	婁	胃	昴	畢	觜	参	井	鬼	柳	星	張	翼	軫	角	亢	氐	房	心	尾	箕	斗	女	虚	危	室	壁	奎	婁	胃	昴	
7月	畢	觜	参	井	鬼	鬼	柳	星	張	翼	軫	角	亢	氐	房	心	尾	箕	斗	女	虚	危	室	壁	奎	婁	胃	昴	畢	觜	参
8月	井	鬼	柳	張	翼	軫	角	亢	氐	房	心	尾	箕	斗	女	虚	危	室	壁	奎	婁	胃	昴	畢	觜	参	井	鬼	柳	星	張
9月	翼	軫	角	亢	氐	房	心	尾	箕	斗	女	虚	危	室	壁	奎	婁	胃	昴	畢	觜	参	井	鬼	柳	星	張	翼	軫	角	
10月	亢	氐	房	心	尾	箕	斗	女	虚	危	室	壁	奎	婁	胃	昴	畢	觜	参	井	鬼	柳	星	張	翼	軫	角	亢	氐	房	心
11月	心	尾	箕	斗	女	虚	危	室	壁	奎	婁	胃	昴	畢	觜	参	井	鬼	柳	星	張	翼	軫	角	亢	氐	房	心	尾	斗	
12月	女	虚	危	室	壁	奎	婁	胃	昴	畢	觜	参	井	鬼	柳	星	張	翼	軫	角	亢	氐	房	心	尾	箕	斗	女	虚	虚	危

1960（昭和35）年

月＼日	1	2	3	4	5	6	7	8	9	10	11	12	13	14	15	16	17	18	19	20	21	22	23	24	25	26	27	28	29	30	31
1月	室	壁	奎	婁	胃	昴	畢	觜	参	井	鬼	柳	星	張	翼	軫	角	亢	氐	房	心	尾	箕	斗	女	虚	危	室	壁	奎	婁
2月	胃	昴	畢	觜	参	井	鬼	柳	星	張	翼	軫	角	亢	氐	房	心	尾	箕	斗	女	虚	危	室	壁	奎	奎	婁	胃		
3月	昴	畢	觜	参	井	鬼	柳	星	張	翼	軫	角	亢	氐	房	心	尾	箕	斗	女	虚	危	室	壁	奎	婁	胃	昴	畢	觜	参
4月	井	鬼	柳	星	張	翼	軫	角	亢	氐	房	心	尾	箕	斗	女	虚	危	室	壁	奎	婁	胃	昴	畢	畢	觜	参	井	鬼	
5月	柳	星	張	翼	軫	角	亢	氐	房	心	尾	箕	斗	女	虚	危	室	壁	奎	婁	胃	昴	畢	觜	参	井	鬼	柳	星	張	翼
6月	軫	角	亢	氐	房	心	尾	箕	斗	女	虚	危	室	壁	奎	婁	胃	昴	畢	觜	参	井	鬼	鬼	柳	星	張	翼	軫	角	
7月	亢	氐	房	心	尾	箕	斗	女	虚	危	室	壁	奎	婁	胃	昴	畢	觜	参	井	鬼	柳	星	鬼	柳	星	張	翼	軫	角	亢
8月	氐	房	心	尾	箕	斗	女	虚	危	室	壁	奎	婁	胃	昴	畢	觜	参	井	鬼	柳	張	翼	軫	角	亢	氐	房	心	尾	箕
9月	斗	女	虚	危	室	壁	奎	婁	胃	昴	畢	觜	参	井	鬼	柳	星	張	翼	軫	角	亢	氐	房	心	尾	箕	斗	女	虚	
10月	危	室	壁	奎	婁	胃	昴	畢	觜	参	井	鬼	柳	星	張	翼	軫	角	亢	氐	房	心	尾	箕	斗	女	虚	危	室	壁	奎
11月	婁	胃	昴	畢	觜	参	井	鬼	柳	星	張	翼	軫	角	亢	氐	房	心	心	尾	箕	斗	女	虚	危	室	壁	奎	婁	胃	
12月	昴	畢	觜	参	井	鬼	柳	星	張	翼	軫	角	亢	氐	房	心	尾	斗	女	虚	危	室	壁	奎	婁	胃	昴	畢	觜	参	井

1961（昭和36）年

月＼日	1	2	3	4	5	6	7	8	9	10	11	12	13	14	15	16	17	18	19	20	21	22	23	24	25	26	27	28	29	30	31
1月	鬼	柳	星	張	翼	軫	角	亢	氐	房	心	尾	箕	斗	女	虚	虚	危	室	壁	奎	婁	胃	昴	畢	觜	参	井	鬼	柳	星
2月	張	翼	軫	角	亢	氐	房	心	尾	箕	斗	女	虚	危	室	壁	奎	婁	胃	昴	畢	觜	参	井	鬼	柳	星	張			
3月	翼	軫	角	亢	氐	房	心	尾	箕	斗	女	虚	危	室	壁	奎	奎	婁	胃	昴	畢	觜	参	井	鬼	柳	星	張	翼	軫	角
4月	亢	氐	房	心	尾	箕	斗	女	虚	危	室	壁	奎	婁	胃	昴	畢	觜	参	井	鬼	柳	星	張	翼	軫	角	亢	氐	房	
5月	心	尾	箕	斗	女	虚	危	室	壁	奎	婁	胃	昴	畢	畢	觜	参	井	鬼	柳	星	張	翼	軫	角	亢	氐	房	心	尾	箕
6月	斗	女	虚	危	室	壁	奎	婁	胃	昴	畢	觜	参	井	鬼	柳	星	張	翼	軫	角	亢	氐	房	心	尾	箕	斗	女	虚	
7月	危	室	壁	奎	婁	胃	昴	畢	觜	参	井	鬼	鬼	柳	星	張	翼	軫	角	亢	氐	房	心	尾	箕	斗	女	虚	危	室	壁
8月	奎	婁	胃	昴	畢	觜	参	井	鬼	柳	張	翼	軫	角	亢	氐	房	心	尾	箕	斗	女	虚	危	室	壁	奎	婁	胃	昴	畢
9月	觜	参	井	鬼	柳	星	張	翼	軫	角	亢	氐	房	心	尾	箕	斗	女	虚	危	室	壁	奎	婁	胃	昴	畢	觜	参	井	
10月	鬼	柳	星	張	翼	軫	角	亢	氐	氐	房	心	尾	箕	斗	女	虚	危	室	壁	奎	婁	胃	昴	畢	觜	参	井	鬼	柳	星
11月	張	翼	軫	角	亢	氐	房	心	尾	箕	斗	女	虚	危	室	壁	奎	婁	胃	昴	畢	觜	参	井	鬼	柳	星	張	翼	軫	
12月	角	亢	氐	房	心	尾	箕	斗	女	虚	危	室	壁	奎	婁	胃	昴	畢	觜	参	井	鬼	柳	星	張	翼	軫	角	亢	氐	房

1962（昭和37）年

月＼日	1	2	3	4	5	6	7	8	9	10	11	12	13	14	15	16	17	18	19	20	21	22	23	24	25	26	27	28	29	30	31
1月	心	尾	箕	斗	女	虚	危	室	壁	奎	婁	胃	昴	畢	觜	参	井	鬼	柳	星	張	翼	軫	角	亢	氐	房	心	尾	箕	斗
2月	女	虚	危	室	室	壁	奎	婁	胃	昴	畢	觜	参	井	鬼	柳	星	張	翼	軫	角	亢	氐	房	心	尾	箕	斗			
3月	女	虚	危	室	壁	奎	婁	胃	昴	畢	觜	参	井	鬼	柳	星	張	翼	軫	角	亢	氐	房	心	尾	箕	斗	女	虚	危	室
4月	壁	奎	婁	胃	胃	昴	畢	觜	参	井	鬼	柳	星	張	翼	軫	角	亢	氐	房	心	尾	箕	斗	女	虚	危	室	壁	奎	
5月	婁	胃	昴	畢	觜	参	井	鬼	柳	星	張	翼	軫	角	亢	氐	房	心	尾	箕	斗	女	虚	危	室	壁	奎	婁	胃	昴	畢
6月	觜	参	井	鬼	柳	星	張	翼	軫	角	亢	氐	房	心	尾	箕	斗	女	虚	危	室	壁	奎	婁	胃	昴	畢	觜	参	井	
7月	鬼	鬼	柳	星	張	翼	軫	角	亢	氐	房	心	尾	箕	斗	女	虚	危	室	壁	奎	婁	胃	昴	畢	觜	参	井	鬼	柳	張
8月	翼	軫	角	亢	氐	房	心	尾	箕	斗	女	虚	危	室	壁	奎	婁	胃	昴	畢	觜	参	井	鬼	柳	星	張	翼	軫	角	亢
9月	氐	房	心	尾	箕	斗	女	虚	危	室	壁	奎	婁	胃	昴	畢	觜	参	井	鬼	柳	星	張	翼	軫	角	亢	氐	氐	房	
10月	心	尾	箕	斗	女	虚	危	室	壁	奎	婁	胃	昴	畢	觜	参	井	鬼	柳	星	張	翼	軫	角	亢	氐	房	心	尾	箕	斗
11月	女	虚	危	室	壁	奎	婁	胃	昴	畢	觜	参	井	鬼	柳	星	張	翼	軫	角	亢	氐	房	心	尾	箕	斗	女	虚	危	
12月	室	壁	奎	婁	胃	昴	畢	觜	参	井	鬼	柳	星	張	翼	軫	角	亢	氐	房	心	尾	箕	斗	女	虚	虚	危	室	壁	奎

1963（昭和38）年

月＼日	1	2	3	4	5	6	7	8	9	10	11	12	13	14	15	16	17	18	19	20	21	22	23	24	25	26	27	28	29	30	31
1月	婁	胃	昴	畢	觜	参	井	鬼	柳	星	張	翼	軫	角	亢	氐	房	心	尾	箕	斗	女	虚	危	室	壁	奎	婁	胃	昴	畢
2月	觜	参	井	鬼	柳	星	張	翼	軫	角	亢	氐	房	心	尾	箕	斗	女	虚	危	室	壁	奎	奎	婁	胃	昴	畢			
3月	觜	参	井	鬼	柳	星	張	翼	軫	角	亢	氐	房	心	尾	箕	斗	女	虚	危	室	壁	奎	婁	胃	昴	畢	觜	参	井	鬼
4月	柳	星	張	翼	軫	角	亢	氐	房	心	尾	箕	斗	女	虚	危	室	壁	奎	婁	胃	昴	畢	畢	觜	参	井	鬼	柳	星	
5月	張	翼	軫	角	亢	氐	房	心	尾	箕	斗	女	虚	危	室	壁	奎	婁	胃	昴	畢	觜	畢	觜	参	井	鬼	柳	星	張	翼
6月	軫	角	亢	氐	房	心	尾	箕	斗	女	虚	危	室	壁	奎	婁	胃	昴	畢	觜	参	井	鬼	柳	星	張	翼	軫	角	亢	
7月	氐	房	心	尾	箕	斗	女	虚	危	室	壁	奎	婁	胃	昴	畢	觜	参	井	鬼	鬼	柳	星	張	翼	軫	角	亢	氐	房	心
8月	尾	箕	斗	女	虚	危	室	壁	奎	婁	胃	昴	畢	觜	参	井	鬼	柳	張	翼	軫	角	亢	氐	房	心	尾	箕	斗	女	虚
9月	危	室	壁	奎	婁	胃	昴	畢	觜	参	井	鬼	柳	星	張	翼	軫	角	亢	氐	房	心	尾	箕	斗	女	虚	危	室	壁	
10月	奎	婁	胃	昴	畢	觜	参	井	鬼	柳	星	張	翼	軫	角	亢	氐	房	心	尾	箕	斗	女	虚	危	室	壁	奎	婁	胃	昴
11月	畢	觜	参	井	鬼	柳	星	張	翼	軫	角	亢	氐	房	心	心	尾	箕	斗	女	虚	危	室	壁	奎	婁	胃	昴	畢	觜	
12月	参	井	鬼	柳	星	張	翼	軫	角	亢	氐	房	心	尾	箕	斗	女	虚	危	室	壁	奎	婁	胃	昴	畢	觜	参	井	鬼	柳

1964（昭和39）年

月＼日	1	2	3	4	5	6	7	8	9	10	11	12	13	14	15	16	17	18	19	20	21	22	23	24	25	26	27	28	29	30	31
1月	星	張	翼	軫	角	亢	氐	房	心	尾	箕	斗	女	虚	虚	危	室	壁	奎	婁	胃	昴	畢	觜	参	井	鬼	柳	星	張	翼
2月	軫	角	亢	氐	房	心	尾	箕	斗	女	虚	危	室	壁	奎	婁	胃	昴	畢	觜	参	井	鬼	柳	星	張	翼	軫	角		
3月	亢	氐	房	心	尾	箕	斗	女	虚	危	室	壁	奎	奎	婁	胃	昴	畢	觜	参	井	鬼	柳	星	張	翼	軫	角	亢	氐	房
4月	心	尾	箕	斗	女	虚	危	室	壁	奎	婁	胃	昴	畢	觜	参	井	鬼	柳	星	張	翼	軫	角	亢	氐	房	心	尾	箕	
5月	斗	女	虚	危	室	壁	奎	婁	胃	昴	畢	畢	觜	参	井	鬼	柳	星	張	翼	軫	角	亢	氐	房	心	尾	箕	斗	女	虚
6月	危	室	壁	奎	婁	胃	昴	畢	觜	参	井	鬼	柳	星	張	翼	軫	角	亢	氐	房	心	尾	箕	斗	女	虚	危	室	壁	
7月	奎	婁	胃	昴	畢	觜	参	井	鬼	柳	星	張	翼	軫	角	亢	氐	房	心	尾	箕	斗	女	虚	危	室	壁	奎	婁	胃	昴
8月	畢	觜	参	井	鬼	柳	星	張	翼	軫	角	亢	氐	房	心	尾	箕	斗	女	虚	危	室	壁	奎	婁	胃	昴	畢	觜	参	井
9月	鬼	柳	星	張	翼	角	亢	氐	房	心	尾	箕	斗	女	虚	危	室	壁	奎	婁	胃	昴	畢	觜	参	井	鬼	柳	星	張	
10月	翼	軫	角	亢	氐	氐	房	心	尾	箕	斗	女	虚	危	室	壁	奎	婁	胃	昴	畢	觜	参	井	鬼	柳	星	張	翼	軫	角
11月	亢	氐	房	心	尾	箕	斗	女	虚	危	室	壁	奎	婁	胃	昴	畢	觜	参	井	鬼	柳	星	張	翼	軫	角	亢	氐	房	
12月	心	尾	箕	斗	女	虚	危	室	壁	奎	婁	胃	昴	畢	觜	参	井	鬼	柳	星	張	翼	軫	角	亢	氐	房	心	尾	箕	斗

1965（昭和40）年

月＼日	1	2	3	4	5	6	7	8	9	10	11	12	13	14	15	16	17	18	19	20	21	22	23	24	25	26	27	28	29	30	31
1月	女	虚	虚	危	室	壁	奎	婁	胃	昴	畢	觜	参	井	鬼	柳	星	張	翼	軫	角	亢	氐	房	心	尾	箕	斗	女	虚	危
2月	室	室	壁	奎	婁	胃	昴	畢	觜	参	井	鬼	柳	星	張	翼	軫	角	亢	氐	房	心	尾	箕	斗	女	虚	危			
3月	室	壁	奎	婁	胃	昴	畢	觜	参	井	鬼	柳	星	張	翼	軫	角	亢	氐	房	心	尾	箕	斗	女	虚	危	室	壁	奎	婁
4月	胃	胃	昴	畢	觜	参	井	鬼	柳	星	張	翼	軫	角	亢	氐	房	心	尾	箕	斗	女	虚	危	室	壁	奎	婁	胃	昴	
5月	畢	觜	参	井	鬼	柳	星	張	翼	軫	角	亢	氐	房	心	尾	箕	斗	女	虚	危	室	壁	奎	婁	胃	昴	畢	觜	参	参
6月	井	鬼	柳	星	張	翼	軫	角	亢	氐	房	心	尾	箕	斗	女	虚	危	室	壁	奎	婁	胃	昴	畢	觜	参	井	鬼	柳	
7月	星	張	翼	軫	角	亢	氐	房	心	尾	箕	斗	女	虚	危	室	壁	奎	婁	胃	昴	畢	觜	参	井	鬼	柳	張	翼	軫	角
8月	亢	氐	房	心	尾	箕	斗	女	虚	危	室	壁	奎	婁	胃	昴	畢	觜	参	井	鬼	柳	星	張	翼	軫	角	亢	氐	房	心
9月	尾	箕	斗	女	虚	危	室	壁	奎	婁	胃	昴	畢	觜	参	井	鬼	柳	星	張	翼	軫	角	亢	氐	房	心	尾	箕	斗	
10月	女	虚	危	室	壁	奎	婁	胃	昴	畢	觜	参	井	鬼	柳	星	張	翼	軫	角	亢	氐	房	心	尾	箕	斗	女	虚	危	室
11月	壁	奎	婁	胃	昴	畢	觜	参	井	鬼	柳	星	張	翼	軫	角	亢	氐	房	心	尾	箕	斗	女	虚	危	室	壁	奎	婁	
12月	胃	昴	畢	觜	参	井	鬼	柳	星	張	翼	軫	角	亢	氐	房	心	尾	箕	斗	女	虚	虚	危	室	壁	奎	婁	胃	昴	畢

1966（昭和41）年

月＼日	1	2	3	4	5	6	7	8	9	10	11	12	13	14	15	16	17	18	19	20	21	22	23	24	25	26	27	28	29	30	31
1月	觜	参	井	鬼	柳	星	張	翼	軫	角	亢	氐	房	心	尾	箕	斗	女	虚	危	室	室	壁	奎	婁	胃	昴	畢	觜	参	井
2月	鬼	柳	星	張	翼	軫	角	亢	氐	房	心	尾	箕	斗	女	虚	危	室	壁	奎	婁	胃	昴	畢	觜	参	井	鬼			
3月	柳	星	張	翼	軫	角	亢	氐	房	心	尾	箕	斗	女	虚	危	室	壁	奎	婁	胃	胃	昴	畢	觜	参	井	鬼	柳	星	張
4月	翼	軫	角	亢	氐	房	心	尾	箕	斗	女	虚	危	室	壁	奎	婁	胃	昴	畢	胃	昴	畢	觜	参	井	鬼	柳	星	張	
5月	翼	軫	角	亢	氐	房	心	尾	箕	斗	女	虚	危	室	壁	奎	婁	胃	昴	畢	觜	参	井	鬼	柳	星	張	翼	軫	角	亢
6月	氐	房	心	尾	箕	斗	女	虚	危	室	壁	奎	婁	胃	昴	畢	觜	参	参	井	鬼	柳	星	張	翼	軫	角	亢	氐	房	
7月	心	尾	箕	斗	女	虚	危	室	壁	奎	婁	胃	昴	畢	觜	参	井	鬼	柳	星	張	翼	軫	角	亢	氐	房	心	尾	箕	斗
8月	女	虚	危	室	壁	奎	婁	胃	昴	畢	觜	参	井	鬼	柳	張	翼	軫	角	亢	氐	房	心	尾	箕	斗	女	虚	危	室	壁
9月	奎	婁	胃	昴	畢	觜	参	井	鬼	柳	星	張	翼	軫	角	亢	氐	房	心	尾	箕	斗	女	虚	危	室	壁	奎	婁	胃	
10月	昴	畢	觜	参	井	鬼	柳	星	張	翼	軫	角	亢	氐	房	心	尾	箕	斗	女	虚	危	室	壁	奎	婁	胃	昴	畢	觜	参
11月	井	鬼	柳	星	張	翼	軫	角	亢	氐	房	心	尾	箕	斗	女	虚	危	室	壁	奎	婁	胃	昴	畢	觜	参	井	鬼	柳	
12月	星	張	翼	軫	角	亢	氐	房	心	尾	箕	斗	女	虚	危	室	壁	奎	婁	胃	昴	畢	觜	参	井	鬼	柳	星	張	翼	軫

※赤字太字は旧暦の1日を表しています。

1967(昭和**42**)年

月＼日	1	2	3	4	5	6	7	8	9	10	11	12	13	14	15	16	17	18	19	20	21	22	23	24	25	26	27	28	29	30	31
1月	角	亢	氐	房	心	尾	箕	斗	女	虚	虚	危	室	壁	奎	婁	胃	昴	畢	觜	参	井	鬼	柳	星	張	翼	軫	角	亢	氐
2月	房	心	尾	箕	斗	女	虚	危	室	壁	奎	婁	胃	昴	畢	觜	参	井	鬼	柳	星	張	翼	軫	角	亢	氐	房			
3月	心	尾	箕	斗	女	虚	危	室	壁	奎	奎	婁	胃	昴	畢	觜	参	井	鬼	柳	星	張	翼	軫	角	亢	氐	房	心	尾	箕
4月	斗	女	虚	危	室	壁	奎	婁	胃	胃	昴	畢	觜	参	井	鬼	柳	星	張	翼	軫	角	亢	氐	房	心	尾	箕	斗	女	
5月	虚	危	室	壁	奎	婁	胃	昴	畢	觜	参	井	鬼	柳	星	張	翼	軫	角	亢	氐	房	心	尾	箕	斗	女	虚	危	室	壁
6月	奎	婁	胃	昴	畢	觜	参	参	井	鬼	柳	星	張	翼	軫	角	亢	氐	房	心	尾	箕	斗	女	虚	危	室	壁	奎	婁	
7月	胃	昴	畢	觜	参	井	鬼	鬼	柳	星	張	翼	軫	角	亢	氐	房	心	尾	箕	斗	女	虚	危	室	壁	奎	婁	胃	昴	畢
8月	觜	参	井	鬼	柳	張	翼	軫	角	亢	氐	房	心	尾	箕	斗	女	虚	危	室	壁	奎	婁	胃	昴	畢	觜	参	井	鬼	柳
9月	星	張	翼	角	亢	氐	房	心	尾	箕	斗	女	虚	危	室	壁	奎	婁	胃	昴	畢	觜	参	井	鬼	柳	星	張	翼	軫	
10月	角	亢	氐	氐	房	心	尾	箕	斗	女	虚	危	室	壁	奎	婁	胃	昴	畢	觜	参	井	鬼	柳	星	張	翼	軫	角	亢	氐
11月	房	心	尾	箕	斗	女	虚	危	室	壁	奎	婁	胃	昴	畢	觜	参	井	鬼	柳	星	張	翼	軫	角	亢	氐	房	心	尾	
12月	箕	斗	女	虚	危	室	壁	奎	婁	胃	昴	畢	觜	参	井	鬼	柳	星	張	翼	軫	角	亢	氐	房	心	尾	箕	斗	女	虚

1968(昭和**43**)年

月＼日	1	2	3	4	5	6	7	8	9	10	11	12	13	14	15	16	17	18	19	20	21	22	23	24	25	26	27	28	29	30	31
1月	危	室	壁	奎	婁	胃	昴	畢	觜	参	井	鬼	柳	星	張	翼	軫	角	亢	氐	房	心	尾	箕	斗	女	虚	危	室	室	壁
2月	奎	婁	胃	昴	畢	觜	参	井	鬼	柳	星	張	翼	軫	角	亢	氐	房	心	尾	箕	斗	女	虚	危	室	壁	奎	婁		
3月	胃	昴	畢	觜	参	井	鬼	柳	星	張	翼	軫	角	亢	氐	房	心	尾	箕	斗	女	虚	危	室	壁	奎	婁	胃	胃	昴	畢
4月	觜	参	井	鬼	柳	星	張	翼	軫	角	亢	氐	房	心	尾	箕	斗	女	虚	危	室	壁	奎	婁	胃	昴	畢	畢	觜	参	
5月	井	鬼	柳	星	張	翼	軫	角	亢	氐	房	心	尾	箕	斗	女	虚	危	室	壁	奎	婁	胃	昴	畢	觜	参	井	鬼	柳	星
6月	張	翼	軫	角	亢	氐	房	心	尾	箕	斗	女	虚	危	室	壁	奎	婁	胃	昴	畢	觜	参	井	鬼	鬼	柳	星	張	翼	
7月	軫	角	亢	氐	房	心	尾	箕	斗	女	虚	危	室	壁	奎	婁	胃	昴	畢	觜	参	井	鬼	柳	張	翼	軫	角	亢	氐	房
8月	心	尾	箕	斗	女	虚	危	室	壁	奎	婁	胃	昴	畢	觜	参	井	鬼	柳	星	張	翼	軫	張	翼	軫	角	亢	氐	房	心
9月	尾	箕	斗	女	虚	危	室	壁	奎	婁	胃	昴	畢	觜	参	井	鬼	柳	星	張	翼	角	亢	氐	房	心	尾	箕	斗	女	
10月	虚	危	室	壁	奎	婁	胃	昴	畢	觜	参	井	鬼	柳	星	張	翼	軫	角	亢	氐	氐	房	心	尾	箕	斗	女	虚	危	室
11月	壁	奎	婁	胃	昴	畢	觜	参	井	鬼	柳	星	張	翼	軫	角	亢	氐	房	心	尾	箕	斗	女	虚	危	室	壁	奎	婁	
12月	胃	昴	畢	觜	参	井	鬼	柳	星	張	翼	軫	角	亢	氐	房	心	尾	箕	斗	女	虚	危	室	壁	奎	婁	胃	昴	畢	觜

1969(昭和**44**)年

月＼日	1	2	3	4	5	6	7	8	9	10	11	12	13	14	15	16	17	18	19	20	21	22	23	24	25	26	27	28	29	30	31
1月	参	井	鬼	柳	星	張	翼	軫	角	亢	氐	房	心	尾	箕	斗	女	虚	危	室	壁	奎	婁	胃	昴	畢	觜	参	井	鬼	柳
2月	星	張	翼	軫	角	亢	氐	房	心	尾	箕	斗	女	虚	危	室	室	壁	奎	婁	胃	昴	畢	觜	参	井	鬼	柳			
3月	星	張	翼	軫	角	亢	氐	房	心	尾	箕	斗	女	虚	危	室	壁	奎	婁	胃	昴	畢	觜	参	井	鬼	柳	星	張	翼	軫
4月	角	亢	氐	房	心	尾	箕	斗	女	虚	危	室	壁	奎	婁	胃	胃	昴	畢	觜	参	井	鬼	柳	星	張	翼	軫	角	亢	
5月	氐	房	心	尾	箕	斗	女	虚	危	室	壁	奎	婁	胃	昴	畢	觜	参	井	鬼	柳	星	張	翼	軫	角	亢	氐	房	心	尾
6月	箕	斗	女	虚	危	室	壁	奎	婁	胃	昴	畢	觜	参	参	井	鬼	柳	星	張	翼	軫	角	亢	氐	房	心	尾	箕	斗	
7月	女	虚	危	室	壁	奎	婁	胃	昴	畢	觜	参	井	鬼	柳	星	張	翼	軫	角	亢	氐	房	心	尾	箕	斗	女	虚	危	室
8月	壁	奎	婁	胃	昴	畢	觜	参	井	鬼	柳	星	張	翼	軫	角	亢	氐	房	心	尾	箕	斗	女	虚	危	室	壁	奎	婁	胃
9月	昴	畢	觜	参	井	鬼	柳	星	張	翼	軫	角	亢	氐	房	心	尾	箕	斗	女	虚	危	室	壁	奎	婁	胃	昴	畢	觜	
10月	参	井	鬼	柳	星	張	翼	軫	角	亢	氐	房	心	尾	箕	斗	女	虚	危	室	壁	奎	婁	胃	昴	畢	觜	参	井	鬼	柳
11月	星	張	翼	軫	角	亢	氐	房	心	心	尾	箕	斗	女	虚	危	室	壁	奎	婁	胃	昴	畢	觜	参	井	鬼	柳	星	張	
12月	翼	軫	角	亢	氐	房	心	尾	斗	女	虚	危	室	壁	奎	婁	胃	昴	畢	觜	参	井	鬼	柳	星	張	翼	軫	角	亢	氐

1970(昭和**45**)年

月＼日	1	2	3	4	5	6	7	8	9	10	11	12	13	14	15	16	17	18	19	20	21	22	23	24	25	26	27	28	29	30	31
1月	房	心	尾	箕	斗	女	虚	虚	危	室	壁	奎	婁	胃	昴	畢	觜	参	井	鬼	柳	星	張	翼	軫	角	亢	氐	房	心	尾
2月	箕	斗	女	虚	危	室	壁	奎	婁	胃	昴	畢	觜	参	井	鬼	柳	星	張	翼	軫	角	亢	氐	房	心	尾	箕			
3月	斗	女	虚	危	室	壁	奎	奎	婁	胃	昴	畢	觜	参	井	鬼	柳	星	張	翼	軫	角	亢	氐	房	心	尾	箕	斗	女	虚
4月	危	室	壁	奎	婁	胃	昴	畢	觜	参	井	鬼	柳	星	張	翼	軫	角	亢	氐	房	心	尾	箕	斗	女	虚	危	室	壁	
5月	奎	婁	胃	昴	畢	觜	参	井	鬼	柳	星	張	翼	軫	角	亢	氐	房	心	尾	箕	斗	女	虚	危	室	壁	奎	婁	胃	昴
6月	畢	觜	参	参	井	鬼	柳	星	張	翼	軫	角	亢	氐	房	心	尾	箕	斗	女	虚	危	室	壁	奎	婁	胃	昴	畢	觜	
7月	参	井	鬼	鬼	柳	星	張	翼	軫	角	亢	氐	房	心	尾	箕	斗	女	虚	危	室	壁	奎	婁	胃	昴	畢	觜	参	井	鬼
8月	柳	張	翼	軫	角	亢	氐	房	心	尾	箕	斗	女	虚	危	室	壁	奎	婁	胃	昴	畢	觜	参	井	鬼	柳	星	張	翼	軫
9月	角	亢	氐	房	心	尾	箕	斗	女	虚	危	室	壁	奎	婁	胃	昴	畢	觜	参	井	鬼	柳	星	張	翼	軫	角	亢	氐	
10月	房	心	尾	箕	斗	女	虚	危	室	壁	奎	婁	胃	昴	畢	觜	参	井	鬼	柳	星	張	翼	軫	角	亢	氐	房	心	心	尾
11月	箕	斗	女	虚	危	室	壁	奎	婁	胃	昴	畢	觜	参	井	鬼	柳	星	張	翼	軫	角	亢	氐	房	心	尾	箕	斗	女	
12月	虚	危	室	壁	奎	婁	胃	昴	畢	觜	参	井	鬼	柳	星	張	翼	軫	角	亢	氐	房	心	尾	箕	斗	女	虚	危	室	壁

1971（昭和46）年

月＼日	1	2	3	4	5	6	7	8	9	10	11	12	13	14	15	16	17	18	19	20	21	22	23	24	25	26	27	28	29	30	31
1月	奎	婁	胃	昴	畢	觜	参	井	鬼	柳	星	張	翼	軫	角	亢	氐	房	心	尾	箕	斗	女	虚	危	室	**室**	壁	奎	婁	胃
2月	昴	畢	觜	参	井	鬼	柳	星	張	翼	軫	角	亢	氐	房	心	尾	箕	斗	女	虚	危	室	壁	**奎**	婁	胃	昴			
3月	畢	觜	参	井	鬼	柳	星	張	翼	軫	角	亢	氐	房	心	尾	箕	斗	女	虚	危	室	壁	奎	婁	胃	**胃**	昴	畢	觜	参
4月	井	鬼	柳	星	張	翼	軫	角	亢	氐	房	心	尾	箕	斗	女	虚	危	室	壁	奎	婁	胃	昴	**畢**	觜	参	井	鬼	柳	
5月	星	張	翼	軫	角	亢	氐	房	心	尾	箕	斗	女	虚	危	室	壁	奎	婁	胃	昴	畢	觜	**参**	井	鬼	柳	星	張	翼	軫
6月	角	亢	氐	房	心	尾	箕	斗	女	虚	危	室	壁	奎	婁	胃	昴	畢	觜	参	井	鬼	**参**	井	鬼	柳	星	張	翼	軫	
7月	角	亢	氐	房	心	尾	箕	斗	女	虚	危	室	壁	奎	婁	胃	昴	畢	觜	参	井	**鬼**	柳	星	張	翼	軫	角	亢	氐	房
8月	心	尾	箕	斗	女	虚	危	室	壁	奎	婁	胃	昴	畢	觜	参	井	鬼	柳	星	**張**	翼	軫	角	亢	氐	房	心	尾	箕	斗
9月	女	虚	危	室	壁	奎	婁	胃	昴	畢	觜	参	井	鬼	柳	星	張	翼	**角**	亢	氐	房	心	尾	箕	斗	女	虚	危	室	
10月	壁	奎	婁	胃	昴	畢	觜	参	井	鬼	柳	星	張	翼	軫	角	亢	氐	**氐**	房	心	尾	箕	斗	女	虚	危	室	壁	奎	婁
11月	胃	昴	畢	觜	参	井	鬼	柳	星	張	翼	軫	角	亢	氐	房	心	**心**	尾	箕	斗	女	虚	危	室	壁	奎	婁	胃	昴	
12月	畢	觜	参	井	鬼	柳	星	張	翼	軫	角	亢	氐	房	心	尾	箕	**斗**	女	虚	危	室	壁	奎	婁	胃	昴	畢	觜	参	井

1972（昭和47）年

月＼日	1	2	3	4	5	6	7	8	9	10	11	12	13	14	15	16	17	18	19	20	21	22	23	24	25	26	27	28	29	30	31
1月	鬼	柳	星	張	翼	軫	角	亢	氐	房	心	尾	箕	斗	女	**虚**	危	室	壁	奎	婁	胃	昴	畢	觜	参	井	鬼	柳	星	張
2月	翼	軫	角	亢	氐	房	心	尾	箕	斗	女	虚	危	室	**室**	壁	奎	婁	胃	昴	畢	觜	参	井	鬼	柳	星	張	翼		
3月	軫	角	亢	氐	房	心	尾	箕	斗	女	虚	危	室	壁	**奎**	婁	胃	昴	畢	觜	参	井	鬼	柳	星	張	翼	軫	角	亢	氐
4月	房	心	尾	箕	斗	女	虚	危	室	壁	奎	婁	胃	**胃**	昴	畢	觜	参	井	鬼	柳	星	張	翼	軫	角	亢	氐	房	心	
5月	尾	箕	斗	女	虚	危	室	壁	奎	婁	胃	昴	**畢**	觜	参	井	鬼	柳	星	張	翼	軫	角	亢	氐	房	心	尾	箕	斗	女
6月	虚	危	室	壁	奎	婁	胃	昴	畢	觜	**参**	井	鬼	柳	星	張	翼	軫	角	亢	氐	房	心	尾	箕	斗	女	虚	危	室	
7月	壁	奎	婁	胃	昴	畢	觜	参	井	鬼	**鬼**	柳	星	張	翼	軫	角	亢	氐	房	心	尾	箕	斗	女	虚	危	室	壁	奎	婁
8月	胃	昴	畢	觜	参	井	鬼	柳	**張**	翼	軫	角	亢	氐	房	心	尾	箕	斗	女	虚	危	室	壁	奎	婁	胃	昴	畢	觜	参
9月	井	鬼	柳	星	張	翼	軫	**角**	亢	氐	房	心	尾	箕	斗	女	虚	危	室	壁	奎	婁	胃	昴	畢	觜	参	井	鬼	柳	
10月	星	張	翼	軫	角	亢	**氐**	房	心	尾	箕	斗	女	虚	危	室	壁	奎	婁	胃	昴	畢	觜	参	井	鬼	柳	星	張	翼	軫
11月	角	亢	氐	房	心	**心**	尾	箕	斗	女	虚	危	室	壁	奎	婁	胃	昴	畢	觜	参	井	鬼	柳	星	張	翼	軫	角	亢	
12月	氐	房	心	尾	箕	**斗**	女	虚	危	室	壁	奎	婁	胃	昴	畢	觜	参	井	鬼	柳	星	張	翼	軫	角	亢	氐	房	心	尾

1973（昭和48）年

月＼日	1	2	3	4	5	6	7	8	9	10	11	12	13	14	15	16	17	18	19	20	21	22	23	24	25	26	27	28	29	30	31
1月	箕	斗	女	虚	**虚**	危	室	壁	奎	婁	胃	昴	畢	觜	参	井	鬼	柳	星	張	翼	軫	角	亢	氐	房	心	尾	箕	斗	女
2月	虚	危	**室**	壁	奎	婁	胃	昴	畢	觜	参	井	鬼	柳	星	張	翼	軫	角	亢	氐	房	心	尾	箕	斗	女	虚			
3月	危	室	壁	奎	**奎**	婁	胃	昴	畢	觜	参	井	鬼	柳	星	張	翼	軫	角	亢	氐	房	心	尾	箕	斗	女	虚	危	室	壁
4月	奎	婁	**胃**	昴	畢	觜	参	井	鬼	柳	星	張	翼	軫	角	亢	氐	房	心	尾	箕	斗	女	虚	危	室	壁	奎	婁	胃	
5月	昴	畢	**畢**	觜	参	井	鬼	柳	星	張	翼	軫	角	亢	氐	房	心	尾	箕	斗	女	虚	危	室	壁	奎	婁	胃	昴	畢	觜
6月	**参**	井	鬼	柳	星	張	翼	軫	角	亢	氐	房	心	尾	箕	斗	女	虚	危	室	壁	奎	婁	胃	昴	畢	觜	参	井	**鬼**	
7月	柳	星	張	翼	軫	角	亢	氐	房	心	尾	箕	斗	女	虚	危	室	壁	奎	婁	胃	昴	畢	觜	参	井	鬼	柳	星	**張**	翼
8月	軫	角	亢	氐	房	心	尾	箕	斗	女	虚	危	室	壁	奎	婁	胃	昴	畢	觜	参	井	鬼	柳	星	張	翼	**角**	亢	氐	房
9月	心	尾	箕	斗	女	虚	危	室	壁	奎	婁	胃	昴	畢	觜	参	井	鬼	柳	星	張	翼	軫	角	亢	**氐**	房	心	尾	箕	
10月	斗	女	虚	危	室	壁	奎	婁	胃	昴	畢	觜	参	井	鬼	柳	星	張	翼	軫	角	亢	氐	房	心	**心**	尾	箕	斗	女	虚
11月	危	室	壁	奎	婁	胃	昴	畢	觜	参	井	鬼	柳	星	張	翼	軫	角	亢	氐	房	心	尾	箕	**斗**	女	虚	危	室	壁	
12月	奎	婁	胃	昴	畢	觜	参	井	鬼	柳	星	張	翼	軫	角	亢	氐	房	心	尾	箕	斗	女	虚	**虚**	危	室	壁	奎	婁	胃

1974（昭和49）年

月＼日	1	2	3	4	5	6	7	8	9	10	11	12	13	14	15	16	17	18	19	20	21	22	23	24	25	26	27	28	29	30	31
1月	昴	畢	觜	参	井	鬼	柳	星	張	翼	軫	角	亢	氐	房	心	尾	箕	斗	女	虚	危	**室**	壁	奎	婁	胃	昴	畢	觜	参
2月	井	鬼	柳	星	張	翼	軫	角	亢	氐	房	心	尾	箕	斗	女	虚	危	室	壁	奎	**奎**	婁	胃	昴	畢	觜	参			
3月	井	鬼	柳	星	張	翼	軫	角	亢	氐	房	心	尾	箕	斗	女	虚	危	室	壁	奎	婁	胃	**胃**	昴	畢	觜	参	井	鬼	柳
4月	星	張	翼	軫	角	亢	氐	房	心	尾	箕	斗	女	虚	危	室	壁	奎	婁	胃	昴	**畢**	觜	参	井	鬼	柳	星	張	翼	
5月	軫	角	亢	氐	房	心	尾	箕	斗	女	虚	危	室	壁	奎	婁	胃	昴	畢	觜	参	**畢**	觜	参	井	鬼	柳	星	張	翼	軫
6月	角	亢	氐	房	心	尾	箕	斗	女	虚	危	室	壁	奎	婁	胃	昴	畢	觜	**参**	井	鬼	柳	星	張	翼	軫	角	亢	氐	
7月	房	心	尾	箕	斗	女	虚	危	室	壁	奎	婁	胃	昴	畢	觜	参	井	**鬼**	柳	星	張	翼	軫	角	亢	氐	房	心	尾	箕
8月	斗	女	虚	危	室	壁	奎	婁	胃	昴	畢	觜	参	井	鬼	柳	星	**張**	翼	軫	角	亢	氐	房	心	尾	箕	斗	女	虚	危
9月	室	壁	奎	婁	胃	昴	畢	觜	参	井	鬼	柳	星	張	翼	**角**	亢	氐	房	心	尾	箕	斗	女	虚	危	室	壁	奎	婁	
10月	胃	昴	畢	觜	参	井	鬼	柳	星	張	翼	軫	角	亢	**氐**	房	心	尾	箕	斗	女	虚	危	室	壁	奎	婁	胃	昴	畢	觜
11月	参	井	鬼	柳	星	張	翼	軫	角	亢	氐	房	心	**心**	尾	箕	斗	女	虚	危	室	壁	奎	婁	胃	昴	畢	觜	参	井	
12月	鬼	柳	星	張	翼	軫	角	亢	氐	房	心	尾	箕	**斗**	女	虚	危	室	壁	奎	婁	胃	昴	畢	觜	参	井	鬼	柳	星	張

※赤字太字は旧暦の1日を表しています。

1975(昭和50)年

月＼日	1	2	3	4	5	6	7	8	9	10	11	12	13	14	15	16	17	18	19	20	21	22	23	24	25	26	27	28	29	30	31
1月	翼	軫	角	亢	氐	房	心	尾	箕	斗	女	虚	危	室	壁	奎	婁	胃	昴	畢	觜	参	井	鬼	柳	星	張	翼	軫	角	亢
2月	氐	房	心	尾	箕	斗	女	虚	危	室	室	壁	奎	婁	胃	昴	畢	觜	参	井	鬼	柳	星	張	翼	軫	角	亢			
3月	氐	房	心	尾	箕	斗	女	虚	危	室	壁	奎	奎	婁	胃	昴	畢	觜	参	井	鬼	柳	星	張	翼	軫	角	亢	氐	房	心
4月	尾	箕	斗	女	虚	危	室	壁	奎	婁	胃	胃	昴	畢	觜	参	井	鬼	柳	星	張	翼	軫	角	亢	氐	房	心	尾	箕	
5月	斗	女	虚	危	室	壁	奎	婁	胃	昴	畢	觜	参	井	鬼	柳	星	張	翼	軫	角	亢	氐	房	心	尾	箕	斗	女	虚	危
6月	室	壁	奎	婁	胃	昴	畢	觜	参	参	井	鬼	柳	星	張	翼	軫	角	亢	氐	房	心	尾	箕	斗	女	虚	危	室	壁	
7月	奎	婁	胃	昴	畢	觜	参	井	鬼	柳	星	張	翼	軫	角	亢	氐	房	心	尾	箕	斗	女	虚	危	室	壁	奎	婁	胃	昴
8月	畢	觜	参	井	鬼	柳	張	翼	軫	角	亢	氐	房	心	尾	箕	斗	女	虚	危	室	壁	奎	婁	胃	昴	畢	觜	参	井	鬼
9月	柳	星	張	翼	軫	角	亢	氐	房	心	尾	箕	斗	女	虚	危	室	壁	奎	婁	胃	昴	畢	觜	参	井	鬼	柳	星	張	
10月	翼	軫	角	亢	氐	房	心	尾	箕	斗	女	虚	危	室	壁	奎	婁	胃	昴	畢	觜	参	井	鬼	柳	星	張	翼	軫	角	亢
11月	氐	房	心	尾	箕	斗	女	虚	危	室	壁	奎	婁	胃	昴	畢	觜	参	井	鬼	柳	星	張	翼	軫	角	亢	氐	房	心	
12月	尾	箕	斗	女	虚	危	室	壁	奎	婁	胃	昴	畢	觜	参	井	鬼	柳	星	張	翼	軫	角	亢	氐	房	心	尾	箕	斗	女

1976(昭和51)年

月＼日	1	2	3	4	5	6	7	8	9	10	11	12	13	14	15	16	17	18	19	20	21	22	23	24	25	26	27	28	29	30	31
1月	虚	危	室	壁	奎	婁	胃	昴	畢	觜	参	井	鬼	柳	星	張	翼	軫	角	亢	氐	房	心	尾	箕	斗	女	虚	危	室	室
2月	壁	奎	婁	胃	昴	畢	觜	参	井	鬼	柳	星	張	翼	軫	角	亢	氐	房	心	尾	箕	斗	女	虚	危	室	壁	奎		
3月	奎	婁	胃	昴	畢	觜	参	井	鬼	柳	星	張	翼	軫	角	亢	氐	房	心	尾	箕	斗	女	虚	危	室	壁	奎	婁	胃	胃
4月	昴	畢	觜	参	井	鬼	柳	星	張	翼	軫	角	亢	氐	房	心	尾	箕	斗	女	虚	危	室	壁	奎	婁	胃	昴	畢	觜	
5月	参	井	鬼	柳	星	張	翼	軫	角	亢	氐	房	心	尾	箕	斗	女	虚	危	室	壁	奎	婁	胃	昴	畢	觜	参	参	井	鬼
6月	柳	星	張	翼	軫	角	亢	氐	房	心	尾	箕	斗	女	虚	危	室	壁	奎	婁	胃	昴	畢	觜	参	井	鬼	柳	星	張	
7月	翼	軫	角	亢	氐	房	心	尾	箕	斗	女	虚	危	室	壁	奎	婁	胃	昴	畢	觜	参	井	鬼	柳	星	張	翼	軫	角	亢
8月	氐	房	心	尾	箕	斗	女	虚	危	室	壁	奎	婁	胃	昴	畢	觜	参	井	鬼	柳	星	張	翼	角	亢	氐	房	心	尾	箕
9月	斗	女	虚	危	室	壁	奎	婁	胃	昴	畢	觜	参	井	鬼	柳	星	張	翼	軫	角	亢	氐	角	亢	氐	房	心	尾	箕	
10月	斗	女	虚	危	室	壁	奎	婁	胃	昴	畢	觜	参	井	鬼	柳	星	張	翼	軫	角	亢	氐	房	心	尾	箕	斗	女	虚	危
11月	室	壁	奎	婁	胃	昴	畢	觜	参	井	鬼	柳	星	張	翼	軫	角	亢	氐	房	心	心	尾	箕	斗	女	虚	危	室	壁	
12月	奎	婁	胃	昴	畢	觜	参	井	鬼	柳	星	張	翼	軫	角	亢	氐	房	心	尾	斗	女	虚	危	室	壁	奎	婁	胃	昴	畢

1977(昭和52)年

月＼日	1	2	3	4	5	6	7	8	9	10	11	12	13	14	15	16	17	18	19	20	21	22	23	24	25	26	27	28	29	30	31
1月	觜	参	井	鬼	柳	星	張	翼	軫	角	亢	氐	房	心	尾	箕	斗	女	虚	危	室	壁	奎	婁	胃	昴	畢	觜	参	井	鬼
2月	柳	星	張	翼	軫	角	亢	氐	房	心	尾	箕	斗	女	虚	危	室	室	壁	奎	婁	胃	昴	畢	觜	参	井	鬼			
3月	柳	星	張	翼	軫	角	亢	氐	房	心	尾	箕	斗	女	虚	危	室	壁	奎	奎	婁	胃	昴	畢	觜	参	井	鬼	柳	星	張
4月	翼	軫	角	亢	氐	房	心	尾	箕	斗	女	虚	危	室	壁	奎	婁	胃	昴	畢	觜	参	井	鬼	柳	星	張	翼	軫	角	
5月	亢	氐	房	心	尾	箕	斗	女	虚	危	室	壁	奎	婁	胃	昴	畢	畢	觜	参	井	鬼	柳	星	張	翼	軫	角	亢	氐	房
6月	心	尾	箕	斗	女	虚	危	室	壁	奎	婁	胃	昴	畢	觜	参	参	井	鬼	柳	星	張	翼	軫	角	亢	氐	房	心	尾	
7月	箕	斗	女	虚	危	室	壁	奎	婁	胃	昴	畢	觜	参	井	鬼	柳	星	張	翼	軫	角	亢	氐	房	心	尾	箕	斗	女	虚
8月	危	室	壁	奎	婁	胃	昴	畢	觜	参	井	鬼	柳	星	張	翼	軫	角	亢	氐	房	心	尾	箕	斗	女	虚	危	室	壁	奎
9月	婁	胃	昴	畢	觜	参	井	鬼	柳	星	張	翼	角	亢	氐	房	心	尾	箕	斗	女	虚	危	室	壁	奎	婁	胃	昴	畢	
10月	觜	参	井	鬼	柳	星	張	翼	軫	角	亢	氐	氐	房	心	尾	箕	斗	女	虚	危	室	壁	奎	婁	胃	昴	畢	觜	参	井
11月	鬼	柳	星	張	翼	軫	角	亢	氐	房	心	尾	箕	斗	女	虚	危	室	壁	奎	婁	胃	昴	畢	觜	参	井	鬼	柳	星	
12月	張	翼	軫	角	亢	氐	房	心	尾	箕	斗	女	虚	危	室	壁	奎	婁	胃	昴	畢	觜	参	井	鬼	柳	星	張	翼	軫	角

1978(昭和53)年

月＼日	1	2	3	4	5	6	7	8	9	10	11	12	13	14	15	16	17	18	19	20	21	22	23	24	25	26	27	28	29	30	31
1月	亢	氐	房	心	尾	箕	斗	女	虚	危	室	壁	奎	婁	胃	昴	畢	觜	参	井	鬼	柳	星	張	翼	軫	角	亢	氐	房	心
2月	尾	箕	斗	女	虚	危	室	壁	奎	婁	胃	昴	畢	觜	参	井	鬼	柳	星	張	翼	軫	角	亢	氐	房	心	尾			
3月	箕	斗	女	虚	危	室	壁	奎	奎	婁	胃	昴	畢	觜	参	井	鬼	柳	星	張	翼	軫	角	亢	氐	房	心	尾	箕	斗	女
4月	虚	危	室	壁	奎	婁	胃	胃	昴	畢	觜	参	井	鬼	柳	星	張	翼	軫	角	亢	氐	房	心	尾	箕	斗	女	虚	危	
5月	室	壁	奎	婁	胃	昴	畢	觜	参	井	鬼	柳	星	張	翼	軫	角	亢	氐	房	心	尾	箕	斗	女	虚	危	室	壁	奎	婁
6月	胃	昴	畢	觜	参	参	井	鬼	柳	星	張	翼	軫	角	亢	氐	房	心	尾	箕	斗	女	虚	危	室	壁	奎	婁	胃	昴	
7月	畢	觜	参	井	鬼	柳	星	張	翼	軫	角	亢	氐	房	心	尾	箕	斗	女	虚	危	室	壁	奎	婁	胃	昴	畢	觜	参	井
8月	鬼	柳	星	張	翼	軫	角	亢	氐	房	心	尾	箕	斗	女	虚	危	室	壁	奎	婁	胃	昴	畢	觜	参	井	鬼	柳	星	張
9月	翼	軫	角	亢	氐	房	心	尾	箕	斗	女	虚	危	室	壁	奎	婁	胃	昴	畢	觜	参	井	鬼	柳	星	張	翼	軫	角	
10月	亢	氐	房	心	尾	箕	斗	女	虚	危	室	壁	奎	婁	胃	昴	畢	觜	参	井	鬼	柳	星	張	翼	軫	角	亢	氐	房	心
11月	心	尾	箕	斗	女	虚	危	室	壁	奎	婁	胃	昴	畢	觜	参	井	鬼	柳	星	張	翼	軫	角	亢	氐	房	心	尾	斗	
12月	女	虚	危	室	壁	奎	婁	胃	昴	畢	觜	参	井	鬼	柳	星	張	翼	軫	角	亢	氐	房	心	尾	箕	斗	女	虚	虚	危

1979（昭和54）年

月＼日	1	2	3	4	5	6	7	8	9	10	11	12	13	14	15	16	17	18	19	20	21	22	23	24	25	26	27	28	29	30	31
1月	室	壁	奎	婁	胃	昴	畢	觜	参	井	鬼	柳	星	張	翼	軫	角	亢	氐	房	心	尾	箕	斗	女	虚	危	室	壁	奎	婁
2月	胃	昴	畢	觜	参	井	鬼	柳	星	張	翼	軫	角	亢	氐	房	心	尾	箕	斗	女	虚	危	室	壁	奎	奎	婁			
3月	胃	昴	畢	觜	参	井	鬼	柳	星	張	翼	軫	角	亢	氐	房	心	尾	箕	斗	女	虚	危	室	壁	奎	婁	胃	昴	畢	觜
4月	参	井	鬼	柳	星	張	翼	軫	角	亢	氐	房	心	尾	箕	斗	女	虚	危	室	壁	奎	婁	胃	昴	畢	觜	参	井	鬼	
5月	柳	星	張	翼	軫	角	亢	氐	房	心	尾	箕	斗	女	虚	危	室	壁	奎	婁	胃	昴	畢	觜	参	参	井	鬼	柳	星	張
6月	翼	軫	角	亢	氐	房	心	尾	箕	斗	女	虚	危	室	壁	奎	婁	胃	昴	畢	觜	参	井	鬼	柳	星	張	翼	軫	角	
7月	亢	氐	房	心	尾	箕	斗	女	虚	危	室	壁	奎	婁	胃	昴	畢	觜	参	井	鬼	柳	星	鬼	柳	星	張	翼	軫	角	亢
8月	氐	房	心	尾	箕	斗	女	虚	危	室	壁	奎	婁	胃	昴	畢	觜	参	井	鬼	柳	星	張	翼	軫	角	亢	氐	房	心	尾
9月	箕	斗	女	虚	危	室	壁	奎	婁	胃	昴	畢	觜	参	井	鬼	柳	星	張	翼	角	亢	氐	房	心	尾	箕	斗	女	虚	
10月	危	室	壁	奎	婁	胃	昴	畢	觜	参	井	鬼	柳	星	張	翼	軫	角	亢	氐	氐	房	心	尾	箕	斗	女	虚	危	室	壁
11月	奎	婁	胃	昴	畢	觜	参	井	鬼	柳	星	張	翼	軫	角	亢	氐	房	心	心	尾	箕	斗	女	虚	危	室	壁	奎	婁	
12月	胃	昴	畢	觜	参	井	鬼	柳	星	張	翼	軫	角	亢	氐	房	心	尾	斗	女	虚	危	室	壁	奎	婁	胃	昴	畢	觜	参

1980（昭和55）年

月＼日	1	2	3	4	5	6	7	8	9	10	11	12	13	14	15	16	17	18	19	20	21	22	23	24	25	26	27	28	29	30	31
1月	井	鬼	柳	星	張	翼	軫	角	亢	氐	房	心	尾	箕	斗	女	虚	虚	危	室	壁	奎	婁	胃	昴	畢	觜	参	井	鬼	柳
2月	星	張	翼	軫	角	亢	氐	房	心	尾	箕	斗	女	虚	危	室	壁	奎	婁	胃	昴	畢	觜	参	井	鬼	柳	星	張		
3月	翼	軫	角	亢	氐	房	心	尾	箕	斗	女	虚	危	室	壁	奎	奎	婁	胃	昴	畢	觜	参	井	鬼	柳	星	張	翼	軫	角
4月	亢	氐	房	心	尾	箕	斗	女	虚	危	室	壁	奎	婁	胃	昴	畢	觜	参	井	鬼	柳	星	張	翼	軫	角	亢	氐	房	
5月	心	尾	箕	斗	女	虚	危	室	壁	奎	婁	胃	昴	畢	觜	参	井	鬼	柳	星	張	翼	軫	角	亢	氐	房	心	尾	箕	斗
6月	女	虚	危	室	壁	奎	婁	胃	昴	畢	觜	参	参	井	鬼	柳	星	張	翼	軫	角	亢	氐	房	心	尾	箕	斗	女	虚	
7月	危	室	壁	奎	婁	胃	昴	畢	觜	参	井	鬼	柳	星	張	翼	軫	角	亢	氐	房	心	尾	箕	斗	女	虚	危	室	壁	奎
8月	婁	胃	昴	畢	觜	参	井	鬼	柳	星	張	翼	軫	角	亢	氐	房	心	尾	箕	斗	女	虚	危	室	壁	奎	婁	胃	昴	畢
9月	觜	参	井	鬼	柳	星	張	翼	角	亢	氐	房	心	尾	箕	斗	女	虚	危	室	壁	奎	婁	胃	昴	畢	觜	参	井	鬼	
10月	柳	星	張	翼	軫	角	亢	氐	氐	房	心	尾	箕	斗	女	虚	危	室	壁	奎	婁	胃	昴	畢	觜	参	井	鬼	柳	星	張
11月	翼	軫	角	亢	氐	房	心	心	尾	箕	斗	女	虚	危	室	壁	奎	婁	胃	昴	畢	觜	参	井	鬼	柳	星	張	翼	軫	
12月	角	亢	氐	房	心	尾	斗	女	虚	危	室	壁	奎	婁	胃	昴	畢	觜	参	井	鬼	柳	星	張	翼	軫	角	亢	氐	房	心

1981（昭和56）年

月＼日	1	2	3	4	5	6	7	8	9	10	11	12	13	14	15	16	17	18	19	20	21	22	23	24	25	26	27	28	29	30	31
1月	尾	箕	斗	女	虚	虚	危	室	壁	奎	婁	胃	昴	畢	觜	参	井	鬼	柳	星	張	翼	軫	角	亢	氐	房	心	尾	箕	斗
2月	女	虚	危	室	室	壁	奎	婁	胃	昴	畢	觜	参	井	鬼	柳	星	張	翼	軫	角	亢	氐	房	心	尾	箕	斗			
3月	女	虚	危	室	壁	奎	婁	胃	昴	畢	觜	参	井	鬼	柳	星	張	翼	軫	角	亢	氐	房	心	尾	箕	斗	女	虚	危	室
4月	壁	奎	婁	胃	胃	昴	畢	觜	参	井	鬼	柳	星	張	翼	軫	角	亢	氐	房	心	尾	箕	斗	女	虚	危	室	壁	奎	
5月	婁	胃	昴	畢	觜	参	井	鬼	柳	星	張	翼	軫	角	亢	氐	房	心	尾	箕	斗	女	虚	危	空	壁	奎	婁	胃	昴	畢
6月	觜	参	井	鬼	柳	星	張	翼	軫	角	亢	氐	房	心	尾	箕	斗	女	虚	危	室	壁	奎	婁	胃	昴	畢	觜	参	井	
7月	鬼	鬼	柳	星	張	翼	軫	角	亢	氐	房	心	尾	箕	斗	女	虚	危	室	壁	奎	婁	胃	昴	畢	觜	参	井	鬼	柳	張
8月	翼	軫	角	亢	氐	房	心	尾	箕	斗	女	虚	危	室	壁	奎	婁	胃	昴	畢	觜	参	井	鬼	柳	星	張	翼	角	亢	氐
9月	房	心	尾	箕	斗	女	虚	危	室	壁	奎	婁	胃	昴	畢	觜	参	井	鬼	柳	星	張	翼	軫	角	亢	氐	氐	房	心	
10月	尾	箕	斗	女	虚	危	室	壁	奎	婁	胃	昴	畢	觜	参	井	鬼	柳	星	張	翼	軫	角	亢	氐	房	心	心	尾	箕	斗
11月	女	虚	危	室	壁	奎	婁	胃	昴	畢	觜	参	井	鬼	柳	星	張	翼	軫	角	亢	氐	房	心	尾	斗	女	虚	危	室	
12月	壁	奎	婁	胃	昴	畢	觜	参	井	鬼	柳	星	張	翼	軫	角	亢	氐	房	心	尾	箕	斗	女	虚	虚	危	室	壁	奎	婁

1982（昭和57）年

月＼日	1	2	3	4	5	6	7	8	9	10	11	12	13	14	15	16	17	18	19	20	21	22	23	24	25	26	27	28	29	30	31
1月	胃	昴	畢	觜	参	井	鬼	柳	星	張	翼	軫	角	亢	氐	房	心	尾	箕	斗	女	虚	危	室	室	壁	奎	婁	胃	昴	畢
2月	觜	参	井	鬼	柳	星	張	翼	軫	角	亢	氐	房	心	尾	箕	斗	女	虚	危	室	壁	奎	奎	婁	胃	昴	畢			
3月	觜	参	井	鬼	柳	星	張	翼	軫	角	亢	氐	房	心	尾	箕	斗	女	虚	危	室	壁	奎	婁	胃	昴	畢	觜	参	井	鬼
4月	柳	星	張	翼	軫	角	亢	氐	房	心	尾	箕	斗	女	虚	危	室	壁	奎	婁	胃	昴	畢	畢	觜	参	井	鬼	柳	星	
5月	張	翼	軫	角	亢	氐	房	心	尾	箕	斗	女	虚	危	室	壁	奎	婁	胃	昴	畢	觜	畢	觜	参	井	鬼	柳	星	張	翼
6月	軫	角	亢	氐	房	心	尾	箕	斗	女	虚	危	室	壁	奎	婁	胃	昴	畢	觜	参	井	鬼	柳	星	張	翼	軫	角	亢	
7月	氐	房	心	尾	箕	斗	女	虚	危	室	壁	奎	婁	胃	昴	畢	觜	参	井	鬼	鬼	柳	星	張	翼	軫	角	亢	氐	房	心
8月	尾	箕	斗	女	虚	危	室	壁	奎	婁	胃	昴	畢	觜	参	井	鬼	柳	張	翼	軫	角	亢	氐	房	心	尾	箕	斗	女	虚
9月	危	室	壁	奎	婁	胃	昴	畢	觜	参	井	鬼	柳	星	張	翼	角	亢	氐	房	心	尾	箕	斗	女	虚	危	室	壁	奎	
10月	婁	胃	昴	畢	觜	参	井	鬼	柳	星	張	翼	軫	角	亢	氐	氐	房	心	尾	箕	斗	女	虚	危	室	壁	奎	婁	胃	昴
11月	畢	觜	参	井	鬼	柳	星	張	翼	軫	角	亢	氐	房	心	心	尾	箕	斗	女	虚	危	室	壁	奎	婁	胃	昴	畢	觜	
12月	参	井	鬼	柳	星	張	翼	軫	角	亢	氐	房	心	尾	斗	女	虚	危	室	壁	奎	婁	胃	昴	畢	觜	参	井	鬼	柳	星

※赤字太字は旧暦の1日を表しています。

1983（昭和58）年

月＼日	1	2	3	4	5	6	7	8	9	10	11	12	13	14	15	16	17	18	19	20	21	22	23	24	25	26	27	28	29	30	31
1月	張	翼	軫	角	亢	氐	房	心	尾	箕	斗	女	虚	虚	危	室	壁	奎	婁	胃	昴	畢	觜	参	井	鬼	柳	星	張	翼	軫
2月	角	亢	氐	房	心	尾	箕	斗	女	虚	危	室	室	壁	奎	婁	胃	昴	畢	觜	参	井	鬼	柳	星	張	翼	軫			
3月	角	亢	氐	房	心	尾	箕	斗	女	虚	危	室	壁	奎	奎	婁	胃	昴	畢	觜	参	井	鬼	柳	星	張	翼	軫	角	亢	氐
4月	房	心	尾	箕	斗	女	虚	危	室	壁	奎	婁	胃	昴	畢	觜	参	井	鬼	柳	星	張	翼	軫	角	亢	氐	房	心	尾	
5月	箕	斗	女	虚	危	室	壁	奎	婁	胃	昴	畢	畢	觜	参	井	鬼	柳	星	張	翼	軫	角	亢	氐	房	心	尾	箕	斗	女
6月	虚	危	室	壁	奎	婁	胃	昴	畢	觜	参	井	鬼	柳	星	張	翼	軫	角	亢	氐	房	心	尾	箕	斗	女	虚	危	室	
7月	壁	奎	婁	胃	昴	畢	觜	参	井	鬼	柳	星	張	翼	軫	角	亢	氐	房	心	尾	箕	斗	女	虚	危	室	壁	奎	婁	胃
8月	昴	畢	觜	参	井	鬼	柳	星	張	翼	軫	角	亢	氐	房	心	尾	箕	斗	女	虚	危	室	壁	奎	婁	胃	昴	畢	觜	参
9月	井	鬼	柳	星	張	翼	角	亢	氐	房	心	尾	箕	斗	女	虚	危	室	壁	奎	婁	胃	昴	畢	觜	参	井	鬼	柳	星	
10月	張	翼	軫	角	亢	氐	房	心	尾	箕	斗	女	虚	危	室	壁	奎	婁	胃	昴	畢	觜	参	井	鬼	柳	星	張	翼	軫	角
11月	亢	氐	房	心	心	尾	箕	斗	女	虚	危	室	壁	奎	婁	胃	昴	畢	觜	参	井	鬼	柳	星	張	翼	軫	角	亢	氐	
12月	房	心	尾	斗	女	虚	危	室	壁	奎	婁	胃	昴	畢	觜	参	井	鬼	柳	星	張	翼	軫	角	亢	氐	房	心	尾	箕	斗

1984（昭和59）年

月＼日	1	2	3	4	5	6	7	8	9	10	11	12	13	14	15	16	17	18	19	20	21	22	23	24	25	26	27	28	29	30	31
1月	女	虚	虚	危	室	壁	奎	婁	胃	昴	畢	觜	参	井	鬼	柳	星	張	翼	軫	角	亢	氐	房	心	尾	箕	斗	女	虚	危
2月	室	室	壁	奎	婁	胃	昴	畢	觜	参	井	鬼	柳	星	張	翼	軫	角	亢	氐	房	心	尾	箕	斗	女	虚	危	室		
3月	壁	奎	奎	婁	胃	昴	畢	觜	参	井	鬼	柳	星	張	翼	軫	角	亢	氐	房	心	尾	箕	斗	女	虚	危	室	壁	奎	婁
4月	胃	昴	畢	觜	参	井	鬼	柳	星	張	翼	軫	角	亢	氐	房	心	尾	箕	斗	女	虚	危	室	壁	奎	婁	胃	昴	畢	
5月	畢	觜	参	井	鬼	柳	星	張	翼	軫	角	亢	氐	房	心	尾	箕	斗	女	虚	危	室	壁	奎	婁	胃	昴	畢	觜	参	参
6月	井	鬼	柳	星	張	翼	軫	角	亢	氐	房	心	尾	箕	斗	女	虚	危	室	壁	奎	婁	胃	昴	畢	觜	参	井	鬼	柳	
7月	星	張	翼	軫	角	亢	氐	房	心	尾	箕	斗	女	虚	危	室	壁	奎	婁	胃	昴	畢	觜	参	井	鬼	柳	張	翼	軫	角
8月	亢	氐	房	心	尾	箕	斗	女	虚	危	室	壁	奎	婁	胃	昴	畢	觜	参	井	鬼	柳	星	張	翼	軫	角	亢	氐	房	心
9月	尾	箕	斗	女	虚	危	室	壁	奎	婁	胃	昴	畢	觜	参	井	鬼	柳	星	張	翼	軫	角	亢	氐	房	心	尾	箕	斗	
10月	女	虚	危	室	壁	奎	婁	胃	昴	畢	觜	参	井	鬼	柳	星	張	翼	軫	角	亢	氐	房	心	尾	箕	斗	女	虚	危	室
11月	壁	奎	婁	胃	昴	畢	觜	参	井	鬼	柳	星	張	翼	軫	角	亢	氐	房	心	尾	箕	心	尾	箕	斗	女	虚	危	室	
12月	壁	奎	婁	胃	昴	畢	觜	参	井	鬼	柳	星	張	翼	軫	角	亢	氐	房	心	尾	斗	女	虚	危	室	壁	奎	婁	胃	昴

1985（昭和60）年

月＼日	1	2	3	4	5	6	7	8	9	10	11	12	13	14	15	16	17	18	19	20	21	22	23	24	25	26	27	28	29	30	31
1月	畢	觜	参	井	鬼	柳	星	張	翼	軫	角	亢	氐	房	心	尾	箕	斗	女	虚	虚	危	室	壁	奎	婁	胃	昴	畢	觜	参
2月	井	鬼	柳	星	張	翼	軫	角	亢	氐	房	心	尾	箕	斗	女	虚	危	室	室	壁	奎	婁	胃	昴	畢	觜	参			
3月	井	鬼	柳	星	張	翼	軫	角	亢	氐	房	心	尾	箕	斗	女	虚	危	室	壁	奎	婁	胃	昴	畢	觜	参	井	鬼	柳	星
4月	張	翼	軫	角	亢	氐	房	心	尾	箕	斗	女	虚	危	室	壁	奎	婁	胃	胃	昴	畢	觜	参	井	鬼	柳	星	張	翼	
5月	軫	角	亢	氐	房	心	尾	箕	斗	女	虚	危	室	壁	奎	婁	胃	昴	畢	畢	觜	参	井	鬼	柳	星	張	翼	軫	角	亢
6月	氐	房	心	尾	箕	斗	女	虚	危	室	壁	奎	婁	胃	昴	畢	觜	参	井	鬼	柳	星	張	翼	軫	角	亢	氐	房	心	
7月	尾	箕	斗	女	虚	危	室	壁	奎	婁	胃	昴	畢	觜	参	井	鬼	鬼	柳	星	張	翼	軫	角	亢	氐	房	心	尾	箕	斗
8月	女	虚	危	室	壁	奎	婁	胃	昴	畢	觜	参	井	鬼	柳	張	翼	軫	角	亢	氐	房	心	尾	箕	斗	女	虚	危	室	壁
9月	奎	婁	胃	昴	畢	觜	参	井	鬼	柳	星	張	翼	軫	角	亢	氐	房	心	尾	箕	斗	女	虚	危	室	壁	奎	婁	胃	
10月	昴	畢	觜	参	井	鬼	柳	星	張	翼	軫	角	亢	氐	房	心	尾	箕	斗	女	虚	危	室	壁	奎	婁	胃	昴	畢	觜	参
11月	井	鬼	柳	星	張	翼	軫	角	亢	氐	房	心	尾	箕	斗	女	虚	危	室	壁	奎	婁	胃	昴	畢	觜	参	井	鬼	柳	
12月	星	張	翼	軫	角	亢	氐	房	心	尾	箕	斗	女	虚	危	室	壁	奎	婁	胃	昴	畢	觜	参	井	鬼	柳	星	張	翼	軫

1986（昭和61）年

月＼日	1	2	3	4	5	6	7	8	9	10	11	12	13	14	15	16	17	18	19	20	21	22	23	24	25	26	27	28	29	30	31
1月	角	亢	氐	房	心	尾	箕	斗	女	虚	危	室	壁	奎	婁	胃	昴	畢	觜	参	井	鬼	柳	星	張	翼	軫	角	亢	氐	房
2月	心	尾	箕	斗	女	虚	危	室	室	壁	奎	婁	胃	昴	畢	觜	参	井	鬼	柳	星	張	翼	軫	角	亢	氐	房			
3月	心	尾	箕	斗	女	虚	危	室	壁	奎	婁	胃	昴	畢	觜	参	井	鬼	柳	星	張	翼	軫	角	亢	氐	房	心	尾	箕	斗
4月	女	虚	危	室	壁	奎	婁	胃	胃	昴	畢	觜	参	井	鬼	柳	星	張	翼	軫	角	亢	氐	房	心	尾	箕	斗	女	虚	
5月	危	室	壁	奎	婁	胃	昴	畢	畢	觜	参	井	鬼	柳	星	張	翼	軫	角	亢	氐	房	心	尾	箕	斗	女	虚	危	室	壁
6月	奎	婁	胃	昴	畢	觜	参	井	鬼	柳	星	張	翼	軫	角	亢	氐	房	心	尾	箕	斗	女	虚	危	室	壁	奎	婁	胃	
7月	昴	畢	觜	参	井	鬼	鬼	柳	星	張	翼	軫	角	亢	氐	房	心	尾	箕	斗	女	虚	危	室	壁	奎	婁	胃	昴	畢	觜
8月	参	井	鬼	柳	星	張	翼	軫	角	亢	氐	房	心	尾	箕	斗	女	虚	危	室	壁	奎	婁	胃	昴	畢	觜	参	井	鬼	柳
9月	星	張	翼	角	亢	氐	房	心	尾	箕	斗	女	虚	危	室	壁	奎	婁	胃	昴	畢	觜	参	井	鬼	柳	星	張	翼	軫	
10月	角	亢	氐	氐	房	心	尾	箕	斗	女	虚	危	室	壁	奎	婁	胃	昴	畢	觜	参	井	鬼	柳	星	張	翼	軫	角	亢	氐
11月	房	心	尾	箕	斗	女	虚	危	室	壁	奎	婁	胃	昴	畢	觜	参	井	鬼	柳	星	張	翼	軫	角	亢	氐	房	心	尾	
12月	箕	斗	女	虚	危	室	壁	奎	婁	胃	昴	畢	觜	参	井	鬼	柳	星	張	翼	軫	角	亢	氐	房	心	尾	箕	斗	女	虚

1987（昭和62）年

月＼日	1	2	3	4	5	6	7	8	9	10	11	12	13	14	15	16	17	18	19	20	21	22	23	24	25	26	27	28	29	30	31
1月	危	室	壁	奎	婁	胃	昴	畢	觜	参	井	鬼	柳	星	張	翼	軫	角	亢	氐	房	心	尾	箕	斗	女	虚	危	**室**	壁	奎
2月	婁	胃	昴	畢	觜	参	井	鬼	柳	星	張	翼	軫	角	亢	氐	房	心	尾	箕	斗	女	虚	危	室	壁	奎	**奎**			
3月	婁	胃	昴	畢	觜	参	井	鬼	柳	星	張	翼	軫	角	亢	氐	房	心	尾	箕	斗	女	虚	危	室	壁	奎	婁	**胃**	昴	畢
4月	觜	参	井	鬼	柳	星	張	翼	軫	角	亢	氐	房	心	尾	箕	斗	女	虚	危	室	壁	奎	婁	胃	昴	畢	**畢**	觜	参	
5月	井	鬼	柳	星	張	翼	軫	角	亢	氐	房	心	尾	箕	斗	女	虚	危	室	壁	奎	婁	胃	昴	畢	觜	参	**参**	井	鬼	柳
6月	星	張	翼	軫	角	亢	氐	房	心	尾	箕	斗	女	虚	危	室	壁	奎	婁	胃	昴	畢	觜	参	井	**鬼**	柳	星	張	翼	
7月	軫	角	亢	氐	房	心	尾	箕	斗	女	虚	危	室	壁	奎	婁	胃	昴	畢	觜	参	井	鬼	柳	星	**鬼**	柳	星	張	翼	軫
8月	角	亢	氐	房	心	尾	箕	斗	女	虚	危	室	壁	奎	婁	胃	昴	畢	觜	参	井	鬼	柳	**張**	翼	軫	角	亢	氐	房	心
9月	尾	箕	斗	女	虚	危	室	壁	奎	婁	胃	昴	畢	觜	参	井	鬼	柳	星	張	翼	軫	**角**	亢	氐	房	心	尾	箕	斗	
10月	女	虚	危	室	壁	奎	婁	胃	昴	畢	觜	参	井	鬼	柳	星	張	翼	軫	角	亢	氐	**氐**	房	心	尾	箕	斗	女	虚	危
11月	室	壁	奎	婁	胃	昴	畢	觜	参	井	鬼	柳	星	張	翼	軫	角	亢	氐	房	**心**	尾	箕	斗	女	虚	危	室	壁	奎	
12月	婁	胃	昴	畢	觜	参	井	鬼	柳	星	張	翼	軫	角	亢	氐	房	心	尾	箕	**斗**	女	虚	危	室	壁	奎	婁	胃	昴	畢

1988（昭和63）年

月＼日	1	2	3	4	5	6	7	8	9	10	11	12	13	14	15	16	17	18	19	20	21	22	23	24	25	26	27	28	29	30	31
1月	觜	参	井	鬼	柳	星	張	翼	軫	角	亢	氐	房	心	尾	箕	斗	女	**虚**	危	室	壁	奎	婁	胃	昴	畢	觜	参	井	鬼
2月	柳	星	張	翼	軫	角	亢	氐	房	心	尾	箕	斗	女	虚	危	室	**室**	壁	奎	婁	胃	昴	畢	觜	参	井	鬼	柳		
3月	星	張	翼	軫	角	亢	氐	房	心	尾	箕	斗	女	虚	危	室	壁	**奎**	婁	胃	昴	畢	觜	参	井	鬼	柳	星	張	翼	軫
4月	角	亢	氐	房	心	尾	箕	斗	女	虚	危	室	壁	奎	婁	**胃**	昴	畢	觜	参	井	鬼	柳	星	張	翼	軫	角	亢	氐	
5月	房	心	尾	箕	斗	女	虚	危	室	壁	奎	婁	胃	昴	畢	**畢**	觜	参	井	鬼	柳	星	張	翼	軫	角	亢	氐	房	心	尾
6月	箕	斗	女	虚	危	室	壁	奎	婁	胃	昴	畢	觜	**参**	井	鬼	柳	星	張	翼	軫	角	亢	氐	房	心	尾	箕	斗	女	
7月	虚	危	室	壁	奎	婁	胃	昴	畢	觜	参	井	鬼	**鬼**	柳	星	張	翼	軫	角	亢	氐	房	心	尾	箕	斗	女	虚	危	室
8月	壁	奎	婁	胃	昴	畢	觜	参	井	鬼	柳	**張**	翼	軫	角	亢	氐	房	心	尾	箕	斗	女	虚	危	室	壁	奎	婁	胃	昴
9月	畢	觜	参	井	鬼	柳	星	張	翼	軫	**角**	亢	氐	房	心	尾	箕	斗	女	虚	危	室	壁	奎	婁	胃	昴	畢	觜	参	
10月	井	鬼	柳	星	張	翼	軫	角	亢	氐	**氐**	房	心	尾	箕	斗	女	虚	危	室	壁	奎	婁	胃	昴	畢	觜	参	井	鬼	柳
11月	星	張	翼	軫	角	亢	氐	房	**心**	尾	箕	斗	女	虚	危	室	壁	奎	婁	胃	昴	畢	觜	参	井	鬼	柳	星	張	翼	
12月	軫	角	亢	氐	房	心	尾	箕	**斗**	女	虚	危	室	壁	奎	婁	胃	昴	畢	觜	参	井	鬼	柳	星	張	翼	軫	角	亢	氐

1989（昭和64／平成元）年

月＼日	1	2	3	4	5	6	7	8	9	10	11	12	13	14	15	16	17	18	19	20	21	22	23	24	25	26	27	28	29	30	31
1月	房	心	尾	箕	斗	女	虚	**虚**	危	室	壁	奎	婁	胃	昴	畢	觜	参	井	鬼	柳	星	張	翼	軫	角	亢	氐	房	心	尾
2月	箕	斗	女	虚	危	**室**	壁	奎	婁	胃	昴	畢	觜	参	井	鬼	柳	星	張	翼	軫	角	亢	氐	房	心	尾	箕			
3月	斗	女	虚	危	室	壁	奎	**奎**	婁	胃	昴	畢	觜	参	井	鬼	柳	星	張	翼	軫	角	亢	氐	房	心	尾	箕	斗	女	虚
4月	危	室	壁	奎	婁	**胃**	昴	畢	觜	参	井	鬼	柳	星	張	翼	軫	角	亢	氐	房	心	尾	箕	斗	女	虚	危	室	壁	
5月	奎	婁	胃	昴	**畢**	觜	参	井	鬼	柳	星	張	翼	軫	角	亢	氐	房	心	尾	箕	斗	女	虚	危	室	壁	奎	婁	胃	昴
6月	畢	觜	参	**参**	井	鬼	柳	星	張	翼	軫	角	亢	氐	房	心	尾	箕	斗	女	虚	危	室	壁	奎	婁	胃	昴	畢	觜	
7月	参	井	**鬼**	柳	星	張	翼	軫	角	亢	氐	房	心	尾	箕	斗	女	虚	危	室	壁	奎	婁	胃	昴	畢	觜	参	井	鬼	柳
8月	星	**張**	翼	軫	角	亢	氐	房	心	尾	箕	斗	女	虚	危	室	壁	奎	婁	胃	昴	畢	觜	参	井	鬼	柳	星	張	翼	**角**
9月	亢	氐	房	心	尾	箕	斗	女	虚	危	室	壁	奎	婁	胃	昴	畢	觜	参	井	鬼	柳	星	張	翼	軫	角	亢	氐	**氐**	
10月	房	心	尾	箕	斗	女	虚	危	室	壁	奎	婁	胃	昴	畢	觜	参	井	鬼	柳	星	張	翼	軫	角	亢	氐	房	心	**心**	尾
11月	箕	斗	女	虚	危	室	壁	奎	婁	胃	昴	畢	觜	参	井	鬼	柳	星	張	翼	軫	角	亢	氐	房	心	尾	**斗**	女	虚	
12月	危	室	壁	奎	婁	胃	昴	畢	觜	参	井	鬼	柳	星	張	翼	軫	角	亢	氐	房	心	尾	箕	斗	女	虚	**虚**	危	室	壁

1990（平成2）年

月＼日	1	2	3	4	5	6	7	8	9	10	11	12	13	14	15	16	17	18	19	20	21	22	23	24	25	26	27	28	29	30	31
1月	奎	婁	胃	昴	畢	觜	参	井	鬼	柳	星	張	翼	軫	角	亢	氐	房	心	尾	箕	斗	女	虚	危	室	**室**	壁	奎	婁	胃
2月	昴	畢	觜	参	井	鬼	柳	星	張	翼	軫	角	亢	氐	房	心	尾	箕	斗	女	虚	危	室	壁	**奎**	婁	胃	昴			
3月	畢	觜	参	井	鬼	柳	星	張	翼	軫	角	亢	氐	房	心	尾	箕	斗	女	虚	危	室	壁	奎	婁	胃	**胃**	昴	畢	觜	参
4月	井	鬼	柳	星	張	翼	軫	角	亢	氐	房	心	尾	箕	斗	女	虚	危	室	壁	奎	婁	胃	昴	**畢**	觜	参	井	鬼	柳	
5月	星	張	翼	軫	角	亢	氐	房	心	尾	箕	斗	女	虚	危	室	壁	奎	婁	胃	昴	畢	觜	**参**	井	鬼	柳	星	張	翼	軫
6月	角	亢	氐	房	心	尾	箕	斗	女	虚	危	室	壁	奎	婁	胃	昴	畢	觜	参	井	鬼	**参**	井	鬼	柳	星	張	翼	軫	
7月	角	亢	氐	房	心	尾	箕	斗	女	虚	危	室	壁	奎	婁	胃	昴	畢	觜	参	井	**鬼**	柳	星	張	翼	軫	角	亢	氐	房
8月	心	尾	箕	斗	女	虚	危	室	壁	奎	婁	胃	昴	畢	觜	参	井	鬼	柳	**張**	翼	軫	角	亢	氐	房	心	尾	箕	斗	女
9月	虚	危	室	壁	奎	婁	胃	昴	畢	觜	参	井	鬼	柳	星	張	翼	軫	**角**	亢	氐	房	心	尾	箕	斗	女	虚	危	室	
10月	壁	奎	婁	胃	昴	畢	觜	参	井	鬼	柳	星	張	翼	軫	角	亢	氐	**氐**	房	心	尾	箕	斗	女	虚	危	室	壁	奎	婁
11月	胃	昴	畢	觜	参	井	鬼	柳	星	張	翼	軫	角	亢	氐	房	**心**	尾	箕	斗	女	虚	危	室	壁	奎	婁	胃	昴	畢	
12月	觜	参	井	鬼	柳	星	張	翼	軫	角	亢	氐	房	心	尾	箕	**斗**	女	虚	危	室	壁	奎	婁	胃	昴	畢	觜	参	井	鬼

※赤字太字は旧暦の1日を表しています。

1991（平成3）年

月＼日	1	2	3	4	5	6	7	8	9	10	11	12	13	14	15	16	17	18	19	20	21	22	23	24	25	26	27	28	29	30	31
1月	柳	星	張	翼	軫	角	亢	氐	房	心	尾	箕	斗	女	虚	虚	危	室	壁	奎	婁	胃	昴	畢	觜	参	井	鬼	柳	星	張
2月	翼	軫	角	亢	氐	房	心	尾	箕	斗	女	虚	危	室	室	壁	奎	婁	胃	昴	畢	觜	参	井	鬼	柳	星	張			
3月	翼	軫	角	亢	氐	房	心	尾	箕	斗	女	虚	危	室	壁	奎	婁	胃	昴	畢	觜	参	井	鬼	柳	星	張	翼	軫	角	亢
4月	氐	房	心	尾	箕	斗	女	虚	危	室	壁	奎	婁	胃	胃	昴	畢	觜	参	井	鬼	柳	星	張	翼	軫	角	亢	氐	房	
5月	心	尾	箕	斗	女	虚	危	室	壁	奎	婁	胃	昴	畢	觜	参	井	鬼	柳	星	張	翼	軫	角	亢	氐	房	心	尾	箕	斗
6月	女	虚	危	室	壁	奎	婁	胃	昴	畢	觜	参	井	鬼	柳	星	張	翼	軫	角	亢	氐	房	心	尾	箕	斗	女	虚	危	
7月	室	壁	奎	婁	胃	昴	畢	觜	参	井	鬼	鬼	柳	星	張	翼	軫	角	亢	氐	房	心	尾	箕	斗	女	虚	危	室	壁	奎
8月	婁	胃	昴	畢	觜	参	井	鬼	柳	張	翼	軫	角	亢	氐	房	心	尾	箕	斗	女	虚	危	室	壁	奎	婁	胃	昴	畢	觜
9月	参	井	鬼	柳	星	張	翼	角	亢	氐	房	心	尾	箕	斗	女	虚	危	室	壁	奎	婁	胃	昴	畢	觜	参	井	鬼	柳	
10月	星	張	翼	軫	角	亢	氐	氐	房	心	尾	箕	斗	女	虚	危	室	壁	奎	婁	胃	昴	畢	觜	参	井	鬼	柳	星	張	翼
11月	軫	角	亢	氐	房	心	尾	箕	斗	女	虚	危	室	壁	奎	婁	胃	昴	畢	觜	参	井	鬼	柳	星	張	翼	軫	角	亢	
12月	氐	房	心	尾	箕	斗	女	虚	危	室	壁	奎	婁	胃	昴	畢	觜	参	井	鬼	柳	星	張	翼	軫	角	亢	氐	房	心	尾

1992（平成4）年

月＼日	1	2	3	4	5	6	7	8	9	10	11	12	13	14	15	16	17	18	19	20	21	22	23	24	25	26	27	28	29	30	31
1月	箕	斗	女	虚	虚	危	室	壁	奎	婁	胃	昴	畢	觜	参	井	鬼	柳	星	張	翼	軫	角	亢	氐	房	心	尾	箕	斗	女
2月	虚	危	室	室	壁	奎	婁	胃	昴	畢	觜	参	井	鬼	柳	星	張	翼	軫	角	亢	氐	房	心	尾	箕	斗	女	虚		
3月	危	室	壁	奎	婁	胃	昴	畢	觜	参	井	鬼	柳	星	張	翼	軫	角	亢	氐	房	心	尾	箕	斗	女	虚	危	室	壁	奎
4月	婁	胃	胃	昴	畢	觜	参	井	鬼	柳	星	張	翼	軫	角	亢	氐	房	心	尾	箕	斗	女	虚	危	室	壁	奎	婁	胃	
5月	昴	畢	畢	觜	参	井	鬼	柳	星	張	翼	軫	角	亢	氐	房	心	尾	箕	斗	女	虚	危	室	壁	奎	婁	胃	昴	畢	觜
6月	参	井	鬼	柳	星	張	翼	軫	角	亢	氐	房	心	尾	箕	斗	女	虚	危	室	壁	奎	婁	胃	昴	畢	觜	参	井	鬼	
7月	柳	星	張	翼	軫	角	亢	氐	房	心	尾	箕	斗	女	虚	危	室	壁	奎	婁	胃	昴	畢	觜	参	井	鬼	柳	星	張	翼
8月	軫	角	亢	氐	房	心	尾	箕	斗	女	虚	危	室	壁	奎	婁	胃	昴	畢	觜	参	井	鬼	柳	星	張	翼	角	亢	氐	房
9月	心	尾	箕	斗	女	虚	危	室	壁	奎	婁	胃	昴	畢	觜	参	井	鬼	柳	星	張	翼	軫	角	亢	氐	房	心	尾	箕	
10月	斗	女	虚	危	室	壁	奎	婁	胃	昴	畢	觜	参	井	鬼	柳	星	張	翼	軫	角	亢	氐	房	心	心	尾	箕	斗	女	虚
11月	危	室	壁	奎	婁	胃	昴	畢	觜	参	井	鬼	柳	星	張	翼	軫	角	亢	氐	房	心	尾	斗	女	虚	危	室	壁	奎	
12月	婁	胃	昴	畢	觜	参	井	鬼	柳	星	張	翼	軫	角	亢	氐	房	心	尾	箕	斗	女	虚	虚	危	室	壁	奎	婁	胃	昴

1993（平成5）年

月＼日	1	2	3	4	5	6	7	8	9	10	11	12	13	14	15	16	17	18	19	20	21	22	23	24	25	26	27	28	29	30	31
1月	畢	觜	参	井	鬼	柳	星	張	翼	軫	角	亢	氐	房	心	尾	箕	斗	女	虚	危	室	室	壁	奎	婁	胃	昴	畢	觜	参
2月	井	鬼	柳	星	張	翼	軫	角	亢	氐	房	心	尾	箕	斗	女	虚	危	室	壁	奎	婁	胃	昴	畢	觜	参	井			
3月	鬼	柳	星	張	翼	軫	角	亢	氐	房	心	尾	箕	斗	女	虚	危	室	壁	奎	婁	胃	胃	昴	畢	觜	参	井	鬼	柳	星
4月	張	翼	軫	角	亢	氐	房	心	尾	箕	斗	女	虚	危	室	壁	奎	婁	胃	昴	畢	胃	昴	畢	觜	参	井	鬼	柳	星	
5月	張	翼	軫	角	亢	氐	房	心	尾	箕	斗	女	虚	危	室	壁	奎	婁	胃	昴	畢	觜	参	井	鬼	柳	星	張	翼	軫	角
6月	亢	氐	房	心	尾	箕	斗	女	虚	危	室	壁	奎	婁	胃	昴	畢	觜	参	参	井	鬼	柳	星	張	翼	軫	角	亢	氐	
7月	房	心	尾	箕	斗	女	虚	危	室	壁	奎	婁	胃	昴	畢	觜	参	井	鬼	柳	星	張	翼	軫	角	亢	氐	房	心	尾	箕
8月	斗	女	虚	危	室	壁	奎	婁	胃	昴	畢	觜	参	井	鬼	柳	星	張	翼	軫	角	亢	氐	房	心	尾	箕	斗	女	虚	危
9月	室	壁	奎	婁	胃	昴	畢	觜	参	井	鬼	柳	星	張	翼	角	亢	氐	房	心	尾	箕	斗	女	虚	危	室	壁	奎	婁	
10月	胃	昴	畢	觜	参	井	鬼	柳	星	張	翼	軫	角	亢	氐	房	心	尾	箕	斗	女	虚	危	室	壁	奎	婁	胃	昴	畢	觜
11月	参	井	鬼	柳	星	張	翼	軫	角	亢	氐	房	心	心	尾	箕	斗	女	虚	危	室	壁	奎	婁	胃	昴	畢	觜	参	井	
12月	鬼	柳	星	張	翼	軫	角	亢	氐	房	心	尾	斗	女	虚	危	室	壁	奎	婁	胃	昴	畢	觜	参	井	鬼	柳	星	張	翼

1994（平成6）年

月＼日	1	2	3	4	5	6	7	8	9	10	11	12	13	14	15	16	17	18	19	20	21	22	23	24	25	26	27	28	29	30	31
1月	軫	角	亢	氐	房	心	尾	箕	斗	女	虚	虚	危	室	壁	奎	婁	胃	昴	畢	觜	参	井	鬼	柳	星	張	翼	軫	角	亢
2月	氐	房	心	尾	箕	斗	女	虚	危	室	壁	奎	婁	胃	昴	畢	觜	参	井	鬼	柳	星	張	翼	軫	角	亢	氐			
3月	房	心	尾	箕	斗	女	虚	危	室	壁	奎	奎	婁	胃	昴	畢	觜	参	井	鬼	柳	星	張	翼	軫	角	亢	氐	房	心	尾
4月	箕	斗	女	虚	危	室	壁	奎	婁	胃	胃	昴	畢	觜	参	井	鬼	柳	星	張	翼	軫	角	亢	氐	房	心	尾	箕	斗	
5月	女	虚	危	室	壁	奎	婁	胃	昴	畢	畢	觜	参	井	鬼	柳	星	張	翼	軫	角	亢	氐	房	心	尾	箕	斗	女	虚	危
6月	室	壁	奎	婁	胃	昴	畢	觜	参	井	鬼	柳	星	張	翼	軫	角	亢	氐	房	心	尾	箕	斗	女	虚	危	室	壁	奎	
7月	婁	胃	昴	畢	觜	参	井	鬼	鬼	柳	星	張	翼	軫	角	亢	氐	房	心	尾	箕	斗	女	虚	危	室	壁	奎	婁	胃	昴
8月	畢	觜	参	井	鬼	柳	張	翼	軫	角	亢	氐	房	心	尾	箕	斗	女	虚	危	室	壁	奎	婁	胃	昴	畢	觜	参	井	鬼
9月	柳	星	張	翼	軫	角	亢	氐	房	心	尾	箕	斗	女	虚	危	室	壁	奎	婁	胃	昴	畢	觜	参	井	鬼	柳	星	張	
10月	翼	軫	角	亢	氐	房	心	尾	箕	斗	女	虚	危	室	壁	奎	婁	胃	昴	畢	觜	参	井	鬼	柳	星	張	翼	軫	角	亢
11月	氐	房	心	尾	箕	斗	女	虚	危	室	壁	奎	婁	胃	昴	畢	觜	参	井	鬼	柳	星	張	翼	軫	角	亢	氐	房	心	
12月	尾	箕	斗	女	虚	危	室	壁	奎	婁	胃	昴	畢	觜	参	井	鬼	柳	星	張	翼	軫	角	亢	氐	房	心	尾	箕	斗	女

1995（平成7）年

月＼日	1	2	3	4	5	6	7	8	9	10	11	12	13	14	15	16	17	18	19	20	21	22	23	24	25	26	27	28	29	30	31
1月	虚	危	室	壁	奎	婁	胃	昴	畢	觜	参	井	鬼	柳	星	張	翼	軫	角	亢	氐	房	心	尾	箕	斗	女	虚	危	室	室
2月	壁	奎	婁	胃	昴	畢	觜	参	井	鬼	柳	星	張	翼	軫	角	亢	氐	房	心	尾	箕	斗	女	虚	危	室	壁			
3月	奎	婁	胃	昴	畢	觜	参	井	鬼	柳	星	張	翼	軫	角	亢	氐	房	心	尾	箕	斗	女	虚	危	室	壁	奎	婁	胃	胃
4月	昴	畢	觜	参	井	鬼	柳	星	張	翼	軫	角	亢	氐	房	心	尾	箕	斗	女	虚	危	室	壁	奎	婁	胃	昴	畢	畢	
5月	觜	参	井	鬼	柳	星	張	翼	軫	角	亢	氐	房	心	尾	箕	斗	女	虚	危	室	壁	奎	婁	胃	昴	畢	觜	参	井	鬼
6月	柳	星	張	翼	軫	角	亢	氐	房	心	尾	箕	斗	女	虚	危	室	壁	奎	婁	胃	昴	畢	觜	参	井	鬼	鬼	柳	星	
7月	張	翼	軫	角	亢	氐	房	心	尾	箕	斗	女	虚	危	室	壁	奎	婁	胃	昴	畢	觜	参	井	鬼	柳	星	張	翼	軫	角
8月	亢	氐	房	心	尾	箕	斗	女	虚	危	室	壁	奎	婁	胃	昴	畢	觜	参	井	鬼	柳	星	張	翼	角	亢	氐	房	心	尾
9月	箕	斗	女	虚	危	室	壁	奎	婁	胃	昴	畢	觜	参	井	鬼	柳	星	張	翼	軫	角	亢	氐	角	亢	氐	房	心	尾	
10月	箕	斗	女	虚	危	室	壁	奎	婁	胃	昴	畢	觜	参	井	鬼	柳	星	張	翼	軫	角	亢	氐	房	心	尾	箕	斗	女	虚
11月	危	室	壁	奎	婁	胃	昴	畢	觜	参	井	鬼	柳	星	張	翼	軫	角	亢	氐	房	心	心	尾	箕	斗	女	虚	危	室	
12月	壁	奎	婁	胃	昴	畢	觜	参	井	鬼	柳	星	張	翼	軫	角	亢	氐	房	心	尾	斗	女	虚	危	室	壁	奎	婁	胃	昴

1996（平成8）年

月＼日	1	2	3	4	5	6	7	8	9	10	11	12	13	14	15	16	17	18	19	20	21	22	23	24	25	26	27	28	29	30	31
1月	畢	觜	参	井	鬼	柳	星	張	翼	軫	角	亢	氐	房	心	尾	箕	斗	女	虚	危	室	壁	奎	婁	胃	昴	畢	觜	参	井
2月	鬼	柳	星	張	翼	軫	角	亢	氐	房	心	尾	箕	斗	女	虚	危	室	室	壁	奎	婁	胃	昴	畢	觜	参	井	鬼		
3月	柳	星	張	翼	軫	角	亢	氐	房	心	尾	箕	斗	女	虚	危	室	壁	奎	婁	胃	昴	畢	觜	参	井	鬼	柳	星	張	翼
4月	軫	角	亢	氐	房	心	尾	箕	斗	女	虚	危	室	壁	奎	婁	胃	胃	昴	畢	觜	参	井	鬼	柳	星	張	翼	軫	角	
5月	亢	氐	房	心	尾	箕	斗	女	虚	危	室	壁	奎	婁	胃	昴	畢	觜	参	井	鬼	柳	星	張	翼	軫	角	亢	氐	房	心
6月	尾	箕	斗	女	虚	危	室	壁	奎	婁	胃	昴	畢	觜	参	参	井	鬼	柳	星	張	翼	軫	角	亢	氐	房	心	尾	箕	
7月	斗	女	虚	危	室	壁	奎	婁	胃	昴	畢	觜	参	井	鬼	鬼	柳	星	張	翼	軫	角	亢	氐	房	心	尾	箕	斗	女	虚
8月	危	室	壁	奎	婁	胃	昴	畢	觜	参	井	鬼	柳	張	翼	軫	角	亢	氐	房	心	尾	箕	斗	女	虚	危	室	壁	奎	婁
9月	胃	昴	畢	觜	参	井	鬼	柳	星	張	翼	軫	角	亢	氐	房	心	尾	箕	斗	女	虚	危	室	壁	奎	婁	胃	昴	畢	
10月	觜	参	井	鬼	柳	星	張	翼	軫	角	亢	氐	房	心	尾	箕	斗	女	虚	危	室	壁	奎	婁	胃	昴	畢	觜	参	井	鬼
11月	柳	星	張	翼	軫	角	亢	氐	房	心	心	尾	箕	斗	女	虚	危	室	壁	奎	婁	胃	昴	畢	觜	参	井	鬼	柳	星	
12月	張	翼	軫	角	亢	氐	房	心	尾	箕	斗	女	虚	危	室	壁	奎	婁	胃	昴	畢	觜	参	井	鬼	柳	星	張	翼	軫	角

1997（平成9）年

月＼日	1	2	3	4	5	6	7	8	9	10	11	12	13	14	15	16	17	18	19	20	21	22	23	24	25	26	27	28	29	30	31
1月	亢	氐	房	心	尾	箕	斗	女	虚	危	室	壁	奎	婁	胃	昴	畢	觜	参	井	鬼	柳	星	張	翼	軫	角	亢	氐	房	心
2月	尾	箕	斗	女	虚	危	室	室	壁	奎	婁	胃	昴	畢	觜	参	井	鬼	柳	星	張	翼	軫	角	亢	氐	房	心			
3月	尾	箕	斗	女	虚	危	室	壁	奎	婁	胃	昴	畢	觜	参	井	鬼	柳	星	張	翼	軫	角	亢	氐	房	心	尾	箕	斗	女
4月	虚	危	室	壁	奎	婁	胃	昴	畢	觜	参	井	鬼	柳	星	張	翼	軫	角	亢	氐	房	心	尾	箕	斗	女	虚	危	室	
5月	壁	奎	婁	胃	昴	畢	畢	觜	参	井	鬼	柳	星	張	翼	軫	角	亢	氐	房	心	尾	箕	斗	女	虚	危	室	壁	奎	婁
6月	胃	昴	畢	觜	参	井	鬼	柳	星	張	翼	軫	角	亢	氐	房	心	尾	箕	斗	女	虚	危	室	壁	奎	婁	胃	昴	畢	
7月	觜	参	井	鬼	鬼	柳	星	張	翼	軫	角	亢	氐	房	心	尾	箕	斗	女	虚	危	室	壁	奎	婁	胃	昴	畢	觜	参	井
8月	鬼	柳	張	翼	軫	角	亢	氐	房	心	尾	箕	斗	女	虚	危	室	壁	奎	婁	胃	昴	畢	觜	参	井	鬼	柳	星	張	翼
9月	軫	角	亢	氐	房	心	尾	箕	斗	女	虚	危	室	壁	奎	婁	胃	昴	畢	觜	参	井	鬼	柳	星	張	翼	軫	角	亢	
10月	氐	氐	房	心	尾	箕	斗	女	虚	危	室	壁	奎	婁	胃	昴	畢	觜	参	井	鬼	柳	星	張	翼	軫	角	亢	氐	房	心
11月	尾	箕	斗	女	虚	危	室	壁	奎	婁	胃	昴	畢	觜	参	井	鬼	柳	星	張	翼	軫	角	亢	氐	房	心	尾	箕	斗	
12月	女	虚	危	室	壁	奎	婁	胃	昴	畢	觜	参	井	鬼	柳	星	張	翼	軫	角	亢	氐	房	心	尾	箕	斗	女	虚	虚	危

1998（平成10）年

月＼日	1	2	3	4	5	6	7	8	9	10	11	12	13	14	15	16	17	18	19	20	21	22	23	24	25	26	27	28	29	30	31
1月	室	壁	奎	婁	胃	昴	畢	觜	参	井	鬼	柳	星	張	翼	軫	角	亢	氐	房	心	尾	箕	斗	女	虚	危	室	壁	奎	婁
2月	胃	昴	畢	觜	参	井	鬼	柳	星	張	翼	軫	角	亢	氐	房	心	尾	箕	斗	女	虚	危	室	壁	奎	奎	婁			
3月	胃	昴	畢	觜	参	井	鬼	柳	星	張	翼	軫	角	亢	氐	房	心	尾	箕	斗	女	虚	危	室	壁	奎	婁	胃	昴	畢	觜
4月	参	井	鬼	柳	星	張	翼	軫	角	亢	氐	房	心	尾	箕	斗	女	虚	危	室	壁	奎	婁	胃	昴	畢	觜	参	井	鬼	
5月	柳	星	張	翼	軫	角	亢	氐	房	心	尾	箕	斗	女	虚	危	室	壁	奎	婁	胃	昴	畢	觜	参	参	井	鬼	柳	星	張
6月	翼	軫	角	亢	氐	房	心	尾	箕	斗	女	虚	危	室	壁	奎	婁	胃	昴	畢	觜	参	井	参	井	鬼	柳	星	張	翼	
7月	軫	角	亢	氐	房	心	尾	箕	斗	女	虚	危	室	壁	奎	婁	胃	昴	畢	觜	参	井	鬼	柳	星	張	翼	軫	角	亢	氐
8月	房	心	尾	箕	斗	女	虚	危	室	壁	奎	婁	胃	昴	畢	觜	参	井	鬼	柳	星	張	翼	軫	角	亢	氐	房	心	尾	箕
9月	斗	女	虚	危	室	壁	奎	婁	胃	昴	畢	觜	参	井	鬼	柳	星	張	翼	軫	角	亢	氐	房	心	尾	箕	斗	女	虚	
10月	危	室	壁	奎	婁	胃	昴	畢	觜	参	井	鬼	柳	星	張	翼	軫	角	亢	氐	房	心	尾	箕	斗	女	虚	危	室	壁	奎
11月	婁	胃	昴	畢	觜	参	井	鬼	柳	星	張	翼	軫	角	亢	氐	房	心	心	尾	箕	斗	女	虚	危	室	壁	奎	婁	胃	
12月	昴	畢	觜	参	井	鬼	柳	星	張	翼	軫	角	亢	氐	房	心	尾	箕	斗	女	虚	危	室	壁	奎	婁	胃	昴	畢	觜	参

※赤字太字は旧暦の1日を表しています。

1999（平成11）年

月＼日	1	2	3	4	5	6	7	8	9	10	11	12	13	14	15	16	17	18	19	20	21	22	23	24	25	26	27	28	29	30	31
1月	井	鬼	柳	星	張	翼	軫	角	亢	氐	房	心	尾	箕	斗	女	虚	虚	危	室	壁	奎	婁	胃	昴	畢	觜	参	井	鬼	柳
2月	星	張	翼	軫	角	亢	氐	房	心	尾	箕	斗	女	虚	危	室	壁	奎	婁	胃	昴	畢	觜	参	井	鬼	柳	星			
3月	張	翼	軫	角	亢	氐	房	心	尾	箕	斗	女	虚	危	室	壁	奎	奎	婁	胃	昴	畢	觜	参	井	鬼	柳	星	張	翼	軫
4月	角	亢	氐	房	心	尾	箕	斗	女	虚	危	室	壁	奎	婁	胃	昴	畢	觜	参	井	鬼	柳	星	張	翼	軫	角	亢	氐	
5月	房	心	尾	箕	斗	女	虚	危	室	壁	奎	婁	胃	昴	畢	觜	参	井	鬼	柳	星	張	翼	軫	角	亢	氐	房	心	尾	箕
6月	斗	女	虚	危	室	壁	奎	婁	胃	昴	畢	觜	参	参	井	鬼	柳	星	張	翼	軫	角	亢	氐	房	心	尾	箕	斗	女	
7月	虚	危	室	壁	奎	婁	胃	昴	畢	觜	参	井	鬼	柳	星	張	翼	軫	角	亢	氐	房	心	尾	箕	斗	女	虚	危	室	壁
8月	奎	婁	胃	昴	畢	觜	参	井	鬼	柳	張	翼	軫	角	亢	氐	房	心	尾	箕	斗	女	虚	危	室	壁	奎	婁	胃	昴	畢
9月	觜	参	井	鬼	柳	星	張	翼	軫	角	亢	氐	房	心	尾	箕	斗	女	虚	危	室	壁	奎	婁	胃	昴	畢	觜	参	井	
10月	鬼	柳	星	張	翼	軫	角	亢	氐	房	心	尾	箕	斗	女	虚	危	室	壁	奎	婁	胃	昴	畢	觜	参	井	鬼	柳	星	張
11月	翼	軫	角	亢	氐	房	心	心	尾	箕	斗	女	虚	危	室	壁	奎	婁	胃	昴	畢	觜	参	井	鬼	柳	星	張	翼	軫	
12月	角	亢	氐	房	心	尾	箕	斗	女	虚	危	室	壁	奎	婁	胃	昴	畢	觜	参	井	鬼	柳	星	張	翼	軫	角	亢	氐	房

2000（平成12）年

月＼日	1	2	3	4	5	6	7	8	9	10	11	12	13	14	15	16	17	18	19	20	21	22	23	24	25	26	27	28	29	30	31
1月	心	尾	箕	斗	女	虚	虚	危	室	壁	奎	婁	胃	昴	畢	觜	参	井	鬼	柳	星	張	翼	軫	角	亢	氐	房	心	尾	箕
2月	斗	女	虚	危	室	壁	奎	婁	胃	昴	畢	觜	参	井	鬼	柳	星	張	翼	軫	角	亢	氐	房	心	尾	箕	斗	女		
3月	虚	危	室	壁	奎	奎	婁	胃	昴	畢	觜	参	井	鬼	柳	星	張	翼	軫	角	亢	氐	房	心	尾	箕	斗	女	虚	危	室
4月	壁	奎	婁	胃	胃	昴	畢	觜	参	井	鬼	柳	星	張	翼	軫	角	亢	氐	房	心	尾	箕	斗	女	虚	危	室	壁	奎	
5月	婁	胃	昴	畢	觜	参	井	鬼	柳	星	張	翼	軫	角	亢	氐	房	心	尾	箕	斗	女	虚	危	室	壁	奎	婁	胃	昴	畢
6月	觜	参	井	鬼	柳	星	張	翼	軫	角	亢	氐	房	心	尾	箕	斗	女	虚	危	室	壁	奎	婁	胃	昴	畢	觜	参	井	
7月	鬼	鬼	柳	星	張	翼	軫	角	亢	氐	房	心	尾	箕	斗	女	虚	危	室	壁	奎	婁	胃	昴	畢	觜	参	井	鬼	柳	張
8月	翼	軫	角	亢	氐	房	心	尾	箕	斗	女	虚	危	室	壁	奎	婁	胃	昴	畢	觜	参	井	鬼	柳	星	張	翼	角	亢	氐
9月	房	心	尾	箕	斗	女	虚	危	室	壁	奎	婁	胃	昴	畢	觜	参	井	鬼	柳	星	張	翼	軫	角	亢	氐	氐	房	心	
10月	尾	箕	斗	女	虚	危	室	壁	奎	婁	胃	昴	畢	觜	参	井	鬼	柳	星	張	翼	軫	角	亢	氐	房	心	尾	箕	斗	女
11月	虚	危	室	壁	奎	婁	胃	昴	畢	觜	参	井	鬼	柳	星	張	翼	軫	角	亢	氐	房	心	尾	箕	斗	女	虚	危	室	
12月	壁	奎	婁	胃	昴	畢	觜	参	井	鬼	柳	星	張	翼	軫	角	亢	氐	房	心	尾	箕	斗	女	虚	虚	危	室	壁	奎	婁

2001（平成13）年

月＼日	1	2	3	4	5	6	7	8	9	10	11	12	13	14	15	16	17	18	19	20	21	22	23	24	25	26	27	28	29	30	31
1月	胃	昴	畢	觜	参	井	鬼	柳	星	張	翼	軫	角	亢	氐	房	心	尾	箕	斗	女	虚	危	室	壁	奎	婁	胃	昴	畢	觜
2月	参	井	鬼	柳	星	張	翼	軫	角	亢	氐	房	心	尾	箕	斗	女	虚	危	室	壁	奎	奎	婁	胃	昴	畢	觜			
3月	参	井	鬼	柳	星	張	翼	軫	角	亢	氐	房	心	尾	箕	斗	女	虚	危	室	壁	奎	婁	胃	胃	昴	畢	觜	参	井	鬼
4月	柳	星	張	翼	軫	角	亢	氐	房	心	尾	箕	斗	女	虚	危	室	壁	奎	婁	胃	昴	畢	畢	觜	参	井	鬼	柳	星	
5月	張	翼	軫	角	亢	氐	房	心	尾	箕	斗	女	虚	危	室	壁	奎	婁	胃	昴	畢	觜	畢	觜	参	井	鬼	柳	星	張	翼
6月	軫	角	亢	氐	房	心	尾	箕	斗	女	虚	危	室	壁	奎	婁	胃	昴	畢	觜	参	井	鬼	柳	星	張	翼	軫	角	亢	
7月	氐	房	心	尾	箕	斗	女	虚	危	室	壁	奎	婁	胃	昴	畢	觜	参	井	鬼	鬼	柳	星	張	翼	軫	角	亢	氐	房	心
8月	尾	箕	斗	女	虚	危	室	壁	奎	婁	胃	昴	畢	觜	参	井	鬼	柳	張	翼	軫	角	亢	氐	房	心	尾	箕	斗	女	虚
9月	危	室	壁	奎	婁	胃	昴	畢	觜	参	井	鬼	柳	星	張	翼	角	亢	氐	房	心	尾	箕	斗	女	虚	危	室	壁	奎	
10月	婁	胃	昴	畢	觜	参	井	鬼	柳	星	張	翼	軫	角	亢	氐	氐	房	心	尾	箕	斗	女	虚	危	室	壁	奎	婁	胃	昴
11月	畢	觜	参	井	鬼	柳	星	張	翼	軫	角	亢	氐	房	心	尾	箕	斗	女	虚	危	室	壁	奎	婁	胃	昴	畢	觜	参	
12月	井	鬼	柳	星	張	翼	軫	角	亢	氐	房	心	尾	箕	斗	女	虚	危	室	壁	奎	婁	胃	昴	畢	觜	参	井	鬼	柳	星

2002（平成14）年

月＼日	1	2	3	4	5	6	7	8	9	10	11	12	13	14	15	16	17	18	19	20	21	22	23	24	25	26	27	28	29	30	31
1月	張	翼	軫	角	亢	氐	房	心	尾	箕	斗	女	虚	危	室	壁	奎	婁	胃	昴	畢	觜	参	井	鬼	柳	星	張	翼	軫	角
2月	亢	氐	房	心	尾	箕	斗	女	虚	危	室	室	壁	奎	婁	胃	昴	畢	觜	参	井	鬼	柳	星	張	翼	軫	角			
3月	亢	氐	房	心	尾	箕	斗	女	虚	危	室	壁	奎	奎	婁	胃	昴	畢	觜	参	井	鬼	柳	星	張	翼	軫	角	亢	氐	房
4月	心	尾	箕	斗	女	虚	危	室	壁	奎	婁	胃	胃	昴	畢	觜	参	井	鬼	柳	星	張	翼	軫	角	亢	氐	房	心	尾	
5月	箕	斗	女	虚	危	室	壁	奎	婁	胃	昴	畢	觜	参	井	鬼	柳	星	張	翼	軫	角	亢	氐	房	心	尾	箕	斗	女	虚
6月	危	室	壁	奎	婁	胃	昴	畢	觜	参	参	井	鬼	柳	星	張	翼	軫	角	亢	氐	房	心	尾	箕	斗	女	虚	危	室	
7月	壁	奎	婁	胃	昴	畢	觜	参	井	鬼	柳	星	張	翼	軫	角	亢	氐	房	心	尾	箕	斗	女	虚	危	室	壁	奎	婁	胃
8月	昴	畢	觜	参	井	鬼	柳	星	張	翼	軫	角	亢	氐	房	心	尾	箕	斗	女	虚	危	室	壁	奎	婁	胃	昴	畢	觜	参
9月	井	鬼	柳	星	張	翼	角	亢	氐	房	心	尾	箕	斗	女	虚	危	室	壁	奎	婁	胃	昴	畢	觜	参	井	鬼	柳	星	
10月	張	翼	軫	角	亢	氐	房	心	尾	箕	斗	女	虚	危	室	壁	奎	婁	胃	昴	畢	觜	参	井	鬼	柳	星	張	翼	軫	角
11月	亢	氐	房	心	心	尾	箕	斗	女	虚	危	室	壁	奎	婁	胃	昴	畢	觜	参	井	鬼	柳	星	張	翼	軫	角	亢	氐	
12月	房	心	尾	斗	女	虚	危	室	壁	奎	婁	胃	昴	畢	觜	参	井	鬼	柳	星	張	翼	軫	角	亢	氐	房	心	尾	箕	斗

2003（平成15）年

月＼日	1	2	3	4	5	6	7	8	9	10	11	12	13	14	15	16	17	18	19	20	21	22	23	24	25	26	27	28	29	30	31
1月	女	虚	虚	危	室	壁	奎	婁	胃	昴	畢	觜	参	井	鬼	柳	星	張	翼	軫	角	亢	氐	房	心	尾	箕	斗	女	虚	危
2月	室	壁	奎	婁	胃	昴	畢	觜	参	井	鬼	柳	星	張	翼	軫	角	亢	氐	房	心	尾	箕	斗	女	虚	危	室			
3月	壁	奎	奎	婁	胃	昴	畢	觜	参	井	鬼	柳	星	張	翼	軫	角	亢	氐	房	心	尾	箕	斗	女	虚	危	室	壁	奎	婁
4月	胃	胃	昴	畢	觜	参	井	鬼	柳	星	張	翼	軫	角	亢	氐	房	心	尾	箕	斗	女	虚	危	室	壁	奎	婁	胃	昴	
5月	畢	觜	参	井	鬼	柳	星	張	翼	軫	角	亢	氐	房	心	尾	箕	斗	女	虚	危	室	壁	奎	婁	胃	昴	畢	觜	参	参
6月	井	鬼	柳	星	張	翼	軫	角	亢	氐	房	心	尾	箕	斗	女	虚	危	室	壁	奎	婁	胃	昴	畢	觜	参	井	鬼	鬼	
7月	柳	星	張	翼	軫	角	亢	氐	房	心	尾	箕	斗	女	虚	危	室	壁	奎	婁	胃	昴	畢	觜	参	井	鬼	柳	張	翼	軫
8月	角	亢	氐	房	心	尾	箕	斗	女	虚	危	室	壁	奎	婁	胃	昴	畢	觜	参	井	鬼	柳	星	張	翼	軫	角	亢	氐	房
9月	心	尾	箕	斗	女	虚	危	室	壁	奎	婁	胃	昴	畢	觜	参	井	鬼	柳	星	張	翼	軫	角	亢	氐	房	心	尾	箕	
10月	斗	女	虚	危	室	壁	奎	婁	胃	昴	畢	觜	参	井	鬼	柳	星	張	翼	軫	角	亢	氐	房	心	尾	箕	斗	女	虚	危
11月	室	壁	奎	婁	胃	昴	畢	觜	参	井	鬼	柳	星	張	翼	軫	角	亢	氐	房	心	尾	箕	斗	女	虚	危	室	壁	奎	
12月	婁	胃	昴	畢	觜	参	井	鬼	柳	星	張	翼	軫	角	亢	氐	房	心	尾	箕	斗	女	虚	危	室	壁	奎	婁	胃	昴	畢

2004（平成16）年

月＼日	1	2	3	4	5	6	7	8	9	10	11	12	13	14	15	16	17	18	19	20	21	22	23	24	25	26	27	28	29	30	31
1月	觜	参	井	鬼	柳	星	張	翼	軫	角	亢	氐	房	心	尾	箕	斗	女	虚	危	室	室	壁	奎	婁	胃	昴	畢	觜	参	井
2月	鬼	柳	星	張	翼	軫	角	亢	氐	房	心	尾	箕	斗	女	虚	危	室	壁	奎	婁	胃	昴	畢	觜	参	井	鬼	柳		
3月	星	張	翼	軫	角	亢	氐	房	心	尾	箕	斗	女	虚	危	室	壁	奎	婁	胃	奎	婁	胃	昴	畢	觜	参	井	鬼	柳	星
4月	張	翼	軫	角	亢	氐	房	心	尾	箕	斗	女	虚	危	室	壁	奎	婁	胃	昴	畢	觜	参	井	鬼	柳	星	張	翼	軫	
5月	角	亢	氐	房	心	尾	箕	斗	女	虚	危	室	壁	奎	婁	胃	昴	畢	畢	觜	参	井	鬼	柳	星	張	翼	軫	角	亢	氐
6月	房	心	尾	箕	斗	女	虚	危	室	壁	奎	婁	胃	昴	畢	觜	参	参	井	鬼	柳	星	張	翼	軫	角	亢	氐	房	心	
7月	尾	箕	斗	女	虚	危	室	壁	奎	婁	胃	昴	畢	觜	参	井	鬼	柳	星	張	翼	軫	角	亢	氐	房	心	尾	箕	斗	女
8月	虚	危	室	壁	奎	婁	胃	昴	畢	觜	参	井	鬼	柳	星	張	翼	軫	角	亢	氐	房	心	尾	箕	斗	女	虚	危	室	壁
9月	奎	婁	胃	昴	畢	觜	参	井	鬼	柳	星	張	翼	角	亢	氐	房	心	尾	箕	斗	女	虚	危	室	壁	奎	婁	胃	昴	
10月	畢	觜	参	井	鬼	柳	星	張	翼	軫	角	亢	氐	氐	房	心	尾	箕	斗	女	虚	危	室	壁	奎	婁	胃	昴	畢	觜	参
11月	井	鬼	柳	星	張	翼	軫	角	亢	氐	房	心	尾	箕	斗	女	虚	危	室	壁	奎	婁	胃	昴	畢	觜	参	井	鬼	柳	
12月	星	張	翼	軫	角	亢	氐	房	心	尾	箕	斗	女	虚	危	室	壁	奎	婁	胃	昴	畢	觜	参	井	鬼	柳	星	張	翼	軫

2005（平成17）年

月＼日	1	2	3	4	5	6	7	8	9	10	11	12	13	14	15	16	17	18	19	20	21	22	23	24	25	26	27	28	29	30	31
1月	角	亢	氐	房	心	尾	箕	斗	女	虚	危	室	壁	奎	婁	胃	昴	畢	觜	参	井	鬼	柳	星	張	翼	軫	角	亢	氐	房
2月	心	尾	箕	斗	女	虚	危	室	室	壁	奎	婁	胃	昴	畢	觜	参	井	鬼	柳	星	張	翼	軫	角	亢	氐	房			
3月	心	尾	箕	斗	女	虚	危	室	壁	奎	婁	胃	昴	畢	觜	参	井	鬼	柳	星	張	翼	軫	角	亢	氐	房	心	尾	箕	斗
4月	女	虚	危	室	壁	奎	婁	胃	胃	昴	畢	觜	参	井	鬼	柳	星	張	翼	軫	角	亢	氐	房	心	尾	箕	斗	女	虚	
5月	危	室	壁	奎	婁	胃	昴	畢	觜	参	井	鬼	柳	星	張	翼	軫	角	亢	氐	房	心	尾	箕	斗	女	虚	危	室	壁	奎
6月	婁	胃	昴	畢	觜	参	参	井	鬼	柳	星	張	翼	軫	角	亢	氐	房	心	尾	箕	斗	女	虚	危	室	壁	奎	婁	胃	
7月	昴	畢	觜	参	井	鬼	柳	星	張	翼	軫	角	亢	氐	房	心	尾	箕	斗	女	虚	危	室	壁	奎	婁	胃	昴	畢	觜	参
8月	井	鬼	柳	星	張	翼	軫	角	亢	氐	房	心	尾	箕	斗	女	虚	危	室	壁	奎	婁	胃	昴	畢	觜	参	井	鬼	柳	星
9月	張	翼	軫	角	亢	氐	房	心	尾	箕	斗	女	虚	危	室	壁	奎	婁	胃	昴	畢	觜	参	井	鬼	柳	星	張	翼	軫	
10月	角	亢	氐	房	心	尾	箕	斗	女	虚	危	室	壁	奎	婁	胃	昴	畢	觜	参	井	鬼	柳	星	張	翼	軫	角	亢	氐	房
11月	心	心	尾	箕	斗	女	虚	危	室	壁	奎	婁	胃	昴	畢	觜	参	井	鬼	柳	星	張	翼	軫	角	亢	氐	房	心	尾	
12月	箕	斗	女	虚	危	室	壁	奎	婁	胃	昴	畢	觜	参	井	鬼	柳	星	張	翼	軫	角	亢	氐	房	心	尾	箕	斗	女	虚

2006（平成18）年

月＼日	1	2	3	4	5	6	7	8	9	10	11	12	13	14	15	16	17	18	19	20	21	22	23	24	25	26	27	28	29	30	31
1月	危	室	壁	奎	婁	胃	昴	畢	觜	参	井	鬼	柳	星	張	翼	軫	角	亢	氐	房	心	尾	箕	斗	女	虚	危	室	壁	奎
2月	婁	胃	昴	畢	觜	参	井	鬼	柳	星	張	翼	軫	角	亢	氐	房	心	尾	箕	斗	女	虚	危	室	壁	奎	奎			
3月	婁	胃	昴	畢	觜	参	井	鬼	柳	星	張	翼	軫	角	亢	氐	房	心	尾	箕	斗	女	虚	危	室	壁	奎	婁	胃	昴	畢
4月	觜	参	井	鬼	柳	星	張	翼	軫	角	亢	氐	房	心	尾	箕	斗	女	虚	危	室	壁	奎	婁	胃	昴	畢	畢	觜	参	
5月	井	鬼	柳	星	張	翼	軫	角	亢	氐	房	心	尾	箕	斗	女	虚	危	室	壁	奎	婁	胃	昴	畢	觜	参	井	鬼	柳	星
6月	張	翼	軫	角	亢	氐	房	心	尾	箕	斗	女	虚	危	室	壁	奎	婁	胃	昴	畢	觜	参	井	鬼	鬼	柳	星	張	翼	
7月	軫	角	亢	氐	房	心	尾	箕	斗	女	虚	危	室	壁	奎	婁	胃	昴	畢	觜	参	井	鬼	柳	張	翼	軫	角	亢	氐	房
8月	心	尾	箕	斗	女	虚	危	室	壁	奎	婁	胃	昴	畢	觜	参	井	鬼	柳	星	張	翼	軫	張	翼	軫	角	亢	氐	房	心
9月	尾	箕	斗	女	虚	危	室	壁	奎	婁	胃	昴	畢	觜	参	井	鬼	柳	星	張	翼	角	亢	氐	房	心	尾	箕	斗	女	
10月	虚	危	室	壁	奎	婁	胃	昴	畢	觜	参	井	鬼	柳	星	張	翼	軫	角	亢	氐	氐	房	心	尾	箕	斗	女	虚	危	室
11月	壁	奎	婁	胃	昴	畢	觜	参	井	鬼	柳	星	張	翼	軫	角	亢	氐	房	心	心	尾	箕	斗	女	虚	危	室	壁	奎	
12月	婁	胃	昴	畢	觜	参	井	鬼	柳	星	張	翼	軫	角	亢	氐	房	心	尾	斗	女	虚	危	室	壁	奎	婁	胃	昴	畢	觜

※赤字太字は旧暦の1日を表しています。

2007（平成19）年

月＼日	1	2	3	4	5	6	7	8	9	10	11	12	13	14	15	16	17	18	19	20	21	22	23	24	25	26	27	28	29	30	31
1月	参	井	鬼	柳	星	張	翼	軫	角	亢	氐	房	心	尾	箕	斗	女	虚	虚	危	室	壁	奎	婁	胃	昴	畢	觜	参	井	鬼
2月	柳	星	張	翼	軫	角	亢	氐	房	心	尾	箕	斗	女	虚	危	室	室	壁	奎	婁	胃	昴	畢	觜	参	井	鬼			
3月	柳	星	張	翼	軫	角	亢	氐	房	心	尾	箕	斗	女	虚	危	室	壁	奎	婁	胃	昴	畢	觜	参	井	鬼	柳	星	張	翼
4月	軫	角	亢	氐	房	心	尾	箕	斗	女	虚	危	室	壁	奎	婁	胃	昴	畢	觜	参	井	鬼	柳	星	張	翼	軫	角	亢	
5月	氐	房	心	尾	箕	斗	女	虚	危	室	壁	奎	婁	胃	昴	畢	畢	觜	参	井	鬼	柳	星	張	翼	軫	角	亢	氐	房	心
6月	尾	箕	斗	女	虚	危	室	壁	奎	婁	胃	昴	畢	觜	参	井	鬼	柳	星	張	翼	軫	角	亢	氐	房	心	尾	箕	斗	
7月	女	虚	危	室	壁	奎	婁	胃	昴	畢	觜	参	井	鬼	柳	星	張	翼	軫	角	亢	氐	房	心	尾	箕	斗	女	虚	危	室
8月	壁	奎	婁	胃	昴	畢	觜	参	井	鬼	柳	星	張	翼	軫	角	亢	氐	房	心	尾	箕	斗	女	虚	危	室	壁	奎	婁	胃
9月	昴	畢	觜	参	井	鬼	柳	星	張	翼	角	亢	氐	房	心	尾	箕	斗	女	虚	危	室	壁	奎	婁	胃	昴	畢	觜	参	
10月	井	鬼	柳	星	張	翼	軫	角	亢	氐	氐	房	心	尾	箕	斗	女	虚	危	室	壁	奎	婁	胃	昴	畢	觜	参	井	鬼	柳
11月	星	張	翼	軫	角	亢	氐	房	心	心	尾	箕	斗	女	虚	危	室	壁	奎	婁	胃	昴	畢	觜	参	井	鬼	柳	星	張	
12月	翼	軫	角	亢	氐	房	心	尾	箕	斗	女	虚	危	室	壁	奎	婁	胃	昴	畢	觜	参	井	鬼	柳	星	張	翼	軫	角	亢

2008（平成20）年

月＼日	1	2	3	4	5	6	7	8	9	10	11	12	13	14	15	16	17	18	19	20	21	22	23	24	25	26	27	28	29	30	31
1月	氐	房	心	尾	箕	斗	女	虚	危	室	壁	奎	婁	胃	昴	畢	觜	参	井	鬼	柳	星	張	翼	軫	角	亢	氐	房	心	尾
2月	箕	斗	女	虚	危	室	室	壁	奎	婁	胃	昴	畢	觜	参	井	鬼	柳	星	張	翼	軫	角	亢	氐	房	心	尾	箕		
3月	斗	女	虚	危	室	壁	奎	奎	婁	胃	昴	畢	觜	参	井	鬼	柳	星	張	翼	軫	角	亢	氐	房	心	尾	箕	斗	女	虚
4月	危	室	壁	奎	婁	胃	昴	畢	觜	参	井	鬼	柳	星	張	翼	軫	角	亢	氐	房	心	尾	箕	斗	女	虚	危	室	壁	
5月	奎	婁	胃	昴	畢	觜	参	井	鬼	柳	星	張	翼	軫	角	亢	氐	房	心	尾	箕	斗	女	虚	危	室	壁	奎	婁	胃	昴
6月	畢	觜	参	参	井	鬼	柳	星	張	翼	軫	角	亢	氐	房	心	尾	箕	斗	女	虚	危	室	壁	奎	婁	胃	昴	畢	觜	
7月	参	井	鬼	柳	星	張	翼	軫	角	亢	氐	房	心	尾	箕	斗	女	虚	危	室	壁	奎	婁	胃	昴	畢	觜	参	井	鬼	柳
8月	張	翼	軫	角	亢	氐	房	心	尾	箕	斗	女	虚	危	室	壁	奎	婁	胃	昴	畢	觜	参	井	鬼	柳	星	張	翼	軫	角
9月	亢	氐	房	心	尾	箕	斗	女	虚	危	室	壁	奎	婁	胃	昴	畢	觜	参	井	鬼	柳	星	張	翼	軫	角	亢	氐	房	
10月	心	尾	箕	斗	女	虚	危	室	壁	奎	婁	胃	昴	畢	觜	参	井	鬼	柳	星	張	翼	軫	角	亢	氐	房	心	心	尾	箕
11月	斗	女	虚	危	室	壁	奎	婁	胃	昴	畢	觜	参	井	鬼	柳	星	張	翼	軫	角	亢	氐	房	心	尾	箕	斗	女	虚	
12月	危	室	壁	奎	婁	胃	昴	畢	觜	参	井	鬼	柳	星	張	翼	軫	角	亢	氐	房	心	尾	箕	斗	女	虚	危	室	壁	奎

2009（平成21）年

月＼日	1	2	3	4	5	6	7	8	9	10	11	12	13	14	15	16	17	18	19	20	21	22	23	24	25	26	27	28	29	30	31
1月	婁	胃	昴	畢	觜	参	井	鬼	柳	星	張	翼	軫	角	亢	氐	房	心	尾	箕	斗	女	虚	危	室	室	壁	奎	婁	胃	昴
2月	畢	觜	参	井	鬼	柳	星	張	翼	軫	角	亢	氐	房	心	尾	箕	斗	女	虚	危	室	壁	奎	奎	婁	胃	昴			
3月	畢	觜	参	井	鬼	柳	星	張	翼	軫	角	亢	氐	房	心	尾	箕	斗	女	虚	危	室	壁	奎	婁	胃	胃	昴	畢	觜	参
4月	井	鬼	柳	星	張	翼	軫	角	亢	氐	房	心	尾	箕	斗	女	虚	危	室	壁	奎	婁	胃	昴	畢	觜	参	井	鬼	柳	
5月	星	張	翼	軫	角	亢	氐	房	心	尾	箕	斗	女	虚	危	室	壁	奎	婁	胃	昴	畢	觜	参	井	鬼	柳	星	張	翼	軫
6月	角	亢	氐	房	心	尾	箕	斗	女	虚	危	室	壁	奎	婁	胃	昴	畢	觜	参	井	鬼	参	井	鬼	柳	星	張	翼	軫	
7月	角	亢	氐	房	心	尾	箕	斗	女	虚	危	室	壁	奎	婁	胃	昴	畢	觜	参	井	鬼	柳	星	張	翼	軫	角	亢	氐	房
8月	心	尾	箕	斗	女	虚	危	室	壁	奎	婁	胃	昴	畢	觜	参	井	鬼	柳	張	翼	軫	角	亢	氐	房	心	尾	箕	斗	女
9月	虚	危	室	壁	奎	婁	胃	昴	畢	觜	参	井	鬼	柳	星	張	翼	軫	角	亢	氐	房	心	尾	箕	斗	女	虚	危	室	
10月	壁	奎	婁	胃	昴	畢	觜	参	井	鬼	柳	星	張	翼	軫	角	亢	氐	房	心	尾	箕	斗	女	虚	危	室	壁	奎	婁	胃
11月	昴	畢	觜	参	井	鬼	柳	星	張	翼	軫	角	亢	氐	房	心	心	尾	箕	斗	女	虚	危	室	壁	奎	婁	胃	昴	畢	
12月	觜	参	井	鬼	柳	星	張	翼	軫	角	亢	氐	房	心	尾	斗	女	虚	危	室	壁	奎	婁	胃	昴	畢	觜	参	井	鬼	柳

2010（平成22）年

月＼日	1	2	3	4	5	6	7	8	9	10	11	12	13	14	15	16	17	18	19	20	21	22	23	24	25	26	27	28	29	30	31
1月	星	張	翼	軫	角	亢	氐	房	心	尾	箕	斗	女	虚	虚	危	室	壁	奎	婁	胃	昴	畢	觜	参	井	鬼	柳	星	張	翼
2月	軫	角	亢	氐	房	心	尾	箕	斗	女	虚	危	室	室	壁	奎	婁	胃	昴	畢	觜	参	井	鬼	柳	星	張	翼			
3月	軫	角	亢	氐	房	心	尾	箕	斗	女	虚	危	室	壁	奎	奎	婁	胃	昴	畢	觜	参	井	鬼	柳	星	張	翼	軫	角	亢
4月	氐	房	心	尾	箕	斗	女	虚	危	室	壁	奎	婁	胃	昴	畢	觜	参	井	鬼	柳	星	張	翼	軫	角	亢	氐	房	心	
5月	尾	箕	斗	女	虚	危	室	壁	奎	婁	胃	昴	畢	畢	觜	参	井	鬼	柳	星	張	翼	軫	角	亢	氐	房	心	尾	箕	斗
6月	女	虚	危	室	壁	奎	婁	胃	昴	畢	觜	参	井	鬼	柳	星	張	翼	軫	角	亢	氐	房	心	尾	箕	斗	女	虚	危	
7月	室	壁	奎	婁	胃	昴	畢	觜	参	井	鬼	鬼	柳	星	張	翼	軫	角	亢	氐	房	心	尾	箕	斗	女	虚	危	室	壁	奎
8月	婁	胃	昴	畢	觜	参	井	鬼	柳	張	翼	軫	角	亢	氐	房	心	尾	箕	斗	女	虚	危	室	壁	奎	婁	胃	昴	畢	觜
9月	参	井	鬼	柳	星	張	翼	角	亢	氐	房	心	尾	箕	斗	女	虚	危	室	壁	奎	婁	胃	昴	畢	觜	参	井	鬼	柳	
10月	星	張	翼	軫	角	亢	氐	氐	房	心	尾	箕	斗	女	虚	危	室	壁	奎	婁	胃	昴	畢	觜	参	井	鬼	柳	星	張	翼
11月	軫	角	亢	氐	房	心	尾	箕	斗	女	虚	危	室	壁	奎	婁	胃	昴	畢	觜	参	井	鬼	柳	星	張	翼	軫	角	亢	
12月	氐	房	心	尾	箕	斗	女	虚	危	室	壁	奎	婁	胃	昴	畢	觜	参	井	鬼	柳	星	張	翼	軫	角	亢	氐	房	心	尾

2011（平成23）年

月＼日	1	2	3	4	5	6	7	8	9	10	11	12	13	14	15	16	17	18	19	20	21	22	23	24	25	26	27	28	29	30	31
1月	箕	斗	女	**虚**	危	室	壁	奎	婁	胃	昴	畢	觜	参	井	鬼	柳	星	張	翼	軫	角	亢	氐	房	心	尾	箕	斗	女	虚
2月	危	室	**室**	壁	奎	婁	胃	昴	畢	觜	参	井	鬼	柳	星	張	翼	軫	角	亢	氐	房	心	尾	箕	斗	女	虚			
3月	危	室	壁	奎	**奎**	婁	胃	昴	畢	觜	参	井	鬼	柳	星	張	翼	軫	角	亢	氐	房	心	尾	箕	斗	女	虚	危	室	壁
4月	奎	婁	**胃**	昴	畢	觜	参	井	鬼	柳	星	張	翼	軫	角	亢	氐	房	心	尾	箕	斗	女	虚	危	室	壁	奎	婁	胃	
5月	昴	畢	**畢**	觜	参	井	鬼	柳	星	張	翼	軫	角	亢	氐	房	心	尾	箕	斗	女	虚	危	室	壁	奎	婁	胃	昴	畢	觜
6月	参	**参**	井	鬼	柳	星	張	翼	軫	角	亢	氐	房	心	尾	箕	斗	女	虚	危	室	壁	奎	婁	胃	昴	畢	觜	参	井	
7月	**鬼**	柳	星	張	翼	軫	角	亢	氐	房	心	尾	箕	斗	女	虚	危	室	壁	奎	婁	胃	昴	畢	觜	参	井	鬼	柳	星	**張**
8月	翼	軫	角	亢	氐	房	心	尾	箕	斗	女	虚	危	室	壁	奎	婁	胃	昴	畢	觜	参	井	鬼	柳	星	張	翼	**角**	亢	氐
9月	房	心	尾	箕	斗	女	虚	危	室	壁	奎	婁	胃	昴	畢	觜	参	井	鬼	柳	星	張	翼	軫	角	亢	**氐**	房	心	尾	
10月	箕	斗	女	虚	危	室	壁	奎	婁	胃	昴	畢	觜	参	井	鬼	柳	星	張	翼	軫	角	亢	氐	房	心	**心**	尾	箕	斗	女
11月	虚	危	室	壁	奎	婁	胃	昴	畢	觜	参	井	鬼	柳	星	張	翼	軫	角	亢	氐	房	心	尾	**斗**	女	虚	危	室	壁	
12月	奎	婁	胃	昴	畢	觜	参	井	鬼	柳	星	張	翼	軫	角	亢	氐	房	心	尾	箕	斗	女	虚	**虚**	危	室	壁	奎	婁	胃

2012（平成24）年

月＼日	1	2	3	4	5	6	7	8	9	10	11	12	13	14	15	16	17	18	19	20	21	22	23	24	25	26	27	28	29	30	31
1月	昴	畢	觜	参	井	鬼	柳	星	張	翼	軫	角	亢	氐	房	心	尾	箕	斗	女	虚	危	**室**	壁	奎	婁	胃	昴	畢	觜	参
2月	井	鬼	柳	星	張	翼	軫	角	亢	氐	房	心	尾	箕	斗	女	虚	危	室	壁	奎	**奎**	婁	胃	昴	畢	觜	参	井		
3月	鬼	柳	星	張	翼	軫	角	亢	氐	房	心	尾	箕	斗	女	虚	危	室	壁	奎	婁	**胃**	昴	畢	觜	参	井	鬼	柳	星	張
4月	翼	軫	角	亢	氐	房	心	尾	箕	斗	女	虚	危	室	壁	奎	婁	胃	昴	畢	**畢**	觜	参	井	鬼	柳	星	張	翼	軫	
5月	角	亢	氐	房	心	尾	箕	斗	女	虚	危	室	壁	奎	婁	胃	昴	畢	觜	参	**畢**	觜	参	井	鬼	柳	星	張	翼	軫	角
6月	亢	氐	房	心	尾	箕	斗	女	虚	危	室	壁	奎	婁	胃	昴	畢	觜	参	**参**	井	鬼	柳	星	張	翼	軫	角	亢	氐	
7月	房	心	尾	箕	斗	女	虚	危	室	壁	奎	婁	胃	昴	畢	觜	参	井	**鬼**	柳	星	張	翼	軫	角	亢	氐	房	心	尾	箕
8月	斗	女	虚	危	室	壁	奎	婁	胃	昴	畢	觜	参	井	鬼	柳	星	**張**	翼	軫	角	亢	氐	房	心	尾	箕	斗	女	虚	危
9月	室	壁	奎	婁	胃	昴	畢	觜	参	井	鬼	柳	星	張	翼	**角**	亢	氐	房	心	尾	箕	斗	女	虚	危	室	壁	奎	婁	
10月	胃	昴	畢	觜	参	井	鬼	柳	星	張	翼	軫	角	亢	**氐**	房	心	尾	箕	斗	女	虚	危	室	壁	奎	婁	胃	昴	畢	觜
11月	参	井	鬼	柳	星	張	翼	軫	角	亢	氐	房	心	**心**	尾	箕	斗	女	虚	危	室	壁	奎	婁	胃	昴	畢	觜	参	井	
12月	鬼	柳	星	張	翼	軫	角	亢	氐	房	心	尾	**斗**	女	虚	危	室	壁	奎	婁	胃	昴	畢	觜	参	井	鬼	柳	星	張	翼

2013（平成25）年

月＼日	1	2	3	4	5	6	7	8	9	10	11	12	13	14	15	16	17	18	19	20	21	22	23	24	25	26	27	28	29	30	31
1月	軫	角	亢	氐	房	心	尾	箕	斗	女	虚	**虚**	危	室	壁	奎	婁	胃	昴	畢	觜	参	井	鬼	柳	星	張	翼	軫	角	亢
2月	氐	房	心	尾	箕	斗	女	虚	危	**室**	壁	奎	婁	胃	昴	畢	觜	参	井	鬼	柳	星	張	翼	軫	角	亢	氐			
3月	房	心	尾	箕	斗	女	虚	危	室	壁	奎	**奎**	婁	胃	昴	畢	觜	参	井	鬼	柳	星	張	翼	軫	角	亢	氐	房	心	尾
4月	箕	斗	女	虚	危	室	壁	奎	婁	**胃**	昴	畢	觜	参	井	鬼	柳	星	張	翼	軫	角	亢	氐	房	心	尾	箕	斗	女	
5月	虚	危	室	壁	奎	婁	胃	昴	畢	**畢**	觜	参	井	鬼	柳	星	張	翼	軫	角	亢	氐	房	心	尾	箕	斗	女	虚	危	室
6月	壁	奎	婁	胃	昴	畢	觜	参	**参**	井	鬼	柳	星	張	翼	軫	角	亢	氐	房	心	尾	箕	斗	女	虚	危	室	壁	奎	
7月	婁	胃	昴	畢	觜	参	井	**鬼**	柳	星	張	翼	軫	角	亢	氐	房	心	尾	箕	斗	女	虚	危	室	壁	奎	婁	胃	昴	畢
8月	觜	参	井	鬼	柳	星	**張**	翼	軫	角	亢	氐	房	心	尾	箕	斗	女	虚	危	室	壁	奎	婁	胃	昴	畢	觜	参	井	鬼
9月	柳	星	張	翼	**角**	亢	氐	房	心	尾	箕	斗	女	虚	危	室	壁	奎	婁	胃	昴	畢	觜	参	井	鬼	柳	星	張	翼	
10月	軫	角	亢	氐	**氐**	房	心	尾	箕	斗	女	虚	危	室	壁	奎	婁	胃	昴	畢	觜	参	井	鬼	柳	星	張	翼	軫	角	亢
11月	氐	房	**心**	尾	箕	斗	女	虚	危	室	壁	奎	婁	胃	昴	畢	觜	参	井	鬼	柳	星	張	翼	軫	角	亢	氐	房	心	
12月	尾	箕	**斗**	女	虚	危	室	壁	奎	婁	胃	昴	畢	觜	参	井	鬼	柳	星	張	翼	軫	角	亢	氐	房	心	尾	箕	斗	女

2014（平成26）年

月＼日	1	2	3	4	5	6	7	8	9	10	11	12	13	14	15	16	17	18	19	20	21	22	23	24	25	26	27	28	29	30	31
1月	**虚**	危	室	壁	奎	婁	胃	昴	畢	觜	参	井	鬼	柳	星	張	翼	軫	角	亢	氐	房	心	尾	箕	斗	女	虚	危	室	**室**
2月	壁	奎	婁	胃	昴	畢	觜	参	井	鬼	柳	星	張	翼	軫	角	亢	氐	房	心	尾	箕	斗	女	虚	危	室	壁			
3月	**奎**	婁	胃	昴	畢	觜	参	井	鬼	柳	星	張	翼	軫	角	亢	氐	房	心	尾	箕	斗	女	虚	危	室	壁	奎	婁	胃	**胃**
4月	昴	畢	觜	参	井	鬼	柳	星	張	翼	軫	角	亢	氐	房	心	尾	箕	斗	女	虚	危	室	壁	奎	婁	胃	昴	**畢**	觜	
5月	参	井	鬼	柳	星	張	翼	軫	角	亢	氐	房	心	尾	箕	斗	女	虚	危	室	壁	奎	婁	胃	昴	畢	觜	参	**参**	井	鬼
6月	柳	星	張	翼	軫	角	亢	氐	房	心	尾	箕	斗	女	虚	危	室	壁	奎	婁	胃	昴	畢	觜	参	井	**鬼**	柳	星	張	
7月	翼	軫	角	亢	氐	房	心	尾	箕	斗	女	虚	危	室	壁	奎	婁	胃	昴	畢	觜	参	井	鬼	柳	星	**張**	翼	軫	角	亢
8月	氐	房	心	尾	箕	斗	女	虚	危	室	壁	奎	婁	胃	昴	畢	觜	参	井	鬼	柳	星	張	翼	**角**	亢	氐	房	心	尾	箕
9月	斗	女	虚	危	室	壁	奎	婁	胃	昴	畢	觜	参	井	鬼	柳	星	張	翼	軫	角	亢	氐	**氐**	房	心	尾	箕	斗	女	
10月	虚	危	室	壁	奎	婁	胃	昴	畢	觜	参	井	鬼	柳	星	張	翼	軫	角	亢	氐	房	心	**氐**	房	心	尾	箕	斗	女	虚
11月	危	室	壁	奎	婁	胃	昴	畢	觜	参	井	鬼	柳	星	張	翼	軫	角	亢	氐	房	**心**	尾	箕	斗	女	虚	危	室	壁	
12月	奎	婁	胃	昴	畢	觜	参	井	鬼	柳	星	張	翼	軫	角	亢	氐	房	心	尾	箕	**斗**	女	虚	危	室	壁	奎	婁	胃	昴

※赤字太字は旧暦の1日を表しています。

2015（平成27）年

月＼日	1	2	3	4	5	6	7	8	9	10	11	12	13	14	15	16	17	18	19	20	21	22	23	24	25	26	27	28	29	30	31
1月	畢	觜	参	井	鬼	柳	星	張	翼	軫	角	亢	氐	房	心	尾	箕	斗	女	虚	危	室	壁	奎	婁	胃	昴	畢	觜	参	井
2月	鬼	柳	星	張	翼	軫	角	亢	氐	房	心	尾	箕	斗	女	虚	危	室	室	壁	奎	婁	胃	昴	畢	觜	参	井			
3月	鬼	柳	星	張	翼	軫	角	亢	氐	房	心	尾	箕	斗	女	虚	危	室	壁	奎	婁	胃	昴	畢	觜	参	井	鬼	柳	星	張
4月	翼	軫	角	亢	氐	房	心	尾	箕	斗	女	虚	危	室	壁	奎	婁	胃	胃	昴	畢	觜	参	井	鬼	柳	星	張	翼	軫	
5月	角	亢	氐	房	心	尾	箕	斗	女	虚	危	室	壁	奎	婁	胃	昴	畢	觜	参	井	鬼	柳	星	張	翼	軫	角	亢	氐	房
6月	心	尾	箕	斗	女	虚	危	室	壁	奎	婁	胃	昴	畢	觜	参	井	鬼	柳	星	張	翼	軫	角	亢	氐	房	心	尾	箕	
7月	斗	女	虚	危	室	壁	奎	婁	胃	昴	畢	觜	参	井	鬼	鬼	柳	星	張	翼	軫	角	亢	氐	房	心	尾	箕	斗	女	虚
8月	危	室	壁	奎	婁	胃	昴	畢	觜	参	井	鬼	柳	張	翼	軫	角	亢	氐	房	心	尾	箕	斗	女	虚	危	室	壁	奎	婁
9月	胃	昴	畢	觜	参	井	鬼	柳	星	張	翼	軫	角	亢	氐	房	心	尾	箕	斗	女	虚	危	室	壁	奎	婁	胃	昴	畢	
10月	觜	参	井	鬼	柳	星	張	翼	軫	角	亢	氐	氐	房	心	尾	箕	斗	女	虚	危	室	壁	奎	婁	胃	昴	畢	觜	参	井
11月	鬼	柳	星	張	翼	軫	角	亢	氐	房	心	心	尾	箕	斗	女	虚	危	室	壁	奎	婁	胃	昴	畢	觜	参	井	鬼	柳	
12月	星	張	翼	軫	角	亢	氐	房	心	尾	斗	女	虚	危	室	壁	奎	婁	胃	昴	畢	觜	参	井	鬼	柳	星	張	翼	軫	角

2016（平成28）年

月＼日	1	2	3	4	5	6	7	8	9	10	11	12	13	14	15	16	17	18	19	20	21	22	23	24	25	26	27	28	29	30	31
1月	亢	氐	房	心	尾	箕	斗	女	虚	虚	危	室	壁	奎	婁	胃	昴	畢	觜	参	井	鬼	柳	星	張	翼	軫	角	亢	氐	房
2月	心	尾	箕	斗	女	虚	危	室	壁	奎	婁	胃	昴	畢	觜	参	井	鬼	柳	星	張	翼	軫	角	亢	氐	房	心	尾		
3月	箕	斗	女	虚	危	室	壁	奎	奎	婁	胃	昴	畢	觜	参	井	鬼	柳	星	張	翼	軫	角	亢	氐	房	心	尾	箕	斗	女
4月	虚	危	室	壁	奎	婁	胃	昴	畢	觜	参	井	鬼	柳	星	張	翼	軫	角	亢	氐	房	心	尾	箕	斗	女	虚	危	室	
5月	壁	奎	婁	胃	昴	畢	畢	觜	参	井	鬼	柳	星	張	翼	軫	角	亢	氐	房	心	尾	箕	斗	女	虚	危	室	壁	奎	婁
6月	胃	昴	畢	觜	参	井	鬼	柳	星	張	翼	軫	角	亢	氐	房	心	尾	箕	斗	女	虚	危	室	壁	奎	婁	胃	昴	畢	
7月	觜	参	井	鬼	柳	星	張	翼	軫	角	亢	氐	房	心	尾	箕	斗	女	虚	危	室	壁	奎	婁	胃	昴	畢	觜	参	井	鬼
8月	柳	星	張	翼	軫	角	亢	氐	房	心	尾	箕	斗	女	虚	危	室	壁	奎	婁	胃	昴	畢	觜	参	井	鬼	柳	星	張	翼
9月	角	亢	氐	房	心	尾	箕	斗	女	虚	危	室	壁	奎	婁	胃	昴	畢	觜	参	井	鬼	柳	星	張	翼	軫	角	亢	氐	
10月	氐	房	心	尾	箕	斗	女	虚	危	室	壁	奎	婁	胃	昴	畢	觜	参	井	鬼	柳	星	張	翼	軫	角	亢	氐	房	心	心
11月	尾	箕	斗	女	虚	危	室	壁	奎	婁	胃	昴	畢	觜	参	井	鬼	柳	星	張	翼	軫	角	亢	氐	房	心	尾	斗	女	
12月	虚	危	室	壁	奎	婁	胃	昴	畢	觜	参	井	鬼	柳	星	張	翼	軫	角	亢	氐	房	心	尾	箕	斗	女	虚	虚	危	室

2017（平成29）年

月＼日	1	2	3	4	5	6	7	8	9	10	11	12	13	14	15	16	17	18	19	20	21	22	23	24	25	26	27	28	29	30	31
1月	壁	奎	婁	胃	昴	畢	觜	参	井	鬼	柳	星	張	翼	軫	角	亢	氐	房	心	尾	箕	斗	女	虚	危	室	室	壁	奎	婁
2月	胃	昴	畢	觜	参	井	鬼	柳	星	張	翼	軫	角	亢	氐	房	心	尾	箕	斗	女	虚	危	室	壁	奎	婁	胃			
3月	昴	畢	觜	参	井	鬼	柳	星	張	翼	軫	角	亢	氐	房	心	尾	箕	斗	女	虚	危	室	壁	奎	婁	胃	胃	昴	畢	觜
4月	参	井	鬼	柳	星	張	翼	軫	角	亢	氐	房	心	尾	箕	斗	女	虚	危	室	壁	奎	婁	胃	昴	畢	觜	参	井	鬼	
5月	柳	星	張	翼	軫	角	亢	氐	房	心	尾	箕	斗	女	虚	危	室	壁	奎	婁	胃	昴	畢	觜	参	参	井	鬼	柳	星	張
6月	翼	軫	角	亢	氐	房	心	尾	箕	斗	女	虚	危	室	壁	奎	婁	胃	昴	畢	觜	参	井	鬼	柳	星	張	翼	軫	角	
7月	亢	氐	房	心	尾	箕	斗	女	虚	危	室	壁	奎	婁	胃	昴	畢	觜	参	井	鬼	柳	鬼	柳	星	張	翼	軫	角	亢	氐
8月	房	心	尾	箕	斗	女	虚	危	室	壁	奎	婁	胃	昴	畢	觜	参	井	鬼	柳	星	張	翼	軫	角	亢	氐	房	心	尾	箕
9月	斗	女	虚	危	室	壁	奎	婁	胃	昴	畢	觜	参	井	鬼	柳	星	張	翼	角	亢	氐	房	心	尾	箕	斗	女	虚	危	
10月	室	壁	奎	婁	胃	昴	畢	觜	参	井	鬼	柳	星	張	翼	軫	角	亢	氐	氐	房	心	尾	箕	斗	女	虚	危	室	壁	奎
11月	婁	胃	昴	畢	觜	参	井	鬼	柳	星	張	翼	軫	角	亢	氐	房	心	尾	箕	斗	女	虚	危	室	壁	奎	婁	胃	昴	
12月	畢	觜	参	井	鬼	柳	星	張	翼	軫	角	亢	氐	房	心	尾	箕	斗	女	虚	危	室	壁	奎	婁	胃	昴	畢	觜	参	井

2018（平成30）年

月＼日	1	2	3	4	5	6	7	8	9	10	11	12	13	14	15	16	17	18	19	20	21	22	23	24	25	26	27	28	29	30	31
1月	鬼	柳	星	張	翼	軫	角	亢	氐	房	心	尾	箕	斗	女	虚	虚	危	室	壁	奎	婁	胃	昴	畢	觜	参	井	鬼	柳	星
2月	張	翼	軫	角	亢	氐	房	心	尾	箕	斗	女	虚	危	室	室	壁	奎	婁	胃	昴	畢	觜	参	井	鬼	柳	星			
3月	張	翼	軫	角	亢	氐	房	心	尾	箕	斗	女	虚	危	室	壁	奎	婁	胃	昴	畢	觜	参	井	鬼	柳	星	張	翼	軫	角
4月	亢	氐	房	心	尾	箕	斗	女	虚	危	室	壁	奎	婁	胃	胃	昴	畢	觜	参	井	鬼	柳	星	張	翼	軫	角	亢	氐	
5月	房	心	尾	箕	斗	女	虚	危	室	壁	奎	婁	胃	昴	畢	觜	参	井	鬼	柳	星	張	翼	軫	角	亢	氐	房	心	尾	箕
6月	斗	女	虚	危	室	壁	奎	婁	胃	昴	畢	觜	参	参	井	鬼	柳	星	張	翼	軫	角	亢	氐	房	心	尾	箕	斗	女	
7月	虚	危	室	壁	奎	婁	胃	昴	畢	觜	参	井	鬼	柳	星	張	翼	軫	角	亢	氐	房	心	尾	箕	斗	女	虚	危	室	壁
8月	奎	婁	胃	昴	畢	觜	参	井	鬼	柳	張	翼	軫	角	亢	氐	房	心	尾	箕	斗	女	虚	危	室	壁	奎	婁	胃	昴	畢
9月	觜	参	井	鬼	柳	星	張	翼	軫	角	亢	氐	房	心	尾	箕	斗	女	虚	危	室	壁	奎	婁	胃	昴	畢	觜	参	井	
10月	鬼	柳	星	張	翼	軫	角	亢	氐	房	心	尾	箕	斗	女	虚	危	室	壁	奎	婁	胃	昴	畢	觜	参	井	鬼	柳	星	張
11月	翼	軫	角	亢	氐	房	心	心	尾	箕	斗	女	虚	危	室	壁	奎	婁	胃	昴	畢	觜	参	井	鬼	柳	星	張	翼	軫	
12月	角	亢	氐	房	心	尾	斗	女	虚	危	室	壁	奎	婁	胃	昴	畢	觜	参	井	鬼	柳	星	張	翼	軫	角	亢	氐	房	心

2019（平成31／令和1）年

月＼日	1	2	3	4	5	6	7	8	9	10	11	12	13	14	15	16	17	18	19	20	21	22	23	24	25	26	27	28	29	30	31
1月	尾	箕	斗	女	虚	**虚**	危	室	壁	奎	婁	胃	昴	畢	觜	参	井	鬼	柳	星	張	翼	軫	角	亢	氐	房	心	尾	箕	斗
2月	女	虚	危	室	**室**	壁	奎	婁	胃	昴	畢	觜	参	井	鬼	柳	星	張	翼	軫	角	亢	氐	房	心	尾	箕	斗			
3月	女	虚	危	室	壁	奎	**奎**	婁	胃	昴	畢	觜	参	井	鬼	柳	星	張	翼	軫	角	亢	氐	房	心	尾	箕	斗	女	虚	危
4月	室	壁	奎	婁	**胃**	昴	畢	觜	参	井	鬼	柳	星	張	翼	軫	角	亢	氐	房	心	尾	箕	斗	女	虚	危	室	壁	奎	
5月	婁	胃	昴	畢	**畢**	觜	参	井	鬼	柳	星	張	翼	軫	角	亢	氐	房	心	尾	箕	斗	女	虚	危	室	壁	奎	婁	胃	昴
6月	畢	觜	**参**	井	鬼	柳	星	張	翼	軫	角	亢	氐	房	心	尾	箕	斗	女	虚	危	室	壁	奎	婁	胃	昴	畢	觜	参	
7月	井	鬼	**鬼**	柳	星	張	翼	軫	角	亢	氐	房	心	尾	箕	斗	女	虚	危	室	壁	奎	婁	胃	昴	畢	觜	参	井	鬼	柳
8月	**張**	翼	軫	角	亢	氐	房	心	尾	箕	斗	女	虚	危	室	壁	奎	婁	胃	昴	畢	觜	参	井	鬼	柳	星	張	翼	**角**	亢
9月	氐	房	心	尾	箕	斗	女	虚	危	室	壁	奎	婁	胃	昴	畢	觜	参	井	鬼	柳	星	張	翼	軫	角	亢	氐	**氐**	房	
10月	心	尾	箕	斗	女	虚	危	室	壁	奎	婁	胃	昴	畢	觜	参	井	鬼	柳	星	張	翼	軫	角	亢	氐	房	**心**	尾	箕	斗
11月	女	虚	危	室	壁	奎	婁	胃	昴	畢	觜	参	井	鬼	柳	星	張	翼	軫	角	亢	氐	房	心	尾	箕	**斗**	女	虚	危	
12月	室	壁	奎	婁	胃	昴	畢	觜	参	井	鬼	柳	星	張	翼	軫	角	亢	氐	房	心	尾	箕	斗	女	**虚**	危	室	壁	奎	婁

2020（令和2）年

月＼日	1	2	3	4	5	6	7	8	9	10	11	12	13	14	15	16	17	18	19	20	21	22	23	24	25	26	27	28	29	30	31
1月	胃	昴	畢	觜	参	井	鬼	柳	星	張	翼	軫	角	亢	氐	房	心	尾	箕	斗	女	虚	危	室	**室**	壁	奎	婁	胃	昴	畢
2月	觜	参	井	鬼	柳	星	張	翼	軫	角	亢	氐	房	心	尾	箕	斗	女	虚	危	室	壁	奎	**奎**	婁	胃	昴	畢	觜		
3月	参	井	鬼	柳	星	張	翼	軫	角	亢	氐	房	心	尾	箕	斗	女	虚	危	室	壁	奎	婁	**胃**	昴	畢	觜	参	井	鬼	柳
4月	星	張	翼	軫	角	亢	氐	房	心	尾	箕	斗	女	虚	危	室	壁	奎	婁	胃	昴	畢	**畢**	觜	参	井	鬼	柳	星	張	
5月	翼	軫	角	亢	氐	房	心	尾	箕	斗	女	虚	危	室	壁	奎	婁	胃	昴	畢	觜	参	**畢**	觜	参	井	鬼	柳	星	張	翼
6月	軫	角	亢	氐	房	心	尾	箕	斗	女	虚	危	室	壁	奎	婁	胃	昴	畢	觜	**参**	井	鬼	柳	星	張	翼	軫	角	亢	
7月	氐	房	心	尾	箕	斗	女	虚	危	室	壁	奎	婁	胃	昴	畢	觜	参	井	鬼	**鬼**	柳	星	張	翼	軫	角	亢	氐	房	心
8月	尾	箕	斗	女	虚	危	室	壁	奎	婁	胃	昴	畢	觜	参	井	鬼	柳	**張**	翼	軫	角	亢	氐	房	心	尾	箕	斗	女	虚
9月	危	室	壁	奎	婁	胃	昴	畢	觜	参	井	鬼	柳	星	張	翼	**角**	亢	氐	房	心	尾	箕	斗	女	虚	危	室	壁	奎	
10月	婁	胃	昴	畢	觜	参	井	鬼	柳	星	張	翼	軫	角	亢	氐	**氐**	房	心	尾	箕	斗	女	虚	危	室	壁	奎	婁	胃	昴
11月	畢	觜	参	井	鬼	柳	星	張	翼	軫	角	亢	氐	房	**心**	尾	箕	斗	女	虚	危	室	壁	奎	婁	胃	昴	畢	觜	参	
12月	井	鬼	柳	星	張	翼	軫	角	亢	氐	房	心	尾	箕	**斗**	女	虚	危	室	壁	奎	婁	胃	昴	畢	觜	参	井	鬼	柳	星

2021（令和3）年

月＼日	1	2	3	4	5	6	7	8	9	10	11	12	13	14	15	16	17	18	19	20	21	22	23	24	25	26	27	28	29	30	31
1月	張	翼	軫	角	亢	氐	房	心	尾	箕	斗	女	**虚**	危	室	壁	奎	婁	胃	昴	畢	觜	参	井	鬼	柳	星	張	翼	軫	角
2月	亢	氐	房	心	尾	箕	斗	女	虚	危	室	**室**	壁	奎	婁	胃	昴	畢	觜	参	井	鬼	柳	星	張	翼	軫	角			
3月	亢	氐	房	心	尾	箕	斗	女	虚	危	室	壁	**奎**	婁	胃	昴	畢	觜	参	井	鬼	柳	星	張	翼	軫	角	亢	氐	房	心
4月	尾	箕	斗	女	虚	危	室	壁	奎	婁	胃	**胃**	昴	畢	觜	参	井	鬼	柳	星	張	翼	軫	角	亢	氐	房	心	尾	箕	
5月	斗	女	虚	危	室	壁	奎	婁	胃	昴	畢	**畢**	觜	参	井	鬼	柳	星	張	翼	軫	角	亢	氐	房	心	尾	箕	斗	女	虚
6月	危	室	壁	奎	婁	胃	昴	畢	觜	**参**	井	鬼	柳	星	張	翼	軫	角	亢	氐	房	心	尾	箕	斗	女	虚	危	室	壁	
7月	奎	婁	胃	昴	畢	觜	参	井	鬼	**鬼**	柳	星	張	翼	軫	角	亢	氐	房	心	尾	箕	斗	女	虚	危	室	壁	奎	婁	胃
8月	昴	畢	觜	参	井	鬼	柳	**張**	翼	軫	角	亢	氐	房	心	尾	箕	斗	女	虚	危	室	壁	奎	婁	胃	昴	畢	觜	参	井
9月	鬼	柳	星	張	翼	軫	**角**	亢	氐	房	心	尾	箕	斗	女	虚	危	室	壁	奎	婁	胃	昴	畢	觜	参	井	鬼	柳	星	
10月	張	翼	軫	角	亢	**氐**	房	心	尾	箕	斗	女	虚	危	室	壁	奎	婁	胃	昴	畢	觜	参	井	鬼	柳	星	張	翼	軫	角
11月	亢	氐	房	心	**心**	尾	箕	斗	女	虚	危	室	壁	奎	婁	胃	昴	畢	觜	参	井	鬼	柳	星	張	翼	軫	角	亢	氐	
12月	房	心	尾	**斗**	女	虚	危	室	壁	奎	婁	胃	昴	畢	觜	参	井	鬼	柳	星	張	翼	軫	角	亢	氐	房	心	尾	箕	斗

2022（令和4）年

月＼日	1	2	3	4	5	6	7	8	9	10	11	12	13	14	15	16	17	18	19	20	21	22	23	24	25	26	27	28	29	30	31
1月	女	虚	**虚**	危	室	壁	奎	婁	胃	昴	畢	觜	参	井	鬼	柳	星	張	翼	軫	角	亢	氐	房	心	尾	箕	斗	女	虚	危
2月	**室**	壁	奎	婁	胃	昴	畢	觜	参	井	鬼	柳	星	張	翼	軫	角	亢	氐	房	心	尾	箕	斗	女	虚	危	室			
3月	壁	奎	**奎**	婁	胃	昴	畢	觜	参	井	鬼	柳	星	張	翼	軫	角	亢	氐	房	心	尾	箕	斗	女	虚	危	室	壁	奎	婁
4月	**胃**	昴	畢	觜	参	井	鬼	柳	星	張	翼	軫	角	亢	氐	房	心	尾	箕	斗	女	虚	危	室	壁	奎	婁	胃	昴	畢	
5月	**畢**	觜	参	井	鬼	柳	星	張	翼	軫	角	亢	氐	房	心	尾	箕	斗	女	虚	危	室	壁	奎	婁	胃	昴	畢	觜	**参**	井
6月	鬼	柳	星	張	翼	軫	角	亢	氐	房	心	尾	箕	斗	女	虚	危	室	壁	奎	婁	胃	昴	畢	觜	参	井	鬼	**鬼**	柳	
7月	星	張	翼	軫	角	亢	氐	房	心	尾	箕	斗	女	虚	危	室	壁	奎	婁	胃	昴	畢	觜	参	井	鬼	柳	星	**張**	翼	軫
8月	角	亢	氐	房	心	尾	箕	斗	女	虚	危	室	壁	奎	婁	胃	昴	畢	觜	参	井	鬼	柳	星	張	翼	**角**	亢	氐	房	心
9月	尾	箕	斗	女	虚	危	室	壁	奎	婁	胃	昴	畢	觜	参	井	鬼	柳	星	張	翼	軫	角	亢	氐	**氐**	房	心	尾	箕	
10月	斗	女	虚	危	室	壁	奎	婁	胃	昴	畢	觜	参	井	鬼	柳	星	張	翼	軫	角	亢	氐	房	**心**	尾	箕	斗	女	虚	危
11月	室	壁	奎	婁	胃	昴	畢	觜	参	井	鬼	柳	星	張	翼	軫	角	亢	氐	房	心	尾	箕	**斗**	女	虚	危	室	壁	奎	
12月	婁	胃	昴	畢	觜	参	井	鬼	柳	星	張	翼	軫	角	亢	氐	房	心	尾	箕	斗	女	**虚**	危	室	壁	奎	婁	胃	昴	畢

※赤字太字は旧暦の1日を表しています。

2023（令和5）年

月＼日	1	2	3	4	5	6	7	8	9	10	11	12	13	14	15	16	17	18	19	20	21	22	23	24	25	26	27	28	29	30	31
1月	觜	参	井	鬼	柳	星	張	翼	軫	角	亢	氐	房	心	尾	箕	斗	女	虚	危	室	室	壁	奎	婁	胃	昴	畢	觜	参	井
2月	鬼	柳	星	張	翼	軫	角	亢	氐	房	心	尾	箕	斗	女	虚	危	室	壁	奎	婁	胃	昴	畢	觜	参	井	鬼			
3月	柳	星	張	翼	軫	角	亢	氐	房	心	尾	箕	斗	女	虚	危	室	壁	奎	婁	胃	奎	婁	胃	昴	畢	觜	参	井	鬼	柳
4月	星	張	翼	軫	角	亢	氐	房	心	尾	箕	斗	女	虚	危	室	壁	奎	婁	胃	昴	畢	觜	参	井	鬼	柳	星	張	翼	
5月	軫	角	亢	氐	房	心	尾	箕	斗	女	虚	危	室	壁	奎	婁	胃	昴	畢	畢	觜	参	井	鬼	柳	星	張	翼	軫	角	亢
6月	氐	房	心	尾	箕	斗	女	虚	危	室	壁	奎	婁	胃	昴	畢	觜	参	井	鬼	柳	星	張	翼	軫	角	亢	氐	房	心	
7月	尾	箕	斗	女	虚	危	室	壁	奎	婁	胃	昴	畢	觜	参	井	鬼	鬼	柳	星	張	翼	軫	角	亢	氐	房	心	尾	箕	斗
8月	女	虚	危	室	壁	奎	婁	胃	昴	畢	觜	参	井	鬼	柳	張	翼	軫	角	亢	氐	房	心	尾	箕	斗	女	虚	危	室	壁
9月	奎	婁	胃	昴	畢	觜	参	井	鬼	柳	星	張	翼	軫	角	亢	氐	房	心	尾	箕	斗	女	虚	危	室	壁	奎	婁	胃	
10月	昴	畢	觜	参	井	鬼	柳	星	張	翼	軫	角	亢	氐	氐	房	心	尾	箕	斗	女	虚	危	室	壁	奎	婁	胃	昴	畢	觜
11月	参	井	鬼	柳	星	張	翼	軫	角	亢	氐	房	心	尾	箕	斗	女	虚	危	室	壁	奎	婁	胃	昴	畢	觜	参	井	鬼	
12月	柳	星	張	翼	軫	角	亢	氐	房	心	尾	箕	斗	女	虚	危	室	壁	奎	婁	胃	昴	畢	觜	参	井	鬼	柳	星	張	翼

2024（令和6）年

月＼日	1	2	3	4	5	6	7	8	9	10	11	12	13	14	15	16	17	18	19	20	21	22	23	24	25	26	27	28	29	30	31
1月	軫	角	亢	氐	房	心	尾	箕	斗	女	虚	危	室	壁	奎	婁	胃	昴	畢	觜	参	井	鬼	柳	星	張	翼	軫	角	亢	氐
2月	房	心	尾	箕	斗	女	虚	危	室	室	壁	奎	婁	胃	昴	畢	觜	参	井	鬼	柳	星	張	翼	軫	角	亢	氐	房		
3月	心	尾	箕	斗	女	虚	危	室	壁	奎	婁	胃	昴	畢	觜	参	井	鬼	柳	星	張	翼	軫	角	亢	氐	房	心	尾	箕	斗
4月	女	虚	危	室	壁	奎	婁	胃	胃	昴	畢	觜	参	井	鬼	柳	星	張	翼	軫	角	亢	氐	房	心	尾	箕	斗	女	虚	
5月	危	室	壁	奎	婁	胃	昴	畢	觜	参	井	鬼	柳	星	張	翼	軫	角	亢	氐	房	心	尾	箕	斗	女	虚	危	室	壁	奎
6月	婁	胃	昴	畢	觜	参	井	鬼	柳	星	張	翼	軫	角	亢	氐	房	心	尾	箕	斗	女	虚	危	室	壁	奎	婁	胃	昴	
7月	畢	觜	参	井	鬼	鬼	柳	星	張	翼	軫	角	亢	氐	房	心	尾	箕	斗	女	虚	危	室	壁	奎	婁	胃	昴	畢	觜	参
8月	井	鬼	柳	張	翼	軫	角	亢	氐	房	心	尾	箕	斗	女	虚	危	室	壁	奎	婁	胃	昴	畢	觜	参	井	鬼	柳	星	張
9月	翼	軫	角	亢	氐	房	心	尾	箕	斗	女	虚	危	室	壁	奎	婁	胃	昴	畢	觜	参	井	鬼	柳	星	張	翼	軫	角	
10月	亢	氐	氐	房	心	尾	箕	斗	女	虚	危	室	壁	奎	婁	胃	昴	畢	觜	参	井	鬼	柳	星	張	翼	軫	角	亢	氐	房
11月	心	尾	箕	斗	女	虚	危	室	壁	奎	婁	胃	昴	畢	觜	参	井	鬼	柳	星	張	翼	軫	角	亢	氐	房	心	尾	箕	
12月	斗	女	虚	危	室	壁	奎	婁	胃	昴	畢	觜	参	井	鬼	柳	星	張	翼	軫	角	亢	氐	房	心	尾	箕	斗	女	虚	虚

2025（令和7）年

月＼日	1	2	3	4	5	6	7	8	9	10	11	12	13	14	15	16	17	18	19	20	21	22	23	24	25	26	27	28	29	30	31
1月	危	室	壁	奎	婁	胃	昴	畢	觜	参	井	鬼	柳	星	張	翼	軫	角	亢	氐	房	心	尾	箕	斗	女	虚	危	室	壁	奎
2月	婁	胃	昴	畢	觜	参	井	鬼	柳	星	張	翼	軫	角	亢	氐	房	心	尾	箕	斗	女	虚	危	室	壁	奎	奎			
3月	婁	胃	昴	畢	觜	参	井	鬼	柳	星	張	翼	軫	角	亢	氐	房	心	尾	箕	斗	女	虚	危	室	壁	奎	婁	胃	昴	畢
4月	觜	参	井	鬼	柳	星	張	翼	軫	角	亢	氐	房	心	尾	箕	斗	女	虚	危	室	壁	奎	婁	胃	昴	畢	畢	觜	参	
5月	井	鬼	柳	星	張	翼	軫	角	亢	氐	房	心	尾	箕	斗	女	虚	危	室	壁	奎	婁	胃	昴	畢	觜	参	井	鬼	柳	星
6月	張	翼	軫	角	亢	氐	房	心	尾	箕	斗	女	虚	危	室	壁	奎	婁	胃	昴	畢	觜	参	井	鬼	柳	星	張	翼	軫	
7月	角	亢	氐	房	心	尾	箕	斗	女	虚	危	室	壁	奎	婁	胃	昴	畢	觜	参	井	鬼	柳	星	鬼	柳	星	張	翼	軫	角
8月	亢	氐	房	心	尾	箕	斗	女	虚	危	室	壁	奎	婁	胃	昴	畢	觜	参	井	鬼	柳	張	翼	軫	角	亢	氐	房	心	尾
9月	箕	斗	女	虚	危	室	壁	奎	婁	胃	昴	畢	觜	参	井	鬼	柳	星	張	翼	軫	角	亢	氐	房	心	尾	箕	斗	女	
10月	虚	危	室	壁	奎	婁	胃	昴	畢	觜	参	井	鬼	柳	星	張	翼	軫	角	亢	氐	房	心	尾	箕	斗	女	虚	危	室	壁
11月	奎	婁	胃	昴	畢	觜	参	井	鬼	柳	星	張	翼	軫	角	亢	氐	房	心	心	尾	箕	斗	女	虚	危	室	壁	奎	婁	
12月	胃	昴	畢	觜	参	井	鬼	柳	星	張	翼	軫	角	亢	氐	房	心	尾	箕	斗	女	虚	危	室	壁	奎	婁	胃	昴	畢	觜

2026（令和8）年

月＼日	1	2	3	4	5	6	7	8	9	10	11	12	13	14	15	16	17	18	19	20	21	22	23	24	25	26	27	28	29	30	31
1月	参	井	鬼	柳	星	張	翼	軫	角	亢	氐	房	心	尾	箕	斗	女	虚	虚	危	室	壁	奎	婁	胃	昴	畢	觜	参	井	鬼
2月	柳	星	張	翼	軫	角	亢	氐	房	心	尾	箕	斗	女	虚	危	室	壁	奎	婁	胃	昴	畢	觜	参	井	鬼	柳			
3月	星	張	翼	軫	角	亢	氐	房	心	尾	箕	斗	女	虚	危	室	壁	奎	奎	婁	胃	昴	畢	觜	参	井	鬼	柳	星	張	翼
4月	軫	角	亢	氐	房	心	尾	箕	斗	女	虚	危	室	壁	奎	婁	胃	昴	畢	觜	参	井	鬼	柳	星	張	翼	軫	角	亢	
5月	氐	房	心	尾	箕	斗	女	虚	危	室	壁	奎	婁	胃	昴	畢	畢	觜	参	井	鬼	柳	星	張	翼	軫	角	亢	氐	房	心
6月	尾	箕	斗	女	虚	危	室	壁	奎	婁	胃	昴	畢	觜	参	井	鬼	柳	星	張	翼	軫	角	亢	氐	房	心	尾	箕	斗	
7月	女	虚	危	室	壁	奎	婁	胃	昴	畢	觜	参	井	鬼	柳	星	張	翼	軫	角	亢	氐	房	心	尾	箕	斗	女	虚	危	室
8月	壁	奎	婁	胃	昴	畢	觜	参	井	鬼	柳	星	張	翼	軫	角	亢	氐	房	心	尾	箕	斗	女	虚	危	室	壁	奎	婁	胃
9月	昴	畢	觜	参	井	鬼	柳	星	張	翼	角	亢	氐	房	心	尾	箕	斗	女	虚	危	室	壁	奎	婁	胃	昴	畢	觜	参	
10月	井	鬼	柳	星	張	翼	軫	角	亢	氐	氐	房	心	尾	箕	斗	女	虚	危	室	壁	奎	婁	胃	昴	畢	觜	参	井	鬼	柳
11月	星	張	翼	軫	角	亢	氐	房	心	尾	箕	斗	女	虚	危	室	壁	奎	婁	胃	昴	畢	觜	参	井	鬼	柳	星	張	翼	
12月	軫	角	亢	氐	房	心	尾	箕	斗	女	虚	危	室	壁	奎	婁	胃	昴	畢	觜	参	井	鬼	柳	星	張	翼	軫	角	亢	氐

2027（令和9）年

月＼日	1	2	3	4	5	6	7	8	9	10	11	12	13	14	15	16	17	18	19	20	21	22	23	24	25	26	27	28	29	30	31
1月	房	心	尾	箕	斗	女	虚	**虚**	危	室	壁	奎	婁	胃	昴	畢	觜	参	井	鬼	柳	星	張	翼	軫	角	亢	氐	房	心	尾
2月	箕	斗	女	虚	危	**室**	室	壁	奎	婁	胃	昴	畢	觜	参	井	鬼	柳	星	張	翼	軫	角	亢	氐	房	心	尾			
3月	箕	斗	女	虚	危	室	壁	**奎**	婁	胃	昴	畢	觜	参	井	鬼	柳	星	張	翼	軫	角	亢	氐	房	心	尾	箕	斗	女	虚
4月	危	室	壁	奎	婁	胃	**胃**	昴	畢	觜	参	井	鬼	柳	星	張	翼	軫	角	亢	氐	房	心	尾	箕	斗	女	虚	危	室	
5月	壁	奎	婁	胃	昴	**畢**	觜	参	井	鬼	柳	星	張	翼	軫	角	亢	氐	房	心	尾	箕	斗	女	虚	危	室	壁	奎	婁	胃
6月	昴	畢	觜	参	**参**	井	鬼	柳	星	張	翼	軫	角	亢	氐	房	心	尾	箕	斗	女	虚	危	室	壁	奎	婁	胃	昴	畢	
7月	觜	参	井	**鬼**	柳	星	張	翼	軫	角	亢	氐	房	心	尾	箕	斗	女	虚	危	室	壁	奎	婁	胃	昴	畢	觜	参	井	鬼
8月	柳	**張**	翼	軫	角	亢	氐	房	心	尾	箕	斗	女	虚	危	室	壁	奎	婁	胃	昴	畢	觜	参	井	鬼	柳	星	張	翼	軫
9月	**角**	亢	氐	房	心	尾	箕	斗	女	虚	危	室	壁	奎	婁	胃	昴	畢	觜	参	井	鬼	柳	星	張	翼	軫	角	亢	**氐**	
10月	房	心	尾	箕	斗	女	虚	危	室	壁	奎	婁	胃	昴	畢	觜	参	井	鬼	柳	星	張	翼	軫	角	亢	氐	房	**心**	尾	箕
11月	斗	女	虚	危	室	壁	奎	婁	胃	昴	畢	觜	参	井	鬼	柳	星	張	翼	軫	角	亢	氐	房	心	尾	箕	**斗**	女	虚	
12月	危	室	壁	奎	婁	胃	昴	畢	觜	参	井	鬼	柳	星	張	翼	軫	角	亢	氐	房	心	尾	箕	斗	女	虚	**虚**	危	室	壁

2028（令和10）年

月＼日	1	2	3	4	5	6	7	8	9	10	11	12	13	14	15	16	17	18	19	20	21	22	23	24	25	26	27	28	29	30	31
1月	奎	婁	胃	昴	畢	觜	参	井	鬼	柳	星	張	翼	軫	角	亢	氐	房	心	尾	箕	斗	女	虚	危	室	**室**	壁	奎	婁	胃
2月	昴	畢	觜	参	井	鬼	柳	星	張	翼	軫	角	亢	氐	房	心	尾	箕	斗	女	虚	危	室	壁	**奎**	婁	胃	昴	畢		
3月	觜	参	井	鬼	柳	星	張	翼	軫	角	亢	氐	房	心	尾	箕	斗	女	虚	危	室	壁	奎	婁	胃	**胃**	昴	畢	觜	参	井
4月	鬼	柳	星	張	翼	軫	角	亢	氐	房	心	尾	箕	斗	女	虚	危	室	壁	奎	婁	胃	昴	畢	**畢**	觜	参	井	鬼	柳	
5月	星	張	翼	軫	角	亢	氐	房	心	尾	箕	斗	女	虚	危	室	壁	奎	婁	胃	昴	畢	觜	**参**	井	鬼	柳	星	張	翼	軫
6月	角	亢	氐	房	心	尾	箕	斗	女	虚	危	室	壁	奎	婁	胃	昴	畢	觜	参	井	鬼	**参**	井	鬼	柳	星	張	翼	軫	
7月	角	亢	氐	房	心	尾	箕	斗	女	虚	危	室	壁	奎	婁	胃	昴	畢	觜	参	井	**鬼**	柳	星	張	翼	軫	角	亢	氐	房
8月	心	尾	箕	斗	女	虚	危	室	壁	奎	婁	胃	昴	畢	觜	参	井	鬼	柳	**張**	翼	軫	角	亢	氐	房	心	尾	箕	斗	女
9月	虚	危	室	壁	奎	婁	胃	昴	畢	觜	参	井	鬼	柳	星	張	翼	軫	**角**	亢	氐	房	心	尾	箕	斗	女	虚	危	室	
10月	壁	奎	婁	胃	昴	畢	觜	参	井	鬼	柳	星	張	翼	軫	角	亢	**氐**	房	心	尾	箕	斗	女	虚	危	室	壁	奎	婁	胃
11月	昴	畢	觜	参	井	鬼	柳	星	張	翼	軫	角	亢	氐	房	**心**	尾	箕	斗	女	虚	危	室	壁	奎	婁	胃	昴	畢	觜	
12月	参	井	鬼	柳	星	張	翼	軫	角	亢	氐	房	心	尾	箕	**斗**	女	虚	危	室	壁	奎	婁	胃	昴	畢	觜	参	井	鬼	柳

2029（令和11）年

月＼日	1	2	3	4	5	6	7	8	9	10	11	12	13	14	15	16	17	18	19	20	21	22	23	24	25	26	27	28	29	30	31
1月	星	張	翼	軫	角	亢	氐	房	心	尾	箕	斗	女	虚	**虚**	危	室	壁	奎	婁	胃	昴	畢	觜	参	井	鬼	柳	星	張	翼
2月	軫	角	亢	氐	房	心	尾	箕	斗	女	虚	危	**室**	壁	奎	婁	胃	昴	畢	觜	参	井	鬼	柳	星	張	翼	軫			
3月	角	亢	氐	房	心	尾	箕	斗	女	虚	危	室	壁	奎	**奎**	婁	胃	昴	畢	觜	参	井	鬼	柳	星	張	翼	軫	角	亢	氐
4月	房	心	尾	箕	斗	女	虚	危	室	壁	奎	婁	胃	**胃**	昴	畢	觜	参	井	鬼	柳	星	張	翼	軫	角	亢	氐	房	心	
5月	尾	箕	斗	女	虚	危	室	壁	奎	婁	胃	昴	**畢**	觜	参	井	鬼	柳	星	張	翼	軫	角	亢	氐	房	心	尾	箕	斗	女
6月	虚	危	室	壁	奎	婁	胃	昴	畢	觜	参	**参**	井	鬼	柳	星	張	翼	軫	角	亢	氐	房	心	尾	箕	斗	女	虚	危	
7月	室	壁	奎	婁	胃	昴	畢	觜	参	井	鬼	**鬼**	柳	星	張	翼	軫	角	亢	氐	房	心	尾	箕	斗	女	虚	危	室	壁	奎
8月	婁	胃	昴	畢	觜	参	井	鬼	柳	**張**	翼	軫	角	亢	氐	房	心	尾	箕	斗	女	虚	危	室	壁	奎	婁	胃	昴	畢	觜
9月	参	井	鬼	柳	星	張	翼	**角**	亢	氐	房	心	尾	箕	斗	女	虚	危	室	壁	奎	婁	胃	昴	畢	觜	参	井	鬼	柳	
10月	星	張	翼	軫	角	亢	氐	**氐**	房	心	尾	箕	斗	女	虚	危	室	壁	奎	婁	胃	昴	畢	觜	参	井	鬼	柳	星	張	翼
11月	軫	角	亢	氐	房	**心**	尾	箕	斗	女	虚	危	室	壁	奎	婁	胃	昴	畢	觜	参	井	鬼	柳	星	張	翼	軫	角	亢	
12月	氐	房	心	尾	**斗**	女	虚	危	室	壁	奎	婁	胃	昴	畢	觜	参	井	鬼	柳	星	張	翼	軫	角	亢	氐	房	心	尾	箕

2030（令和12）年

月＼日	1	2	3	4	5	6	7	8	9	10	11	12	13	14	15	16	17	18	19	20	21	22	23	24	25	26	27	28	29	30	31
1月	斗	女	虚	**虚**	危	室	壁	奎	婁	胃	昴	畢	觜	参	井	鬼	柳	星	張	翼	軫	角	亢	氐	房	心	尾	箕	斗	女	虚
2月	危	室	**室**	壁	奎	婁	胃	昴	畢	觜	参	井	鬼	柳	星	張	翼	軫	角	亢	氐	房	心	尾	箕	斗	女	虚			
3月	危	室	壁	**奎**	婁	胃	昴	畢	觜	参	井	鬼	柳	星	張	翼	軫	角	亢	氐	房	心	尾	箕	斗	女	虚	危	室	壁	奎
4月	婁	胃	**胃**	昴	畢	觜	参	井	鬼	柳	星	張	翼	軫	角	亢	氐	房	心	尾	箕	斗	女	虚	危	室	壁	奎	婁	胃	
5月	昴	**畢**	觜	参	井	鬼	柳	星	張	翼	軫	角	亢	氐	房	心	尾	箕	斗	女	虚	危	室	壁	奎	婁	胃	昴	畢	觜	参
6月	**参**	井	鬼	柳	星	張	翼	軫	角	亢	氐	房	心	尾	箕	斗	女	虚	危	室	壁	奎	婁	胃	昴	畢	觜	参	井	鬼	
7月	**鬼**	柳	星	張	翼	軫	角	亢	氐	房	心	尾	箕	斗	女	虚	危	室	壁	奎	婁	胃	昴	畢	觜	参	井	鬼	柳	**張**	翼
8月	軫	角	亢	氐	房	心	尾	箕	斗	女	虚	危	室	壁	奎	婁	胃	昴	畢	觜	参	井	鬼	柳	星	張	翼	軫	**角**	亢	氐
9月	房	心	尾	箕	斗	女	虚	危	室	壁	奎	婁	胃	昴	畢	觜	参	井	鬼	柳	星	張	翼	軫	角	亢	**氐**	房	心	尾	
10月	箕	斗	女	虚	危	室	壁	奎	婁	胃	昴	畢	觜	参	井	鬼	柳	星	張	翼	軫	角	亢	氐	房	心	**心**	尾	箕	斗	女
11月	虚	危	室	壁	奎	婁	胃	昴	畢	觜	参	井	鬼	柳	星	張	翼	軫	角	亢	氐	房	心	尾	**斗**	女	虚	危	室	壁	
12月	奎	婁	胃	昴	畢	觜	参	井	鬼	柳	星	張	翼	軫	角	亢	氐	房	心	尾	箕	斗	女	虚	**虚**	危	室	壁	奎	婁	胃

※赤字太字は旧暦の1日を表しています。

2031（令和13）年

月＼日	1	2	3	4	5	6	7	8	9	10	11	12	13	14	15	16	17	18	19	20	21	22	23	24	25	26	27	28	29	30	31
1月	昴	畢	觜	参	井	鬼	柳	星	張	翼	軫	角	亢	氐	房	心	尾	箕	斗	女	虚	危	室	壁	奎	婁	胃	昴	畢	觜	参
2月	井	鬼	柳	星	張	翼	軫	角	亢	氐	房	心	尾	箕	斗	女	虚	危	室	壁	奎	奎	婁	胃	昴	畢	觜	参			
3月	井	鬼	柳	星	張	翼	軫	角	亢	氐	房	心	尾	箕	斗	女	虚	危	室	壁	奎	婁	胃	昴	畢	觜	参	井	鬼	柳	星
4月	張	翼	軫	角	亢	氐	房	心	尾	箕	斗	女	虚	危	室	壁	奎	婁	胃	昴	畢	胃	昴	畢	觜	参	井	鬼	柳	星	
5月	張	翼	軫	角	亢	氐	房	心	尾	箕	斗	女	虚	危	室	壁	奎	婁	胃	昴	畢	觜	参	井	鬼	柳	星	張	翼	軫	角
6月	亢	氐	房	心	尾	箕	斗	女	虚	危	室	壁	奎	婁	胃	昴	畢	觜	参	参	井	鬼	柳	星	張	翼	軫	角	亢	氐	
7月	房	心	尾	箕	斗	女	虚	危	室	壁	奎	婁	胃	昴	畢	觜	参	井	鬼	柳	星	張	翼	軫	角	亢	氐	房	心	尾	箕
8月	斗	女	虚	危	室	壁	奎	婁	胃	昴	畢	觜	参	井	鬼	柳	星	張	翼	軫	角	亢	氐	房	心	尾	箕	斗	女	虚	危
9月	室	壁	奎	婁	胃	昴	畢	觜	参	井	鬼	柳	星	張	翼	軫	角	亢	氐	房	心	尾	箕	斗	女	虚	危	室	壁	奎	
10月	婁	胃	昴	畢	觜	参	井	鬼	柳	星	張	翼	軫	角	亢	氐	房	心	尾	箕	斗	女	虚	危	室	壁	奎	婁	胃	昴	畢
11月	觜	参	井	鬼	柳	星	張	翼	軫	角	亢	氐	房	心	心	尾	箕	斗	女	虚	危	室	壁	奎	婁	胃	昴	畢	觜	参	
12月	井	鬼	柳	星	張	翼	軫	角	亢	氐	房	心	尾	斗	女	虚	危	室	壁	奎	婁	胃	昴	畢	觜	参	井	鬼	柳	星	張

2032（令和14）年

月＼日	1	2	3	4	5	6	7	8	9	10	11	12	13	14	15	16	17	18	19	20	21	22	23	24	25	26	27	28	29	30	31
1月	翼	軫	角	亢	氐	房	心	尾	箕	斗	女	虚	虚	危	室	壁	奎	婁	胃	昴	畢	觜	参	井	鬼	柳	星	張	翼	軫	角
2月	亢	氐	房	心	尾	箕	斗	女	虚	危	室	壁	奎	婁	胃	昴	畢	觜	参	井	鬼	柳	星	張	翼	軫	角	亢	氐		
3月	房	心	尾	箕	斗	女	虚	危	室	壁	奎	奎	婁	胃	昴	畢	觜	参	井	鬼	柳	星	張	翼	軫	角	亢	氐	房	心	尾
4月	箕	斗	女	虚	危	室	壁	奎	婁	胃	昴	畢	觜	参	井	鬼	柳	星	張	翼	軫	角	亢	氐	房	心	尾	箕	斗	女	
5月	虚	危	室	壁	奎	婁	胃	昴	畢	觜	参	井	鬼	柳	星	張	翼	軫	角	亢	氐	房	心	尾	箕	斗	女	虚	危	室	壁
6月	奎	婁	胃	昴	畢	觜	参	参	井	鬼	柳	星	張	翼	軫	角	亢	氐	房	心	尾	箕	斗	女	虚	危	室	壁	奎	婁	
7月	胃	昴	畢	觜	参	井	鬼	柳	星	張	翼	軫	角	亢	氐	房	心	尾	箕	斗	女	虚	危	室	壁	奎	婁	胃	昴	畢	觜
8月	参	井	鬼	柳	星	張	翼	軫	角	亢	氐	房	心	尾	箕	斗	女	虚	危	室	壁	奎	婁	胃	昴	畢	觜	参	井	鬼	柳
9月	星	張	翼	軫	角	亢	氐	房	心	尾	箕	斗	女	虚	危	室	壁	奎	婁	胃	昴	畢	觜	参	井	鬼	柳	星	張	翼	
10月	軫	角	亢	氐	房	心	尾	箕	斗	女	虚	危	室	壁	奎	婁	胃	昴	畢	觜	参	井	鬼	柳	星	張	翼	軫	角	亢	氐
11月	房	心	心	尾	箕	斗	女	虚	危	室	壁	奎	婁	胃	昴	畢	觜	参	井	鬼	柳	星	張	翼	軫	角	亢	氐	房	心	
12月	尾	箕	斗	女	虚	危	室	壁	奎	婁	胃	昴	畢	觜	参	井	鬼	柳	星	張	翼	軫	角	亢	氐	房	心	尾	箕	斗	女

2033（令和15）年

月＼日	1	2	3	4	5	6	7	8	9	10	11	12	13	14	15	16	17	18	19	20	21	22	23	24	25	26	27	28	29	30	31
1月	虚	危	室	壁	奎	婁	胃	昴	畢	觜	参	井	鬼	柳	星	張	翼	軫	角	亢	氐	房	心	尾	箕	斗	女	虚	危	室	室
2月	壁	奎	婁	胃	昴	畢	觜	参	井	鬼	柳	星	張	翼	軫	角	亢	氐	房	心	尾	箕	斗	女	虚	危	室	壁			
3月	奎	婁	胃	昴	畢	觜	参	井	鬼	柳	星	張	翼	軫	角	亢	氐	房	心	尾	箕	斗	女	虚	危	室	壁	奎	婁	胃	胃
4月	昴	畢	觜	参	井	鬼	柳	星	張	翼	軫	角	亢	氐	房	心	尾	箕	斗	女	虚	危	室	壁	奎	婁	胃	昴	畢	觜	
5月	参	井	鬼	柳	星	張	翼	軫	角	亢	氐	房	心	尾	箕	斗	女	虚	危	室	壁	奎	婁	胃	昴	畢	觜	参	井	鬼	柳
6月	星	張	翼	軫	角	亢	氐	房	心	尾	箕	斗	女	虚	危	室	壁	奎	婁	胃	昴	畢	觜	参	井	鬼	鬼	柳	星	張	
7月	翼	軫	角	亢	氐	房	心	尾	箕	斗	女	虚	危	室	壁	奎	婁	胃	昴	畢	觜	参	井	鬼	柳	張	翼	軫	角	亢	氐
8月	房	心	尾	箕	斗	女	虚	危	室	壁	奎	婁	胃	昴	畢	觜	参	井	鬼	柳	星	張	翼	軫	張	翼	軫	角	亢	氐	房
9月	心	尾	箕	斗	女	虚	危	室	壁	奎	婁	胃	昴	畢	觜	参	井	鬼	柳	星	張	翼	角	亢	氐	房	心	尾	箕	斗	
10月	女	虚	危	室	壁	奎	婁	胃	昴	畢	觜	参	井	鬼	柳	星	張	翼	軫	角	亢	氐	氐	房	心	尾	箕	斗	女	虚	危
11月	室	壁	奎	婁	胃	昴	畢	觜	参	井	鬼	柳	星	張	翼	軫	角	亢	氐	房	心	心	尾	箕	斗	女	虚	危	室	壁	
12月	奎	婁	胃	昴	畢	觜	参	井	鬼	柳	星	張	翼	軫	角	亢	氐	房	心	尾	箕	斗	女	虚	危	室	壁	奎	婁	胃	昴

2034（令和16）年

月＼日	1	2	3	4	5	6	7	8	9	10	11	12	13	14	15	16	17	18	19	20	21	22	23	24	25	26	27	28	29	30	31
1月	畢	觜	参	井	鬼	柳	星	張	翼	軫	角	亢	氐	房	心	尾	箕	斗	女	虚	危	室	壁	奎	婁	胃	昴	畢	觜	参	井
2月	鬼	柳	星	張	翼	軫	角	亢	氐	房	心	尾	箕	斗	女	虚	危	室	室	壁	奎	婁	胃	昴	畢	觜	参	井			
3月	鬼	柳	星	張	翼	軫	角	亢	氐	房	心	尾	箕	斗	女	虚	危	室	壁	奎	婁	胃	昴	畢	觜	参	井	鬼	柳	星	張
4月	翼	軫	角	亢	氐	房	心	尾	箕	斗	女	虚	危	室	壁	奎	婁	胃	胃	昴	畢	觜	参	井	鬼	柳	星	張	翼	軫	
5月	角	亢	氐	房	心	尾	箕	斗	女	虚	危	室	壁	奎	婁	胃	昴	畢	觜	参	井	鬼	柳	星	張	翼	軫	角	亢	氐	房
6月	心	尾	箕	斗	女	虚	危	室	壁	奎	婁	胃	昴	畢	觜	参	井	鬼	柳	星	張	翼	軫	角	亢	氐	房	心	尾	箕	
7月	斗	女	虚	危	室	壁	奎	婁	胃	昴	畢	觜	参	井	鬼	鬼	柳	星	張	翼	軫	角	亢	氐	房	心	尾	箕	斗	女	虚
8月	危	室	壁	奎	婁	胃	昴	畢	觜	参	井	鬼	柳	張	翼	軫	角	亢	氐	房	心	尾	箕	斗	女	虚	危	室	壁	奎	婁
9月	胃	昴	畢	觜	参	井	鬼	柳	星	張	翼	軫	角	亢	氐	房	心	尾	箕	斗	女	虚	危	室	壁	奎	婁	胃	昴	畢	
10月	觜	参	井	鬼	柳	星	張	翼	軫	角	亢	氐	房	心	尾	箕	斗	女	虚	危	室	壁	奎	婁	胃	昴	畢	觜	参	井	鬼
11月	柳	星	張	翼	軫	角	亢	氐	房	心	心	尾	箕	斗	女	虚	危	室	壁	奎	婁	胃	昴	畢	觜	参	井	鬼	柳	星	
12月	張	翼	軫	角	亢	氐	房	心	尾	箕	斗	女	虚	危	室	壁	奎	婁	胃	昴	畢	觜	参	井	鬼	柳	星	張	翼	軫	角

2035（令和17）年

月＼日	1	2	3	4	5	6	7	8	9	10	11	12	13	14	15	16	17	18	19	20	21	22	23	24	25	26	27	28	29	30	31
1月	亢	氐	房	心	尾	箕	斗	女	虚	虚	危	室	壁	奎	婁	胃	昴	畢	觜	参	井	鬼	柳	星	張	翼	軫	角	亢	氐	房
2月	心	尾	箕	斗	女	虚	危	室	壁	奎	婁	胃	昴	畢	觜	参	井	鬼	柳	星	張	翼	軫	角	亢	氐	房	心			
3月	尾	箕	斗	女	虚	危	室	壁	奎	奎	婁	胃	昴	畢	觜	参	井	鬼	柳	星	張	翼	軫	角	亢	氐	房	心	尾	箕	斗
4月	女	虚	危	室	壁	奎	婁	胃	昴	畢	觜	参	井	鬼	柳	星	張	翼	軫	角	亢	氐	房	心	尾	箕	斗	女	虚	危	
5月	室	壁	奎	婁	胃	昴	畢	畢	觜	参	井	鬼	柳	星	張	翼	軫	角	亢	氐	房	心	尾	箕	斗	女	虚	危	室	壁	奎
6月	婁	胃	昴	畢	觜	参	井	鬼	柳	星	張	翼	軫	角	亢	氐	房	心	尾	箕	斗	女	虚	危	室	壁	奎	婁	胃	昴	
7月	畢	觜	参	井	鬼	柳	星	張	翼	軫	角	亢	氐	房	心	尾	箕	斗	女	虚	危	室	壁	奎	婁	胃	昴	畢	觜	参	井
8月	鬼	柳	星	張	翼	軫	角	亢	氐	房	心	尾	箕	斗	女	虚	危	室	壁	奎	婁	胃	昴	畢	觜	参	井	鬼	柳	星	張
9月	翼	角	亢	氐	房	心	尾	箕	斗	女	虚	危	室	壁	奎	婁	胃	昴	畢	觜	参	井	鬼	柳	星	張	翼	軫	角	亢	
10月	氐	房	心	尾	箕	斗	女	虚	危	室	壁	奎	婁	胃	昴	畢	觜	参	井	鬼	柳	星	張	翼	軫	角	亢	氐	房	心	心
11月	尾	箕	斗	女	虚	危	室	壁	奎	婁	胃	昴	畢	觜	参	井	鬼	柳	星	張	翼	軫	角	亢	氐	房	心	尾	箕	斗	
12月	女	虚	危	室	壁	奎	婁	胃	昴	畢	觜	参	井	鬼	柳	星	張	翼	軫	角	亢	氐	房	心	尾	箕	斗	女	虚	危	室

2036（令和18）年

月＼日	1	2	3	4	5	6	7	8	9	10	11	12	13	14	15	16	17	18	19	20	21	22	23	24	25	26	27	28	29	30	31
1月	壁	奎	婁	胃	昴	畢	觜	参	井	鬼	柳	星	張	翼	軫	角	亢	氐	房	心	尾	箕	斗	女	虚	危	室	室	壁	奎	婁
2月	胃	昴	畢	觜	参	井	鬼	柳	星	張	翼	軫	角	亢	氐	房	心	尾	箕	斗	女	虚	危	室	壁	奎	奎	婁	胃		
3月	昴	畢	觜	参	井	鬼	柳	星	張	翼	軫	角	亢	氐	房	心	尾	箕	斗	女	虚	危	室	壁	奎	婁	胃	胃	昴	畢	觜
4月	参	井	鬼	柳	星	張	翼	軫	角	亢	氐	房	心	尾	箕	斗	女	虚	危	室	壁	奎	婁	胃	昴	畢	觜	参	井	鬼	
5月	柳	星	張	翼	軫	角	亢	氐	房	心	尾	箕	斗	女	虚	危	室	壁	奎	婁	胃	昴	畢	觜	参	参	井	鬼	柳	星	張
6月	翼	軫	角	亢	氐	房	心	尾	箕	斗	女	虚	危	室	壁	奎	婁	胃	昴	畢	觜	参	井	鬼	柳	星	張	翼	軫	角	
7月	亢	氐	房	心	尾	箕	斗	女	虚	危	室	壁	奎	婁	胃	昴	畢	觜	参	井	鬼	柳	鬼	柳	星	張	翼	軫	角	亢	氐
8月	房	心	尾	箕	斗	女	虚	危	室	壁	奎	婁	胃	昴	畢	觜	参	井	鬼	柳	星	張	翼	軫	角	亢	氐	房	心	尾	箕
9月	斗	女	虚	危	室	壁	奎	婁	胃	昴	畢	觜	参	井	鬼	柳	星	張	翼	角	亢	氐	房	心	尾	箕	斗	女	虚	危	
10月	室	壁	奎	婁	胃	昴	畢	觜	参	井	鬼	柳	星	張	翼	軫	角	亢	氐	房	心	尾	箕	斗	女	虚	危	室	壁	奎	婁
11月	胃	昴	畢	觜	参	井	鬼	柳	星	張	翼	軫	角	亢	氐	房	心	心	尾	箕	斗	女	虚	危	室	壁	奎	婁	胃	昴	
12月	畢	觜	参	井	鬼	柳	星	張	翼	軫	角	亢	氐	房	心	尾	箕	斗	女	虚	危	室	壁	奎	婁	胃	昴	畢	觜	参	井

2037（令和19）年

月＼日	1	2	3	4	5	6	7	8	9	10	11	12	13	14	15	16	17	18	19	20	21	22	23	24	25	26	27	28	29	30	31
1月	鬼	柳	星	張	翼	軫	角	亢	氐	房	心	尾	箕	斗	女	虚	危	室	壁	奎	婁	胃	昴	畢	觜	参	井	鬼	柳	星	張
2月	翼	軫	角	亢	氐	房	心	尾	箕	斗	女	虚	危	室	室	壁	奎	婁	胃	昴	畢	觜	参	井	鬼	柳	星	張			
3月	翼	軫	角	亢	氐	房	心	尾	箕	斗	女	虚	危	室	壁	奎	奎	婁	胃	昴	畢	觜	参	井	鬼	柳	星	張	翼	軫	角
4月	亢	氐	房	心	尾	箕	斗	女	虚	危	室	壁	奎	婁	胃	胃	昴	畢	觜	参	井	鬼	柳	星	張	翼	軫	角	亢	氐	
5月	房	心	尾	箕	斗	女	虚	危	室	壁	奎	婁	胃	昴	畢	觜	参	井	鬼	柳	星	張	翼	軫	角	亢	氐	房	心	尾	箕
6月	斗	女	虚	危	室	壁	奎	婁	胃	昴	畢	觜	参	参	井	鬼	柳	星	張	翼	軫	角	亢	氐	房	心	尾	箕	斗	女	
7月	虚	危	室	壁	奎	婁	胃	昴	畢	觜	参	井	鬼	柳	星	張	翼	軫	角	亢	氐	房	心	尾	箕	斗	女	虚	危	室	壁
8月	奎	婁	胃	昴	畢	觜	参	井	鬼	柳	張	翼	軫	角	亢	氐	房	心	尾	箕	斗	女	虚	危	室	壁	奎	婁	胃	昴	畢
9月	觜	参	井	鬼	柳	星	張	翼	軫	角	亢	氐	房	心	尾	箕	斗	女	虚	危	室	壁	奎	婁	胃	昴	畢	觜	参	井	
10月	鬼	柳	星	張	翼	軫	角	亢	氐	房	心	尾	箕	斗	女	虚	危	室	壁	奎	婁	胃	昴	畢	觜	参	井	鬼	柳	星	張
11月	翼	軫	角	亢	氐	房	心	尾	箕	斗	女	虚	危	室	壁	奎	婁	胃	昴	畢	觜	参	井	鬼	柳	星	張	翼	軫	角	
12月	亢	氐	房	心	尾	箕	斗	女	虚	危	室	壁	奎	婁	胃	昴	畢	觜	参	井	鬼	柳	星	張	翼	軫	角	亢	氐	房	心

2038（令和20）年

月＼日	1	2	3	4	5	6	7	8	9	10	11	12	13	14	15	16	17	18	19	20	21	22	23	24	25	26	27	28	29	30	31
1月	尾	箕	斗	女	虚	危	室	壁	奎	婁	胃	昴	畢	觜	参	井	鬼	柳	星	張	翼	軫	角	亢	氐	房	心	尾	箕	斗	女
2月	虚	危	室	室	壁	奎	婁	胃	昴	畢	觜	参	井	鬼	柳	星	張	翼	軫	角	亢	氐	房	心	尾	箕	斗	女			
3月	虚	危	室	壁	奎	奎	婁	胃	昴	畢	觜	参	井	鬼	柳	星	張	翼	軫	角	亢	氐	房	心	尾	箕	斗	女	虚	危	室
4月	壁	奎	婁	胃	胃	昴	畢	觜	参	井	鬼	柳	星	張	翼	軫	角	亢	氐	房	心	尾	箕	斗	女	虚	危	室	壁	奎	
5月	婁	胃	昴	畢	觜	参	井	鬼	柳	星	張	翼	軫	角	亢	氐	房	心	尾	箕	斗	女	虚	危	室	壁	奎	婁	胃	昴	畢
6月	觜	参	参	井	鬼	柳	星	張	翼	軫	角	亢	氐	房	心	尾	箕	斗	女	虚	危	室	壁	奎	婁	胃	昴	畢	觜	参	
7月	井	鬼	柳	星	張	翼	軫	角	亢	氐	房	心	尾	箕	斗	女	虚	危	室	壁	奎	婁	胃	昴	畢	觜	参	井	鬼	柳	星
8月	張	翼	軫	角	亢	氐	房	心	尾	箕	斗	女	虚	危	室	壁	奎	婁	胃	昴	畢	觜	参	井	鬼	柳	星	張	翼	角	亢
9月	氐	房	心	尾	箕	斗	女	虚	危	室	壁	奎	婁	胃	昴	畢	觜	参	井	鬼	柳	星	張	翼	軫	角	亢	氐	氐	房	
10月	心	尾	箕	斗	女	虚	危	室	壁	奎	婁	胃	昴	畢	觜	参	井	鬼	柳	星	張	翼	軫	角	亢	氐	房	心	尾	箕	斗
11月	女	虚	危	室	壁	奎	婁	胃	昴	畢	觜	参	井	鬼	柳	星	張	翼	軫	角	亢	氐	房	心	尾	斗	女	虚	危	室	
12月	壁	奎	婁	胃	昴	畢	觜	参	井	鬼	柳	星	張	翼	軫	角	亢	氐	房	心	尾	箕	斗	女	虚	虚	危	室	壁	奎	婁

※赤字太字は旧暦の1日を表しています。

2039（令和21）年

月＼日	1	2	3	4	5	6	7	8	9	10	11	12	13	14	15	16	17	18	19	20	21	22	23	24	25	26	27	28	29	30	31
1月	胃	昴	畢	觜	参	井	鬼	柳	星	張	翼	軫	角	亢	氐	房	心	尾	箕	斗	女	虚	危	室	壁	奎	婁	胃	昴	畢	觜
2月	参	井	鬼	柳	星	張	翼	軫	角	亢	氐	房	心	尾	箕	斗	女	虚	危	室	壁	奎	奎	婁	胃	昴	畢	觜			
3月	参	井	鬼	柳	星	張	翼	軫	角	亢	氐	房	心	尾	箕	斗	女	虚	危	室	壁	奎	婁	胃	胃	昴	畢	觜	参	井	鬼
4月	柳	星	張	翼	軫	角	亢	氐	房	心	尾	箕	斗	女	虚	危	室	壁	奎	婁	胃	昴	畢	觜	参	井	鬼	柳	星	張	
5月	翼	軫	角	亢	氐	房	心	尾	箕	斗	女	虚	危	室	壁	奎	婁	胃	昴	畢	觜	参	参	井	鬼	柳	星	張	翼	軫	角
6月	亢	氐	房	心	尾	箕	斗	女	虚	危	室	壁	奎	婁	胃	昴	畢	觜	参	井	鬼	参	井	鬼	柳	星	張	翼	軫	角	
7月	亢	氐	房	心	尾	箕	斗	女	虚	危	室	壁	奎	婁	胃	昴	畢	觜	参	井	鬼	柳	星	張	翼	軫	角	亢	氐	房	心
8月	尾	箕	斗	女	虚	危	室	壁	奎	婁	胃	昴	畢	觜	参	井	鬼	柳	星	張	翼	軫	角	亢	氐	房	心	尾	箕	斗	女
9月	虚	危	室	壁	奎	婁	胃	昴	畢	觜	参	井	鬼	柳	星	張	翼	角	亢	氐	房	心	尾	箕	斗	女	虚	危	室	壁	
10月	奎	婁	胃	昴	畢	觜	参	井	鬼	柳	星	張	翼	軫	角	亢	氐	氐	房	心	尾	箕	斗	女	虚	危	室	壁	奎	婁	胃
11月	昴	畢	觜	参	井	鬼	柳	星	張	翼	軫	角	亢	氐	房	心	尾	箕	斗	女	虚	危	室	壁	奎	婁	胃	昴	畢	觜	
12月	参	井	鬼	柳	星	張	翼	軫	角	亢	氐	房	心	尾	箕	斗	女	虚	危	室	壁	奎	婁	胃	昴	畢	觜	参	井	鬼	柳

2040（令和22）年

月＼日	1	2	3	4	5	6	7	8	9	10	11	12	13	14	15	16	17	18	19	20	21	22	23	24	25	26	27	28	29	30	31
1月	星	張	翼	軫	角	亢	氐	房	心	尾	箕	斗	女	虚	危	室	壁	奎	婁	胃	昴	畢	觜	参	井	鬼	柳	星	張	翼	軫
2月	角	亢	氐	房	心	尾	箕	斗	女	虚	危	室	壁	奎	婁	胃	昴	畢	觜	参	井	鬼	柳	星	張	翼	軫	角	亢		
3月	氐	房	心	尾	箕	斗	女	虚	危	室	壁	奎	奎	婁	胃	昴	畢	觜	参	井	鬼	柳	星	張	翼	軫	角	亢	氐	房	心
4月	尾	箕	斗	女	虚	危	室	壁	奎	婁	胃	昴	畢	觜	参	井	鬼	柳	星	張	翼	軫	角	亢	氐	房	心	尾	箕	斗	
5月	女	虚	危	室	壁	奎	婁	胃	昴	畢	畢	觜	参	井	鬼	柳	星	張	翼	軫	角	亢	氐	房	心	尾	箕	斗	女	虚	危
6月	室	壁	奎	婁	胃	昴	畢	觜	参	参	井	鬼	柳	星	張	翼	軫	角	亢	氐	房	心	尾	箕	斗	女	虚	危	室	壁	
7月	奎	婁	胃	昴	畢	觜	参	井	鬼	柳	星	張	翼	軫	角	亢	氐	房	心	尾	箕	斗	女	虚	危	室	壁	奎	婁	胃	昴
8月	畢	觜	参	井	鬼	柳	星	張	翼	軫	角	亢	氐	房	心	尾	箕	斗	女	虚	危	室	壁	奎	婁	胃	昴	畢	觜	参	井
9月	鬼	柳	星	張	翼	軫	角	亢	氐	房	心	尾	箕	斗	女	虚	危	室	壁	奎	婁	胃	昴	畢	觜	参	井	鬼	柳	星	
10月	張	翼	軫	角	亢	氐	房	心	尾	箕	斗	女	虚	危	室	壁	奎	婁	胃	昴	畢	觜	参	井	鬼	柳	星	張	翼	軫	角
11月	亢	氐	房	心	心	尾	箕	斗	女	虚	危	室	壁	奎	婁	胃	昴	畢	觜	参	井	鬼	柳	星	張	翼	軫	角	亢	氐	
12月	房	心	尾	斗	女	虚	危	室	壁	奎	婁	胃	昴	畢	觜	参	井	鬼	柳	星	張	翼	軫	角	亢	氐	房	心	尾	箕	斗

2041（令和23）年

月＼日	1	2	3	4	5	6	7	8	9	10	11	12	13	14	15	16	17	18	19	20	21	22	23	24	25	26	27	28	29	30	31
1月	女	虚	虚	危	室	壁	奎	婁	胃	昴	畢	觜	参	井	鬼	柳	星	張	翼	軫	角	亢	氐	房	心	尾	箕	斗	女	虚	危
2月	室	壁	奎	婁	胃	昴	畢	觜	参	井	鬼	柳	星	張	翼	軫	角	亢	氐	房	心	尾	箕	斗	女	虚	危	室			
3月	壁	奎	奎	婁	胃	昴	畢	觜	参	井	鬼	柳	星	張	翼	軫	角	亢	氐	房	心	尾	箕	斗	女	虚	危	室	壁	奎	婁
4月	胃	昴	畢	觜	参	井	鬼	柳	星	張	翼	軫	角	亢	氐	房	心	尾	箕	斗	女	虚	危	室	壁	奎	婁	胃	昴	畢	
5月	觜	参	井	鬼	柳	星	張	翼	軫	角	亢	氐	房	心	尾	箕	斗	女	虚	危	室	壁	奎	婁	胃	昴	畢	觜	参	参	井
6月	鬼	柳	星	張	翼	軫	角	亢	氐	房	心	尾	箕	斗	女	虚	危	室	壁	奎	婁	胃	昴	畢	觜	参	井	鬼	柳	星	
7月	張	翼	軫	角	亢	氐	房	心	尾	箕	斗	女	虚	危	室	壁	奎	婁	胃	昴	畢	觜	参	井	鬼	柳	星	張	翼	軫	角
8月	亢	氐	房	心	尾	箕	斗	女	虚	危	室	壁	奎	婁	胃	昴	畢	觜	参	井	鬼	柳	星	張	翼	軫	角	亢	氐	房	心
9月	尾	箕	斗	女	虚	危	室	壁	奎	婁	胃	昴	畢	觜	参	井	鬼	柳	星	張	翼	軫	角	亢	氐	房	心	尾	箕	斗	
10月	女	虚	危	室	壁	奎	婁	胃	昴	畢	觜	参	井	鬼	柳	星	張	翼	軫	角	亢	氐	房	心	心	尾	箕	斗	女	虚	危
11月	室	壁	奎	婁	胃	昴	畢	觜	参	井	鬼	柳	星	張	翼	軫	角	亢	氐	房	心	尾	箕	斗	女	虚	危	室	壁	奎	
12月	婁	胃	昴	畢	觜	参	井	鬼	柳	星	張	翼	軫	角	亢	氐	房	心	尾	箕	斗	女	虚	危	室	壁	奎	婁	胃	昴	畢

2042（令和24）年

月＼日	1	2	3	4	5	6	7	8	9	10	11	12	13	14	15	16	17	18	19	20	21	22	23	24	25	26	27	28	29	30	31
1月	觜	参	井	鬼	柳	星	張	翼	軫	角	亢	氐	房	心	尾	箕	斗	女	虚	危	室	室	壁	奎	婁	胃	昴	畢	觜	参	井
2月	鬼	柳	星	張	翼	軫	角	亢	氐	房	心	尾	箕	斗	女	虚	危	室	壁	奎	婁	胃	昴	畢	觜	参	井	鬼			
3月	柳	星	張	翼	軫	角	亢	氐	房	心	尾	箕	斗	女	虚	危	室	壁	奎	婁	胃	奎	婁	胃	昴	畢	觜	参	井	鬼	柳
4月	星	張	翼	軫	角	亢	氐	房	心	尾	箕	斗	女	虚	危	室	壁	奎	婁	胃	昴	畢	觜	参	井	鬼	柳	星	張	翼	
5月	軫	角	亢	氐	房	心	尾	箕	斗	女	虚	危	室	壁	奎	婁	胃	昴	畢	觜	参	井	鬼	柳	星	張	翼	軫	角	亢	氐
6月	房	心	尾	箕	斗	女	虚	危	室	壁	奎	婁	胃	昴	畢	觜	参	参	井	鬼	柳	星	張	翼	軫	角	亢	氐	房	心	
7月	尾	箕	斗	女	虚	危	室	壁	奎	婁	胃	昴	畢	觜	参	井	鬼	柳	星	張	翼	軫	角	亢	氐	房	心	尾	箕	斗	女
8月	虚	危	室	壁	奎	婁	胃	昴	畢	觜	参	井	鬼	柳	星	張	翼	軫	角	亢	氐	房	心	尾	箕	斗	女	虚	危	室	壁
9月	奎	婁	胃	昴	畢	觜	参	井	鬼	柳	星	張	翼	角	亢	氐	房	心	尾	箕	斗	女	虚	危	室	壁	奎	婁	胃	昴	
10月	畢	觜	参	井	鬼	柳	星	張	翼	軫	角	亢	氐	氐	房	心	尾	箕	斗	女	虚	危	室	壁	奎	婁	胃	昴	畢	觜	参
11月	井	鬼	柳	星	張	翼	軫	角	亢	氐	房	心	心	尾	箕	斗	女	虚	危	室	壁	奎	婁	胃	昴	畢	觜	参	井	鬼	
12月	柳	星	張	翼	軫	角	亢	氐	房	心	尾	斗	女	虚	危	室	壁	奎	婁	胃	昴	畢	觜	参	井	鬼	柳	星	張	翼	軫

2043（令和25）年

月＼日	1	2	3	4	5	6	7	8	9	10	11	12	13	14	15	16	17	18	19	20	21	22	23	24	25	26	27	28	29	30	31
1月	角	亢	氐	房	心	尾	箕	斗	女	虚	虚	危	室	壁	奎	婁	胃	昴	畢	觜	参	井	鬼	柳	星	張	翼	軫	角	亢	氐
2月	房	心	尾	箕	斗	女	虚	危	室	室	壁	奎	婁	胃	昴	畢	觜	参	井	鬼	柳	星	張	翼	軫	角	亢	氐			
3月	房	心	尾	箕	斗	女	虚	危	室	壁	奎	婁	胃	昴	畢	觜	参	井	鬼	柳	星	張	翼	軫	角	亢	氐	房	心	尾	箕
4月	斗	女	虚	危	室	壁	奎	婁	胃	胃	昴	畢	觜	参	井	鬼	柳	星	張	翼	軫	角	亢	氐	房	心	尾	箕	斗	女	
5月	虚	危	室	壁	奎	婁	胃	昴	畢	觜	参	井	鬼	柳	星	張	翼	軫	角	亢	氐	房	心	尾	箕	斗	女	虚	危	室	壁
6月	奎	婁	胃	昴	畢	觜	参	井	鬼	柳	星	張	翼	軫	角	亢	氐	房	心	尾	箕	斗	女	虚	危	室	壁	奎	婁	胃	
7月	昴	畢	觜	参	井	鬼	鬼	柳	星	張	翼	軫	角	亢	氐	房	心	尾	箕	斗	女	虚	危	室	壁	奎	婁	胃	昴	畢	觜
8月	参	井	鬼	柳	張	翼	軫	角	亢	氐	房	心	尾	箕	斗	女	虚	危	室	壁	奎	婁	胃	昴	畢	觜	参	井	鬼	柳	星
9月	張	翼	角	亢	氐	房	心	尾	箕	斗	女	虚	危	室	壁	奎	婁	胃	昴	畢	觜	参	井	鬼	柳	星	張	翼	軫	角	
10月	亢	氐	氐	房	心	尾	箕	斗	女	虚	危	室	壁	奎	婁	胃	昴	畢	觜	参	井	鬼	柳	星	張	翼	軫	角	亢	氐	房
11月	心	心	尾	箕	斗	女	虚	危	室	壁	奎	婁	胃	昴	畢	觜	参	井	鬼	柳	星	張	翼	軫	角	亢	氐	房	心	尾	
12月	斗	女	虚	危	室	壁	奎	婁	胃	昴	畢	觜	参	井	鬼	柳	星	張	翼	軫	角	亢	氐	房	心	尾	箕	斗	女	虚	虚

2044（令和26）年

月＼日	1	2	3	4	5	6	7	8	9	10	11	12	13	14	15	16	17	18	19	20	21	22	23	24	25	26	27	28	29	30	31
1月	危	室	壁	奎	婁	胃	昴	畢	觜	参	井	鬼	柳	星	張	翼	軫	角	亢	氐	房	心	尾	箕	斗	女	虚	危	室	室	壁
2月	奎	婁	胃	昴	畢	觜	参	井	鬼	柳	星	張	翼	軫	角	亢	氐	房	心	尾	箕	斗	女	虚	危	室	壁	奎	奎		
3月	婁	胃	昴	畢	觜	参	井	鬼	柳	星	張	翼	軫	角	亢	氐	房	心	尾	箕	斗	女	虚	危	室	壁	奎	婁	胃	昴	畢
4月	觜	参	井	鬼	柳	星	張	翼	軫	角	亢	氐	房	心	尾	箕	斗	女	虚	危	室	壁	奎	婁	胃	昴	畢	畢	觜	参	
5月	井	鬼	柳	星	張	翼	軫	角	亢	氐	房	心	尾	箕	斗	女	虚	危	室	壁	奎	婁	胃	昴	畢	觜	参	井	鬼	柳	星
6月	張	翼	軫	角	亢	氐	房	心	尾	箕	斗	女	虚	危	室	壁	奎	婁	胃	昴	畢	觜	参	井	鬼	柳	星	張	翼	軫	
7月	角	亢	氐	房	心	尾	箕	斗	女	虚	危	室	壁	奎	婁	胃	昴	畢	觜	参	井	鬼	柳	星	張	翼	軫	角	亢	氐	房
8月	心	尾	箕	斗	女	虚	危	室	壁	奎	婁	胃	昴	畢	觜	参	井	鬼	柳	星	張	翼	張	翼	軫	角	亢	氐	房	心	尾
9月	箕	斗	女	虚	危	室	壁	奎	婁	胃	昴	畢	觜	参	井	鬼	柳	星	張	翼	角	亢	氐	房	心	尾	箕	斗	女	虚	
10月	危	室	壁	奎	婁	胃	昴	畢	觜	参	井	鬼	柳	星	張	翼	軫	角	亢	氐	氐	房	心	尾	箕	斗	女	虚	危	室	壁
11月	奎	婁	胃	昴	畢	觜	参	井	鬼	柳	星	張	翼	軫	角	亢	氐	房	心	尾	箕	斗	女	虚	危	室	壁	奎	婁	胃	
12月	昴	畢	觜	参	井	鬼	柳	星	張	翼	軫	角	亢	氐	房	心	尾	箕	斗	女	虚	危	室	壁	奎	婁	胃	昴	畢	觜	参

2045（令和27）年

月＼日	1	2	3	4	5	6	7	8	9	10	11	12	13	14	15	16	17	18	19	20	21	22	23	24	25	26	27	28	29	30	31
1月	井	鬼	柳	星	張	翼	軫	角	亢	氐	房	心	尾	箕	斗	女	虚	虚	危	室	壁	奎	婁	胃	昴	畢	觜	参	井	鬼	柳
2月	星	張	翼	軫	角	亢	氐	房	心	尾	箕	斗	女	虚	危	室	室	壁	奎	婁	胃	昴	畢	觜	参	井	鬼	柳			
3月	星	張	翼	軫	角	亢	氐	房	心	尾	箕	斗	女	虚	危	室	壁	奎	奎	婁	胃	昴	畢	觜	参	井	鬼	柳	星	張	翼
4月	軫	角	亢	氐	房	心	尾	箕	斗	女	虚	危	室	壁	奎	婁	胃	昴	畢	觜	参	井	鬼	柳	星	張	翼	軫	角	亢	
5月	氐	房	心	尾	箕	斗	女	虚	危	室	壁	奎	婁	胃	昴	畢	畢	觜	参	井	鬼	柳	星	張	翼	軫	角	亢	氐	房	心
6月	尾	箕	斗	女	虚	危	室	壁	奎	婁	胃	昴	畢	觜	参	井	鬼	柳	星	張	翼	軫	角	亢	氐	房	心	尾	箕	斗	
7月	女	虚	危	室	壁	奎	婁	胃	昴	畢	觜	参	井	鬼	柳	星	張	翼	軫	角	亢	氐	房	心	尾	箕	斗	女	虚	危	室
8月	壁	奎	婁	胃	昴	畢	觜	参	井	鬼	柳	星	張	翼	軫	角	亢	氐	房	心	尾	箕	斗	女	虚	危	室	壁	奎	婁	胃
9月	昴	畢	觜	参	井	鬼	柳	星	張	翼	角	亢	氐	房	心	尾	箕	斗	女	虚	危	室	壁	奎	婁	胃	昴	畢	觜	参	
10月	井	鬼	柳	星	張	翼	軫	角	亢	氐	房	心	尾	箕	斗	女	虚	危	室	壁	奎	婁	胃	昴	畢	觜	参	井	鬼	柳	星
11月	張	翼	軫	角	亢	氐	房	心	心	尾	箕	斗	女	虚	危	室	壁	奎	婁	胃	昴	畢	觜	参	井	鬼	柳	星	張	翼	
12月	軫	角	亢	氐	房	心	尾	斗	女	虚	危	室	壁	奎	婁	胃	昴	畢	觜	参	井	鬼	柳	星	張	翼	軫	角	亢	氐	房

2046（令和28）年

月＼日	1	2	3	4	5	6	7	8	9	10	11	12	13	14	15	16	17	18	19	20	21	22	23	24	25	26	27	28	29	30	31
1月	心	尾	箕	斗	女	虚	虚	危	室	壁	奎	婁	胃	昴	畢	觜	参	井	鬼	柳	星	張	翼	軫	角	亢	氐	房	心	尾	箕
2月	斗	女	虚	危	室	室	壁	奎	婁	胃	昴	畢	觜	参	井	鬼	柳	星	張	翼	軫	角	亢	氐	房	心	尾	箕			
3月	斗	女	虚	危	室	壁	奎	奎	婁	胃	昴	畢	觜	参	井	鬼	柳	星	張	翼	軫	角	亢	氐	房	心	尾	箕	斗	女	虚
4月	危	室	壁	奎	婁	胃	昴	畢	觜	参	井	鬼	柳	星	張	翼	軫	角	亢	氐	房	心	尾	箕	斗	女	虚	危	室	壁	
5月	奎	婁	胃	昴	畢	畢	觜	参	井	鬼	柳	星	張	翼	軫	角	亢	氐	房	心	尾	箕	斗	女	虚	危	室	壁	奎	婁	胃
6月	昴	畢	觜	参	参	井	鬼	柳	星	張	翼	軫	角	亢	氐	房	心	尾	箕	斗	女	虚	危	室	壁	奎	婁	胃	昴	畢	
7月	觜	参	井	鬼	柳	星	張	翼	軫	角	亢	氐	房	心	尾	箕	斗	女	虚	危	室	壁	奎	婁	胃	昴	畢	觜	参	井	鬼
8月	柳	張	翼	軫	角	亢	氐	房	心	尾	箕	斗	女	虚	危	室	壁	奎	婁	胃	昴	畢	觜	参	井	鬼	柳	星	張	翼	軫
9月	角	亢	氐	房	心	尾	箕	斗	女	虚	危	室	壁	奎	婁	胃	昴	畢	觜	参	井	鬼	柳	星	張	翼	軫	角	亢	氐	
10月	房	心	尾	箕	斗	女	虚	危	室	壁	奎	婁	胃	昴	畢	觜	参	井	鬼	柳	星	張	翼	軫	角	亢	氐	房	心	尾	箕
11月	斗	女	虚	危	室	壁	奎	婁	胃	昴	畢	觜	参	井	鬼	柳	星	張	翼	軫	角	亢	氐	房	心	尾	箕	斗	女	虚	
12月	危	室	壁	奎	婁	胃	昴	畢	觜	参	井	鬼	柳	星	張	翼	軫	角	亢	氐	房	心	尾	箕	斗	女	虚	危	室	壁	奎

※赤字太字は旧暦の1日を表しています。

自分と相手の相性を記録しよう

私の本命宿

Part3『人との相性を知る』（P.135～）で、自分と周りの人たちとの関係性がわかったら、ぜひ記録しておきましょう。該当する宿のところにその人の名前を書き込めば、ひと目で把握できます。

関係	近距離	中距離	遠距離
安の関係	宿	宿	宿
壊の関係	宿	宿	宿
栄の関係	宿	宿	宿
親の関係	宿	宿	宿
友の関係	宿	宿	宿